Sammlung

der

für die Königlich Preußische Rhein-Provinz seit dem Jahre 1813
hinsichtlich der Rechts- und Gerichts-Verfassung
ergangenen

Gesetze, Verordnungen, Ministerial-Rescripte rc.

Im Auftrage Eines Hohen Justiz-Ministeriums
herausgegeben
von

Marquardt,
Königlichem Geheimen Kanzlei-Rath und Geheimen Ober-Registrator.

Neunter Band,
welcher die Jahre 1845, 1846, 1847 und 1848 enthält.

Berlin,
Druck und Verlag von G. Reimer.
1850.

XXXII.

1845.

Gesetze, Verordnungen, Rescripte.

1.

Allerhöchste Kabinets-Ordre vom 3. Januar 1845, — betreffend die von den Häuptern der vormals reichsständischen Familien in Prozessen über ihre Domainen abzuleistenden Eide.

(Instruktion vom 30. Mai 1820.)

Auf den Bericht des Staatsministeriums vom 28. November v. J. will Ich zur Ergänzung der Instruktion vom 30. Mai 1820, die Verhältnisse der vormals unmittelbaren Deutschen Reichsstände betreffend, hierdurch bestimmen, daß sämmtliche, in Meinen Staaten begüterte Häupter der vormals reichsständischen Familien in Prozessen, welche auf ihre Domainen, Lehn- und Patrimonial-Gerechtsame sich beziehen, die zugeschobenen nnd zurückgeschobenen, so wie die nothwendigen Eide, sofern der Eid nicht eine eigene Handlung des Hauptes einer solchen Familie betrifft, durch einen ihrer Beamten, zu deren Geschäftskreis der streitige Gegenstand gehört, abzuleisten befugt sein sollen. — Der Beamte, durch welchen der Eid abgeleistet werden soll, ist zuvor der Gegenpartei namhaft zu machen, welche sich darüber binnen einer präklusivischen Frist von vierzehn Tagen zu erklären hat. Behauptet die Gegenpartei, daß zu der Eidesleistung ein anderer Beamte des vormaligen Reichsstandes mehr, als der namhaft gemachte, geeignet sei, so ist darüber: welcher von den beiden Beamten den Eid zu leisten habe, von dem prozeßleitenden Gerichte zu entscheiden. — Gegen diese

Entscheidung findet ein Rechtsmittel nicht statt. — Diese Bestimmungen sind durch die Gesetzsammlung zur öffentlichen Kenntniß zu bringen.

Berlin den 3. Januar 1845.

Friedrich Wilhelm.

An
das Staats-Ministerium.

I. 461. E. 26. Vol. 4.

2.

Verordnung vom 9. Januar 1845, — betreffend die Einführung des Gesetzes vom 28. Februar 1843 über die Benutzung der Privatflüsse in dem Bezirke des Appellationsgerichtshofes zu Köln.

(Gesetz vom 28. Februar 1843, — Gesetz-Samml. S. 41.)

Wir Friedrich Wilhelm, von Gottes Gnaden, König von Preußen 2c.

verordnen nach Anhörung Unserer getreuen Stände der Rheinprovinz, auf den Antrag Unseres Staatsministeriums, daß das Gesetz vom 28. Februar 1843 über die Benutzung der Privatflüsse fortan auch in den Landestheilen, welche zum Bezirke des Appellationsgerichtshofes zu Köln gehören, Anwendung finden soll, jedoch mit der Maßgabe, daß bei Entscheidung der Frage: ob bei einer Bewässerungsanlage ein überwiegendes Landeskultur-Interesse obwalte? (§§. 24. und 32. jenes Gesetzes) das Interesse schon vorhandener, auf Triebwerken beruhender gewerblicher Anlagen im zweifelhaften Falle über das der Bodenkultur zu stellen ist.

Ueber die in den Fällen des §. 47. eingelegten Rekurse hat das, zufolge Unserer Verordnung vom 22. November 1844 zu errichtende Revisionskollegium für Landeskultur-Sachen zu entscheiden.

Urkundlich unter Unserer Höchsteigenhändigen Unterschrift und beigedrucktem Königlichen Insiegel.

Gegeben Berlin den 9. Januar 1845.

(L. S.) Friedrich Wilhelm.

Prinz von Preußen.
v. Boyen, Mühler, v. Nagler, Rother, Eichhorn, v. Thile, v. Savigny, Frhr. v. Bülow, v. Bodelschwingh, Gr. zu Stolberg, Gr. v. Arnim, Flottwell, Uhden.

I. 285. Rhein. Gen. 167.

3.

Verfügung vom 10. Januar 1845, — betreffend die Anrechnung des zu den Urkunden der Rheinischen Gerichtsvollzieher im Prozesse verwendeten Stempels auf den Erkenntniß-Werthstempel.

(Ges.-Samml. 1844 S. 697 u. Rhein.-Samml. Bd. 8. S. 371.)

Die Allerhöchste Ordre vom 4. November v. J., enthalten in dem am 23. v. Mts. ausgegebenen 42. Stücke der vorjährigen Gesetz-Sammlung, bestimmt:

> daß in den durch Erkenntniß beendeten Prozessen im dortigen Bezirke bei Festsetzung des Prozeßwerthstempels der nachzuweisende Betrag der zu den Gerichtsvollzieher-Urkunden im Prozesse bis dahin verbrauchten Stempel bis auf Höhe des Erkenntniß-Werthstempels in Abrechnung gebracht werden kann.

Es kommen hiernach alle diejenigen Stempel zur Anrechnung, welche von der die Instanz einleitenden Ladung ab bis zu dem diese Instanz beendigenden Definitiv-Urtheile zu solchen Gerichtsvollzieher-Urkunden verwendet wurden, die zum Zwecke der Führung des Prozesses zugestellt worden sind.

Sie können aber nur zur Anrechnung kommen „bei Festsetzung des Prozeßwerthstempels,“ woraus folgt, daß vor dieser Festsetzung die Urkunden nebst den dazu verwendeten Stempeln, unter dem Antrage auf Anrechnung des anzugebenden Gesammtbetrages der letztern, dem erkennenden Richter vorgelegt werden müssen; dieser sodann die Angabe rücksichtlich der Anrechnungsfähigkeit und des Betrags der Stempel zu prüfen und in dem Endurtheile, nach Festsetzung des an sich gesetzlichen Werthstempels, den Betrag der darauf anzurechnenden Stempel, sowie als Resultat den Rest des noch zu zahlenden Werthstempels zu bestimmen hat; daß endlich nach erfolgter Festsetzung des Werthstempels Anträge auf Anrechnung von Stempeln nicht mehr statthaft sind.

Bei den Friedensgerichten, sowie bei den Handelsgerichten, werden die Parteien vor Fällung des die Festsetzung enthaltenden Endurtheils auf ihre dießfällige Befugniß aufmerksam zu machen sein.

Bei den Landgerichten und bei dem Appellationsgerichtshofe, ferner in den bei den Handelsgerichten anhängigen Sachen, in welchen die Parteien durch Anwälte vertreten sind, liegt dagegen den letzteren ob, sei es in denjenigen Konklusionen, auf welche das den Werthstempel festsetzende Urtheil erfolgen muß, sei es in einer besondern, dieser Konklusion gleich beigefügten Specifikation, unter Bezeichnung und Beifügung der Gerichtsvollzieher-Urkunden, die anzurechnenden Stempelbeträge zu verzeichnen.

Ew. Hochwohlgeboren finde ich mich veranlaßt, hierauf aufmerksam zu machen, mit dem Auftrage, die hiernach zur Ausführung der Allerhöchsten Ordre bei den Rheinischen Gerichten erforderliche Anweisung ergehen zu lassen.

Berlin den 10. Januar 1845.

Der Justiz-Minister
Uhden.

An
den Königl. Ersten Präsidenten des Appellationsgerichtshofes Herrn Schwarz
und den Königl. General-Prokurator Herrn Geheimen Ober-Justizrath Berghaus Hochwohlgeboren zu Köln.

I. 5947. Rh. Gen. 62. Vol. 6.

4.

Verfügung vom 16. Januar 1845, — betreffend die Beschäftigung der Gerichtsschreiber-Kandidaten.

Ew. Hochwohlgeboren wird auf den Bericht vom 29. Dezember v. J.

die Beschäftigung der Gerichtsschreiber-Kandidaten betreffend,

eröffnet, daß das Justiz-Ministerium aus den von Ihnen entwickelten Gründen mit Ihnen insoweit einverstanden ist, daß bei Wiederbesetzung erledigter Gerichtsschreiberstellen im Falle einer nicht sehr verschiedenen Anciennität der Kandidaten, diejenigen vorzugsweise berücksichtigt werden sollen, welche nach bestandenem Examen eine längere Zeit in dem Parquet der General-Prokuratur, in den Parqueten der Ober-Prokuratoren oder in den Sekretariaten der Landgerichte oder Handelsgerichte als Gehülfen beschäftigt gewesen sind, und diese Bestimmung nur gegen diejenigen Kandidaten keine Anwendung findet, welche als Bürgermeister, als Sekretarien der Fabrikengerichte, als Aktuarien oder als Gerichtsvollzieher angestellt oder in dem Militairstande geblieben sind. Durch eine solche allgemeine Anordnung wird der doppelte Vortheil erreicht werden, daß einerseits nur solche Kandidaten zu einer Anstellung gelangen, welche in der Zeit zwischen dem bestandenen Examen und ihrer Anstellung ihren eigentlichen Beruf nicht vernachlässigt haben, andererseits aber den Sekretariaten der Landgerichte und Handelsgerichte ein hinreichendes Hülfspersonal geprüfter Gerichtsschreiber-Kandidaten beschafft wird. Dagegen würde es zu weit führen und unter Umständen zu Härten Anlaß geben, wenn man, wie dies von Ew. Hochwohlgeboren vorgeschlagen ist, bestimmen wollte, daß ohne alle Rücksicht auf Anciennität diejenigen Kandidaten vorzugsweise bei Wiederbesetzung erledigter Gerichtsschreiberstellen berücksichtigt werden sollen, welche während der letzten 12 Monate vor der eingetretenen Vakanz in der erwähnten Art als Gerichtsschreibergehülfen beschäftigt gewesen sind. Abgesehen davon, daß der Zeitpunkt, wann eine Vakanz eintreten wird, ganz unbestimmt ist, und es deshalb den Kandidaten unmöglich ist, hiernach ihre Dispositionen zu treffen, lassen es oft die Familien- und persönlichen Verhältnisse derselben nicht zu, gerade in der letzten Zeit vor ihrer Anstellung als Gerichtsschreibergehülfen zu arbeiten. Es würde also, wenn man eine derartige Anordnung treffen wollte, gar leicht der nicht zu rechtfertigende Fall eintreten können, daß Kandidaten, die in der Anciennität viel höher stehen, und deren Qualifikation vielleicht noch bedeutender ist, anderen Kandidaten blos deshalb nachstehen müßten, weil letztere gerade in der unmittelbar vorhergehenden Zeit als Gehülfen gearbeitet haben.

Ew. Hochwohlgeboren wird überlassen, eine Verfügung des eben erwähnten Inhalts zu erlassen und durch die Amtsblätter zur öffentlichen Kenntniß zu bringen.

Auf den Antrag des Landgerichts-Präsidenten und Ober-Prokurators zu N., auch nicht geprüfte Aspiranten als Protokollführer den Instruktions-Richtern überweisen und zu diesem Ende vereiden lassen zu dürfen, kann nicht eingegangen werden. Auch wird sich das Bedürfniß, daß zu diesem Antrage Anlaß gegeben, erledigen, wenn die allgemeine Anordnung in Betreff der Beschäftigung der Gerichtsschreiber-Kandidaten in Wirksamkeit getreten ist.

Berlin den 16. Januar 1845.

Das Justiz-Ministerium.
Ruppenthal.

An
den Königl. General-Prokurator
Herrn Berghaus Hochwohlgeboren
zu Köln.

I. 736. Rh. Off. Sachen 13.

5.

Gesetz vom 31. Januar 1845, — über das Verfahren in Wald-, Feld- und Jagdfrevel-Sachen bei Civil-Einreden im Bezirk des Appellationsgerichtshofes zu Köln.

Wir Friedrich Wilhelm, von Gottes Gnaden, König von Preußen ꝛc. ꝛc.

finden Uns bewogen, für den Bezirk des Appellationsgerichtshofes zu Köln zur Feststellung des Verfahrens in den Fällen, wenn bei Untersuchungen wegen Wald-, Feld- oder Jagdfrevel von dem Angeschuldigten Civileinreden zu seiner Vertheidigung vorgebracht werden, auf den Antrag Unseres Staatsministeriums, nach Anhörung Unserer getreuen Stände der Rheinprovinz und nach vernommenem Gutachten Unseres Staatsraths zu verordnen, was folgt:

§. 1. Auf die in Untersuchungen wegen Wald-, Feld- oder Jagdfrevel von dem Angeschuldigten vorgebrachte Einrede, daß er zu der ihm als Frevel zur Last gelegten Handlung berechtigt gewesen sei, darf der Strafrichter das Erkenntniß nur dann aussetzen, wenn die Einrede durch Angabe des bestimmten Rechtsgrundes und der Beweismittel hinreichend bescheinigt und zugleich von der Art ist, daß sie im Falle ihrer Richtigkeit jede Strafe ausschließen würde. Der Rechtsgrund und die Beweismittel müssen in dem Urtheile, durch welches das Strafverfahren ausgesetzt wird, angegeben werden.

§. 2. Hat der Strafrichter das Erkenntniß wegen einer solchen Einrede, die sich auf Eigenthum gründet, ausgesetzt, so muß der bei dem Strafgericht fungirende Beamte des öffentlichen Ministeriums demjenigen, dessen Rechte durch die Einrede zunächst berührt werden, von deren Vorbringen und von der angeordneten Aussetzung des Strafverfahrens sogleich Nachricht geben. Diesem bleibt überlassen, seine Rechte im gesetzlichen Wege geltend zu machen, und den Erfolg beim Strafgerichte zur Anzeige zu bringen.

§. 3. Hat der Strafrichter das Erkenntniß wegen einer solchen Einrede, die sich auf ein anderes Rechtsverhältniß als das des Eigenthums gründete, ausgesetzt, so muß er dem Angeschuldigten eine, nach den Umständen abzumessende, höchstens zweimonatliche Frist bestimmen, binnen welcher derselbe das Anerkenntniß des Eigenthümers oder den Nachweis der Einleitung einer Klage zur Ausführung der behaupteten Befugniß beizubringen hat.

§. 4. Wird in denjenigen Landestheilen, in welchen das Jagdrecht getrennt von dem Grundeigenthum besteht, von dem eines Jagdfrevels Angeschuldigten die Einrede, daß er zur Ausübung der Jagd befugt gewesen, vorgebracht, und deshalb das Erkenntniß ausgesetzt; so hat der Strafrichter dem Angeschuldigten auch dann, wenn derselbe auf seinem Eigenthum gejagt hat, eine Frist zu bestimmen, binnen welcher derselbe das Anerkenntniß desjenigen, dessen Rechte durch die Einrede zunächst berührt werden, oder den Nachweis der Einleitung einer Klage zur Ausführung der behaupteten Befugniß beizubringen hat.

§. 5. Wird in dem Falle des §. 2. der Civilprozeß vor Ablauf der für die Verjährung des denunzirten Frevels vorgeschriebenen Frist angestellt, so ruht diese Verjährung während der ganzen Dauer des Prozesses. Die Verjährung des Frevels ruht gleichfalls in den Fällen der §§. 3. und 4. während der vom Strafrichter bestimmten Frist, so wie während der Dauer des innerhalb dieser Frist angestellten Civilprozesses.

§. 6. Wird der in den §§. 3. und 4. erwähnte Nachweis nicht binnen der bestimmten Frist geführt, so wird das Strafverfahren fortgesetzt, dem Angeschuldigten bleibt jedoch unbenommen, seinen civilrechtlichen Anspruch, des Strafverfahrens ungeachtet, im gesetzlichen Wege zu verfolgen.

§. 7. In dem Falle des §. 2. wird das Strafverfahren auch dann fortgesetzt, wenn nur ein Possessorienprozeß gegen den Angeschuldigten angestellt und zu dessen Nachtheil rechtskräftig entschieden worden. Dagegen kann auch der Angeschuldigte auf ein Erkenntniß beim Strafrichter antragen, wenn der Possessorienprozeß zu seinem Vortheil rechtskräftig entschieden wird. In beiden Fällen bleibt den Betheiligten unbenommen, ihre Ansprüche im petitorischen Verfahren weiter zu verfolgen.

§. 8. Alle diesem Gesetze zuwiderlaufende allgemeine und besondere Verordnungen werden hierdurch außer Kraft gesetzt.

Urkundlich unter Unserer Höchsteigenhändigen Unterschrift und beigedrucktem Königlichen Insiegel.

Gegeben Berlin den 31. Januar 1845.

(L. S.) Friedrich Wilhelm.

v. Rochow, v. Savigny, Graf zu Stolberg, Graf v. Arnim, Flottwell, Uhden.

Beglaubigt:
Bode.

I. 894. Rhein. Crim. No. 7. Vol. 5.

6.

Allgemeine Verfügung vom 7. Februar 1845, — betreffend die Befugniß der Königlichen Regierungen und Provinzial-Steuerdirektionen zur Sistirung schon angetretener Steuerstrafen.

Es ist der Fall vorgekommen, daß durch die Weigerung einer Gerichtsbehörde, dem auf Anweisung des Herrn Finanz-Ministers Excellenz von der betreffenden Königlichen Regierung bei ihr gestellten Antrage Folge zu geben:

> ein in Verbüßung einer wegen Steuervergehens erkannten Gefängnißstrafe begriffenes Individuum der Haft zu entlassen,

die Absicht des Herrn Chefs der Finanzverwaltung, den Verurtheilten der Allerhöchsten Gnade seiner Majestät des Königs zu empfehlen, vereitelt worden ist.

Das Königliche Staats-Ministerium hat von diesem Falle Veranlassung genommen, die Frage zur Berathung zu ziehen:

> ob die Gerichtsbehörden schuldig sind, den Anträgen der Regierungen und Provinzial-Steuerdirektionen wegen Sistirung schon angetretener Steuerstrafen Folge zu leisten?

Es hat sich dabei ergeben, daß diese Verpflichtung der Gerichtsbehörden in der bestehenden Gesetzgebung unzweifelhaft begründet sei.

Der §. 95. der Ordnung zum Gesetze vom 8. Februar 1819 wegen Besteuerung des inländischen Branntweins, Braumalzes, Weinmostes und der Tabacksblätter (Gesetzsammlung S. 117) setzt ausdrücklich fest:

> daß die Regierungen nach Umständen der Vollstreckung der erkannten Strafen Anstand geben können, und daß die Gerichte dem, was deshalb an sie ergeht, Folge zu leisten haben.

Der §. 42a. des Gewerbesteuergesetzes vom 30. Mai 1820 (Gesetz-Sammlung S. 154) verweist, in Bezug auf das Strafverfahren gegen Gewerbesteuer-Defraudanten auf die allegirte Vorschrift, und nicht minder ermächtigt das Zoll-Strafgesetz vom 23. Januar 1838 §. 50. (Gesetz-Sammlung S. 88) die Steuerbehörden, nach Umständen der Vollstreckung gerichtlich erkannter Steuerstrafen Einhalt zu thun, indem es zugleich die Gerichtsbehörden anweist, den desfallsigen Anträgen Folge zu geben.

Bei der Erörterung des Gegenstandes im Königlichen Staats-Ministerium ist übereinstimmend anerkannt worden:

daß nach dem Wortsinn sowohl, als nach dem Zusammenhange der erwähnten gesetzlichen Vorschriften, die den Steuerbehörden beigelegte Befugniß, der Vollstreckung der Steuerstrafen Anstand zu geben, auf schon angetretene Strafen in demselben Maaße, wie auf noch nicht angetretene, Anwendung finde,

so wie,

daß auch die Allerhöchste Ordre vom 29. August 1838 (Jahrbücher Bd. 52. S. 233), nach welcher die Vollstrekkung rechtskräftig erkannter Strafen durch Begnadigungsgesuche in der Regel nicht aufgehalten werden soll, diese Befugniß der Steuerbehörden nicht eingeschränkt habe, da die gedachte Allerhöchste Ordre, wie ihr Inhalt besage, nur die Abstellung der Mißbräuche bezweckt habe, welche bei Anwendung der Instruktion vom 26. Juni 1834 hervorgetreten waren, die Steuerbehörden aber gesetzlich befugt seien, die Vollstreckung der Steuerstrafen beliebig zu beanstanden oder zu sistiren, ohne daß es hierbei darauf ankomme, ob dies auf Grund eines Begnadigungsgesuches oder einer andern Rücksicht geschehe.

Sämmtliche Gerichtsbehörden werden hierdurch angewiesen, sich in vorkommenden Fällen nach den obigen Grundsätzen zu achten.

Berlin den 7. Februar 1845.

Der Justiz-Minister
Uhden.

An
sämmtliche Gerichtsbehörden.

I. 283. Steuersachen 22. Vol. 2.

7.

Allgemeine Verfügung vom 25. Februar 1845, — betreffend die Auslegung des §. 6. Tit. 13. Thl. II. des Allgem. Landrechts und die Befugniß der Verwaltungs-Behörden, allgemeine Polizei-Verordnungen und Straf-Bestimmungen zu erlassen.

(Verordnung vom 26. Dezember 1808 §§. 40, 45; Regierungs-Instruktion vom 23. Oktober 1817 §. 11.)

Ueber die Auslegung des §. 6. Tit. 13. Thl. II. des Allgem. Landrechts, welcher bestimmt:

das Recht, Gesetze und allgemeine Polizei-Verordnungen zu geben, dieselben wieder aufzuheben und Erklärungen darüber mit gesetzlicher Kraft zu ertheilen, ist ein Majestätsrecht,

und über die Befugniß der Verwaltungs-Behörden, allgemeine polizeiliche Anordnungen und Straf-Bestimmungen zu erlassen, hatten sich Zweifel erhoben, welche Veranlassung gegeben haben, diesen Gegenstand im Königlichen Staats-Ministerium zu erörtern.

Mit Rücksicht darauf, daß im §. 45. der Verordnung vom 26. Dezember 1808, wegen verbesserter Einrichtung der Provinzial-Polizei- und Finanz-Behörden verordnet ist:

Auf die von den Regierungen mit höherer Genehmigung in Polizei-Angelegenheiten erlassenen Publicanda sind die Landes-Justiz-Kollegien bei ihren Entscheidungen insofern Rücksicht zu nehmen verbunden, als darin keine härtere Strafe, als in den Gesetzen festgesetzt ist,

und daß nach §. 40. daselbst

die Regierungen zu solchen Polizei-Verfügungen, durch welche etwas im Allgemeinen festgesetzt wird, die Genehmigung der höheren Polizei-Behörde einzuholen haben,

so wie endlich mit Bezug auf den §. 11. der Regierungs-Instruktion vom 23. Oktober 1817, woselbst bestimmt ist:

Allgemeine Verbote und Strafbestimmungen dürfen sämmtliche Regierungen nicht ohne höhere Genehmigung erlassen, es sei denn, daß das Gebot schon an sich durch das Gesetz feststeht, in letzterem aber die Strafe nicht ausdrücklich bestimmt ist. In diesem Falle können sie innerhalb der Grenzen des Allgem. Landrechts Thl. II. Tit. 20. §§. 33, 35 und 240 die Strafen bestimmen und bekannt machen,

hat das Königliche Staats-Ministerium in seiner Sitzung vom 7. Januar d. J. als unzweifelhaft anerkannt:

daß die Ausübung des im §. 6. Tit. 13. Thl. II. des Allgem. Landrechts gedachten Majestätsrechts, allgemeine Polizei-Verordnungen zu erlassen, verfassungsmäßig den Verwaltungs-Ministerien insoweit zuständig sei, als dieselben für ermächtigt gehalten werden müssen, polizeiliche Anordnungen und Straf-Bestimmungen innerhalb der Grenzen der polizeilichen Strafgewalt zu erlassen, und deren Erlaß von Seiten der Regierungen zu genehmigen.

Indem dieser Beschluß sämmtlichen Gerichtsbehörden hierdurch bekannt gemacht wird, werden dieselben angewiesen, dergleichen allgemeine Polizei-Verordnungen in vorkommenden Fällen bei ihren Entscheidungen gehörig zu berücksichtigen.

Berlin den 25. Februar 1845.

Der Justiz-Minister
Uhden.

An
sämmtliche Gerichtsbehörden.

I. 469. R. 23. Vol. 3.

8.

Gesetz vom 7. März 1845, — über die Verpflichtung des Fiskus zur Zahlung von Zögerungszinsen.

(Gesetz vom 7. Juli 1833, Ges. Samml. S. 79.)

Wir Friedrich Wilhelm, von Gottes Gnaden, König von Preußen rc. rc.

Um den von den getreuen Ständen mehrerer Provinzen vorgetragenen Wünschen wegen Aufhebung des fiskalischen Vorrechts hinsichtlich der Zögerungszinsen möglichst zu entsprechen, verordnen Wir, unter Abänderung des §. 3. des Gesetzes vom 7. Juli 1833, auf den Antrag Unseres Staatsministeriums und nach vernommenem Gutachten Unseres Staatsraths für den ganzen Umfang der Monarchie was folgt:

Der Fiskus soll fortan auch in Ansehung der Verbindlichkeit, Zögerungszinsen zu zahlen, in Friedenszeiten den Privatpersonen völlig gleichgestellt sein.

Dagegen soll derselbe während der Dauer eines Krieges von den bis zu dessen Ausbruch gegen ihn noch nicht rechtskräftig festgestellten oder während des Krieges fällig werdenden Forderungen Zögerungszinsen erst von dem Tage an zu entrichten verbunden sein, an welchem das Erkenntniß über die Forderung rechtskräftig wird.

Urkundlich unter Unserer Höchsteigenhändigen Unterschrift und beigedrucktem Königlichen Insiegel.

Gegeben Berlin den 7. März 1845.

(L. S.) Friedrich Wilhelm.

v. Rochow, v. Savigny, Flottwell, Uhden.

Beglaubigt:
Bode.

I. 1388. F. 3.

9.

Gesetz vom 14. März 1845, — betreffend die Verpflichtung zur Aufbringung der Kosten für die kirchlichen Bedürfnisse der Pfarrgemeinden in den Landestheilen des linken Rheinufers.

Wir Friedrich Wilhelm, von Gottes Gnaden, König von Preußen ꝛc.

verordnen über die Verpflichtung zur Aufbringung der Kosten für die kirchlichen Bedürfnisse der Pfarrgemeinden in den Landestheilen des linken Rheinufers auf den Antrag Unseres Staatsministeriums, nach Anhörung Unserer getreuen Stände der Rheinprovinz und nach vernommenem Gutachten Unseres Staatsraths, was folgt:

§. 1.

Zuschüsse zu den Kosten für ordentliche (jährlich wiederkehrende), so wie für außerordentliche kirchliche Bedürfnisse einer Pfarrgemeinde, welche bei Verkündung dieses Gesetzes bereits auf dem Haushaltsetat der Civilgemeinde stehen, sind von dieser, nach Maaßgabe des Beschlusses, auf dem sie beruhen, auch künftig zu gewähren, sofern sie nicht durch veränderte Umstände entbehrlich werden. Ist ein Zuschuß auf mehrere Jahre vertheilt, so müssen auch die Beträge für die auf die Verkündung dieser Verordnung folgenden Jahre gewährt werden.

§. 2.

Kosten für ordentliche kirchliche Bedürfnisse einer Pfarrgemeinde, welche weder aus dem Kirchenvermögen, noch aus den nach §. 1. von der Civilgemeinde zu leistenden Zuschüssen bestritten werden können, sind von denjenigen Einwohnern und Grundbesitzern des Pfarrbezirks aufzubringen, welche zur Konfession der betreffenden Pfarrgemeinde gehören.

§. 3.

Kosten für außerordentliche kirchliche Bedürfnisse einer Pfarrgemeinde sind, sofern sie weder aus dem Kirchenvermögen, noch aus den nach §. 1. von der Civilgemeinde zu leistenden Zuschüssen bestritten werden können, von den Civilgemeinden in dem Maaße herzugeben, als dieselbe, nach Abrechnung ihrer Kapitalschulden, noch Gemeindevermögen besitzt. Die zu öffentlichen Gemeindezwecken bestimmten Grundstücke sind hierbei nicht zur Berechnung zu ziehen.

Diese Verpflichtung der Civilgemeinden tritt auch dann ein, wenn eine solche Verwendung des Gemeidevermögens erhöhte oder neue Umlagen in der Civilgemeinde nöthig machen sollte.

§. 4.

In welcher Art die Mittel zur Erfüllung der im §. 3. vorgeschriebenen Verpflichtung der Civilgemeinde zu beschaffen sind, hat, auf den Vorschlag der Gemeinde, die Regierung festzusetzen. Die Beschaffung dieser Mittel ist in der Regel durch Verwendung entbehrlicher Geldbestände oder ausstehender Kapitalien, oder durch außerordentliche Nutzungen des Gemeindevermögens, oder durch Aufnahme eines aus demselben zu verzinsenden und zu amortisirenden Darlehns zu bewirken. Die Veräußerung von Gemeindegrundstücken kann ausnahmsweise gestattet werden, wenn sie von der Gemeinde beantragt wird und aus besonderen Gründen für angemessen zu erachten ist.

§. 5.

Gehören zu einer Civilgemeinde Eingepfarrte verschiedener Konfession, so soll, wenn die Civilgemeinde nach Vorschrift des §. 3. Beiträge zu einem außerordentlichen kirchlichen Bedürfniß der einen Konfession zu leisten hat, gleichzeitig für die Eingepfarrten der andern Konfession ein nach dem Verhältniß der Seelenzahl zu berechnender Betrag festgestellt, und wenn in der Folge für sie gleichfalls ein außerordentliches kirchliches Bedürfniß (§. 3.) eintritt, zu dessen Befriedigung verwendet werden. Bis dies geschieht, bildet dieser Betrag eine auf dem Gemeindevermögen haftende unverzinsliche Schuld.

§. 6.

Kann die Befriedigung eines außerordentlichen kirchlichen Bedürfnisses weder ganz, noch theilweise auf die in den §§. 3. bis 5. vorgeschriebene Art erfolgen, so sind die erforderlichen Mittel nach der Bestimmung des §. 2. aufzubringen.

§. 7.

Alle allgemeine und besondere Vorschriften über die Verpflichtung, die Kosten für die kirchlichen Bedürfnisse der Pfarrgemeinden in Ermangelung eines dazu ausreichenden Kirchenvermögens aufzubringen, werden, in soweit sie den vorstehenden Bestimmungen zuwiderlaufen, hiermit außer Kraft gesetzt.

Urkundlich unter Unserer Höchsteigenhändigen Unterschrift und beigedrucktem Königlichen Insiegel.

Gegeben Berlin den 14. März 1845.

(L. S.) Friedrich Wilhelm.

v. Rochow, Eichhorn, Graf v. Arnim, Flottwell.

Beglaubigt:
Bode.

I. 1767. Rhein. Gen. 46. Vol. 2.

10.

Regulativ vom 21. Oktober 1844 und Allgem. Verfügung vom 17. März 1845, — betreffend das Verfahren bei den medizinisch-gerichtlichen Untersuchungen menschlicher Leichname (Obduktionen).

I. Allgemeine Bestimmungen.

§. 1.

Gerichtliche Leichenöffnungen (Obduktionen) dürfen nur auf Requisition der gerichtlichen Behörden und im Beisein des vollständig besetzten Kriminalgerichtes von den Sachverständigen vorgenommen werden.

§. 2.

Die betreffenden Physiker sind verpflichtet, in Gemeinschaft mit dem gerichtlichen Wundarzt jeder ihnen übertragenen Obduktion sich selbst zu unterziehen und dürfen nur in gesetzlichen Behinderungsfällen durch einen andern Physikus oder Arzt sich vertreten lassen.

§. 3.

Vor Ablauf von 24 Stunden nach dem Tode, vorausgesetzt, daß die Zeit, wo solcher erfolgt war, bekannt ist, dürfen auch gerichtliche Obduktionen nicht vorgenommen werden. In Fällen, wo es noch möglich erscheinen sollte, einen plötzlich Verstorbenen wieder ins Leben zurück zu rufen, sollen selbst die erforderlichen Rettungsversuche vorher angestellt und muß von den Obducenten, wenn einer von ihnen, oder beide die Rettungsversuche geleitet haben, das hierbei beobachtete Verfahren und dessen Erfolg zu Protokoll bemerkt werden.

§. 4.

Wegen vorhandener Fäulniß dürfen Obduktionen in der Regel nicht unterlassen und von den Physikern abgelehnt werden; denn selbst bei einem hohen Grade der Fäulniß können Abnormitäten und Verletzungen der Knochen noch ermittelt, fremde Körper aufgefunden, Schwangerschaften u. s. w. entdeckt, Arsenikvergiftungen aber nach langer Zeit noch nachgewiesen werden. Die Obducenten haben sich daher zu hüten, nicht voreilig wegen eingetretener Fäulniß Obduktionen für unthunlich zu erklären und kann es hierbei auf die Zeit, welche seit dem Tode des denatus bereits verstrichen ist, nicht ankommen.

§. 5.

Dafür, daß bei jeder Obduktion die zu derselben erforderlichen Instrumente vollständig und in brauchbarem Zustande zur Hand sind, haben die Physiker und gerichtlichen Wundärzte nach der jedem von ihnen durch die Verfügung des Königlichen Ministerii des Innern vom 28. Januar 1817 auferlegten Verpflichtung zu sorgen. Die gerichtlichen Wundärzte haben überdies noch die Pflicht, nach beendigter Obduktion und nach passender Beseitigung der Abgänge die geöffnet gewesenen Körperhöhlen, wo es irgend zulässig, kunstgemäß durch Nähte zu schließen.

§. 6.

Behufs der Obduktion ist für Beschaffung und Einrichtung eines geräumigen und hinreichend hellen Lokals, angemessene Lagerung des Leichnams und Entfernung störender Umgebung möglichst zu sorgen. Obduktionen bei Kerzen- oder Lampenlicht sind, einzelne, keinen Aufschub gestattende Fälle ausgenommen, unzulässig. Der Ausnahme ist im Protokoll unter Anführung der Rechtfertigungsgründe ausdrücklich zu erwähnen.

II. Verfahren bei den Obduktionen.

§. 7.

Es kann erforderlich sein, zuvörderst den Ort, wo, und die Umgebungen, in denen der Leichnam gefunden worden ist, auch ärztlicher Seits in Augenschein zu nehmen, die Lage, in welcher der Leichnam angetroffen ist, zu ermitteln und die Kleidungsstücke zu besichtigen. In der Regel werden zwar die Obducenten es abwarten können, ob sie von den Gerichtspersonen hierzu aufgefordert werden, doch kann es unter Umständen auch angemessen sein, daß Obducenten bei Zeiten auf die Nothwendigkeit dieser Voruntersuchung aufmerksam machen.

§. 8.

Zeigen sich an dem Leichnam Verletzungen, welche die Ursache des Todes gewesen zu sein scheinen und haben sich Werkzeuge vorgefunden, mit denen diese Verletzungen bewirkt sein konnten, so haben die Obducenten jene mit diesen zu vergleichen und auf Erfordern des Richters sich darüber zu äußern, ob letztere durch jene zu bewirken gewesen, ob ferner aus der Lage und Größe der Wunde ein Schluß auf die Art, wie der Thäter wahrscheinlich verfahren und auf dessen Absicht und körperliche Kraft gemacht werden kann (Kriminal-Ordnung §. 162).

§. 9.

Die Obduktion selbst zerfällt in zwei Haupttheile:

a) Aeußere Besichtigung oder Inspektion.

b) Innere Besichtigung oder Sektion.

§. 10.

Bei der äußeren Besichtigung ist die äußere Beschaffenheit: erstlich des Körpers im Allgemeinen und sodann zweitens der einzelnen Theile desselben der Reihe nach zu untersuchen.

Hinsichtlich des Körpers im Allgemeinen sind zu berücksichtigen: Alter, Geschlecht, Größe, wohlgenährte oder abgemagerte Körperbeschaffenheit, besondere Abnormitäten, schon eingetretene Fäulniß u. s. w. Auch sind die Zeichen des wirklich erfolgten Todes anzugeben.

Bei Besichtigung der einzelnen Theile ist besonders eine bestimmte Ordnung zu beobachten. Am Kopfe sind zu betrachten: Haare, Augen, Ohren, Nase, Mund, in demselben die Zähne, so wie die Zunge nach ihrer Lage und Beschaffenheit. Auch ist darauf zu achten, ob etwa fremde Körper in den genannten Höhlen sich befinden.

Nach dem Kopfe sind zu betrachten: der Hals, dann die Brust, der Unterleib, die Rückenfläche, der After, die Genitalien, endlich die obern und untern Extremitäten.

Findet sich an irgend einem Theile eine Verletzung, so ist zuvörderst deren Lage und Richtung mit Bezugnahme auf benachbarte feste Punkte des Körpers und sodann ihre Länge, Breite und Tiefe anzugeben, letztere jedoch nur, in sofern sie durch das Gesicht wahrgenommen werden kann, indem ein Sondiren der Wunden in der Regel nicht zulässig ist. Der Verlauf von tief eindringenden Wunden kann vielmehr erst bei der Sektion des Leichnams ermittelt werden. Eben so darf auch die Beschaffenheit der Wundränder und ob sie mit ausgetretenem und angetrocknetem Blute oder Eiter bedeckt sind oder keine Zeichen einer lebendigen Reaktion darbieten, nicht übersehen werden. Zeigen sich blaue Flecke am Leichnam, so ist durch gemachte Einschnitte zu ermitteln, ob dieselben wirklich von extravasirtem Blute herrühren oder nur sogenannte Todtenflecke sind. In jenem Falle ist auch die geronnene oder flüssige Beschaffenheit des Blutes zu berücksichtigen.

§. 11.

Bei der inneren Besichtigung sind jedenfalls die drei Haupthöhlen des Körpers: Kopf-, Brust- und Bauchhöhle zu eröffnen und zu untersuchen. Unter Umständen kann auch die Eröffnung der Wirbelsäule erforderlich werden. Bei jeder der genannten Höhlen sind zuvörderst die Lage der in ihr befindlichen Organe, sodann etwa vorhandene Ergießungen von Flüssigkeiten und endlich jedes einzelne Organ äußerlich und, nach geschehenem Aufschneiden, innerlich zu betrachten. Läßt sich im Voraus vermuthen, welche Höhle des Körpers die Ursache des Todes enthalten wird, so ist mit dieser der Anfang zu machen, sonst aber mit dem Kopfe zu beginnen und sind hierauf die Brust und der Unterleib zu öffnen.

§. 12.

Die Eröffnung der Kopfhöhle geschieht (wenn nicht etwa Verletzungen, die, so viel als möglich mit dem Messer umgangen werden müssen, ein anderes Verfahren gebieten) am besten mittelst eines von einem Ohr zum andern mitten über den Scheitel hin geführten Schnittes, worauf sodann die allgemeinen Kopfbedeckungen nach vorn und hinten herabgezogen werden können, demnächst auch die knöcherne Schädeldecke durch einen Kreisschnitt mit der Säge getrennt und abgenommen wird. Hierauf werden die drei Gehirnhäute, sodann das große und kleine Gehirn nebst dem Gehirnknoten und dem verlängerten Mark und endlich, nach Herausnahme des Gehirns, die Basis des Schädels mit den dort befindlichen Blutleitern untersucht.

§. 13.

Zur Eröffnung der Brust- und Bauchhöhle genügt in der Regel ein durch die allgemeinen Bedeckungen vom Kinn bis zur Schambeinfuge an der linken Seite des Nabels fortgeführter Längenschnitt. Der Eröffnung der Brusthöhle ist die Untersuchung des Halses, an welchem vorzüglich der Kehlkopf nebst Luftröhre, der Schlundkopf und die Speiseröhre, die großen Blutgefäße und Nervenstämme, so wie auch die Halswirbel zu berücksichtigen sind, voranzuschicken.

Um sodann die Brusthöhle zu öffnen, ist am zweckmäßigsten das Brustbein auf die Weise abzunehmen, daß die Verbindung seines Handgriffs mit den Schlüsselbeinen und den Knorpeln der ersten Rippe (mit sorgfältiger Vermeidung der darunter belegenen Blutgefäße) getrennt und sodann die übrigen Rippenknorpel an ihren Vereinigungsstellen mit den Rippen durchschnitten, hierauf aber, nachdem das Brustbein von oben nach unten zurückgeschlagen worden, die Verbindungen des Zwergfells mit demselben genau an dessen Anheftungspunkten gelöst werden.

In der so geöffneten Brusthöhle werden nun der Reihe nach die Lungen, (die Thymusdrüse, wo sie noch vorhanden ist), der Herzbeutel, das Herz selbst und die großen Blutgefäße untersucht.

§. 14.

Zur Eröffnung der Bauchhöhle wird am besten der durch die allgemeinen Bedeckungen bereits gemachte Längenschnitt weiter durch das peritonaeum geführt. Hierauf werden die Bauchdecken nach beiden Seiten so zurückgelegt, daß der glatte Rand der unteren Rippen auf beiden Seiten sich dem Auge darbietet. Nachdem sodann in der geöffneten Bauchhöhle die Eingeweide in ihrer Lage betrachtet und etwa ergossene Flüssigkeiten nach Qualität und nach preußischem Civilgewicht in Hinsicht ihrer Quantität ermittelt worden, sind die Organe einzeln zu untersuchen. Es sind dies: der Magen und Darmkanal, die Leber, Milz, Bauchspeicheldrüse, Gekröse und Netze, ferner Nieren- und Harnblase; bei weiblichen Leichen, die Gebärmutter nebst ihren Anhängen, endlich die großen Blutgefäße. Um die Quelle der Blutung aus einem verletzten Gefäß zu ermitteln, kann der Stamm desselben eröffnet und mit einem Tubulus Luft eingeblasen werden.

§. 15.

Bei vorhandenem Verdacht einer Vergiftung müssen um den untern Theil der Speiseröhre und etwa den mittleren des Dünndarmes doppelte Ligaturen gelegt und die Speiseröhre und Dünndarm zwischen den Ligaturen durchschnitten werden. Demnächst wird der Magen mit dem oberen Theile des Dünndarms aus der Bauchhöhle herausgenommen, nach vorgängiger anatomischer Untersuchung in ein Gefäß von Porzellan oder starkem Glase gethan und den Gerichtspersonen zur weiteren Veranlassung übergeben.

Auch die Speiseröhre, nachdem sie nahe am Halse unterbunden und über der Ligatur durchschnitten worden, ist aus der Brusthöhle herauszunehmen und gleichfalls in das gedachte Gefäß zu legen.

§. 16.

Bei der Obduktion neugeborener Kinder sind noch besondere Punkte zu berücksichtigen:

Es müssen **erstens** die sogenannten Zeichen der Reife, d. h. die Zeichen des Alters und der davon abhängenden körperlichen Entwickelung und Lebensfähigkeit genau ermittelt werden. Dahin gehören hauptsächlich: die Länge und das Gewicht des Kindes, die Beschaffenheit der allgemeinen Bedeckungen und der Nabelschnur, die Länge und Beschaffenheit der Kopfhaare, die Größe der Fontanellen, die Durchmesser des Kopfes (Längen-, Quer- und Diagonal-Durchmesser), die Beschaffenheit der Augen (membrana pupillaris) die Beschaffenheit der Nase und Ohren; ferner die Querdurchmesser der Schultern und Hüften; bei Knaben die Lage der Hoden und endlich die Länge und Beschaffenheit der Nägel an den Fingern und Zehen.

§. 17.

Hat sich hiernach ergeben, daß das Kind über dreißig Wochen alt, also lebensfähig gewesen,, so muß **zweitens** untersucht werden, ob es wirklich nach der Geburt gelebt hat, worauf vorzugsweise aus dem geschehenen oder nicht geschehenen Athmen geschlossen werden kann.

Es ist deshalb schon bei der Besichtigung auf die Wölbung der Brust Rücksicht zu nehmen, bei der Sektion aber zur richtigen Ermittelung des Standes des Zwerchfells die Bauchhöhle vor der Brusthöhle und die Kopfhöhle zuletzt zu eröffnen.

Bei der zur Erforschung des geschehenen Athmens anzustellenden Athemprobe sind

a) die Farbe, Ausdehnung und davon abhängende Lage der Lungen (letztere namentlich in Beziehung zum Herzbeutel) zu betrachten;

sodann

b) behufs der Herausnahme der Brusteingeweide und der Brusthöhle doppelt zu unterbinden und zwischen beiden Ligaturen zu durchschneiden: die vena jugularis thoracica sinistra und dextra nebst der vena azygos, die arteria anonyma, arteria carotis sinistra, arteria subclavia sinistra, aorta descendens und endlich noch (nach geschehener Eröffnung des Herzbeutels) die vena cava inferior. Außerdem ist die Luftröhre einfach zu unterbinden und oberhalb der Ligatur zu durchschneiden.

c) Die hierauf aus der Brusthöhle herausgenommenen Brusteingeweide (Herz, Thymus und Lungen) werden gewogen und dann, nachdem die Luftröhre geöffnet und untersucht worden,

d) in einem geräumigen, mit reinem kalten Wasser gefüllten Gefäße hinsichtlich ihrer Schwimmfähigkeit geprüft. Alsdann werden

e) die Arterien und Venen beider Lungen doppelt unterbunden, zwischen den Ligaturen durchschnitten und die Lungen von dem Herzen und der Thymusdrüse getrennt.

f) Hierauf werden die Lungen allein gewogen, sodann

g) zur Ermittelung ihres spezifischen Gewichts abermals auf das Wasser gelegt. Es werden

h) in beide Lungen Einschnitte gemacht und auf etwa dabei wahrzunehmendes knisterndes Geräusch geachtet. Zugleich wird

i) die Quantität und Beschaffenheit des aus den Schnittflächen bei gelindem Drucke hervortretenden Blutes bemerkt. Es werden

k) die Lungen noch unterhalb des Wasserspiegels eingeschnitten, um zu sehen, ob Luftbläschen aus den Schnittflächen emporsteigen,

endlich

l) beide Lungen von einander getrennt. Jede wird einzeln hinsichtlich ihrer Schwimmfähigkeit geprüft und geschieht dasselbe mit den einzelnen Lappen beider Lungen und den einzelnen Stücken, in welche die Lungenlappen zerschnitten worden.

III. Abfassung des Obduktions-Protokolls und Berichts.

§. 18.

Alle für die Ausmittelung der Todesart erheblichen Befunde müssen bei jeder forensischen Obduktion den Gerichtspersonen vorgezeigt werden. Es ist wichtig und unerläßlich, daß überall der richterliche Zweck von den Obducenten richtig aufgefaßt und im Auge behalten, in dieser Hinsicht neben der Genauigkeit auch Vollständigkeit, so viel als möglich, erstrebt, dagegen Ausführlichkeit über jene Grenzen hinaus vermieden werde.

§. 19.

Ueber das Verfahren bei der Obduktion und alles, was bei derselben wahrgenommen ist, wird an Ort und Stelle ein genaues Protokoll aufgenommen, dessen Fassung deutlich, bündig, bestimmt und von der Art sein muß, daß es auch für den Laien möglichst verständlich wird.

§. 20.

In demselben sind die beiden Hauptabtheilungen, die innere und äußere Besichtigung mit römischen Zahlen (I. II.) und bei der inneren Besichtigung die Eröffnungen der drei Haupthöhlen mit großen Buchstaben (A. B. C.) zu bezeichnen. Außerdem aber ist die Untersuchung jedes einzelnen Theiles unter eine besondere, mit arabischen Zahlen anzugebende Rubrik zu bringen, so zwar, daß vom Anfange der äußeren Besichtigung an bis zum Schlusse des Obduktions-Protokolls fortlaufende Nummern gebraucht werden. Mehrere Theile müssen nicht unter eine Nummer gebracht und überhaupt nicht collective abgehandelt, auch darf kein Theil mit Stillschweigen übergangen werden. Am Schlusse des Protokolls haben die Obducenten ihr vorläufiges Gutachten summarisch, ohne Angabe der Gründe hinzuzufügen.

§. 21.

Wird außerdem noch ein Obduktions-Bericht (motivirtes Gutachten) von ihnen erfordert, so haben sie in diesen das Obduktions-Protokoll so viel als möglich wörtlich aufzunehmen und auf etwanige Differenzen von demselben jedenfalls ausdrücklich aufmerksam zu machen. Auch müssen die Nummern im Obduktions-Bericht mit denen im Protokoll übereinstimmen. Die Fassung des Obduktions-Berichts muß ebenfalls bündig und deutlich sein und es müssen die Gründe für ihr Gutachten von den Obducenten so entwickelt werden, daß sie auch für den Nichtarzt überzeugend sind. War der Obducirte an Verletzungen gestorben, so sind die drei Fragen des §. 169 der Kriminal-Ordnung, in den Rheinprovinzen aber die in dem Ministerial-Reskript vom 15. Mai 1833 vorgeschriebenen vier

Fragen wörtlich und vollständig zu beantworten, oder die Gründe, weshalb dies nicht geschehen kann, anzugeben.

Schließlich werden die Sachverständigen wegen der Unterschrift und Besieglung des Obduktions-Berichts auf die Vorschriften der §§. 170 und 171 der Kriminal-Ordnung noch besonders verwiesen.

Berlin den 21. Oktober 1844.

Königliche wissenschaftliche Deputation für das Medicinal-Wesen.

Vorstehendes Regulativ wird hierdurch zur Kenntniß der Gerichtsbehörden gebracht.

Berlin den 17. März 1845.

Der Justiz-Minister
Uhden.

An
sämmtliche Gerichtsbehörden.
I. 1077. O. 110. Vol. 2.

11.

Allerhöchste Kabinets-Ordre vom 10. März 1845, — betreffend den Verlust ausländischer Orden und Ehrenzeichen in Folge begangener Verbrechen.

Zur Beseitigung angeregter Zweifel bestimme Ich hierdurch, daß über den in Folge begangener Verbrechen eintretenden Verlust auswärtiger Orden und Ehrenzeichen von den Gerichten nur dann erkannt werden soll, wenn dies denselben von Mir durch besondere Erlasse ausdrücklich gestattet worden; dagegen muß in allen übrigen Fällen Meine Entscheidung eben so nachgesucht werden, wie dies hinsichtlich des Verlustes der Preußischen Orden und Ehrenzeichen durch den §. 17 der Erweiterungs-Urkunde für die Königlichen Orden und Ehrenzeichen vom 18. Januar 1810 vorgeschrieben ist. Sie, die Staats-Minister, General der Infanterie von Boyen und Uhden haben diese Bestimmungen den Civil- und Militair-Gerichten bekannt zu machen.

Charlottenburg den 10. März 1845.

An das Staats-Ministerium.

Friedrich Wilhelm.

Vorstehende Allerhöchste Kabinets-Ordre wird hierdurch den sämmtlichen Civil-Gerichtsbehörden zur Nachachtung bekannt gemacht.

Berlin den 18. März 1845.

Der Justiz-Minister
Uhden.

An
sämmtliche Civil-Gerichtsbehörden.

I. 1103. O. 49. Vol. 5.

12.

Allerhöchste Kabinets-Ordre vom 11. April 1845, — daß Belegungen bei der Bank nur in Kourant und nicht in Friedrichsd'or zulässig sind.

Auf Ihren Antrag vom 29. März d. J. bestimme Ich, zur Vereinfachung des Rechnungswesens bei der Bank, daß eine Belegung von Kapitalien in Friedrichsd'or bei derselben künftig nicht mehr stattfinden, sondern nach den folgenden Vorschriften verfahren werden soll:

1) Die Bank soll vom 1. Mai d. J. ab nur gehalten sein, Kourantkapitalien zur Belegung anzunehmen.
2) Die nach den bestehenden Gesetzen zur Belegung bei der Bank bestimmten Kapitalien in Friedrichsd'or sind daher vor der Belegung entweder bei der Bank, oder auf anderem Wege in Kourant umzusetzen. Die Bank wird diesen Umsatz durch Annahme der Friedrichsd'or nach dem Tageskours ohne besondere Kosten bewirken.
3) Die Bank ist ermächtigt, die bis jetzt bei ihr in Friedrichsd'or belegten Kapitalien zur Rückzahlung mit sechsmonatlicher Frist zu kündigen und hat, wenn der Gläubiger den Umsatz dieser Kapitalien in Kourant verlangt, denselben in der ad 2. bezeichneten Weise auszuführen.

Sie haben diese Ordre durch die Gesetzsammlung zur öffentlichen Kenntniß zu bringen.

Potsdam den 11. April 1845.

Friedrich Wilhelm.

An
die Staats-Minister Rother, Eichhorn, Graf v. Arnim und Uhden.

I. 1768. B. 23. Vol. 4.

13.

Verfügung vom 18. April 1845, — betreffend die Stempelfreiheit einiger auf den Civilstand bezüglichen Urkunden.

Ew. Hochwohlgeboren erhalten hierbei, auf den von Ihnen über die Stempelfreiheit einiger auf den Civilstand bezüglichen Urkunden erstatteten Bericht vom 1. v. Mts. eine Abschrift des von dem Herrn Finanz-Minister darüber ergangenen Schreibens vom 12. d. Mts., um daraus zu ersehen, daß von demselben wegen Stempelfreiheit der hier in Rede stehenden Urkunden bereits das Erforderliche an den dortigen Provinzial-Steuer-Direktor verfügt worden ist.

Berlin den 18. April 1845.

Das Justiz-Ministerium.
Ruppenthal.

An
den Königlichen General-Prokurator
Herrn Berghaus Hochwohlgeboren
zu Köln.

I. 1630. Rheinprov. Gen. 62. Vol. 6.

Anlage.

Ew. Excellenz beehre ich mich, den mir mittelst gefälligen Schreibens vom 20. v. Mts. nebst Anlagen mitgetheilten Bericht des General-Prokurators zu Köln vom 1. v. Mts. beigeschlossen ganz ergebenst zurückzusenden.

Wenngleich es richtig ist, daß die von Civilstandsbeamten aufzunehmende Verhandlung über die Einwilligung der Eltern der Brautleute zu deren Verehelichung streng genommen nach der Stempel-Tarifposition „Protocolle" sub b. dem Stempel von 15 Sgr. unterliegt, so gestattet es doch die Eigenthümlichkeit der Verhältnisse, von dieser Versteuerung abzusehen. Denn die Verordnung des Bergischen General-Gouvernements, daß der Civilstandsbeamte die Einwilligung der Eltern der Brautleute zu Protokoll zu nehmen habe, damit sie genöthigt wären, bei der bürgerlichen Ehelichungs-Verhandlung nochmals persönlich zu erscheinen, hat offenbar eine Erleichterung für die Interessenten beabsichtigt, welche aber nicht, oder wenigstens nicht vollständig erreicht werden würde, wenn man für dies Protokoll über die Einwilligung der Eltern der Brautleute zur Verheirathung derselben Stempelpapier erfordern wollte. Wäre es bloß in die Wahl der Interessenten gegeben, ob die Eltern der Brautleute ihre Einwilligung zu Protokoll erklären oder bei der bürgerlichen Ehelichungs-Verhandlung nochmals erscheinen wollten, so würde man weniger Anlaß haben, die Stempel zu den Protokollen außer Ansatz zu lassen, zu deren Aufnahme die Eltern der Brautleute sich alsdann in ihrem Interesse verständen, bei der allgemeinen Anordnung aber, nach welcher der Civilstandsbeamte ein solches Protokoll mit den Eltern der Brautleute aufnehmen soll, ohne daß es auf die Entschließung der letzteren dabei ankommt, finde ich es der Billigkeit entsprechend, von der Stempelforderung abzustehen.

Eben so wenig Bedenken trage ich, die beglaubten Abschriften der Naturalisations-Urkunden vom Stempel frei zu lassen, welche lediglich zur Vervollständigung der Beläge des Civilstandaktes über die Verehelichung dienen sollen, und in Beziehung auf welche anerkannt ist, daß sie weder nothwendig sind, noch im Interesse dessen, dem das Naturalisations-Patent ertheilt worden ist, sondern lediglich im öffentlichen Interesse angefertigt werden.

Berlin den 12. April 1845.

Flottwell.

An
den Königl. Wirkl. Geheimen
Staats- und Justiz-Minister
Herrn Uhden Excellenz.

14.

Verfügung vom 29. April 1845, — betreffend die Gebühren der Zeugen in Strafsachen.

(Verordnung v. 29. März 1844, Ges. Samml. S. 73.)

Ew. Hochwohlgeboren eröffne ich auf Ihre Anfrage vom 19. d. Mts.

die Gebühren der Zeugen in Strafsachen betreffend,

daß eine Aufhebung des Reskripts vom 21. September 1832 um so weniger für zweckmäßig erachtet werden kann, als sie leicht zur Folge haben könnte, daß Zeugen aus den älteren Provinzen sich minder bereitwillig finden möchten, vor den Rheinischen Gerichten zu erscheinen, wodurch erhebliche Nachtheile für das Untersuchungs-Verfahren entstehen könnten.

Was die Liquidation der Zeugengebühren in solchen Fällen betrifft, in welchen dieselben nach den altländischen Gesetzen festzusetzen sind, so ist sie, wie sie früher allgemein nach den Gebühren-Taxen vom 23. August 1815 stattgefunden hat, jetzt eben so unzweifelhaft nach der Verordnung vom 29. März 1844 (Ges. Samml. S. 73) zu bewirken, da diese sich auf alle gerichtliche Geschäfte, mithin auch auf Strafsachen erstreckt.

Berlin den 29. April 1845.

Das Justiz-Ministerium
Ruppenthal.

An
den Königlichen Ober-Prokurator Herrn N. Hochwohlgeboren
zu N.

I. 1784. Rh. Krim. 24.

15.

Allerhöchste Kabinets-Ordre vom 16. Mai 1845, — betreffend die Ernennung von Substituten für Richter-Kommissarien im Bezirk des Rheinischen Appellationshofes zu Köln.

Auf Ihren Bericht vom 6. d. M. will Ich zur Beseitigung der bei den Gerichten über die Anwendung des Artikels 110. der Rheinischen Civilprozeß-Ordnung entstandenen Meinungsverschiedenheit hierdurch festsetzen, daß die Bestimmung des gedachten Artikels auf den Fall, in welchem es sich um die Ersetzung eines, nach gesetzlicher Vorschrift vom Gericht zur Vornahme oder Leitung prozessualischer Verhandlungen ernannten Richterkommissars handelt, nicht anzuwenden, in diesem Falle vielmehr der Substitut des zuerst ernannten Kommissars vom Gerichte auf vorgängige Verhandlung in der Sitzung durch ein Urtheil zu ernennen ist. — Diese Ordre ist durch die Gesetz-Sammlung zur öffentlichen Kenntniß zu bringen.

Berlin den 16. Mai 1845.

Friedrich Wilhelm.

An
den Staats- und Justiz-Minister Uhden.

I. 2587. Rhein. Gen. 165.

16.

Allgemeine Verfügung vom 21. Mai 1845, — betreffend die Liquidation der Extrapost-Kosten für die Rückreise bei Dienstreisen, welche nur einen Tag in Anspruch nehmen.

Da bei der Liquidation und Festsetzung der Fuhrkosten an die zur Extrapost berechtigten Beamten nicht mehr in Ansatz gebracht und bewilligt werden darf, als was der Beamte beim Gebrauch der Extrapost selbst bezahlt hat, oder bezahlen mußte, so wird mit Rücksicht auf die bei den Postanstalten hinsichtlich der Rückbeförderung mit denselben Extrapost-Pferden bestehende Einrichtung für Dienstreisen, welche nur Einen Tag in Anspruch nehmen, hierdurch folgendes angeordnet.

1) Befindet sich bei solchen Reisen am Endpunkte derselben keine Post-Station, so wird der Reisende bei einem Aufenthalte von nur 6 Stunden für die halben Extrapost-Sätze zurückbefördert. Dasselbe gilt auch bei einem Aufenthalte von mehr als 6 Stunden, sofern die Dauer des Aufenthaltes nicht 24 Stunden übersteigt. Für die ersten 6 Stunden wird alsdann kein Wartegeld entrichtet, bei einem längeren Aufenthalte aber muß für jede folgende Stunde für jedes Pferd ein Wartegeld von 2½ Sgr. noch außer der Hälfte der Extrapost-Sätze gezahlt werden. In diesen Fällen findet daher für die Rückreise nur eine Vergütung der halben Extrapost-Gebühren bei Festsetzung der Reisekosten Statt. Doch ist der Ansatz des von dem liquidirenden Beamten etwa gezahlten Wartegeldes zulässig und dessen Erstattung unbedenklich, vorausgesetzt, daß der Liquidant die Zahlung nachweist, oder doch pflichtmäßig versichert.

2) Bei Reisen nach Orten, an welchen sich eine Post-Station befindet, wird die Zurückbeförderung für die Hälfte der Extrapost-Sätze überhaupt nur dann bewirkt, wenn der Aufenthalt am Bestimmungsorte nicht über 6 Stunden währt, und die Pferde gleich für die Rückfahrt mit bezahlt und bestellt werden. Diese Bestimmungen sind auch für die Liquidationen der Beamten maaßgebend. Sollte sich in einem solchen Falle nicht im Voraus beurtheilen lassen, ob das zur Reise Veranlassung gebende Dienstgeschäft innerhalb einer Zeitdauer von 6 Stunden abgemacht werden kann, und um deshalb die Vorausbestellung der Pferde für die Rückfahrt nicht angänglich sein, so können die vollen Extrapost-Sätze auch für die letztere liquidirt werden. Es muß aber in diesem Falle, sofern ein Attest

über die Ausführung der Reise überhaupt erforderlich ist, von dem Vorgesetzten des liquidirenden Beamten bescheinigt werden, daß die wahrscheinliche Dauer des abzumachenden Dienstgeschäfts nicht im Voraus habe bestimmt, und eine Vorausbestellung der Pferde für die Rückfahrt deshalb nicht habe Statt finden können.

3) In den Fällen, wo die Reise sich über eine Station hinaus erstreckt, und die übrigen Bedingungen unter Num. 1. oder 2. vorhanden sind, gilt die Beschränkung der Extrapost-Sätze auf die Hälfte entweder nur für die entfernteste Station nach der Bestimmung Num. 2., oder für die über die letzte Station hinaus liegende Wegestrecke nach der Bestimmung Num. 1. und ist in letzterem Falle eventualiter auch das gezahlte Wartegeld zu liquidiren.

Nach diesen Unterscheidungen sind künftig die Liquidationen aufzustellen; namentlich muß darin von dem liquidirenden Beamten die Zeitdauer des Geschäfts gewissenhaft angegeben werden, worauf insbesondere bei den Liquidationen der gerichtlichen Aerzte zu sehen sein wird.

Berlin den 21. Mai 1845.

Der Justiz-Minister
Uhden.

An
den Ersten Präsidenten des Königl.
Appellationsgerichthofes
Herrn Schwarz
und den Königl. General-Prokurator Herrn Geheimen Ober-Justizrath Berghaus Hochwohlgeboren zu
Köln,
sowie
an
sämmtliche Königl. Herren Landgerichts-Präsidenten und Ober-Prokuratoren der Rheinprovinz.

I. 1487. Rh. Offiz. Sachen 6. Vol. 2.

17.

Verfügung vom 24. Mai 1845, — betreffend die Nichtbefugniß der Friedensrichter zur Aufnahme von Akten der freiwilligen Gerichtsbarkeit.

(Verf. v. 5. Mai 1839, Lottner Bd. 7. S. 51.)

Ew. Hochwohlgeboren erhalten anliegend zur Kenntnißnahme Abschrift einer an den Königlichen Ober-Prokurator zu Coblenz unterm heutigen Tage erlassenen Verfügung, um daraus zu ersehen, daß von einem Friedensrichter Akte der freiwilligen Gerichtsbarkeit gegen Gebühren aus Veranlassung eines Auftrages vorgenommen worden sind, welchen ihm eine Königliche Regierung mit Rücksicht auf den §. XII. litt. b. der Allerhöchsten Kabinets-Ordre vom 31. Dezember 1825 wegen Anerkennung streitiger Gefälle und Renten ertheilt hatte.

Bereits in dem Reskripte vom 5. Mai 1839 (Lottners Sammlung, Bd. 7. S. 51) ist aus Veranlassung der von Friedensrichtern im Auftrage von Königlichen Regierungen vorgenommenen Grenz-Regulirungen im Einverständniß mit dem Herrn Staats-Minister v. Ladenberg der Grundsatz ausgesprochen, daß die Friedensrichter Akte der freiwilligen Gerichtsbarkeit nicht vornehmen dürften, da deren Erledigung ihrer Bestimmung fremd sei.

Ew. Hochwohlgeboren veranlasse ich daher, durch die Präsidenten und Ober-Prokuratoren die Friedensrichter anweisen zu lassen, sich der Erledigung von Aufträgen der gedachten Art gänzlich zu enthalten.

Berlin den 24. Mai 1845.

Der Justiz-Minister
Uhden.

An
den Königl. Ersten Präsidenten des
Appellationsgerichtshofes
Herrn Schwarz
und den Königl. General-Prokurator Herrn Geheimen Ober-Justizrath Berghaus Hochwohlgeboren zu
Köln.

I. 2877. Rh. Gen. 110.

18.

Allgemeine Verfügung vom 30. Mai 1845, — betreffend die Kosten für Utensilien in den gerichtlichen Gefängnissen und für Reparaturen in diesen Gefängnissen und den Geschäftslokalien der Gerichte.

(Reskripte vom 21. März 1833, 5. September 1835 und 3. u. 19. Novbr. ej. a. — Jahrb. Bd. 41. S. 241 u. Bd. 46. S. 141 u. 551—557. — Reskr. vom 6. Februar 1841, 30. März dess. Jahres, 18. August 1842 und 9. März 1843. — Just.-Min.-Blatt von 1841 S. 70 u. 136, von 1842 S. 292 und von 1843 S. 67. — Kab.-Ordre vom 28. August 1836. — Ges.-S. S. 234, und vom 7. Juli 1843. — Just.-Min.-Bl. S. 187.)

Da Zweifel darüber erhoben sind, in wie weit die Kosten für Utensilien in den gerichtlichen Gefängnissen und für Reparaturen an diesen Gefängnissen und an den Geschäftslokalien der Gerichte in den Fällen, in welchen diese Kosten aus Staatsfonds hergegeben werden müssen, von den Gerichtsbehörden selbst angewiesen werden können, so wird mit Rücksicht auf die hierüber früher ergangenen Bestimmungen Folgendes festgesetzt.

Es sind zu bestreiten:

I. aus den bei den Salarien-Kassen der Gerichte etatsmäßigen Fonds „zu sächlichen Ausgaben,"

1) für die Civil-Gefängnisse, welche lediglich zur Vollstreckung des Personal-Arrests von Schuldnern und zur Abbüßung leichter Injurienstrafen, auch zur vorläufigen Haft der Kriminalgefangenen aus höheren Ständen bis zur Vollstreckung des Erkenntnisses bestimmt sind,

a) die zur Ergänzung der nöthigen Utensilien und Geräthschaften aller Art, sowie zur Wiederherstellung derselben erforderlichen Kosten, ohne Rücksicht auf die Höhe ihres Betrages,

b) die Kosten der Reparaturen, zu welchen insonderheit die Reparaturen an Oefen, Feuerheerden, Fenstern und Thüren, so wie das Weißen der Wände mit den dazu erforderlichen Ausbesserungen gehören, sofern sie für die auf einmal auszuführenden Reparaturen den Betrag von 50 Thlr. nicht übersteigen.

2) für die Geschäftslokalien der Gerichtsbehörden, die Kosten der Reparaturen in der so eben unter 1 zu b angegebenen Art,

3) für die, einzelnen Beamten überwiesenen Dienstlokalien, die Kosten der Reparaturen, soweit dieselben nicht nach dem Regulativ vom 18. Oktober 1822 oder anderen speziellen Bestimmungen von dem Inhaber des Lokals getragen werden müssen, in derselben Art wie zu 2;

II. aus den nach dem Regulativ über die Verwaltung der Kriminalkostenfonds vom 10. November 1844 zu verrechnenden Fonds „zu Kriminalkosten" die Kosten der Utensilien und Geräthschaften, so wie der Reparaturen bei den Kriminal-Gefängnissen, mit Einschluß derjenigen Gefängnisse, welche zur Aufnahme, sowohl der Kriminal-, als auch der Civil-Gefangenen bestimmt sind, in der vorstehend unter I zu 1 a und b bestimmten Art;

III. aus dem Justiz-Baufond, die Kosten der Bauten und Reparaturen bei allen aus Staatsfonds zu unterhaltenden Gefängnissen und Geschäfts-Lokalien der Gerichte — ad I und II, — sofern sie für die auf einmal zusammen auszuführenden Bauten oder Reparaturen mehr als 50 Thlr. betragen.

Im Allgemeinen ist Folgendes zu beachten:

IV. Die Anschaffungen von Utensilien und die Reparaturen an den Gebäuden können ohne vorgängige Veranschlagung auf Rechnung ausgeführt werden, wenn die Kosten noch nicht 50 Thlr. betragen. Erreichen oder übersteigen sie diese Summe, so ist eine Veranschlagung derselben, sofern sie

1) noch nicht 100 Thlr. betragen, durch approbirte Bauhandwerker (geprüfte Handwerker, welche das Meisterrecht erworben haben) und

2) die Summe von 100 Thlr. erreichen oder übersteigen, durch den Königlichen Bezirks-Baubeamten zu bewirken.

Insoweit die Anschaffungen oder Reparaturen den Betrag von 5 Thlr. übersteigen und keine besondere Gefahr im Verzuge obwaltet, die vorkommendenfalls in der Zahlungs-Anweisung ausgedrückt werden muß, ist vorher die Genehmigung des vorgesetzten Obergerichts einzuholen und zu diesem Zweck in den zu I und II vorstehend erwähnten Fällen die Lage des betreffenden Fonds kurz darzustellen, auch jedesmal die Nothwendigkeit der Baulichkeit oder Anschaffung überzeugend nachzuweisen. Zur Ausführung von Bauten und Reparaturen, deren Kosten 50 Thlr. übersteigen, ist die Genehmigung des Justiz-Ministers einzuholen und dabei die Anweisung des Fonds zu beantragen.

Wenn die Kosten den Betrag von 20 Thlr. erreichen oder übersteigen, ist ein Revisions-Attest oder ein Vermerk des Königlichen Bezirks-Bau-Beamten über die untadelhafte Ausführung, Beschaffenheit und Preiswürdigkeit erforderlich.

V. Sofern die Kosten die Summe von 100 Thlr. erreichen oder übersteigen, müssen die Anschläge von dem Regierungs-Baurathe revidirt werden und haben dies die Obergerichte, bevor sie die Anschläge bei dem Justiz-Minister einreichen, zu bewirken. In den Fällen, in welchen die veranschlagten Kosten

1) bei Neubauten und neuen Einrichtungen die Summe von 500 Thlr., und
2) bei Reparaturen die Summe von 1000 Thlr. erreichen oder übersteigen, ist die erforderliche Superrevision der Anschläge durch die Königliche Ober-Bau-Deputation nicht unmittelbar von den Obergerichten, sondern nur durch den Justiz-Minister zu veranlassen.

VI. Der Betrag der veranschlagten Kosten ist jedesmal vor der Einreichung der Anschläge durch die gerichtlichen Kalkulatur-Beamten in calculo festzustellen *).

VII. Bei den Anträgen auf Genehmigung von Neu- oder Erweiterungs-Bauten ist das vollständige Bedürfniß nicht blos in Beziehung auf den Bau selbst, sondern auch in Beziehung auf die neu anzuschaffenden oder zu ergänzenden Utensilien mit Sorgfalt zu erwägen, und müssen die Kosten der letzteren ebenfalls speziell veranschlagt, oder wenn dies nach den Umständen nicht möglich, wenigstens ein zu ermessendes Pauschquantum dafür ausgeworfen werden.

VIII. Zur Beschaffung und Unterhaltung der Utensilien in den Geschäfts-Lokalien der Gerichtsbehörden sind besondere Fonds bei dem Statstitel „zu sächlichen Ausgaben" ausgesetzt und ist das Erforderliche für diese Ausgaben bereits in der allgemeinen Verfügung vom 18. August 1842 (Just.-Minist.-Blatt S. 292) angeordnet.

Berlin den 31. Mai 1845.

Der Justiz-Minister
Uhden.

An
sämmtliche Königl. und aus Staatsfonds unterhaltene Gerichtsbehörden.

I. 2214. Just. Fond 17. Vol. 6.

---

*) **Anmerkung:** Die Königl. Ober-Bau-Deputation gebraucht bei der Revision der Anschläge rothe Tinte. Um Verdunkelungen vorzubeugen, ist von ihr wiederholt gewünscht, daß die kalkulatorische Feststellung der Anschläge mit anderer Tinte erfolgen möge.

19.

Allgemeine Verfügung vom 13. Juni 1845, — betreffend die öffentliche Bekanntmachung der Fälle, in denen wegen Beschädigung eines Menschen durch unvorsichtige Aufbewahrung oder Behandlung eines geladenen Gewehres auf Strafe erkannt worden ist.

In Folge eines Allerhöchsten Befehls werden sämmtliche Gerichtsbehörden hierdurch angewiesen, für die Zukunft diejenigen Fälle, in welchen von ihnen wegen körperlicher Beschädigung durch unvorsichtige Aufbewahrung oder Behandlung eines Gewehrs auf Strafe erkannt worden ist, als Warnung zur öffentlichen Kenntniß zu bringen, um dadurch auf die Verminderung der leider so häufig vorkommenden Unglücksfälle hinzuwirken. Die Namen der Bestraften sind bei dergleichen Bekanntmachungen nicht zu nennen.

Stralsund den 13. Juni 1845.

Der Justiz-Minister
Uhden.

An
sämmtliche Gerichtsbehörden.
I. 2320. Criminal. 145.

20.

Verfügung vom 18. Juni 1845, — betreffend die Gebühren der Sekretarien für die Ertheilung der Exekutorien in Armensachen.

Auf den von Ew. Hochwohlgeboren über die Gebühren der Sekretarien für die Ertheilung der Exekutorien in Armensachen erstatteten Bericht vom 10. März d. J. ist der Justiz-Minister zunächst mit dem Herrn Finanz-Minister in Kommunikation getreten. Von dem letzteren ist hierauf unterm 31. v. M. an den dortigen Provinzialsteuer-Direktor diejenige Verfügung erlassen worden, von welcher Ew. Hochwohlgeboren hiebei eine Abschrift zur Kenntnißnahme und weiteren Veranlassung zugefertigt wird.

Berlin den 18. Juni 1845.

Das Justiz-Ministerium.
Ruppenthal.

An
den Königl. General-Prokurator
Herrn Geheimen Ober-Justiz-Rath
Berghaus Hochwohlgeboren
zu Köln.

I. 2478. Rh. Off. Sachen 72. Vol. 2.

Beilage.

Ew. Hochwohlgeboren erhalten beigeschlossen Abschrift des Schreibens Sr. Excellenz des Herrn Justiz-Ministers Uhden vom 18. April d. J., betreffend die Gebühren der Gerichtsschreiber für die Ertheilung von Exekutorien in Armensachen, Behufs der Einziehung gestundeter Kosten, mit der Anweisung, dem Inhalte desselben gemäß verfahren zu lassen, indem ich mich damit einverstanden erkläre, daß dem Gerichtsschreiber die Gebühren, welche ihm nach dem Gesetz vom 21. Ventose VII. Art. 20. und dem Dekrete vom 17. Dezember 1811 Art. 154. zustehen, auch in den Fällen aus der Staatskasse gewährt werden müssen, wenn die Exekution wegen der gestundeten Gebühren und Stempel fruchtlos ausfällt. Denn wenngleich diese gesetzlichen Bestimmungen den Fall, daß gestundete Kosten nachträglich eingezogen werden, nicht besonders haben vorsehen können, weil die Französische und Bergische Gesetzgebung das Institut der Verstattung zum Armenrechte, wie es die Verordnung vom 16. Februar 1823 (Gesetz-Sammlung S. 21) in der Rheinprovinz eingeführt hat, nicht kannte, so ist doch kein Grund zu der Annahme vorhanden, daß die in Folge dieser Anordnung erforderlichen Aufträge der Regierung an die Gerichtsschreiber von letzteren unentgeltlich ausgeführt werden müßten, so fern ihre Gebühr vom Exequenden nicht beizutreiben ist.

Wo die Beitreibung dieser Gebühr vom Exequenden vergeblich versucht ist, muß sie auf das Steuer-Extraordinarium angewiesen werden, wobei auch nicht zu besorgen steht, daß der Staatskasse hierdurch eine erhebliche Mehrausgabe erwachsen könne, sofern nur bei Nachsuchung der Exekutorien mit Umsicht verfahren und blos in solchen Fällen auf Exekutions-Vollstrekkung bestanden wird, in denen ein Erfolg davon wenigstens mit einiger Wahrscheinlichkeit zu erwarten ist.

Berlin den 31. Mai 1845.

Der Finanz-Minister.
In dessen Abwesenheit
Kühne.

An
den Königl. Geheimen Ober-Finanzrath und Provinzial-Steuer-Direktor Herrn Helmentag Hochwohlgeboren zu Köln.

21.

Vertrag zwischen Preußen und Frankreich, wegen gegenseitiger Auslieferung flüchtiger Verbrecher; vom 21. Juni; ratifizirt am 20. August 1845.

Nachdem Seine Majestät der König von Preußen und Seine Majestät der König der Franzosen übereingekommen sind, eine Konvention wegen gegenseitiger Auslieferung der Verbrecher abzuschließen, haben Allerhöchstdieselben zu diesem Behufe mit Vollmacht versehen, und zwar:

Seine Majestät der König von Preußen, Allerhöchst Ihren außerordentlichen Gesandten und bevollmächtigten Minister am Hofe Seiner Majestät des Königs der Franzosen, wirklichen Geheimen Rath und Kammerherrn Heinrich Friedrich Grafen von Arnim, Ritter des Rothen Adlerordens zweiter Klasse mit dem Stern und des St. Johanniterordens,

Traité entre la Prusse et la France pour l'extradition réciproque des malfaiteurs, conclue le 21. Juin et ratifiée le 20. Août 1845.

Sa Majesté le Roi de Prusse et Sa Majesté le Roi des Français étant convenus de conclure une Convention pour l'extradition réciproque des malfaiteurs, ont à cet effet muni de leurs pleins pouvoirs, savoir:

Sa Majesté le Roi de Prusse, le Sieur Henri Frédéric Comte d'Arnim, Son Conseiller privé actuel et Chambellan, Envoyé extraordinaire et Ministre plénipotentiaire près Sa Majesté le Roi des Français, Chevalier de l'ordre de l'Aigle rouge de la seconde classe avec la plaque ét de celui de St. Jean de Jérusalem, Chevalier des Kaiserlich Russischen St. Annen-Ordens zweiter Klasse und Großkreuz des Königlich Belgischen Leopoldordens;

und Seine Majestät der König der Franzosen, Allerhöchst Ihren Minister und Staatssekretair für das Departement der auswärtigen Angelegenheiten, Herrn Franz Peter Wilhelm Guizot, Großkreuz des Königlichen Ordens der Ehren-Legion, Ritter des Goldenen Vließes von Spanien, Großkreuz der Königlichen Orden des Erlösers von Griechenland, des Leopoldordens von Belgien und des Kaiserlichen Ordens des Kreuzes von Brasilien.

Welche nach vorheriger Mittheilung ihrer gegenseitigen Vollmachten über folgende Artikel übereingekommen sind:

1ster Art.

Das Preußische und das Französische Gouvernement verpflichten sich, durch gegenwärtige Konvention sich gegenseitig, mit Ausnahme Ihrer Nationalen, die von Preußen nach Frankreich und von Frankreich nach Preußen flüchtig gewordenen, durch die kompetenten Gerichtshöfe als Urheber oder Theinehmer der unten (Art. 2) aufgeführten Verbrechen zur Untersuchung gezogenen oder verurtheilten Individuen auszuliefern. Diese Auslieferung soll in Folge des von der einen der beiden Regierungen an die andere im diplomatischen Wege zu richtenden Antrags Statt finden.

2ter Art.

Die Verbrechen, derentwe-

de l'ordre de St. Anne de Russie de la seconde classe, Grand-Croix de l'ordre de Léopold de Belgique:

et sa Majesté le Roi des Français, le Sieur François Pierre Guillaume Guizot, Grand Croix de Son Ordre Royal de la Légion d'honneur, Chevalier de la Toison d'Or d'Espagne, Grand Croix des ordres Royaux du Sauveur de Grèce et de Léopold de Belgique, et de l'Ordre impérial du Cruzeiro du Brésil, Son Ministre et Secrétaire d'Etat au Département des affaires étrangères;

Lesquels après s'être communiqué leurs pleins pouvoirs respectif, sont convenus des Articles suivants:

Art. 1.

Les Gouvernements prussien et français s'engagent par la présente Convention à se livrer réciproquement, à l'exception de leurs nationaux, les individus réfugiés de Prusse en France et de France en Prusse, et poursuivis ou condamnés par les tribunaux compétents comme auteurs ou complices de l'un des crimes énumérés ci-après (Art. 2.). Cette extradition aura lieu sur la demande que l'un des deux Gouvernements adressera à l'autre par voie diplomatique.

Art. 2.

Les crimes, à raison

gen gegenseitig die Auslieferung bewilligt werden soll, sind folgende:

1) Meuchelmord, Giftmischerei, Vatermord, Kindermord, Todtschlag, Nothzucht, vollendete oder versuchte gewaltsame Verletzung der Schaamhaftigkeit;

2) Brandstiftung;

3) Verfälschung von authentischen Schriften oder Handelspapieren, und von Privatschriften, mit Inbegriff der Nachmachung von Bankbillets und öffentlichen Papieren, wenn die angeschuldigte That von Umständen begleitet ist, die, falls dieselbe in Frankreich begangen wäre, die Anwendung einer peinlichen und entehrenden Strafe zur Folge haben würde;

4) Nachmachung oder Ausgebung falscher Münzen mit Inbegriff der Nachmachung, Ausgebung oder Verfälschung von Papiergeld;

5) falsches Zeugniß, Verleitung von Zeugen zu einer falschen Aussage;

6) Diebstahl, wenn derselbe von Umständen begleitet ist, die ihm nach der Gesetzgebung beider Staaten den Charakter eines Verbrechens geben;

7) Unterschlagungen Seitens öffentlicher Kassenbeamten, für den Fall, daß dieselben nach den französischen Gesetzen mit einer peinlichen und entehrenden Strafe bestraft werden;

8) betrüglicher Bankerott.

3ter Art.

Alle Sachen, welche sich im Besitz eines Angeschuldigten

desquels l'extradition devra être réciproquement accordée, sont:

1) assassinat, empoisonnement, parricide, infanticide, meurtre, viol, attentat à la pudeur consommé ou tenté avec violence;

2) incendie;

3) faux en écriture authentique ou de commerce, et en écriture privée, y compris la contrefaçon des billets de banque et effets publics, si les circonstances du fait imputé sont telles que, s'il était commis en France, il serait puni d'une peine afflictive et infamante;

4) fabrication ou émission de fausse monnaie, y compris la fabrication, émission ou altération de papier monnaie.

5) faux témoignage, subornation de témoins;

6) vol, lorsqu'il a été accompagné de circonstances, qui lui impriment le caractère de crime d'après la législation des deux pays;

7) soustractions, commises par les dépositaires publics dans le cas, où, suivant la législation de la France, elles seraient punies de peines afflictives et infamantes;

8) banqueroute frauduleuse.

Art. 3.

Tous les objets saisis en la possession d'un prévenu

zur Zeit seiner Verhaftung befinden, sollen in dem Moment mit überliefert werden, wo die Auslieferung bewirkt wird, und es wird sich diese Aushändigung nicht blos auf die entwendeten Sachen beschränken, sondern alle diejenigen Gegenstände mit umfassen, welche zum Beweise des Verbrechens dienen könnten.

4ter Art.

Die Urkunden, welche zur Unterstützung des Antrags auf Auslieferung beigebracht werden müssen, sind der Verhaftsbefehl, welcher gegen den Angeschuldigten erlassen und in den durch die Gesetzgebung des die Auslieferung begehrenden Gouvernements vorgeschriebenen Formen ausgefertigt ist, oder alle andere Urkunden, die wenigstens dieselbe Kraft als der gedachte Befehl haben, und sowohl die Natur und Schwere des in Rede stehenden Verbrechens, als auch das darauf anwendbare Strafgesetz näher bezeichnen.

5ter Art.

Wenn das Individuum, dessen Auslieferung verlangt wird, in dem Lande, wohin es sich geflüchtet, bereits wegen eines eben daselbst begangenen Verbrechens oder Vergehens zur Untersuchung gezogen oder verurtheilt ist, so braucht dasselbe erst nach Abbüßung der gegen dasselbe erkannten Strafe ausgeliefert zu werden.

6ter Art.

Die Auslieferung kann nicht Statt finden, wenn seit den angeschuldigten Thatsachen,

lors de son arrestation, seront livrés au moment où s'effectuera l'extradition et cette remise ne se bornera pas seulement aux objets volés, mais comprendra tous ceux qui pourraient servir à la preuve du délit.

Art. 4.

Les pièces, qui devront être produites à l'appui des demandes d'extradition sont le mandat d'arrèt décerné contre le prévenu, et expédié dans les formes prescrites par la législation du Gouvernement qui demande l'extradition, ou tout autre acte ayant au moins la mème force que ce mandat, et indiquant également la nature et la gravité des faits poursuivis, ainsi que la disposition pénale applicable à ces faits.

Art. 5.

Si l'individu, dont l'extradition est demandée, était poursuivi ou condamné dans le pays où il s'est réfugié, pour crimes ou délits commis dans ce même pays, il ne pourra être livré qu'après avoir subi la peine prononcée contre lui.

Art. 6.

L'extradition ne pourra avoir lieu, si, depuits les faits imputés, les poursuites seit der eingeleiteten Untersuchung oder der Verurtheilung, die Anklage oder die Strafe nach den Gesetzen des Landes, wohin der Angeschuldigte oder Verurtheilte sich geflüchtet hat, verjährt ist.

7ter Art.

Die durch die Haft, den Unterhalt und den Transport der Ausgelieferten bis zu dem Orte, wo die Ueberlieferung bewirkt wird, erwachsenen Kosten trägt derjenige Staat, in dessen Gebiete die Ausgelieferten ergriffen worden sind.

8ter Art.

Die Bestimmungen der gegenwärtigen Konvention können nicht auf Individuen Anwendung finden, die sich irgend ein politisches Vergehen haben zu Schulden kommen lassen.

Die Auslieferung kann nur Behufs der Untersuchung und Bestrafung gemeiner Verbrechen erfolgen.

9ter Art.

Wenn ein reklamirtes Individuum Verbindlichkeiten gegen Privatpersonen eingegangen ist, an deren Erfüllung es durch seine Auslieferung verhindert wird, so soll dasselbe dennoch ausgeliefert werden, und bleibt dem dadurch beeinträchtigten Theile überlassen, seine Rechte vor der kompetenten Behörde geltend zu machen.

10ter Art.

Die gegenwärtige Konvention wird erst zehn Tage nach ihrer in Gemäßheit der durch die Gesetzgebung beider Länder vorgeschriebenen For-

ou la condamnation, la prescription de l'action ou de la peine est acquise, d'après les lois du pays dans lequel le prévenu ou le condamné s'est réfugié.

Art. 7.

Les frais occasionnés par l'arrestation, la détention et le transport des extradés au lieu où la remise s'effectuera, seront supportés par celui des deux États où les extrades auront été saisis.

Art. 8.

Les dispositions de la présente Convention ne pourront être appliquées à des individus qui se seront rendus coupables d'un délit politique quelconque.

L'extradition ne pourra avoir lieu que pour la poursuite et la punition des crimes communs.

Art. 9.

Si un individu réclamé a contracté envers des particuliers des obligations que son extradition l'empêche de remplir, il sera néanmoins extradé, et il restera libre à la partie lésée de poursuivre ses droits par devant l'autorité compétente.

Art. 10.

La présente Convention ne sera exécutoire que dix jours après sa publication dans les formes prescrites par les lois des deux pays.

men erfolgten Publikation zur Ausführung gebracht.

11ter Art.

Die gegenwärtige Konvention bleibt bis zum Ablaufe von sechs Monaten nach der Seitens des einen der beiden kontrahirenden Gouvernements erfolgten Aufkündigung in Kraft.

Sie wird ratifizirt und die Ratifikationen werden binnen zwei Monaten, oder wo möglich früher, ausgewechselt werden.

Deß zu Urkund haben die respektiven Bevollmächtigten solche unterschrieben und derselben ihre Wappen beigedrückt.

Geschehen zu Paris den 21. Juni 1845.

(L. S.) gez. Graf v. Arnim.

(L. S.) gez. Guizot.

Art. 11.

La présente Convention continuera à être en vigueur jusqu'à l'expiration de six mois aprés déclaration contraire de la part de l'un des deux Gouvernements.

Elle sera ratifiée et les ratifications en seront échangées dans l'espace de deux mois, ou plus tôt si faire se peut.

En foi de quoi les Plénipotentiaires respectifs l'ont signée et y ont apposé le cachet de leurs armes.

Fait à Paris le 21. Juin 1845.

(L. S.) signé: le Comte d'Arnim.

(L. S.) signé: Guizot.

Der vorstehende Vertrag ist ratifizirt worden, und hat die Auswechselung der Ratifikationsurkunden zu Paris am 20. August d. J. Statt gefunden.

22.

Verordnung vom 6. Juli 1845, — wegen Einführung kürzerer Verjährungsfristen für die Landestheile, in welchen noch gemeines Recht gilt.

Wir Friedrich Wilhelm, von Gottes Gnaden, König von Preußen ꝛc. ꝛc.

Da die Einführung kürzerer Verjährungsfristen nach Maßgabe des Gesetzes vom 31. März 1838 (Gesetzsamml. S. 249) auch in denjenigen Landestheilen sich als ein Bedürfniß ergeben hat, in welchen noch gemeines Deutsches Recht gilt, so verordnen Wir, nach Anhörung Unserer getreuen Stände der betheiligten Provinzen, auf den Antrag Unseres Staatsministeriums für den Bezirk des Justizsenats zu Ehrenbreitstein, sowie für Neuvorpommern und Rügen, unter Aufhebung aller entgegenstehenden Rechtsnormen, was folgt:

§. 1.

Eine Verjährungsfrist von zwei Jahren tritt ein bei den Forderungen

1) Der Fabrikunternehmer, Kaufleute, Krämer, Künstler und Handwerker für Waaren und Arbeiten, imgleichen der Apotheker für gelieferte Arzneimittel. Ausgenommen hiervon sind solche Forderungen, welche in Bezug auf den Gewerbsbetrieb des Empfängers der Waare oder Arbeit entstanden sind.
2) Der Fabrikunternehmer, Kaufleute, Krämer, Künstler und Handwerker wegen der an ihre Arbeiter gegebenen Vorschüsse;
3) der öffentlichen und Privat-Schul- und Erziehungs-, sowie der Pensions- und Verpflegungs-Anstalten aller Art für Unterhalt, Unterricht und Erziehung;
4) der öffentlichen und Privatlehrer hinsichtlich der Honorare mit Ausnahme derjenigen, welche bei den Universitäten und andern öffentlichen Lehranstalten reglementsmäßig gestundet werden;
5) der Fabrikarbeiter, Handwerksgesellen, Tagelöhner und anderer gemeiner Handarbeiter wegen rückständigen Lohnes;
6) der Fuhrleute und Schiffer hinsichtlich des Fuhrlohnes und Frachtgeldes, sowie ihrer Auslagen;
7) der Gast- und Speisewirthe für Wohnung und Beköstigung.

§. 2.

Eine Verjährungsfrist von vier Jahren tritt ein bei den Forderungen

1) der Kirchen, der Geistlichen und anderer Kirchenbeamten wegen der Gebühren für kirchliche Handlungen;
2) der Kommissarien öffentlicher Behörden, der Justizkommissarien und gerichtlichen Anwalte, der Notare, der Medizinalpersonen mit Ausschluß der Apotheker, der Feldmesser und Kondukteure, der Auktionskommissarien, der Mäkler und überhaupt aller derjenigen Personen, welche zur Besorgung bestimmter Geschäfte öffentlich bestellt oder zugelassen sind, oder sonst aus der Uebernehmung einzelner Arten von Aufträgen ein Gewerbe machen, sowie der Zeugen und Sachverständigen, wegen ihrer Gebühren und Auslagen;
3) der Haus- und Wirthschaftsoffizianten, der Handlungsgehülfen und des Gesindes an Gehalt, Lohn und andern Emolumenten;

4) der Lehrherrn hinsichtlich des Lehrgeldes;
5) wegen der Rückstände an vorbedungenen Zinsen, an Miethsund Pachtgeldern, Pensionen, Besoldungen, Alimenten, Renten und allen zu bestimmten Zeiten wiederkehrenden Abgaben und Leistungen, es mag das Recht dazu im Hypothekenbuche eingetragen sein oder nicht;
6) wegen Rückstände von Abgaben, die in Folge einer vom Staate besonders verliehenen Berechtigung an Privatpersonen zu entrichten sind, als: Wege- und Brückengelder u. s. w.;
7) auf Erstattung ausgelegter Prozeßkosten von dem dazu verpflichteten Gegner;
8) auf Nachzahlung der von den Gerichten, Generalkommissionen, Revisions-Kollegien und Verwaltungsbehörden gar nicht oder zu wenig eingeforderten oder auf Erstattung der an dieselben zu viel gezahlten Kosten mit Einschluß der Stempel- und Portogefälle, ausgenommen bleiben jedoch die Werthstempel, welche mehr als ein Prozent betragen, oder zu Verträgen oder Schuldverschreibungen zu verwenden sind.

§. 3.

Bestehen bei den in den §§. 1. u. 2. aufgeführten Forderungen unter besonderen Verhältnissen nach den bisherigen Gesetzen noch kürzere Verjährungsfristen, so behält es dabei sein Bewenden.

§. 4.

Die Verjährung fängt an in Betreff:
1) der Gebühren und Auslagen der in §. 2. Nr. 2. genannten Personen, in sofern ihre Forderungen einer Festsetzung durch die vorgesetzte Behörde bedürfen, mit dem letzten Dezember desjenigen Jahres, in welchem sie im Stande gewesen sind, die Liquidation zur Festsetzung einzureichen;
2) der in Prozessen und Untersuchungen vorkommenden Gerichtskosten, Stempel- und Portogefälle mit dem letzten Dezember desjenigen Jahres, in welchem der Prozeß oder die Untersuchung durch rechtskräftiges Erkenntniß, Entsagung oder Vergleich beendet worden ist;
3) aller übrigen in den §§. 1. und 2. aufgeführten Forderungen mit dem auf den festgesetzten Zahlungstag folgenden letzten Dezember, und, wenn ein Zahlungstag nicht besonders festgesetzt ist, mit dem letzten Dezember desjenigen Jahres, in welchem die Forderung entstanden ist.

§. 5.

Der Lauf der in den §§. 1. und 2. bestimmten Verjährungen wird dadurch nicht unterbrochen, daß das Verhältniß, aus welchem die Forderungen entstanden sind, fortgedauert hat.

§. 6.

Beginnt nach erfolgter Unterbrechung eine neue Verjährung, so genügt zu deren Vollendung eine der ursprünglichen gleichkommende Frist. Eine Ausnahme hiervon findet jedoch Statt, wenn wegen des Anspruches eine rechtskräftige Verurtheilung erfolgt ist; in diesem Falle tritt anstatt der ursprünglichen kürzeren, die ordentliche Verjährungsfrist ein.

§. 7.

Gegen solche Forderungen, welche zur Zeit der Publikation dieses Gesetzes bereits fällig waren, können die in den §§. 1. und 2. vorgeschriebenen kürzeren Fristen nur vom letzten Dezember 1845 an gerechnet werden.

Bedarf es zur Vollendung der bereits angefangenen Verjährung nach den bisherigen gesetzlichen Vorschriften nur noch einer kürzeren Frist, als der in dem gegenwärtigen Gesetze bestimmten, so hat es bei jener kürzeren Frist sein Bewenden.

Urkundlich unter Unserer Höchsteigenhändigen Unterschrift und beigedrucktem Königlichen Insiegel.

Gegeben Sanssouci den 6. Juli 1845.

(L. S.) Friedrich Wilhelm.

Prinz von Preußen.

v. Boyen, Mühler, v. Nagler, Rother, Eichhorn, v. Thile, v. Savigny, Frhr. v. Bülow, v. Bodelschwingh, Gr. zu Stolberg, Gr. v. Arnim, Flottwell, Uhden.

23.

Verfügung vom 13. Juli 1845, — betreffend den Umfang der Sportel- und Stempelfreiheit in den Eisenbahn-Angelegenheiten.

(Gesetz über die Eisenbahn-Unternehmungen vom 3. November 1838, Allerhöchste Kabinets-Ordres vom 8. August 1832 und 4. Mai 1833; Verfügung vom 7. November 1843 — Justiz-Ministerial-Blatt, Jahrgang V. S. 276. —)

Das Königliche Kammergericht ist auf den, über eine Beschwerde der Direktion der N. N. Eisenbahn-Gesellschaft wegen verweigerter Sportelfreiheit in der Prozeßsache des Gärtners N. N. wider dieselbe erstatteten Bericht vom 11. September 1843 in der Verfügung des Justiz-Ministers vom 7. November 1843 im Einverständniß mit dem Herrn Finanz-Minister dahin beschieden worden, daß zu denjenigen Verhandlungen, welche nach §. 15. des Gesetzes über die Eisenbahn-Unternehmungen vom 3. November 1838 stempel- und sportelfrei erfolgen sollen, auch die Prozesse zu rechnen seien. welche durch die Unzufriedenheit der Grund-Eigenthümer mit der im Wege des Expropriations-Verfahrens ihnen festgesetzten Entschädigung hervorgerufen werden.

Eine neuerdings von dem Kunstgärtner N. N. und Genossen erhobene Beschwerde, welche jene Sportel- und Stempelfreiheit auf den Grund der gedachten Verfügung vom 7. November 1843 auch für sich in Anspruch nehmen zu können glauben, hat dem Justiz-Minister Veranlassung gegeben, diesen Gegenstand einer wiederholten sorgfältigen Prüfung zu unterwerfen, und darüber mit dem Herrn Finanz-Minister nochmals Rücksprache zu halten.

Das Resultat ist, daß die dem Gesetze vom 3. November 1838 vorangegangenen Verhandlungen jene Ausdehnung der Stempel- und Sportelfreiheit auf Prozesse nicht hinlänglich motiviren, da die Absicht des Gesetzgebers nur dahin gegangen ist, hier dieselbe Stempel- und Sportelfreiheit eintreten zu lassen, wie sie theils in der Allerhöchsten Kabinets-Ordre vom 4. Mai 1833 allgemein für gezwungene Besitzveränderungen zum Zweck des gemeinen Besten, theils in der Allerhöchsten Kabinets-Ordre vom 8. August 1832 für Grund-Abtretungen zum Chausseebau bewilligt worden ist, und die durch diese Allerhöchsten Kabinets-Ordres bewilligte Stempel- und Sportelfreiheit auf Prozesse über die für den abzutretenden Grund und Boden zu bewilligende Geldentschädigung sich nicht erstreckt.

Dies wird dem Königlichen Kammergericht mit Rücksicht auf den Schlußsatz der Verfügung vom 7. November 1843 hierdurch zur Nachricht mitgetheilt.

Berlin den 13. Juli 1845.

Der Justiz-Minister
Uhden.

An
das Königliche Kammergericht.

I. 2848. Sportelsachen 37. Vol. 7.

24.

Verfügung vom 22. Juli 1845, — betreffend die Heranbildung qualifizirter Supernumerarien zu den Hypothekenbewahrer-Stellen. (Vergl. Amtsblatt Trier vom 14. August 1845 Nr. 33.)

Ew. Hochwohlgeboren erhalten hierbei eine Abschrift der von dem Herrn Finanz-Minister an den Provinzialsteuer-Direktor in Köln wegen Heranbildung qualifizirter Supernumerarien zu den Hypothekenbewahrerstellen erlassenen Verfügung vom 14. d. Mts. mit dem Bemerken, daß die Einrichtung, wonach zu dergleichen Stellen Auskultatoren mit Vorbehalt spätrer Prüfung herangebildet werden sollen, von dem Provinzialsteuer-Direktor in Vorschlag gebracht worden ist, und ich, wie die anliegende Verfügung besagt, vorgeschlagen habe, Referendarien dazu zu nehmen, um desto besser den Zweck erreichen zu können, juristisch gehörig vorgebildete Personen in jene Stellen zu bringen, bei welchen eine solche Vorbildung nothwendig erwünscht sein muß, und um zugleich die Nothwendigkeit einer Prüfung der Kandidaten des Hypothekenbewahreramtes durch eine gemischte Kommission zu vermeiden. Hiermit ist der Herr Finanz-Minister einverstanden.

Es läßt sich erwarten, daß die Gelegenheit zu einer günstigen Anstellung, welche den Referendarien durch diese Einrichtung geboten wird, wenn sie im Uebrigen den Anforderungen Hinsichts der Kenntniß der französischen Sprache und der Kautionsleistung von 6000 Thlr. entsprechen können, gern ergriffen werden wird.

Wenn daher zum Zweck der in der anliegenden Verfügung erwähnten Stage Urlaub von den Referendarien begehrt werden sollte, so steht der Ertheilung desselben nichts im Wege. Es versteht sich jedoch von selbst, daß nach Ablauf des Urlaubs oder der etwa bewilligten Verlängerung desselben die Referendarien in ihre Beschäftigung bei der Justiz zurückzukehren haben, so lange sie nicht definitiv daraus entlassen worden sind.

Berlin den 22. Juli 1845.

Der Justiz-Minister
Uhden.

An
den Ersten Präsidenten des Königl.
Appellationsgerichthofes
Herrn Schwarz
und den Königl. General-Prokurator Herrn Geheimen Ober-Justizrath Berghaus Hochwohlgeboren zu
Köln,
sowie
an
sämmtliche Königl. Herren Landgerichts-Präsidenten und Ober-Prokuratoren der Rheinprovinz.

I. 3227. Rh. Gener. 1. Vol. 3.

Anlagen.

a.

Ew. Hochwohlgeboren erwiedere ich auf den Bericht vom 9. April c., betreffend die Annahme qualifizirter Supernumerarien für das Hypothekenwesen, daß auch mir eine allgemeine rechtswissenschaftliche Vorbildung nebst den übrigen, als nothwendig erkannten Eigenschaften, namentlich einer genügenden Kenntniß der französischen Sprache, und dem Besitze eines zur Bestellung einer Kaution von 6000 Thlr. ausreichenden Vermögens, zur Erlangung einer Hypothekenbewahrer-Stelle unentbehrlich zu sein scheint, ich mir jedoch zuvörderst die Ansicht des Herrn Justiz-Ministers Uhden Excellenz in dieser Sache erbeten habe.

Letzterer ist gleichfalls der Meinung, daß es den künftigen Hypotheken-Bewahrern an einer ausreichenden juristischen Vorbildung nicht fehlen dürfe, er hält aber in dem abschriftlich angebognen Schreiben vom 28. v. Mts. zugleich dafür, daß dazu nicht bloß die Qualifikation eines Auskultators, sondern vielmehr die eines Referendarius zu erfordern sei, indem erst von letzterem eine genauere Bekanntschaft mit der Gesetzgebung und eine geeignete praktische Ausbildung vorauszusetzen wäre.

Hiermit erkläre ich mich um so mehr einverstanden, da, wenn die Kandidaten das Referendariats-Examen bestanden haben, es dann einer abermaligen juridischen Prüfung derselben vor ihrer Anstellung als Hypothekar-Bewahrer und der Errichtung einer aus richterlichen und Verwaltungs-Beamten gemischten Prüfungs-Kommission zu diesem Zwecke nicht weiter bedarf. Es ist auch wohl zu erwarten, daß sich selbst eine hinlängliche Anzahl von Referendarien zu jenen Stellen melden werde, da letztere, selbst wenn ihre Zahl, nach dem von Ew. Hochwohlgeboren vorgelegten Plane, von 14 auf 19 vermehrt würde, doch noch immer zu den einträglichsten des Verwaltungsdienstes gehören werden.

Die sich meldenden Referendarien müssen dann Ew. Hochwohlgeboren die erforderlichen Nachweise beibringen, und sich zugleich bereit erklären, zu ihrer vollständigen praktischen Ausbildung vorläufig probeweise, und zwar unentgeltlich, bei einem Hypotheken-Amte zu arbeiten. Darnach müßten sie eine Zeit lang einem Stempelfiskal assistiren, und sich dann noch einmal, jedoch nicht vor Ablauf eines Jahres, vor einer, unter ihre Direktion zu stellenden, aus dem Justitiarius der Provinzialsteuer-Verwaltung, einem Stempel-Fiskal, und einem erfahrnen Hypothekenbewahrer bestehenden Kommission einer, mehr auf das Praktische der Hypotheken-Verwaltung gerichteten Prüfung unterwerfen, von deren Ausfall dann ihre definitive Anstellung als Hypotheken-Amts-Gehülfen mit der Aussicht auf das dereinstige Einrücken in eine Hypotheken-Bewahrer-Stelle, oder ihre sonstige Versorgung im Steuerdienste abhängig zu machen sein würde.

Da indessen nach dem Vorbemerkten die Referendarien der Justiz-Verwaltung, welche sich zum Eintritt bei den Hypotheken-Aemtern melden, vorläufig nur probeweise angestellt werden, so ist es nicht zu verlangen, daß dieselben vor Erlangung einer festen Anstellung im Hypothekenfache aus dem Justizdienste gänzlich ausscheiden. Der Herr Justiz-Minister hat sich daher auf mein Ersuchen bereit erklärt, den Referendarien zu jenem Behufe einen einjährigen Urlaub zu bewilligen. Während dieser Frist wird sich in der Regel schon herausstellen, ob die Kandidaten denjenigen Grad von praktischer Brauchbarkeit, Anstelligkeit und Zuverlässigkeit besitzen, von welchem ihre Zulassung zur Prüfung abhängig ist eine Verlängerung des Urlaubs also nur selten in Frage kommen.

Ew. Hochwohlgeboren wollen hiernach eine Bekanntmachung darüber erlassen, daß diejenigen Referendarien, welche bei einem Hypotheken-Amte angestellt zu sein wünschen, sich bei Ihnen binnen etwa drei Monaten zu melden, und die Urlaubs-Bewilligung von dem Präsidenten des Gerichtshofes, bei welchem sie angeheftet sind, beizubringen, auch die sonst noch erforderlichen Nachweise zu führen haben. Diese Bekanntmachung ist in die Amtsblätter einzurücken und nach dem Bedürfnisse zu wiederholen.

Berlin den 14. Juli 1845.

Der Finanz-Minister.
In dessen Abwesenheit
Kühne.

An
den Königl. Geh. Ober-Finanz-Rath und Provinzial-Steuer-Direktor Herrn Helmentag
Hochwohlgeboren
zu Köln.

b.

Extrakt aus dem Amtsblatt der Königl. Regierung zu Trier vom 14. August 1845 No. 33,

die Annahme von Anwärtern zu Hypotheken-Bewahrer-Stellen betreffend.

Es ist Seitens der Hohen Ministerien der Finanzen und der Justiz als angemessen erachtet, für die Hypotheken-Bewahrer-Stellen in demjenigen Theile der Provinz, wo die Rheinische Rechtsverfassung in Kraft ist, solche Kandidaten heranzuziehen, welche mit einer juristischen Vorbildung versehen sind. Es wird dazu die Qualifikation eines Referendarius erfordert.

In der Voraussetzung, daß mehrere unter den bereits angestellten Gerichts-Referendarien geneigt sein werden, sich dem vorgedachten Verwaltungszweige, welcher ihnen die Aussicht auf einträgliche Stellen gewährt, zu widmen, hat des Herrn Justiz-Ministers Excellenz sich bereit erklärt, denselben zu ihrer praktischen Ausbildung im Hypothekenfache auf Verlangen einen einjährigen Urlaub zu bewilligen, welcher bei dem Herrn Präsidenten des Gerichtshofes, wo sie angestellt sind, nachzusuchen ist, der auch nöthigenfalls verlängert werden kann.

Die Bedingungen der Annahme sind folgende:

1) die Beibringung der Urlaubs-Bewilligung,
2) die Bekanntschaft mit der französischen Sprache,
3) der Nachweis darüber, daß der Aspirant durch sich selbst, oder durch Verwandte bei Erlangung einer Hypotheken-Bewahrer-Stelle, eine baare Kaution von 6000 Thlr. zu stellen vermöge;
4) die Erklärung, daß er bereit sei, zu seiner praktischen Ausbildung vorläufig probeweise und unentgeltlich zunächst bei einem Hypotheken-Amte zu arbeiten, sodann eine Zeit lang einem Stempel-Fiskalate zu assistiren und, nach Jahresfrist, sich vor einer, von mir anzuordnenden Kommission einer Prüfung über die erworbenen praktischen Kenntnisse in der Hypotheken-Verwaltung zu unterwerfen.

Nach gut bestandener Prüfung erfolgt die definitive Anstellung als Hypotheken-Amts-Assistent mit der Aussicht auf das dereinstige Einrücken in eine Hypotheken-Bewahrer-Stelle, oder auf einstweilige sonstige Versorgung im Steuer-Dienste. Da wahrscheinlich binnen Kurzem mehre Hypotheken-Bewahrer-Stellen zu besetzen sein werden, so ist die Anwartschaft darauf gegenwärtig von günstigen Umständen begleitet. Ich veranlasse daher die Herren Gerichts-Referendarien, welche in den Verwaltungsdienst für das Hypothekenwesen überzutreten wünschen, und die vorangegebenen Bedingungen zu erfüllen im Stande sind, sich binnen einer Frist von 3 Monaten deshalb schriftlich bei mir zu melden und die erforderlichen Ligitimationen einzureichen.

Sollten sie über Eins oder das Andere nähern Aufschluß begehren, so wird ihnen solcher auf desfallsige Anfrage gern ertheilt werden.

Köln den 4ten August 1845.

Der Geheime Ober-Finanz-Rath und Provinzial-Steuer-Direktor Helmentag.

25.

Allgemeine Verfügung vom 2. August 1845, — betreffend die Siegelung des Nachlasses verstorbener Beamten.

(Allerh. Kab.-Ordre v. 14. Juli 1843, Rhein. Samml. Bd. 8. S. 180.)

Das Königliche Staats-Ministerium hat zur Verhütung von Kollisionen, die bei Anwendung der Allerhöchsten Ordre vom 14. Juli 1843 wegen Anlegung der Siegel auf die im Nachlasse eines Beamten befindlichen öffentlichen Gelder oder Akten Seitens der vorgesetzten Dienstbehörde, entstehen könnten, beschlossen, daß die Friedensrichter, wenn sie auf Grund des Art. 911. No. 3. der Civilprozeß-Ordnung zur Versiegelung solcher Gelder und Akten bei Verwaltungsbeamten schreiten, und eben so die Verwaltungsbehörden, wenn sie eine solche auf Grund jener Allerh. Ordre vornehmen, schuldig sein sollen, sich gegenseitig sofort von dem desfalls gefaßten Beschlusse in Kenntniß zu setzen.

Die Friedensrichter sind demgemäß mit Anweisung zu versehen.

Berlin den 2. August 1845.

Der Justiz-Minister
Uhden.

An
sämmtliche Königl. Herren Landgerichts-Präsidenten und Königl. Herren Ober-Prokuratoren der Rheinprovinz.

I. 3460. Rh. Gen. 165.

26.

Allerhöchste Kabinets-Ordre vom 15. September 1845, — betreffend die von den Führern und ersten Maschinenwärtern der Dampfschiffe auf dem Rheine und der Mosel zu bestellenden Cautionen.

(Verordnung v. 24. Mai 1844, Rhein. Samml. Bd. 8. S. 271.)

Auf Ihren Bericht vom 26. Juli d. J. will Ich die Bestimmung des §. 14. der Verordnung zur Beförderung der Sicherheit der Dampfschiffahrt auf dem Rheine und auf der Mosel vom 24. Mai 1844, nach welcher der Schiffseigenthümer bei eigener Verantwortlichkeit verpflichtet ist, von dem Schiffsführer eine Kaution von mindestens 150 Thalern und von dem ersten Maschinenwärter eine Kaution von mindestens 75 Thalern bestellen zu lassen, welche für die gegen den Besteller festzusetzenden Geldstrafen haftet, dahin deklariren, daß es dem Schiffseigenthümer überlassen bleiben soll, ob er von dem Schiffsführer und von dem ersten Maschinenwärter die erwähnten Kautionen bestellen lassen will, daß er aber, wenn dieses nicht geschehen ist, für die Geldstrafen, welche gegen den Schiffsführer oder ersten Maschinenwärter festgestellt werden, als Selbstschuldner haftet. Ist von dem Schiffsführer oder ersten Maschinenwärter eine Kaution bestellt, diese aber durch Geldstrafen angegriffen worden, so bleibt die Ergänzung derselben gleichfalls dem Schiffseigenthümer überlassen; dieser muß aber, so lange solche nicht bewirkt ist, für die gegen den Schiffsführer oder den ersten Maschinenwärter festgesetzten ferneren Geldstrafen als Selbstschuldner in soweit haften, als der Ueberrest der Kaution zur Deckung dieser Geldstrafen nicht hinreicht. — Die Bestimmungen des erwähnten §. 14. wegen der Folgen, welche gegen den Schiffsführer oder ersten Maschinenwärter in dem Falle, wenn er die Ergänzung der Kaution unterläßt, eintreten sollen, kommen nicht weiter zur Anwendung. Diese Deklaration ist durch die Gesetz-Sammlung zur öffentlichen Kenntniß zu bringen.

Stettiner Eisenbahn den 15. September 1845.

Friedrich Wilhelm.

An
die Staatsminister v. Savigny,
Flottwell und Uhden und das
Ministerium des Innern.

I. 4434. Rh. Gener. 89. Vol. 6.

27.

Allerhöchste Kabinets=Ordre vom 26. September 1845, — betreffend die Strafe der Kassation gegen Beamte, welche wegen eines von Mangel ehrliebender Gesinnung zeugenden Verbrechens verurtheilt werden.

Zur Beseitigung der, über die Anwendung der §§. 338., 339. und 363. Thl. II. Tit. 20. des Allgemeinen Landrechts entstandenen Zweifel, erkläre Ich hierdurch, auf den Bericht des Staatsministeriums vom 5. d. M., daß in allen Fällen, in denen ein Beamter wegen eines von Mangel an ehrliebender Gesinnung zeugenden Verbrechens verurtheilt wird, gegen denselben stets zugleich auf Kassation erkannt werden muß, die Strafe mag als die ordentliche oder als eine außerordentliche ausgesprochen werden, in einer Freiheitsstrafe oder in Geldbuße bestehen. — Diese Bestimmung ist durch die Gesetz=Sammlung zur öffentlichen Kenntniß zu bringen.

Sanssouci den 26. September 1845.

Friedrich Wilhelm.

An
das Staats=Ministerium.

I. 4525. Crimin. 130. Vol. 3.

28.

Allerhöchste Kabinets=Ordre vom 26. September 1845, — wegen Uebertragung, der der Quästur der Berliner Universität ertheilten Befugniß zur Einziehung und Einklagung gestundeter Honorare auf die Quästuren der übrigen Universitäten.

(Rheinische Samml. Bd. 8. S. 238.)

Auf Ihren Bericht vom 3. d. M. bestimme Ich hierdurch, daß Meine Ordre vom 5. Februar v. J. (Gesetz=Sammlung von 1844, S. 69), wonach zur Einziehung und Einklagung gestundeter Honorare der Lehrer an der Berliner Universität, nur die Quästur allein legitimirt sein soll, auch auf die Quästuren an den übrigen Universitäten in Meinen Staaten An=

wendung finden soll. Diese Bestimmung ist durch die Gesetz-Sammlung bekannt zu machen.

Sanssouci den 26. September 1845.

An die Staats-Minister Eichhorn und Uhden. — Friedrich Wilhelm.

I. 5304. U. 19.

29.

Allerhöchste Ordre vom 26. September 1845, — betreffend die Aufhebung der Verpflichtung des öffentlichen Ministeriums in der Rheinprovinz zur Vertretung des Staats in Civilprozessen über Vermögensangelegenheiten und die Verurtheilung zum Werthersatz bei Entwendungen an gefälltem Holze aus Staatswaldungen.

Zur Beseitigung der im Bezirke des Appellationsgerichtshofes zu Köln aus der Vertretung des Staats durch das öffentliche Ministerium in Prozessen über Vermögensangelegenheiten entstehenden Mißverhältnisse und zur Vereinfachung des Verfahrens in Untersuchungen wegen Entwendung gefällten Holzes aus Staatswaldungen, bestimme Ich auf Ihren Bericht vom 2. d. M. für den genannten Bezirk unter Aufhebung des Beschlusses vom 28. Juli 1796: 1) daß der Staat in fiskalischen Prozessen über Vermögensangelegenheiten bei den Civilgerichten künftig nicht durch die Beamten des öffentlichen Ministeriums vertreten werden soll; 2) daß diese Beamten dagegen verpflichtet sein sollen, bei der Verhandlung in Untersuchungen wegen Entwendung gefällten Holzes aus Staatswaldungen vor den Zuchtpolizeigerichten, wenn sie auf Bestrafung wegen dieses Vergehens antragen, zugleich die Verurtheilung der Beschuldigten zum Ersatz des Werths des entwendeten Holzes in Antrag zu bringen, über welchen Antrag die Gerichte alsdann zu erkennen haben. — Diese Bestimmungen sind durch die Gesetz-Sammlung zur öffentlichen Kenntniß zu bringen.

Sanssouci den 26. September 1845.

An die Staatsminister Eichhorn, Graf zu Stolberg, Flottwell, Uhden und das Ministerium des Innern. — Friedrich Wilhelm.

I. 4929. Rhein. Gen. 130.

30.

Allgemeine Verfügung vom 5. Oktober 1845, — betreffend die Vereidigung der auf Lebenszeit angestellten Privat-Forst-Beamten.

Auf Bericht des Königlichen Staats-Ministeriums vom 20. Juni d. J. haben des Königs Majestät durch Allerhöchste Kabinets-Ordre vom 27. Juni d. J. Sich damit einverstanden erklärt:

> daß Förster, welche nach §. 28. des Gesetzes vom 27. Juni 1821 auf Lebenszeit angestellt sein müssen, um vollen Glauben zu verdienen, zu dem im §. 20. dieses Gesetzes vorgeschriebenen Eide nicht zugelassen werden dürfen, wenn aus dem Dienstvertrage hervorgeht, daß die auf Lebenszeit lautende Anstellung, dem Wesen nach, nur als eine simulirte lebenslängliche Anstellung anzusehen sei.

Diese Allerhöchste Bestimmung wird den Gerichten zur Nachachtung bekannt gemacht.

Berlin den 5. Oktober 1845.

Der Justiz-Minister
Uhden.

An
sämmtliche Gerichtsbehörden.
I. 4083. F. 50. Vol. 2.

31.

Verfügung vom 8. Oktober 1845, — betreffend die Vergütigung des von den Sekretarien der Rheinischen Gerichte zu den Decimal-Tabellen des Civilstandes zu verwendenden Freipapiers.

(Allerh. Ordre v. 24. Febr. 1839, Rhein. Samml. Bd. 7. S. 23.)

Ew. Hochwohlgeboren übersende ich anliegend Abschrift der am 15. v. Mts. ergangenen Allerhöchsten Kabinets-Ordre, betreffend

> die Vergütigung des von den Sekretarien der Rheinischen Gerichte zu den Decimal-Tabellen des Civilstandes zu verwendenden Freipapiers

zur Nachricht und mit dem Bemerken, daß die Ober-Prokuratoren von derselben direkt in Kenntniß gesetzt worden sind.
Berlin den 8. Oktober 1845.

Der Justiz-Minister
Uhden.

An
den Königl. General-Prokurator,
Herrn Geheimen Ober-Justiz-Rath
Berghaus Hochwohlgeboren
zu Köln.

I. 4520. Rh. Off. Sachen 72. Vol. 2.

Beilage.

Da durch die Ordre vom 24. Februar 1839, durch welche den Sekretariaten der Rheinischen Gerichte gestattet worden, bei Ertheilung von Ausfertigungen und Abschriften an Privat-Parteien die Kosten des dazu verwandten Freipapiers zum Ansatz zu bringen, nicht zugleich darüber hat entschieden werden sollen, ob die Sekretariate in den besonderen Fällen, in denen ihnen die Kosten des Freipapiers für Arbeiten im öffentlichen Interesse bis dahin vergütet worden, die Vergütung dieser Kosten noch ferner zu verlangen für berechtigt zu achten sind oder nicht, eine solche Vergütung aber denselben nach Ihrem Berichte vom 9. v. Mts. für das zu den Decimal-Tabellen des Civilstandes verwandte Freipapier früher gewährt worden ist: so bestimme Ich hierdurch, daß den Landgerichts-Sekretariaten das zu den gedachten Tabellen verwandte Freipapier auch fernerhin vergütet werden soll. — Ich beauftrage Sie, demgemäß die Behörden mit Anweisung zu versehen und zur Erledigung der hierbei zurückfolgenden Beschwerde des Ober-Sekretairs, Justiz-Raths N. zu N. vom 24. Februar d. J. das Erforderliche zu verfügen.
Stettiner Eisenbahn den 15. September 1845.

Friedrich Wilhelm.

An
die Staats-Minister v. Bodelschwingh, Flottwell und Uhden.

32.

Verfügung vom 10. Oktober 1845, — betreffend die Gebühren für die Anheftung der Heirathsverträge ꝛc. in dem Geschäftslokal der Disziplinar-Räthe für Advokaten und Anwälte.

(Art. 872 der Prozeß-Ordnung; Art. 92 des Tarifs vom 16. Februar 1807.)

Mit der von Ew. Hochwohlgeboren in dem Berichte vom 11. v. Mts.

die Gebühren für die Anheftung der Heirathsverträge ꝛc. in dem Geschäftslokal der Disziplinar-Räthe für Advokaten und Anwälte betreffend,

ausgesprochenen Ansicht ist der Justiz-Minister an und für sich dahin einverstanden, daß die Advokats-Anwaltskammern nicht wohl verpflichtet sein können, die Eintragung der Extrakte der Heirathsverträge ꝛc., bei welchen ein Kaufmann betheiligt ist, in die dazu bestimmte Tafel ihres Amtslokals und die Aushängung unentgeltlich zu bewirken, da für sie selbst Auslagen damit verbunden sind.

Indessen scheint es, da das ganze Geschäft von dem Sekretair der Kammer, also von einem Anwalt besorgt wird, mit Rücksicht auf Art. 872 der Prozeß-Ordnung, welcher im Art. 67 des Handelsgesetzbuchs in Bezug genommen wird, am entsprechendsten, wenn für das ganze Geschäft der Eintragung und Aushängung nach Art. 92 des Tarifs vom 16. Februar 1807 eine Vakation genommen wird, wie dies früher bei der Anwaltskammer zu Aachen geschehen, und nach dem von der Kammer zu Köln berechneten Betrage wahrscheinlich auch bei dieser ursprünglich beabsichtigt worden ist.

Da dieser Ansatz sich schon nach den angeführten Stellen rechtfertigen läßt, so wird es zumal bei der Unbedeutendheit des Gegenstandes keiner diesfälligen Allerhöchsten Bestimmung bedürfen, vielmehr nur darauf ankommen, ein gleichmäßiges Verfahren bei den Rheinischen Advokaten-Anwalt-Kammern einzuführen, wozu Ew. Hochwohlgeboren hierdurch veranlaßt werden.

Berlin den 10. Oktober 1845.

Der Justiz-Minister
Uhden.

An
den Königlichen General-Prokurator
Herrn Geheimen Ober-Justiz-Rath
Berghaus Hochwohlgeboren
zu Köln.

I. 4322. Rheinprov. Offiz. Sachen 33. Vol. 3.

33.

Allerhöchste Ordre vom 31. Oktober 1845, — betreffend die Verpflichtung der Juden zur Führung festbestimmter und erblicher Familiennamen.

Auf den Antrag des Staatsministeriums vom 24. d. M. bestimme Ich hierdurch, daß die Juden auch in denjenigen Theilen der Monarchie, in denen gesetzliche Vorschriften über die Familiennamen der Juden noch nicht bestehen, festbestimmte und erbliche Familiennamen zu führen, und diese binnen sechs Monaten, vom Tage der Publikation dieser Ordre an gerechnet, der Obrigkeit ihres Wohnorts anzuzeigen verpflichtet sein sollen. — Zur Führung der gewählten Familiennamen ist die Genehmigung der Regierung einzuholen. — Die gegenwärtige Ordre, wegen deren Ausführung der Minister des Innern die Regierungen mit Instruktion versehen wird, ist durch die Gesatz-Sammlung bekannt zu machen.

Sanssouci den 31. Oktober 1845.

An das Staats-Ministerium.

Friedrich Wilhelm.

I. 5306. Rhein. Gen. 13. Vol. 2.

34.

Allgemeine Verfügung vom 10. November 1845, — betreffend den Werthstempel für die Uebernahme von Gegenständen Seitens des überlebenden Ehegatten bei der Theilung des gütergemeinschaftlichen Vermögens.

(Allerhöchste Kabinets-Ordre vom 21. Juni 1844, Gesetz-Samml. S. 253; Rheinische Samml. Bd. 8. S. 292.)

Die Allerhöchste Kabinets-Ordre vom 21. Juni 1844, betreffend die Aufhebung des Werthstempels für die Uebernahme von Nachlaßgegenständen bei Auseinandersetzungen zwischen mehreren Erben, hat zu dem Zweifel Veranlassung gegeben, ob die darin angeordnete Befreiung von der Stempelsteuer auch dem überlebenden Ehegatten bei bestehender Gütergemeinschaft zu Statten komme.

Seine Majestät der König haben zur Beseitigung dieses Zweifels durch eine an die Minister der Finanzen und der Justiz erlassene Allerhöchste Ordre vom 26. September d. J. die vorgedachte Allerhöchste Kabinets-Ordre dahin zu deklariren geruhet,

daß zu den in derselben erwähnten Theilnehmern an einer Erbschaft auch der überlebende Ehegatte, welcher mit den Erben des verstorbenen Ehegatten gütergemeinschaftliches Vermögen zu theilen hat, gerechnet werden soll;

zugleich haben des Königs Majestät bestimmt,

daß diese Deklaration auf alle nach der Publikation der Ordre vom 21. Juni 1844 vorgekommene Fälle gleichmäßig anzuwenden sei.

Die Gerichtsbehörden werden hiervon in Kenntniß gesetzt mit der Anweisung, diejenigen Stempel-Abgaben, welche in den nach der Publikaton der Allerhöchsten Kabinets-Ordre vom 21. Juni 1844 abgeschlossenen Auseinandersetzungen etwa schon erhoben worden, den Interessenten auf deren Antrag oder bei sonst vorkommender Veranlassung zu erstatten, und zur Niederschlagung zu liquidiren.

Berlin den 10. November 1845.

Der Justiz-Minister
Uhden.

An
sämmtliche Gerichtsbehörden.

I. 4922. Steuersachen 59. Vol. 5.

35.

Verfügung vom 21. November 1845, — betreffend die Einsendung der Akten über Münzverbrechen, nach rechtskräftig beendigter Sache an das Königliche Ministerium des Innern.

(Verf. vom 13. August 1821, Lottner Bd. 2. S. 169.)

Die Einsendung der Untersuchungsakten über verübte Münzverbrechen an das Justiz-Ministerium, welche durch das Reskript vom 13. August 1821 (Lottner Bd. 2. S. 169) angeordnet worden, erscheint, da dieselbe nur geschieht, um jene Akten dem Ministerium des Innern vorlegen zu können, unzweckmäßig; Ew. Hochwohlgeboren werden daher beauftragt, die sämmtlichen

Ober-Prokuratoren anzuweisen, in Zukunft die über verübte Münzverbrechen verhandelten Akten, wenn wider die Angeschuldigten rechtskräftig erkannt, und im Falle der Verurtheilung wegen Vollstreckung der Strafe das Gesetzliche angeordnet worden, jederzeit unmittelbar dem Königl. Ministerium des Innern zur Einsicht zu übersenden, von welchem jene die Akten auch wieder zurück erhalten werden.

Berlin den 21. November 1845.

Der Justiz-Minister
Uhden.

An
den Königlichen General-Prokurator Herrn Berghaus Hochwohlgeboren zu Köln.
I. 5730. Rh. Krim. 37. Vol. 2.

36.

Allgemeine Bekanntmachung vom 25. November 1845, — betreffend die Befugniß der Großherzoglich Oldenburgischen Konsular-Beamten, die Verhaftung und Auslieferung der von den Schiffen ihrer Nation desertirten Matrosen, welche nicht Preußische Unterthanen sind, zu verlangen.

Zwischen der Großherzoglich Oldenburgschen und diesseitigen Regierung ist das Uebereinkommen getroffen worden,

daß die beiderseitigen Konsuln befugt sein sollen, die Matrosen, welche von den Schiffen ihrer Nation desertirt sein sollten, unter den in Art. 13 des Preußisch-Belgischen Handels- und Schifffahrts-Reziprozitäts-Vertrages vom 1. September 1844 (Gesetz-Sammlung pro 1844 S. 577 u. f.) stipulirten Modifikationen, namentlich also, wenn sie nicht Unterthanen des andern Staats sind, Behufs Zurückführung an Bord oder in ihre Heimath, festnehmen zu lassen und zu diesem Zwecke den Beistand der gegenseitigen Behörden in Anspruch zu nehmen.

Indem dies Uebereinkommen sämmtlichen Gerichtsbehörden zu Nachachtung bekannt gemacht wird, werden dieselben angewiesen, von jeder derartigen Verhaftung und dem Antrage auf Auslieferung hieher Anzeige zu machen.

Berlin den 25. November 1845.

Der Justiz-Minister
Uhden.

An
sämmtliche Gerichtsbehörden.
I. 4923. C. 17. Vol. 2.

37.

Allerhöchste Kabinets-Ordre vom 5. Dezember 1845, — betreffend die Eidesleistungen fürstlicher Personen in Prozessen und Untersuchungssachen in Neuvorpommern und im Bezirke des Justizsenats zu Ehrenbreitstein.

(Allerh. Ordre v. 3. Jan. 1845, Rhein. Samml. Bd. 9. S. 3.)

Auf Ihren Bericht vom 27. Oktober d. J. bestimme Ich hierdurch, daß in Neuvorpommern und Rügen bei Abnahme eines Eides, welchen eine Person fürstlichen Standes als Partei oder Zeuge in einem Civilprozesse oder in einer Untersuchungssache zu leisten hat, nach den Vorschriften der Allg. Gerichtsordnung Thl. I. Tit. 10. §. 203. Nr. 1. und §. 315., und der Kriminalordnung §. 335. Nr. 1., ingleichem im Bezirke des Justizsenats zu Ehrenbreitstein, wo durch die Erlasse vom 11. Oktober 1831 und 8. September 1832 die Kriminalordnung und der, von den fiskalischen Untersuchungen handelnde zweite Abschnitt des Tit. 35. Thl. I. der Allg. Gerichtsordnung bereits eingeführt sind, auch in Civilprozessen bei Abnahme eines, von einer Person fürstlichen Standes zu leistenden Eides nach den oben angeführten Vorschriften der Allg. Gerichtsordnung verfahren werden soll. — In den Bestimmungen des Erlasses vom 3. Januar d. J. wegen der von den Häuptern vormals reichsständischer Familien in Prozessen zu leistenden Eide wird durch den gegenwärtigen Erlaß, welcher mit den, in demselben in Bezug genommenen Vorschriften der Allg. Gerichtsordnung und der Kriminalordnung durch die Gesetzsammlung bekannt zu machen ist, nichts geändert.

Charlottenburg den 5. Dezember 1845.

Friedrich Wilhelm.

An
den Staats- und Justiz-Minister Uhden.

I. 5884. E. 26. Vol. 4.

Auszug
aus der Allg. Gerichtsordnung Thl. I. Tit. 10.

§. 203. Nr. 1. Wenn Personen fürstlichen Standes den (Zeugen-) Eid leisten sollen, so wird die im Vernehmungsprotokolle zu verzeichnende Eidesformel denenselben von dem Kommissarius vorgelesen und zur eigenhändigen Unterschrift vorgelegt.

§. 315. Der Schwörende muß den Eid mit nachgesprochenen Worten, und in der nach dem Gerichtsgebrauche üblichen Stellung ableisten. Nur allein bei fürstlichen Personen, bei Mennoniten und anderen Religionsverwandten, welche unter der ausdrücklichen Erlaubniß, keinen körperlichen Eid leisten zu dürfen, im Staate aufgenommen sind, ingleichem wegen der Tauben und Stummen, finden die Vorschriften §. 203. Nr. 1. 5. und 6. und §. 227. Nr. 3. auch bei solchen Eidesleistungen Statt.

Auszug
aus der Kriminalordnung.

§. 335. Nr. 1. Wenn Personen fürstlichen Standes den (Zeugen-) Eid leisten sollen, so wird die im Vernehmungsprotokolle zu verzeichnende Eidesformel denselben vom Inquirenten oder dem zu ihrer Vernehmung ernannten Kommissarius vorgelesen und zur eigenhändigen Unterschrift vorgelegt.

38.

Allerhöchste Kabinets-Ordre vom 11. Dezember 1845, — betreffend die Errichtung eines Handelsgerichts zu Gladbach für die Kreise Gladbach und Grevenbroich und mehrere Gemeinden des Kreises Kempen.

Unter den in Ihrem Berichte vom 2. d. M. dargestellten Verhältnissen genehmige Ich nach Ihrem Antrage die Errichtung eines Handelsgerichts für die Kreise Gladbach und Grevenbroich und die im Kreise Kempen liegenden Gemeinden Grefrath, Lobberich, Breyel, Kaldenkirchen, Oed, Suechteln, Dülken, Waldniel, Brüggen, Amern St. Anton, Amern St. Georg und Bracht. Dasselbe soll aus einem Präsidenten und fünf Richtern nebst drei Stellvertretern bestehen und seinen Sitz in der Gemeinde Gladbach haben, welche verpflichtet ist, das für das Gericht erforderliche Lokal unentgeltlich zu beschaffen und zu unterhalten. Mit dem Tage, an welchem das gedachte Handelsgericht in Thätigkeit tritt, hört die bisherige Kompetenz des Handelsgerichts zu Krefeld hinsichtlich der genannten Kreise und Gemeinden auf; doch sind die bei diesem Gerichte zu jenem Zeitpunkte schon anhängigen Rechtssachen auch bei demselben zu Ende zu bringen. — Zur Ausführung dieser Meiner Bestimmung, welche durch die Gesetzsammlung bekannt zu machen ist, haben Sie das Weitere zu veranlassen.

Stettiner Eisenbahn den 11. Dezember 1845.

Friedrich Wilhelm.

An
die Staats-Minister Flottwell
und Uhden.

39.

Allerhöchste Kabinets-Ordre vom 23. Dezember 1845, — betreffend die Ausschließung derjenigen Preußischen Unterthanen von jeder künftigen Anstellung im Vaterlande, welche sich im Auslande zu Priestern weihen lassen.

Da es sich verschiedentlich gezeigt hat, daß — der großen Erleichterungen ungeachtet, welche den Aspiranten des katholischen Priesterstandes hinsichtlich der Ableistung der Militairdienstpflicht eingeräumt worden, — dennoch sich Preußische Unterthanen zuweilen im Auslande zu Priestern weihen lassen, so muß ein solcher unerlaubter Schritt als ein Beweis der Absicht, sich den Unterthanenpflichten zu entziehen, angesehen werden, und — soweit nicht nach dem Gesetze wegen der Umgehung der Militairdienstpflicht eine besondere Strafe zu verhängen ist, — die Ausschließung von jeder künftigen Anstellung im Vaterlande zur Folge haben. Die Ministerien des Krieges, der geistlichen Angelegenheiten, des Innern und der Justiz haben dies in vorkommenden Fällen zu beachten, und gegenwärtige Ordre durch die Gesetzsammlung bekannt zu machen.

Charlottenburg den 23. Dezember 1845.

Friedrich Wilhelm.

An
die Ministerien des Krieges, der
geistlichen Angelegenheiten, des
Innern und der Justiz.

I. 714. M. 75.

40.

Allerhöchster Kabinets-Befehl vom 31. Dezember 1845, — betreffend die Civil-Versorgungs-Ansprüche jüdischer Unteroffiziere.

Auf den Bericht des Staats-Ministeriums vom 18. v. Mts. genehmige Ich, daß den zu Unteroffizieren beförderten jüdischen Soldaten, welche durch die vorgeschriebene Dienstzeit sich Civil-

Versorgungs-Ansprüche erwerben, gleich den übrigen anstellungsberechtigten Unteroffizieren der Eintritt in solche Subalternstellen gestattet werden soll, mit denen die Ausübung einer obrigkeitlichen Autorität nicht verbunden ist. Die Vereidigung beim Antritt des Civildienstes ist nach den für jüdische Zeugeneide bestehenden Vorschriften zu bewirken. — Die Departements haben wegen Ausführung dieser Bestimmungen das Erforderliche anzuordnen und die Behörden mit Anweisung zu versehen.

Berlin den 31. Dezember 1845.

Friedrich Wilhelm.

An
das Staats-Ministerium.

I. 483. Rhein. Gen. 13. Vol. 2.

XXXIII.

1846.

Gesetze, Verordnungen, Rescripte.

41.

Allerhöchste Kabinets-Ordre vom 9. Januar 1846, — betreffend das den Erzbischöfen von Köln, sowie von Gnesen und Posen beizulegende Prädikat.

(Allerh. Ordre v. 26. Oktober 1831, Jahrb. Bd. 40. S. 463.)

Ich habe beschlossen, den Erzbischöfen von Köln, sowie von Gnesen und Posen, unter Abänderung des Erlasses vom 26. Oktober 1831, das Prädikat „Erzbischöfliche Gnaden" zu verleihen und setze das Staats-Ministerium hiervon mit dem Bemerken in Kenntniß, daß den genannten Erzbischöfen dieses Prädikat von allen Behörden im amtlichen Verkehr beizulegen ist.

Berlin den 9. Januar 1846.

Friedrich Wilhelm.

An
das Staats-Ministerium.

Vorstehende Allerhöchste Ordre wird hierdurch den sämmtlichen Gerichtsbehörden zur Nachachtung, unter Hinweisung auf den früheren Erlaß vom 26. Oktober 1831 (Jahrbücher Bd. 40. S. 463), bekannt gemacht.

Berlin den 10. Februar 1846.

Der Justiz-Minister
Uhden.

An
sämmtliche Gerichtsbehörden.
I. 374. S. 3. Vol. 4.

42.

Verfügung vom 21. Januar 1846, — betreffend die Zuständigkeit der Fabrikengerichte in Polizei-Sachen.

(Allg. Gewerbe-Ordnung v. 17. Januar 1845; Ges.-Samml. pro 1845 S. 41.)

Ew. Hochwohlgeboren wird auf den Bericht vom 20. Dezember v. J.

die Zuständigkeit der Fabrikengerichte in Polizei-Sachen betreffend,

hierdurch eröffnet, daß das Justiz-Ministerium mit Ihnen darin einverstanden ist, daß das Dekret vom 3. August 1810 nach wie vor gültig ist, daß mithin die Allgem. Gewerbe-Ordnung vom 17. Januar v. J. die Competenz der Fabrikengerichte weder ausgedehnt noch eingeschränkt hat, und daß es endlich auch in keiner Weise räthlich erscheinen kann, die Competenz der Fabrikengerichte in strafrechtlicher Beziehung zu erweitern.

Sie haben hiernach den Präsidenten des Fabrikengerichts zu N. zu bescheiden und demselben hierbei zu eröffnen, daß wenn die Competenz, welche der Art. 4. des Dekrets vom 3. August 1810 den Fabrikengerichten eingeräumt hat, vom Fabrikengericht zu N. überschritten werden sollte, nichts übrig bleibe, als solche, der bestehenden Gesetzgebung widersprechende Erkenntnisse kassiren zu lassen.

Berlin den 21. Januar 1846.

Das Justiz-Ministerium.
Ruppenthal.

An
den Königl. General-Prokurator
Herrn Berghaus Hochwohlgeboren
zu Köln.

I. 5844. Rh. Gen. 52. Vol. 3.

43.

Verfügung vom 6. Februar 1846, — betreffend die Vernehmung der nächsten Angehörigen und des Vormundes eines Deserteurs durch die Civil-Gerichte.

(§. 245 des neuen Militair-Strafgesetzbuches; — Edikt vom 17. November 1764, §. 2.)

Ew. Hochwohlgeboren wird auf den Bericht vom 14. Januar d. J.

die Ausdehnung des §. 245 des neuen Militair-Strafgesetzbuchs betreffend,

hierdurch folgendes eröffnet.

Der gedachte §. 245 verordnet:

daß bei der vorläufigen Untersuchung das Militairgericht die Umstände, welche den Verdacht der Entweichung begründen, näher festzustellen und die nächsten Angehörigen und den Vormund des Abwesenden über den Aufenthalt des Letzteren unter Bekanntmachung der Folgen seines Ausbleibens zu vernehmen, oder deren Vernehmung zu veranlassen habe —

ohne die Behörde anzugeben, durch welche im letzteren Falle die Vernehmung erfolgen soll. Es muß daher dem Militairgerichte, wenn dasselbe die betreffenden Personen nicht selbst vernehmen kann, überlassen bleiben, ob ihm eine Vernehmung durch die Administrativ-Behörden genügt, oder ob dasselbe eine solche durch die Civilgerichte bewirken lassen will, und kann demselben letzteres um so weniger verweigert werden, als auch bereits nach dem Edikte vom 17. November 1764 §. 2, welcher in dieser Beziehung als Grundlage des neuen Militair-Strafgesetzbuches zu erachten, die Vernehmung der Verwandten durch die Gerichts-Obrigkeiten angeordnet gewesen ist.

Wählt indessen das Militairgericht die Vernehmung durch die Civilgerichte, so müssen auch die in Bezug hierauf in der Rheinprovinz geltenden Gesetze Anwendung finden, die Zeugen daher in gewöhnlicher Weise vorgeladen und die dadurch entstehenden Kosten, so wie die Gebühren für die Zeugen von der requirirenden Behörde erstattet werden.

Hiernach haben Ew. Hochwohlgeboren den dortigen Ober-Prokurator zu bescheiden.

Berlin den 6. Februar 1846.

Der Justiz-Minister
Uhden.

An
den Königl. General-Prokurator,
Herrn Geheimen Ober-Justiz-Rath
Berghaus Hochwohlgeboren
zu Köln.

I. 319. Rh. Krim. 3. Vol. 2.

44.

Verfügung vom 17. Februar 1846, — betreffend die Verjährung der von den Polizeigerichten in Holzdiebstahlssachen erkannten Strafen.

(Art. 639 der Rhein. Straf-Prozeßordnung.)

Auf Ew. Hochwohlgeboren Bericht vom 17. Januar d. J. erkläre ich mich in Betreff der darin angezeigten Meinungsverschiedenheit hinsichtlich der Strafverjährung in einfachen Holzdiebstahlssachen mit der Ansicht einverstanden:

daß die Bestimmung des Artikels 639 der Rheinischen Straf-Prozeßordnung, nach welcher die in Polizei-Strafsachen erkannten Strafen binnen zwei Jahren verjähren, auch auf die in Holzdiebstahlssachen von den Polizeigerichten erkannten Strafen anzuwenden ist;

da in Bezug auf Holzdiebstähle die Ordonnanz vom Jahre 1669 als aufgehoben zu betrachten ist, der gedachte Artikel 639 eine allgemeine Regel aufstellt und von derselben bezüglich auf Holzdiebstahlsstrafen keine Ausnahme speziell festgesetzt worden ist.

Ew. Hochwohlgeboren überlasse ich, hiernach die Ober-Prokuratoren zu instruiren, bemerke aber noch, daß in Kontestationsfällen über die in Rede stehende Frage eine gerichtliche Entscheidung wird ergehen müssen.

Berlin den 17. Februar 1846.

Der Justiz-Minister
Uhden.

An
den Königlichen General-Prokurator
Herrn Geheimen Ober-Justiz-Rath
Berghaus Hochwohlgeboren
zu Köln.

I. 432. Rhein. Krim. 7. Vol. 5.

45.

Schreiben und Verfügung vom 19. Februar 1846, — betreffend die Zulässigkeit des Personal-Arrestes gegen Offiziere im aktiven Dienste.

a.

Ew. Excellenz geehrte Zuschrift vom 8. November v. J. betreffend die Zulässigkeit des Personal-Arrestes gegen Offiziere im aktiven Dienste, hat mich veranlaßt, den Bericht des Ersten Präsidenten und des General-Prokurators zu Köln einzufordern. Nachdem ich von dessen Inhalte Kenntniß genommen, überzeugte ich mich, daß die drei Senate des genannten Gerichtshofes hinsichtlich der zur Sprache gebrachten Frage verschiedene Ansichten hatten. Der zweite und der dritte Senat nahmen an, daß der Personal-Arrest gegen einen Offizier im aktiven Dienste zwar erkannt, aber während der Dauer des aktiven Dienstes nicht vollstreckt werden dürfe; der erste Senat aber ging weiter und entschied, daß gegen einen Offizier im aktiven Dienste auf Personal-Arrest gar nicht erkannt werden könne.

Diese letztere Entscheidung findet in der Rheinischen Gesetzgebung nicht allein keine Rechtfertigung, sondern sie würde nothwendig die Folge haben, daß die Bewohner der Rheinprovinz weit schlechter stehen würden, als die Bewohner der alten Provinzen, welchen die Befugniß zusteht, so bald der Offizier aus dem aktiven Dienste austritt, gegen denselben den Personal-Arrest in Antrag zu bringen, was nach der Rheinischen Gesetzgebung nicht zulässig ist, so daß der Rheinische Gläubiger auch gegen den aus dem Dienste ausgeschiedenen Offizier niemals einen Personal-Arrest würde auswirken können.

Ich habe mich daher veranlaßt gefunden, das erwähnte Erkenntniß des ersten Senats der Prüfung des Revisions- und Kassations-Hofes zu unterwerfen und dieser hat in seiner Sitzung vom 9. d. Mts. mittelst Vernichtung jenes Urtheils sich dahin ausgesprochen:

> daß der Personal-Arrest gegen einen Offizier im aktiven Dienste *ausgesprochen*, aber während der Dauer des aktiven Dienstes *nicht vollstreckt* werden könne.

Durch diesen Ausspruch, dem sich die Rheinischen Gerichte fügen müssen, sind die Besorgnisse beseitigt, welche Ew. Excellenz in dem geehrten Schreiben vom 28. August v. J. geäußert haben, indem das Interesse des Dienstes vollständig gewahrt wird; einer weiteren legislativen Maaßregel wird es nicht bedürfen, und ich werde mich daher darauf beschränken, das Urtheil des Revisions-Hofes den Rheinischen Gerichten zur Nachachtung mitzutheilen.

Berlin den 19. Februar 1846.

Uhden.

An
den Königl. Wirkl. Geheimen
Staats- und Kriegs-Minister
Herrn v. Boyen Excellenz.

b.

Ew. Hochwohlgeboren erhalten in der Anlage das Urtheil des Revisions- und Kassations-Hofes vom 9. d. Mts., durch welches jenes des ersten Senats des Appellations-Hofes vom 25. August v. J. in der Streitsache des Lieutenants N. im Interesse des Gesetzes und zur Aufrechthaltung der Grundsätze kassirt worden, mit dem Auftrage, die Transcription desselben in die Register des Appellations-Hofes und die Bekanntmachung durch das Archiv zu veranlassen.

Durch die in dem Urtheile des Revisions-Hofes ausgesprochene Ansicht, daß gegen einen im aktiven Dienste stehenden Offizier in den vom Gesetze vorgesehenen Fällen der Personal-Arrest erkannt, aber während der Dauer des aktiven Dienstes nicht vollstreckt werden kann, werden die entstandenen Zweifel sich für die Zukunft erledigen.

Berlin den 19. Februar 1846.

Der Justiz-Minister
Uhden.

An
den Königlichen General-Prokurator Herrn Berghaus Hochwohlgeboren zu Köln.

I. 794. Rh. Gener. 101. Vol. 2.

46.

Allgemeine Verfügung vom 13. März 1846, — betreffend die gegen Militair-Personen vom Feldwebels- und vom Unteroffiziers-Range in den geeigneten Fällen zu erkennende Degradation.

(Rescript v. 23. April 1842, Just.-Minist.-Blatt S. 216, Rhein. Samml. Bd. 8. S. 38.)

Durch die allgemeine Verfügung vom 23. April 1842 (Justiz-Minist.-Blatt S. 216) sind die Gerichtsbehörden darauf aufmerksam gemacht worden, daß gegen Militair-Personen vom Feldwebels- und vom Unteroffiziers-Range, wenn mit ihrem Vergehen die Versetzung in die zweite Klasse des Soldatenstandes verbunden, oder auf Festungsstrafe u. s. w. von sechs Monaten und darüber gegen Feldwebel, und von drei Monaten und darüber gegen Unteroffiziere zu erkennen ist, zugleich auf Degradation zum Gemeinen erkannt und solche nach Bestimmung der Kriegsartikel auf die Strafe angerechnet werden soll.

Ein neuerdings von einem Civilgerichte abgefaßtes Erkenntniß, durch welches ein Bombardier, also eine zur Klasse der Unteroffiziere gehörige Militairperson, zu sechs Wochen Gefängniß, Verlust der Kokarde und Versetzung in die zweite Klasse des Soldatenstandes verurtheilt worden, ohne daß die Degradation zum Gemeinen und Anrechnung derselben auf die Freiheitsstrafe ausgesprochen ist, giebt Veranlassung, jene allgemeine Verfügung in Erinnerung zu bringen.

Mit Hinweisung auf die §§. 17, 18 und 31 der Verordnung über die Anwendung der Kriegs-Artikel vom 27. Juni 1844 und auf die Beilage A. zum Strafgesetzbuche für das Preußische Heer, enthaltend die Klassifikation der Militairpersonen nach ihren verschiedenen Dienst- und Rangverhältnissen, werden demgemäß die Gerichtsbehörden angewiesen, bei den Straferkenntnissen gegen Militairpersonen den Dienstrang derselben jederzeit zu beachten und bei solchen, die zur Klasse der Feldwebel oder Unteroffiziere gehören, in den bezeichneten Fällen auf Degradation zum Gemeinen, unter Anrechnung auf die Freiheitsstrafe, den gesetzlichen Vorschriften gemäß, zu erkennen.

Berlin den 13. März 1846.

Der Justiz-Minister
Uhden.

An
sämmtliche Gerichtsbehörden.
I. 998. L. 10. Vol. 14.

47.

Cirkular-Verfügung des Ministeriums der geistlichen etc. Angelegenheiten und des Ministeriums des Innern vom 2. März 1846, — betreffend die Exekutionsbefugnisse der Verwaltungs-Behörden.

Die durch unsern Erlaß vom 18. Mai v. J. über die Exekutionsbefugnisse der Regierungen erforderten Berichte haben ergeben, daß ein allgemeines Bedürfniß zur Ausdehnung der den Verwaltungsbehörden zustehenden Exekutionsbefugnisse auf Leistungen aus solchen Lieferungs-Verträgen, welche bei der Verwaltung von Instituten, Kirchen und Schulen abgeschlossen sind, in größerem Umfange sich nicht fühlbar gemacht hat. Es ist daher zur Zeit kein genügender Anlaß vorhanden, auf die Abänderung der bestehenden Gesetzgebung anzutragen, nach welcher wir in Uebereinstimmung mit dem Herrn Justiz-Minister jene Ausdehnung um deshalb nicht für gerechtfertigt halten können, weil §. 42. Num. 5. der Verordnung vom 26. Dezember 1808 nur von solchen Verträgen redet, bei denen die Nicht-Erfüllung den Staat mit einem unersetzlichen Schaden bedroht, und weil die Allerhöchste Kabinets-Ordre vom 31. Dezember 1825 im §. 12. sub a. nur das unter Num. 2., 3. und 4. l. c. gedachte Exekutionsrecht auf die Angelegenheiten der Institute u. s. w. ausdehnt, nicht aber das unter Num. 5. l. c. erwähnte.

Die Königliche Regierung wird daher veranlaßt, derartige Exekutionsbefugnisse fernerhin nicht mehr in Anspruch zu nehmen, und dahin zu wirken, daß das Interesse der erwähnten Institute durch besondere Vorsicht bei Abschließung der Verträge, durch Stipulirung von Kautionen, Aversional-Strafen u. s. w. möglichst gesichert werde.

Berlin den 2. März 1846.

Der Minister der geistlichen 2c. Angelegenheiten
Eichhorn.

Für den Minister des Innern.
Im Auftrage
v. Manteuffel.

An
sämmtliche Königl. Regierungen.

Vorstehende, von Seiten der Ministerien der geistlichen 2c. Angelegenheiten und des Innern an sämmtliche Regierungen erlassene Verfügung wird hierdurch den Gerichtsbehörden zur Kenntnißnahme mitgetheilt.

Berlin den 26. März 1846.

Der Justiz-Minister
Uhden.

An
sämmtliche Gerichtsbehörden.

I. 1333. E. 33. Vol. 5.

48.

Gesetz vom 3. April 1846, — betreffend die Publikation der Gesetze.

Wir Friedrich Wilhelm, von Gottes Gnaden, König von Preußen ꝛc.

verordnen zur Vereinfachung der bisherigen Bestimmungen über die Publikation der Gesetze, auf den Antrag Unseres Staats-Ministeriums und nach vernommenem Gutachten Unseres Staatsraths, für den ganzen Umfang Unserer Monarchie, was folgt:

§. 1.

Landesherrliche Erlasse, welche Gesetzeskraft erhalten sollen, erlangen dieselbe nur durch die Aufnahme in die Gesetzsammlung, ohne Unterschied, ob sie für die ganze Monarchie oder für einen Theil derselben bestimmt sind.

§. 2.

Ist in einem durch die Gesetzsammlung verkündeten Erlasse der Zeitpunkt bestimmt, mit welchem derselbe in Kraft treten soll, so ist der Anfang seiner Gesetzeskraft nach dieser Bestimmung zu beurtheilen.

Enthält aber das verkündete Gesetz eine solche Zeitbestimmung nicht, so beginnt dessen Gesetzeskraft

in dem Regierungsbezirke Potsdam mit Berlin, mit dem achten Tage,

in den Regierungsbezirken Frankfurt, Stettin, Magdeburg und Merseburg mit dem neunten Tage,

in den Regierungsbezirken Stralsund, Cöslin, Posen, Breslau, Liegnitz und Erfurt mit dem eilften Tage,

in den Regierungsbezirken Marienwerder, Bromberg, Oppeln und Minden mit dem zwölften Tage,

in den Regierungsbezirken Danzig, Münster und Arnsberg mit dem dreizehnten Tage,

in den Regierungsbezirken Königsberg und Gumbinnen, sowie in der Rheinprovinz mit dem vierzehnten Tage,

nach dem Ablaufe desjenigen Tages, an welchem das betreffende Stück der Gesetzsammlung in Berlin ausgegeben worden ist.

§. 3.

Auch für diejenigen, welche schon früher von dem Gesetze Kenntniß erhalten haben, beginnt die Verbindlichkeit, nach demselben sich zu achten, erst mit dem im §. 2. bestimmten Zeitpunkte.

§. 4.

Das vorliegende Gesetz tritt am 1. Mai dieses Jahres in Kraft. Nach seinen Bestimmungen sind nur diejenigen Erlasse zu beurtheilen, welche an eben diesem Tage oder späterhin als Gesetze verkündet werden. Auch treten von da ab alle dem vorliegenden Gesetze entgegenstehende bisherige Vorschriften außer Kraft.

Urkundlich unter Unserer Höchsteigenhändigen Unterschrift und beigedrucktem Königlichen Insiegel.

Gegeben Berlin den 3. April 1846.

(L. S.) Friedrich Wilhelm.

v. Rochow, v. Savigny, v. Bodelschwingh, Uhden.

Beglaubigt:
Bode.

I. 1815. G. 61. Vol. 3.

49.

Verordnung vom 6. April 1846, — betreffend das Verfahren bei Untersuchungen wegen Aufruhrs und Tumults im Bezirke des Appellationsgerichtshofes zu Köln.

(Verordnung v. 18. Febr. 1842, Rhein. Samml. Bd. 8. S. 14. — Rhein. Straf-Prozeßordnung Art. 179—216 u. 479—483.)

Wir Friedrich Wilhelm, von Gottes Gnaden, König von Preußen &c. &c.

verordnen in Berücksichtigung des Uns von Unseren getreuen Ständen der Rheinprovinz vorgetragenen Wunsches, auf den Antrag Unseres Staats-Ministeriums über das Verfahren bei Untersuchungen wegen Aufruhrs und Tumults und zur Ergänzung der Verordnung vom 18. Februar 1842 für den Bezirk des Appellationsgerichtshofes zu Köln, wie folgt:

§. 1.

Untersuchungen wegen Aufruhrs und Tumults im Bezirke des Appellationsgerichtshofes zu Köln sollen fortan, mit Beseitigung der Verordnung vom 30. September 1836 und anderer etwa entgegenstehenden Vorschriften, gleich den Untersuchungen wegen der im §. 3. der Verordnung vom 18. Februar 1842 erwähnten Verbrechen nach den in der Rheinischen Strafprozeßordnung Art. 179 bis 216 und 479 bis 483 einschließlich gegebenen Bestimmungen geführt und erledigt werden. Ist eine Untersuchung wegen Aufruhrs und Tumults schon vor Publikation der gegenwärtigen Verordnung eingeleitet worden, so ist sie in dem bisher vorgeschriebenen Verfahren zu Ende zu führen.

§. 2.

Uebersteigt bei einem der im §. 3. der Verordnung vom 18. Februar 1842 und im §. 1. der gegenwärtigen Verordnung erwähnten Verbrechen das höchste Maaß der gesetzlichen Strafe die Dauer einer fünfjährigen Freiheitsstrafe, so sind bei der Untersuchung die Vorschriften der Rheinischen Straf-Prozeßordnung auch dahin in Anwendung zu bringen, daß die Anklage von dem Appellationshofe erkannt, eine Anklageschrift von dem General-Prokurator angefertigt, dem Angeklagten zugestellt, diesem ein Vertheidiger bestellt und Abschrift der Akten, so weit es gesetzlich ist, unentgeltlich mitgetheilt wird.

§. 3.

Der §. 6. der Verordnung vom 18. Februar 1842 findet auch bei den Untersuchungen wegen Aufruhrs und Tumults Anwendung.

Urkundlich unter Unserer Höchsteigenhändigen Unterschrift und beigedrucktem Königlichen Insiegel.

Gegeben Berlin den 6. April 1846.

(L. S.) Friedrich Wilhelm.

Prinz von Preußen.
v. Boyen, Mühler, v. Nagler, Rother, Eichhorn, v. Thile, v. Savigny, v. Bodelschwingh, Gr. zu Stolberg, Flottwell, Uhden, Frhr. v. Canitz.

I. 1875. Rhein. Crimin. 91.

50.

Allgemeine Verfügung vom 9. April 1846, — betreffend die Abstellung der Verzögerungen bei der dritten Prüfung der Referendarien.

Bei der dritten Prüfung der Referendarien entstehen nach einem Berichte des Vorsitzenden der Immediat-Justiz-Examinations-Kommission dadurch nicht selten Verzögerungen, daß die Vorarbeiten noch nachgeholt werden müssen und die Kandidaten die gestellten Fristen und Termine prorogiren. Mit Rücksicht hierauf und damit die Kandidaten von den praktischen Beschäftigungen und von ihrem bisherigen Aufenthaltsorte nicht länger, als nöthig, entfernt bleiben, sieht sich der Justiz-Minister zu folgenden näheren Bestimmungen veranlaßt:

1) Es wird in Erinnerung gebracht, daß die Vorbereitung zur dritten Prüfung vollständig beendigt sein muß, bevor die Präsentation zu derselben und die Ueberweisung an die Immediat-Examinations-Kommission erfolgen kann. Die Instruktionen, deren Verzeichniß der Kandidat vorlegt und worunter wenigstens einige sein sollen, in welchen derselbe sich einer Beweisaufnahme unterzogen hat, müssen daher ganz abgeschlossen sein, und der Kandidat muß ausdrücklich erklären, daß er bereit sei, im mündlichen Prüfungs-Termine, sobald er vorgeladen wird, zu erscheinen, respektive der Bearbeitung der Probe-Relationen, wenn er diese erst bei der Immediat-Examinations-Kommission anfertigen will, hier zu übernehmen.

Fristen zur weiteren Vorbereitung für die 3. Prüfung hat sonach die Immediat-Examinations-Kommission nie zu ertheilen.

2) Die bisher Seitens des Justiz-Ministers an die Kandidaten erlassene Benachrichtigung darüber, daß sie zur dritten Prüfung zugelassen werden sollen und die Immediat-Justiz-Examinations-Kommission den Auftrag dazu erhalten habe, fällt künftig weg. Die Kommission selbst wird sie von dem erhaltenen Auftrage in Kenntniß setzen und sie damit zur mündlichen Prüfung vorladen, oder benachrichtigen, daß ihnen Akten zu Probe-Relationen zugetheilt werden sollen. Erst nachdem dies geschehen, sind sie von den Präsidien der betreffenden Obergerichte zu entlassen. Hiernach modifizirt sich die Anweisung in dem Reskript vom 1. August 1840 (Justiz-Minist.-Blatt S. 270).

3) Die Immediat-Examinations-Kommission bewilligt zur Ablieferung einer von ihr zugetheilten Probe-Relation eine Frist von 4 bis 8 Wochen. Wer diese Frist nicht inne hält, hat ebenso wie derjenige, welcher auf die Vorladung zur mündlichen Prüfung in dem bestimmten Termine ausbleibt, zu erwarten, daß er auf 3 Monate zurückgesetzt wird, das heißt, erst nach 3 Monaten neue Akten oder einen neuen Termin erhält. Ausnahmen hiervon werden nur auf besonders motivirte Anträge Seitens des Justiz-Ministers gestattet.

4) Der der Examinations-Kommission gewordene Auftrag zur Prüfung erlischt ganz, wenn der Kandidat nicht binnen 6 Monaten, oder, sofern der Auftrag die Zutheilung von Probe-Relationen neben dem mündlichen Examen umfaßt, nicht binnen Jahresfrist vom Tage der Benachrichtigung, zu 2 oben, angerechnet, die Prüfung zurückgelegt hat.

Derselbe wird dann an das betreffende Obergericht

zurückgewiesen, hat die Examinations-Gebühren nach Maaßgabe der der Kommission schon entstandenen Arbeit zu entrichten, und kann nur eben so wie ein in der Prüfung nicht Bestandener, jedenfalls erst nach mehrmonatlicher, anderweitiger praktischer Beschäftigung wieder zugelassen werden.

5) Uebrigens wird die Immediat-Examinations-Kommission der Verzögerungen, die sich ein Kandidat zu Schulden kommen läßt, in dem Bericht über den Ausfall der Prüfung Erwähnung thun, und der Justiz-Minister behält sich deren sonst geeignete Rüge in jedem speziellen Falle vor.

Berlin den 9. April 1846.

Der Justiz-Minister
Uhden.

An
das Königliche Kammergericht und sämmtliche Königliche Oberlandesgerichte.

I. 1590. O. 146. Vol. 4.

51.

Allerhöchste Genehmigungs-Urkunde des Zusatz-Artikels XVIII. zur Rheinschiffahrts-Akte vom 31. März 1831. D. d. den 30. April 1846.

Wir Friedrich Wilhelm, von Gottes Gnaden, König von Preußen &c.

urkunden und bekennen hiermit:

Nachdem die Rheinschiffahrts-Centralkommission sich in ihrer am 17. September 1844 gehaltenen 19ten Sitzung anderweit über den nachfolgenden Zusatz-Artikel XVIII. zur Rheinschiffahrts-Akte vom 31. März 1831.

XVIIIter Supplementair-Artikel.

Der Artikel 52 der Uebereinkunft vom 31. März 1831 wird in Ansehung der Dampfschiffe hierdurch aufgehoben, und statt desselben, sowohl hinsichtlich derjenigen Dampfschiffe, welche den Rhein bereits befahren, als auch hinsichtlich derjenigen, welche diesen Strom künftig befahren wollen, Nachstehendes festgesetzt:

§. 1.

Zum Erwerbe des Rechts auf dem Rheine, von demjenigen Punkte an, wo dieser Strom schiffbar wird, bis ins Meer, und aus dem Meere bis an den gedachten Punkt, die Schiffahrt mit Dampfschiffen unter den Bestimmungen und Begünstigungen jener Uebereinkunft auszuüben, bedarf es nur des, in Gemäßheit des vierten Titels der Uebereinkunft ausgestellten Patents für die Schiffsführer, und außerdem für die Unternehmer der, die Art des Dampfschiffahrtsbetriebes (§. 2.) bezeichnenden Konzession desjenigen Uferstaates, in welchem die Dampfschiffahrtsgesellschaft (Sozietät, anonyme, Aktiengesellschaft) ihren Sitz hat, oder welchem, Falls die Schiffahrt von einem Einzelnen unternommen wird, dieser angehört.

§. 2.

Nur die, im §. 1. bezeichneten Bedingungen sind, Behufs der Erlangung der Befugniß zur Dampfschiffahrt zu erfüllen, es mag diese Schiffahrt von einem Einzelnen, oder einer Gesellschaft, mit einem Schiffe oder mit mehreren Schiffen betrieben werden, es mögen die Dampfschiffe, deren Maschinen und sonstiges Zubehör in einem Rheinuferstaate, oder anderswo verfertigt sein, es mögen blos Personen nebst ihrem Gepäcke und ihren Wagen, oder blos Waaren, oder Personen und Waaren befördert, oder, sei es mit oder ohne gleichzeitige Beförderung von Personen und Waaren, oder von Personen oder Waaren auf den Dampfschiffen, durch die Dampfschiffe andere Gefäße irgend welcher Art geschleppt werden.

Insbesondere ist es, die Erlangung des vorschriftsmäßigen Patentes und der Konzession vorausgesetzt (§. 1.), jedem Dampfschiffe gestattet, an bestimmten Tagen und Stunden von jedem Hafen oder Landungsplatze abzufahren, um Reisende, ihr Gepäck, ihre Wagen und auch Waaren, in regelmäßiger oder unbestimmter Fahrt nach einem anderen Hafen oder Landungsplatze zu führen und andere Gefäße irgend einer Art zu schleppen, ohne daß es in irgend einer dieser Beziehungen einer Einigung unter den Uferregierungen bedarf, in deren Gebiete die Ab- und Anfahrtsorte liegen.

§. 3.

Welche Bedingungen, Behufs Erlangung der Konzession zur Dampfschiffahrt (§. 1.), von einem Einzelnen oder von einer Gesellschaft zu erfüllen und für die Ausübung dieser Schiffahrt vorzuschreiben sind, hängt lediglich von derjenigen Uferregierung ab, welcher der einzelne Unternehmer als Unterthan angehört, oder in deren Gebiet die Gesellschaft ihren Sitz hat.

§. 4.

In Ansehung der Prüfung der Tauglichkeit der Dampfschiffe kommen die Artikel 53. und 54. der Uebereinkunft mit denjenigen Maaßgaben zur Anwendung, welche die Natur der Dampfschiffe bedingt.

Jede Regierung wird mit Nachdruck dafür sorgen, daß die ihren Unterthanen, oder den, in ihrem Gebiete bestehenden Gesellschaften, gehörigen Dampfschiffe, nebst Maschinen nnd sonstigem Zubehör, besonders dann, wenn sie zur Personenbeförderung dienen sollen, in den gehörigen Zustand gesetzt und stets darin erhalten, ingleichen daß nur solche Schiffsführer, Maschinisten und Schiffsleute zum Dienste auf den Dampfschiffen zugelassen werden, welche, ihren persönlichen Eigenschaften nach, für die erforderliche Sicherheit die genügende Gewähr geben.

Außerdem behält sich jede Regierung hinsichtlich aller, und besonders hinsichtlich der zum Personentransporte dienenden, ihr Stromgebiet befahrenden Dampfschiffe die geeignete Kontrole und die geeigneten polizeilichen Maaßregeln zur Erreichung der erforderlichen Sicherheit vor. — Dabei soll jedoch jede irgend vermeidliche Beschränkung und Belästigung unterbleiben und kein Dampfschiff, welches einem anderen Uferstaate angehört, strenger oder ungünstiger als die eigenen Dampfschiffe gleicher Art behandelt werden.

Die vorstehenden Bestimmungen treten am ein und sechzigsten Tage nach Niederlegung der Ratifikationen im Archiv der Central-Rheinschiffahrts-Kommission in Wirksamkeit."

vereinigt hat, so wollen Wir, auf den Uns darüber gehaltenen Vortrag, den vorstehenden Zusatzartikel hierdurch genehmigen, auch Unsern Behörden und Unterthanen, so weit es diese angeht, befehlen, sich genau danach zu richten. —

Zu mehrerer Beglaubigung haben Wir gegenwärtige, zur Niederlegung in das gemeinschaftliche Archiv der Rheinschiffahrts-Centralkommission bestimmte Genehmigungsurkunde eigenhändig unterschrieben und solche mit Unserm Königlichen Insiegel versehen lassen.

So geschehen und gegeben zu Potsdam den 30. April 1846.

(L. S.) Friedrich Wilhelm.

Vorstehende Genehmigungsurkunde ist am 30. Mai c. in das zu Mainz befindliche Archiv der Centralkommission für die Rheinschiffahrt niedergelegt worden.

I. 2756. Rh. Gen. 89. Vol. 6.

52.

Gesetz vom 4. Mai 1846, — über die Erwerbung von Grundeigenthum für Korporationen und andere juristische Personen des Auslandes.

Wir Friedrich Wilhelm, von Gottes Gnaden, König von Preußen 2c. 2c.

verordnen auf den Antrag Unseres Staats-Ministeriums und nach erfordertem Gutachten Unseres Staatsraths, was folgt:

§. 1.

Ausländische Korporationen und andere juristische Personen des Auslandes können Grundeigenthum innerhalb Unserer Staaten nur mit Unserer Genehmigung erwerben.

§. 2.

So lange diese Genehmigung nicht ertheilt ist, sind die auf einen solchen Erwerb bezüglichen Verhandlungen nichtig.

Urkundlich unter Unserer Höchsteigenhändigen Unterschrift und beigedrucktem Königlichen Insiegel.

Gegeben Potsdam den 4. Mai 1846.

(L. S.) Friedrich Wilhelm.

v. Rochow, v. Savigny, v. Bodelschwingh, Uhden, Frhr. v. Canitz.

Beglaubigt:
Bode.

I. 2985. J. 12. Vol. 3.

53.

Cirkular-Verfügung des Königl. Ministeriums der geistlichen ꝛc. Angelegenheiten vom 22. Februar 1846, — betreffend die Dispensations-Ertheilung zur Verheirathung eines Neffen mit seiner an Jahren älteren Tante.

Dem Königlichen Konsistorium eröffne ich auf den Bericht vom 10. v. M., daß ich vor Kurzem mit dem Herrn Justiz-Minister Uhden darüber in Kommunikation getreten bin, welche Behörde zur Ertheilung der Dispensation von dem Eheverbote §. 8. II. Thl. Tit. 1.*) des Allgemeinen Landrechts kompetent ist, und der genannte Herr Minister hierauf anerkannt hat, daß der vor und nach Redaktion des Allgemeinen Landrechts gleichmäßig bestandenen Praxis gemäß, das Konsistorium die Behörde sei, welche jene Dispensation zu ertheilen hat.

Das Königliche Konsistorium wird hiernach auch in dem im vorliegenden Berichte vorgetragenen Falle zu verfahren haben.

Berlin den 22. Februar 1846.

Der Minister der geistlichen ꝛc. Angelegenheiten
Eichhorn.

An
das Königl. Konsistorium zu N.

Abschrift hiervon erhält das Königliche Konsistorium zur Kenntnißnahme und Beachtung.

Berlin den 22. Februar 1846.

Der Minister der geistlichen ꝛc. Angelegenheiten
Eichhorn.

An
sämmtliche übrige Königl. Konsistorien.

---

*) §. 8. l. c. Nur wenn Jemand die Schwester seines Vaters oder seiner Mutter, oder eines weiteren Verwandten in aufsteigender Linie, die an Jahren älter ist, heirathen will, muß er dazu die Erlaubniß des Staats nachsuchen.

§. 9. Diese Erlaubniß soll nur aus erheblichen Gründen, und wenn eine solche Ehe beiden Theilen angenscheinlich vortheilhaft ist, ertheilt werden.

Vorstehende, von Seiten des Königlichen Ministeriums der geistlichen 2c. Angelegenheiten an sämmtliche Konsistorien erlassene Verfügung wird hierdurch den Gerichtsbehörden zur Kenntnißnahme mitgetheilt.

Berlin den 15. Mai 1846.

Der Justiz-Minister
Uhden.

An
sämmtliche Gerichtsbehörden.
I. 1678. E. 22.

54.

Allerhöchste Kabinets-Ordre vom 15. Mai 1846, — betreffend die Ermäßigung der Transskriptionsgebühren und Honorarientarife beim Rheinischen Hypothekenwesen, nebst Tarif.

(Franz. Gesetz v. 21. Ventôse des Jahres VII, Großherzoglich Bergische Dekrete v. 3. November u. 24. Dezember 1809, — Dekret v. 21. September 1810.)

Nachdem bereits auf den Antrag des zweiten Rheinischen Provinzial-Landtages durch die Ordre vom 15. Juli 1829 die Transskriptionsgebühren, welche bei Eintragung der Veränderung des Grundeigenthums in die Hypothekenbücher im Bezirke des Appellationsgerichtshofes zu Köln entrichtet werden, auf den Satz von zwei vom Tausend ermäßigt worden sind, will Ich auf Ihre in dem Berichte vom 29. April d. J. entwickelten Anträge genehmigen:

1) daß die gedachten Gebühren noch weiter ermäßigt und ebenso, wie die Inskriptionsgebühren, welche für die Eintragung von Hypotheken, Rechten und Privilegien zu entrichten sind, auf Eins vom Tausend festgesetzt werden.
2) Genehmige Ich, zur Herstellung eines gleichförmigen Verfahrens auf beiden Rheinseiten in Ansehung der Erhebungsweise der in die Staatskassen fließenden Gebühren und zur Erleichterung der Berechnung, daß diese Gebühren, unter Anwendung des Satzes von Einem für Tausend, in Sprungsätzen von 25 zu 25 Rthlrn. dergestalt erhoben werden sollen, daß für Summen bis zum Betrage

von 25 Rthlr. einschließlich, der Gebührensatz von Neun Pfennigen; für Summen bis zum Betrage von 50 Rthlr. einschließlich, der Satz von Einem Silbergroschen Sechs Pfennigen, bis zum Betrage von 75 Rthlr. einschließlich, der Satz von Zwei Silbergroschen Drei Pfennigen; bis zum Betrage von 100 Rthlr. einschließlich, der Satz von Drei Silbergroschen und so fort, zur Erhebung kommt. Die Bestimmungen des französischen Gesetzes vom 21. Ventôse des Jahres VII (11. März 1799) Art. 20 und 25 und des Großherzoglich Bergischen Dekrets vom 3. November 1809 Art. 23 und 30 werden hierdurch modifizirt.

3) Bestimme Ich, daß, wenn vermöge einer zu transskribirenden Urkunde verschiedene Personen mehrere Grundstücke erworben haben, für jeden Ankäufer die Gebühr nach Maßgabe des von ihm übernommenen Kaufpreises besonders berechnet und erhoben werden soll. Desgleichen

4) daß, wenn ein Individuum kraft derselben Urkunde mehrere Grundstücke erwirbt, von der besonderen Liquidation der Prozentgelder nach Maßgabe jedes einzelnen Kaufpreises abzusehen ist, vielmehr sämmtliche Kaufgelder in einer Summe zusammen zu rechnen sind. Endlich

5) genehmige Ich, unter Aufhebung der nach dem französischen Gesetze vom 21. Ventôse, Jahres VII und dem späteren Dekrete vom 21. September 1810 auf dem linken Rheinufer, und nach den Großherzoglich Bergischen Dekreten vom 3. November 1809 und 24. Dezember 1809 auf dem rechten Rheinufer zur Anwendung kommenden abweichenden Tarifsätze, daß die Honorare der Hypothekenbewahrer künftighin im ganzen Bezirke des Appellationsgerichtshofes zu Köln nach der beifolgenden Taxe erhoben werden.

Ich beauftrage Sie, diese Ordre durch die Gesetzsammlung zur öffentlichen Kenntniß zu bringen.

Potsdam den 15. Mai 1846.

Friedrich Wilhelm.

An
die Staats-Minister Flottwell
und Uhden.

Taxe

der Honorare für die Hypothekenbewahrer im Bezirke des Appellationsgerichtshofes zu Köln.

№	Geschäfte, für welche das Honorar erhoben wird.	Honorar in Silbergroschen.
1.	für die Inskription eines Hypothekarrechts oder Privilegiums, ohne Rücksicht auf die Zahl der Gläubiger, wenn dieselbe in Einem Bordereau beantragt wird	8
2.	für eine Inskription von Amtswegen	8
3.	für die Erklärung einer Domizilveränderung, geschehe sie nun in Verbindung mit einer Cession (Subrogation), oder ohne dieselbe, sowie für den Vermerk der Prioritäts-Einräumung	4
4.	für die gänzliche oder theilweise Löschung einer Inskription	8
5.	für den Auszug aus dem Hypothekenbuche über eine Inskription oder für die Bescheinigung, daß keine Inskription bestehe	8
6.	für die Transskription einer Mutationsurkunde, und zwar für jedes Blatt, von welchem die Seite 36 Zeilen und die Zeile 16 bis 18 Sylben durchschnittlich enthalten muß	6
7.	für eine Negativbescheinigung in Betreff der Transskription einer Mutationsurkunde	8
8.	für die Transskription einer Beschlagnahmeverfügung für jedes Blatt, von welchem die Seite 36 Zeilen und die Zeile 16 bis 18 Sylben durchschnittlich enthalten muß	6
9.	für die Löschung einer Immobiliarbeschlagnahme	8
10.	für die beglaubte Abschrift einer bei den Hypothekenämtern eingereichten oder transskribirten Urkunde, für jedes Blatt, von welchem die Seite 36 Zeilen und die Zeile 16 bis 18 Sylben durchschnittlich enthalten muß	6
11.	für eine Duplikat-Quittung	2

Anmerkungen.

a) Bei den vorstehend unter 6, 8 und 10 bezeichneten Handlungen wird eine angefangene und zum Theil beschriebene

Seite als volle Seite gerechnet und dafür das halbe Honorar eines Blattes mit 3 Sgr, angesetzt.

b) Bei Erhebung eines Hypothekenauszuges (zu 5) richtet sich das Honorar des Hypothekenbewahrers nur nach der Zahl der darin enthaltenen Inskriptionen, und kann für die schließliche Bescheinigung, daß außerdem keine Inskriptionen wider den Schuldner vorhanden seien, nichts gefordert werden. Das Honorar für eine Negativbescheinigung findet daher nur in dem Falle statt, wenn keine Inskription gegen die Person besteht, auf welche das Attest lautet.

c) Für die Bescheinigung über die erfolgte Hinterlegung von Mutations-Urkunden und Beschlagnahmeverfügungen zum Transskribiren und von Borderaux zum Inskribiren findet kein Honorar Statt. Die Hypothekenbewahrer sind verpflichtet, den Interessenten diese Bescheinigung in allen Fällen, und zwar nicht blos über die eingereichten Urkunden, sondern auch über den bezahlten Vorschuß zu ertheilen.

I. 2564. Rh. Gener. 1. Vol. 3.

55.

Allgemeine Verfügung vom 18. Mai 1846, — betreffend das Verfahren bei Differenzen der Ansichten der Gerichtsbehörden oder Notare und der Provinzial-Steuerbehörden über die Auslegung des Stempelgesetzes.

Durch das Reskript vom 2. Dezember 1831 (Jahrbücher Bd. 38. S 51) ist für Untergerichte, und durch das Reskript vom 18. Mai 1832 (Juristische Zeitung de 1832 S. 680) für Notare das Verfahren vorgeschrieben, welches dieselben einzuschlagen haben, wenn sie sich bei den auf die Erinnerungen des Stempel-Fiskals ergangenen Entscheidungen der Provinzial-Steuer-Verwaltungen nicht beruhigen zu können glauben.

Da in neuerer Zeit diese Anweisungen vielfältig unbeachtet geblieben und denselben entgegen Beschwerden über dergleichen Entscheidungen unmittelbar bei dem Herrn Finanz-Minister angebracht worden sind, so werden den Gerichtsbehörden und Notaren die vorgedachten, nachstehend nochmals abgedruckten Reskripte hierdurch zur genauen Befolgung für künftige Fälle in Erinnerung gebracht.

Berlin den 18. Mai 1846.

Der Justiz-Minister
Uhden.

An
sämmtliche Gerichtsbehörden und Notare.
I. 2162. Steuersachen 23. Vol. 7.

---

a. Reskript vom 2. Dezember 1831.

Sämmtliche Königliche Gerichtsbehörden werden hierdurch angewiesen, in allen Fällen, wo eine Differenz über die Auslegung des Stempelgesetzes eintritt, und insonderheit die Landes-Justiz-Kollegien, an welche Seitens der Untergerichte dieserhalb Anfrage zu halten, sich mit der Provinzial-Steuer-Behörde über die anzuwendenden Grundsätze nicht einigen können, zur Erledigung derselben, behufs Erörterung des Falles unter den Ministerien, hieher zu berichten, der einseitigen Festsetzung beim Entstehen der Verständigung mit der Provinzial-Steuer-Direktion aber sich zu enthalten.

Berlin den 2. Dezember 1831.

Für den Justiz-Minister
Vermöge Allerhöchsten Auftrags
v. Kamptz.

An
sämmtliche Gerichtsbehörden.

---

b. Reskript vom 18. Mai 1832.

Im Einverständniß mit dem Herrn Finanz-Minister wird hierdurch bestimmt, daß, wenn gegen einen Notar bei der ihm vorgesetzten Gerichtsbehörde auf exekutivische Beitreibung defektirter Stempel in Veranlassung stattgehabter Stempelrevisionen, von der Provinzial-Stempelbehörde angetragen wird, folgendes Verfahren zu beobachten ist:

Es ist dem Notar aufzugeben, die Stempel binnen einer ihm zu bestimmenden Frist bei Vermeidung der Exekution zu berichtigen, oder seine Einwendungen binnen gleicher Frist dem Gericht anzuzeigen. Gehen keine Einwendungen ein, so ist auf fernern Antrag mit der Exekution zu verfahren. Werden aber entweder auf diese Veranlassung oder auch sonst aus eigenem Antriebe Seitens des Notars gegen die Zulässigkeit eines defektirten Stempelsatzes Erinnerungen erhoben, so hat das Gericht, wenn ihm die Erinnerungen des Notars gegründet erscheinen, sich dieserhalb in gleicher Art, wie solches unterm 2. Dezember v. J. für alle Fälle, wo eine Differenz über die Auslegung des Stempelgesetzes zwischen den gerichtlichen und Stempelsteuer-Behörden eintritt, angeordnet ist, über die eigentlich anzuwendenden Grundsätze mit dem Provinzial-Steuerdirektor zu verständigen, und wenn eine Einigung nicht stattfindet, zur Erledigung der Differenz, Behufs der Erörterung des Falles zwischen beiden Ministerien, hierher zu berichten. Findet dagegen das Gericht die Einwendungen des Notars unbegründet, so ist derselbe hierüber zu bedeuten, und es ist mit der exekutivischen Beitreibung der monirten Stempelbeträge zu verfahren. Doch stehet dem Notar jederzeit noch der Rekurs an das Justiz-Ministerium offen, und es ist daher, wenn derselbe nachweiset, diesen Rekurs ergriffen zu haben, bis auf weitere Verfügung, der Exekution Anstand zu geben.

Nach vorstehenden Bestimmungen hat sich das Königliche rc. Gericht in vorkommenden Fällen zu achten.

Berlin den 18. Mai 1832.

Der Justiz-Minister
Mühler.

An
sämmtliche Königl. Obergerichte.

56.

Verfügung vom 26. Mai 1846, — betreffend die Sicherstellung und Kontrolirung der zu den Notariats-Urkunden zu verwendenden Stempel.

(Verfüg. v. 1. Mai 1829, Rhein. Samml. Bd. 3. S. 278.)

Auf Ew. Hochwohlgeboren Bericht vom 3. April d. J.
die Sicherstellung und Kontrolirung der zu den Notariats-Urkunden zu verwendenden Stempel betreffend,
erklärt das Justiz-Ministerium sich damit einverstanden, daß den Friedensrichtern in der Rheinprovinz die Verpflichtung nicht auferlegt werden kann, bei den vierteljährlichen Revisionen der

Notariats-Repertorien durch Zusammenrechnung der einzelnen in der Stempel-Kolonne aufgeführten Beträge die Summe der berechneten Stempel zu ermitteln und unter Mitunterschrift des Notars in Buchstaben zur Verhütung nachträglicher Eintragungen inzwischen defraudirt gewesener Stempelbeträge festzustellen.

Es ist dies ein Geschäft, welches seiner Natur nach gar nicht zu den Obliegenheiten der Friedensrichter gehören kann, die bei ohnehin sehr großer Beschäftigung nicht noch kalkulatorische Arbeiten für das Steuerwesen zu übernehmen im Stande sind, zumal da ihnen die Hülfe von Rechnungs-Beamten fehlt und daher leicht Irrthümer möglich würden, die für die Notarien die unheilbringendsten Folgen herbeiführen könnten.

Noch weniger kann aus gleichen Gründen davon die Rede sein, eine solche Verpflichtung den Ober-Prokuratoren auf ihren Rundreisen aufzubürden, wie der dortige Provinzial-Steuer-Direktor am Schlusse seines Schreibens vom 20. März d. J. verlangt hat.

Um indessen so viel als möglich den angeregten Uebelständen entgegen zu wirken, wird den Notarien bei Disziplinarstrafe zur Pflicht gemacht werden können und müssen, unter den Unterschriften der von ihnen aufgenommenen Urkunden jedesmal in Buchstaben den Betrag der dazu verwendeten Stempel zu vermerken und diesen Vermerk zu datiren und zu unterschreiben, so daß wenn die Friedensrichter der ihnen nach der Verfügung vom 1. Mai 1829 obliegenden und noch besonders einzuschärfenden Verpflichtung zur Vergleichung der unter den Urkunden vermerkten, mit den beikassirten Stempeln nachkommen, im Interesse der Stempel-Verwaltung in diesem Zweige Alles geschehen ist, was füglicherweise von Seiten der Justiz-Verwaltung veranlaßt werden kann.

Das Justiz-Ministerium überläßt Ew. Hochwohlgeboren, in diesem Sinne dem Provinzial-Steuer-Direktor zu antworten und die erforderlichen Verfügungen an die Notarien und Friedensrichter zu erlassen.

Berlin den 26. Mai 1846.

Das Justiz-Ministerium
Ruppenthal.

An
den Königlichen General-Prokurator
Herrn Geheimen Ober-Justiz-Rath
Berghaus Hochwohlgeboren
zu Köln.

I. 1688. Rhein. Gen. 62. Vol. 7.

57.

Allerhöchste Kabinets-Ordre vom 28. Mai 1846, — betreffend die Deklaration der §§. 10. und 68. der Verordnung über die Anwendung der Kriegsartikel vom 27. Juni 1844 und des §. 5. Thl. I. des Strafgesetzbuches für das Heer.

(Allerh. Ordre v. 11. April 1839, Rhein. Samml. Bd. 7. S. 40.)

Auf Ihren Bericht vom 9. d. M. erkläre Ich hierdurch zur Beseitigung entstandener Zweifel, daß die Bestimmung im §. 1. des Erlasses vom 11 April 1839, nach welcher gegen Militairpersonen des beurlaubten Standes Freiheitsstrafen, deren Dauer drei Monate nicht übersteigt, als Gefängnißstrafen festzusetzen sind, durch die Vorschriften in den §§. 10. und 68. der Verordnung über die Anwendung der Kriegsartikel ꝛc. vom 27. Juni 1844 und im §. 5. Thl. I. des Strafgesetzbuches für das Heer, nicht abgeändert ist. — Die gegenwärtige Deklaration ist durch die Gesetzsammlung zu publiziren.

Sanssouci den 28. Mai 1846.

Friedrich Wilhelm.

An
die Staats-Minister v. Boyen
und Uhden.

I. 2896. L. 10. Vol. 14.

58.

Allgemeine Verfügung vom 5. Juni 1846, — betreffend die Stempelpflichtigkeit der Verhandlungen über den Ankauf von erbschaftlichen Grundstücken durch Theilnehmer der Erbschaft im Wege der freiwilligen Subhastation.

(Allerh. Ordre v. 21. Juni 1844, Rhein. Samml. Bd. 8. S. 292.)

Nachdem die Allerhöchste Kabinets-Ordre vom 21. Juni 1844 (Gesetzsammlung S. 253) den nach der Allerhöchsten Kabinets-Ordre vom 24. Dezember 1834 auf Kauf- und Tauschverhandlungen zwischen Theilnehmern einer Erbschaft ruhenden Kaufstempel aufgehoben hat, ist die Frage entstanden:

ob Theilnehmer einer Erbschaft auch dann auf Befreiung von dem Kaufstempel Anspruch machen können, wenn sie zur Erbschaft gehörige Grundstücke in einer zum Zwecke der Theilung eingeleiteten freiwilligen Subhastation selbst erstehen?

Der Herr Finanz-Minister ist mit dem Justiz-Minister darüber einverstanden, daß von den Theilnehmern der Erbschaft in einem solchen Falle zwar der Kaufstempel nicht mehr zu fordern ist, daß dagegen die tarifmäßigen Stempel zu den einzelnen stempelpflichtigen Verhandlungen des Subhastations-Verfahrens, jedoch nur bis zur Höhe des halben, nach dem Meistgebote des Theilnehmers der Erbschaft zu berechnenden Kaufwerthstempels zum Verbrauch kommen müssen, da so wenig durch die Allerhöchste Kabinets-Ordre vom 21. Juni 1844, als durch die Verordnung vom 6 April 1839, in dem in der Tarifposition: „Subhastations-Prozesse" aufgestellten Grundsatze eine Aenderung eingetreten ist, wonach Subhastationen hinsichtlich der Stempelpflichtigkeit als Prozesse angesehen, danach die Stempel zu einzelnen Verhandlungen bis zum Schlusse des Verfahrens reservirt bleiben, und im Fall die Beendigung des Verfahrens ohne Zuschlags-Erkenntniß erfolgt, bis zum Betrage des halben Werthstempels zu entrichten sind.

Die Gerichtsbehörden werden angewiesen, sich nach vorstehendem Grundsatze zu achten.

Berlin den 5. Juni 1846.

Der Justiz-Minister
Uhden.

An
sämmtliche Gerichtsbehörden.

I. 2238. Steuersachen 47. Vol. 2.

59.

Verfügung vom 8. Juni 1846, — betreffend die Art der Verwendung der zu Gerichtsvollzieher-Urkunden erforderlichen Stempel.

(Allerh. Ordre vom 4. November 1844, Gesetz-Samml. S. 697 und Rhein. Samml. Bd. 8. S. 371. — §. 33 der Subhast. Ordn. v. 1. Aug. 1822. — Art. 10. des Decrets vom 16. Februar 1807.)

Ew. Hochwohlgeboren erwiedere ich Folgendes auf den Bericht vom 4. Oktober v. J., betreffend die Ausführung der

Allerhöchsten Ordre vom 4. November 1844 (Gesetz-Samml. de 1844 S. 697).

1) Nach einer Mittheilung des Herrn Finanz-Ministers sind Zweifel erhoben worden, auf welche Urtheile die in der erwähnten Allerhöchsten Ordre gestattete Anrechnung der Stempel zu prozessualischen Gerichtsvollzieher-Urkunden zu beziehen sei, ob namentlich auch auf Nebenerkenntnisse, zu welchen ein fixer Stempel von 15 Sgr. verwendet wird, wie das dortige Landgericht angenommen haben soll. Da indessen in der Allerhöchsten Ordre die Anrechnung ausdrücklich nur bei Festsetzung des tarifmäßigen Prozeß-Werth-Stempels und bis auf Höhe desselben gestattet ist, so ist eine Anrechnung auf den fixen Stempel zu Neben-Erkenntnissen völlig widergesetzlich und das etwaige dem entsprechende Verfahren muß abgestellt werden.

   Auf der andern Seite ist es aber auch nicht zweifelhaft, daß die Anrechnung selbst bei der Adjudikatoria (§. 33. der Subhastations-Ordnung vom 1. August 1822) und ohne Unterschied bei allen einen Prozeß-Werth-Stempel festsetzenden Urtheilen Statt haben kann, mag die Festsetzung nach lit. a. oder lit. b. A. Vbo. „Erkenntnisse" im Stempel-Tarife erfolgen.

2) Daß die Anwälte bei den Landgerichten und dem Appellationshofe die Berechnung der zur Anrechnung kommenden Gerichtsvollzieher-Stempel zu machen haben und nicht das Gericht von Amtswegen, ergiebt sich von selbst daraus, daß die Allerhöchste Ordre vom 4. November 1844 nur eine Befugniß giebt, der die Parteien entsagen können; daß überhaupt der Richter nach den Grundsätzen des Rheinischen Verfahrens dergleichen Amtshandlungen ohne Antrag der Parteien nicht vorzunehmen hat.

   Gebühren für die Aufstellung der Berechnung werden mit Rücksicht auf Art. 10. des Dekrets vom 16. Februar 1807 über die Liquidation der Kosten den Anwälten nicht versagt werden können und deren Gewährung scheint selbst im Interesse der Parteien zu liegen.

3) Endlich müssen die Stempelrest-Listen eine besondere Kolonne für die Eintragung des auf den Werthstempel angerechneten Betrages der Stempel zu prozessualischen Gerichtsvollzieher-Urkunden, und zur Feststellung des noch einzuziehen bleibenden Restbetrags des Werthstempels erhalten.

Im Uebrigen behält es bei der Verfügung vom 10. Januar v. J. sein Bewenden und überlasse ich Ew. Hochwohlgeboren demgemäß die Gerichtsbehörden der Rhein-Provinz mit Anweisung zu versehen.

Berlin den 8. Juni 1846.

Der Justiz-Minister
Uhden.

An
den Königl. Ersten Präsidenten des Appellationsgerichtshofes Herrn Schwarz
und den Königl. General-Prokurator Herrn Geheimen Ober-Justizrath Berghaus Hochwohlgeboren zu Köln.

I. 2003. Rhein. Gen. 62. Vol. 7.

60.

Allgemeine Verfügung vom 8. Juni 1846, — betreffend die Zuziehung des Fiskus zu Rechtsstreitigkeiten wegen Abgaben, die für den Betrieb eines Gewerbes entrichtet werden, in denjenigen Landestheilen, in welchen jene Abgaben erst durch die Gewerbe-Ordnung vom 17. Januar 1845 aufgehoben worden sind.

(§. 30. des Gewerbesteuer-Gesetzes v. 2. November 1810, Gesetz-Samml. S. 79. — Allerh. Deklaration v. 19. Februar 1832, Gesetz-Samml. S. 64. — §. 3. der Gewerbe-Ordnung v. 17. Januar 1845, Gesetz-Samml. S. 41.)

Zur Berichtigung der Ansichten, welche über die Natur grundherrlicher Abgaben bei Anwendung des §. 30. des Gewerbe-Steuer-Gesetzes vom 2. November 1818, durch welchen für den damaligen Umfang der Monarchie alle Abgaben von Gewerben, insofern sie die Berechtigung zum Betriebe derselben betreffen, aufgehoben worden, hervorgetreten waren, ist die Deklaration dieses §. vom 19. Februar 1832 (Gesetz-Sammlung S. 64) erlassen worden. Nach derselben ist die Erledigung eines dieserhalb zwischen den Berechtigten und Verpflichteten entstehenden Streites zunächst ihrer gütlichen Vereinbarung überlassen; event. hat aber der Richter darüber zu entscheiden. Diesen

Grundsätzen entsprechend, hat die Gewerbe-Ordnung vom 17. Januar v. J. im §. 3. ebenfalls alle Abgaben, welche für den Betrieb eines Gewerbes bis zu ihrem Erscheinen entrichtet werden mußten, aufgehoben, und dabei bestimmt, daß nach der Verordnung vom 19. Februar 1832 beurtheilt werden solle, ob eine Abgabe zu den aufgehobenen zu rechnen sei oder nicht. Hiernach hat also auch in den Landestheilen, in denen die Aufhebung der fraglichen Abgaben erst durch die Gewerbe-Ordnung erfolgt ist, der Richter über die Natur derselben Entscheidung zu treffen.

Diese Bestimmung genügte für die Landestheile, in welchen das Gesetz vom 2. November 1810 gesetzliche Kraft erlangt hat, vollständig, weil das letztere für die, durch die Aufhebung der gewerblichen Abgaben dem Berechtigten entstandenen Verluste keine Entschädigung verheißen hat, bei entstehendem Streite außer den Abgaben-Berechtigten und Verpflichteten also Niemand betheiligt ist. In den Landestheilen dagegen, in welchen die Aufhebung der gewerblichen Abgaben erst durch die Gewerbe-Ordnung vom 17. Januar v. J. erfolgte, ist die Lage der Sache eine andere, weil die Entschädigungs-Ordnung vom 17. Januar v. J. unter gewissen Voraussetzungen einen Entschädigungs-Anspruch gegen den Fiskus einräumt.

Das Interesse des letztern ist daher bei dem Ausgange eines solchen Streites nicht blos wesentlich betheiligt, sondern der Streit kann überhaupt, ohne daß Fiskus dabei zugezogen, gehört und gegen ihn entschieden worden, nicht zum Austrage kommen, indem ein bloß zwischen den Berechtigten und Verpflichteten ergangenes Judikat dem nicht zugezogenen Fiskus, in Beziehung auf die Entschädigungsfrage, bei dem nach §. 43. der Ablösungs-Ordnung Statt findenden Verfahren nicht präjudiziren würde. Es ist zwar hiernach zu erwarten, daß die Berechtigten bei einem nach §. 3. der Gewerbe-Ordnung entstehenden Rechtsstreite dem Fiskus litem denunziren werden. Um indeß für den Fall, daß solches nicht geschieht, eine unnöthige Vervielfältigung von Prozessen zu vermeiden, werden die Gerichte derjenigen Landestheile, in welchen die Abgaben, welche für den Betrieb eines Gewerbes entrichtet werden, erst durch die Gewerbe-Ordnung vom 17. Januar v J. aufgehoben worden sind, angewiesen:

> in allen Fällen, wo darüber ein Prozeß angestrengt wird, ob eine Abgabe den im §. 3. der Gewerbe-Ordnung bezeichneten angehöre, sofort bei Einleitung des Prozesses, der betreffenden Regierung, insofern diese nicht etwa selbst schon Partei sein möchte, Abschrift der Klage nachrichtlich mitzutheilen.

Dem Fiskus bleibt alsdann überlassen, als Intervenient zuzutreten, und bleibt auf die Anträge der betreffenden Behörden in jedem einzelnen Falle nach den Umständen zu verfügen.

Berlin den 8. Juni 1846.

Der Justiz=Minister
Uhden.

An
die Gerichte derjenigen Landestheile, in welchen die Abgaben, die für den Betrieb eines Gewerbes entrichtet werden, erst durch die Gewerbe=Ordnung vom 17. Januar 1845 aufgehoben worden sind.

I. 2285. G. 23. Vol. 7.

61.

Allgemeine Verfügung vom 25. Juni 1846, — betreffend den Transport der Verbrecher und Vagabonden des Civilstandes.

(Instruktion des Königl. Polizei=Ministeriums v. 16. September 1816.)

Nach §. 23. der unterm 16. September 1816 von dem damaligen Königlichen Polizei=Ministerium erlassenen General=Instruktion für den Transport der Verbrecher und Vagabonden des Civilstandes

soll der Transport ununterbrochen und ohne Rücksicht auf Sonn= und Festtage festgesetzt werden.

Da es jedoch zur Vermeidung von Störungen im Kirchenbesuche und anderen Inkonvenienzen, wünschenswerth erscheint, daß dergleichen Transporte an Sonn= und Festtagen nicht erfolgen, so wird den Gerichts= und Polizei=Behörden empfohlen, die Transporte so einzurichten, daß der Transportat während eines Sonn= oder Festtages nicht unterweges zu sein braucht, ohne den Transport zu unterbrechen. Die Absendung wird demgemäß dergestalt zu reguliren sein, daß der Transportat vor dem Sonn= und Festtage am Orte seiner Bestimmung eintreffen muß.

Berlin den 25. Juni 1846.

Der Minister der geistlichen rc. Angelegenheiten	Der Justiz=Minister	Das Ministerium des Innern. Im Auftrage
Eichhorn.	Uhden.	v. Manteuffel.

An
sämmtliche Gerichts= und Polizei=Behörden.

I. 1687. Kriminalkosten 16. Vol. 2.

62.

Allgemeine Verfügung vom 28. Juni 1846, — betreffend die Abänderung des bisherigen Formulars zu der Berechnung der gerichtlichen Stempelvertheiler über den Debit von Stempelpapier zu den gerichtlichen Verhandlungen.

(Allgem. Verfügung v. 15. Dezember 1840, Justiz-Ministerial-Blatt von 1841 S. 4.)

Nachstehende, von dem Herrn Finanz-Minister, im Einverständniß mit dem Justiz-Minister, erlassene Cirkular-Verfügung wegen Abänderung des bisherigen Formulars zu der Berechnung der gerichtlichen Stempelvertheiler über den Debit von Stempelpapier zu den gerichtlichen Verhandlungen wird nebst dem darin vorgeschriebenen neuen Formular hierdurch den sämmtlichen Gerichts-Behörden und gerichtlichen Stempelvertheilern zur Nachachtung bekannt gemacht.

Berlin den 28. Juni 1846.

Der Justiz-Minister
Uhden.

An
sämmtliche Gerichtsbehörden und gerichtliche Stempelvertheiler.

I. 2589. Steuersachen 39. Vol. 3.

In dem mit dem Cirkular vom 30. November 1840 mitgetheilten Formular zur Berechnung der gerichtlichen Stempelvertheiler über den Debit an Stempel-Papier zu den gerichtlichen Verhandlungen ist zu 2 und 4a vorgeschrieben, daß darin auch der Betrag der beim Gericht durch den Stempelfiskal defektirten und zur Ablösung gelangten Stempel mit aufgenommen werden soll. Da diese Angabe aber auf die Receptur-Tantieme der gerichtlichen Stempelvertheiler ohne Einfluß ist, so soll selbige zur Vereinfachung der Sache in Zukunft wegbleiben und an Stelle des bisherigen Formulars das von der Königlichen Ober-Rechnungs-Kammer in Vorschlag gebrachte, durch das Cirkular vom 3. April d. J. bereits mitgetheilte Formular treten.

Für den Gebrauch des letzteren wird noch darauf besonders aufmerksam gemacht, einmal, daß die zu No. 4 und 6 desselben aufzuführenden Beträge auch die Summe der vor dem Verbrauch verdorbenen und nach §. 39 des Stempelgesetzes vom 7. März 1822 erstatteten Beträge mit in sich schließen müssen, und dann, daß die Berechnung der Receptur-Tantieme von denjenigen Stempelbeträgen, welche, nachdem sie niedergeschlagen und der Gerichts-Salarien-Kasse erstattet worden sind, nachträglich noch zur Einziehung gelangen und wie dies vorschriftsmäßig geschehen soll, nicht durch Ankauf von Stempelpapier, sondern baar an die Steuer-Kasse abgeführt werden, in diese Abrechnung mit den Stempelvertheilern nicht gehört, vielmehr der Steuerstelle vorkommendenfalls darüber besonders zu quittiren ist.

Berlin den 14. Juni 1846.

Der Finanz-Minister
Flottwell.

An
sämmtliche Königl. Provinzial-Steuer-Direktoren und an die Königl. Regierungen zu Potsdam und Frankfurt.

Berechnung

des Stempel-Vertheilers bei dem .... Gericht zu .... über den Debit von Stempelpapier zu den gerichtlichen Verhandlungen für das Jahr .....

№	A. Stempel-Materialien Berechnung.	Rthlr	Sgr	Pf
1.	Ende 18 . . waren an Stempelpapier noch im Bestande für	"	"	"
2.	Im Jahre 18 . . sind zum gerichtlichen Bedarf angekauft für	"	"	"
3.	Summa des Bestandes und Ankaufs . . .	"	"	"
4.	Zu den Verhandlungen des Gerichts sind verabreicht	"	"	"
5.	Ende 18 . . verbleiben demnach im Bestande . .	"	"	"
	B. Tantieme-Berechnung.			
6.	Von dem verabreichten Bedarf unter Nr. 4. im Betrage von	"	"	"
	kommen die im Jahre 18 . . erfolgten Restitutionen niedergeschlagener Stempel in Abzug mit	"	"	"
7.	Zur Tantieme-Berechnung verbleiben daher . .	"	"	"
	wovon die Tantieme à 2 pCt. . . . Rthlr. . . . Sgr. . . . Pf. beträgt.			

. . . . den . . ten Januar 18 . .

(Name und Dienst-Karakter des Stempel-Vertheilers.)

Attest des Gerichts.

Das unterzeichnete Gericht bescheinigt, daß:

a) der in der obigen Stempel=Materialien=Berechnung unter Nr. 4 angesetzte Betrag an Stempeln zur Summe von . . . . . Rthlr. . . . Sgr. nach den Salarien=Kassen=Büchern zu den Verhandlungen desselben verabreicht, resp. verwendet worden ist.

b) der Stempel=Vertheiler N. N. den unter Nr. 5 angesetzten Natural=Bestand an Stempel=Materialien zum Betrage von . . . . . Rthlr. . . . Sgr. bei der abgehaltenen Revision wirklich vorgezeigt hat, und

c) derselbe zur Empfangnahme der unter Nr. 7 ausgeworfenen Tantieme berechtigt ist.

. . . . . den . . ten Januar 18 . .

. . . . Gericht.

(Unterschrift.)

(Stempel.)

Quittung des Stempel=Vertheilers.

Der Unterzeichnete hat die in der obigen Berechnung unter Nr. 7 ausgeworfene Tantieme mit . . . . . Rthlr. . . . Sgr. . . Pf. (in Worten) von dem Königlichen Haupt= . . . . Amte zu N. N. richtig ausgezahlt erhalten.

. . . . . . den . . ten Januar 18 . . .

(Unterschrift.)

63.

Allgemeine Verfügung vom 1. Juli 1846, — betreffend die Bedingungen der Zulassung zur ersten juristischen Prüfung.

Seine Majestät der König haben durch einen Allerhöchsten Erlaß vom 27. Februar d. J. zu bestimmen geruht,

> daß Behufs der Zulassung zur ersten juristischen Prüfung von dem Kandidaten künftig der Nachweis gefordert werden soll, daß derselbe wenigstens ein allgemeines staatswissenschaftliches Kollegium mit Fleiß gehört hat.

Hiervon werden die sämmtlichen, mit dergleichen Prüfungen beauftragten Königlichen Gerichtsbehörden zur Nachachtung mit dem Bemerken in Kenntniß gesetzt, daß jener Nachweis von allen Kandidaten zu erfordern ist, welche sich nach Ostern 1847 zur ersten juristischen Prüfung melden.

Berlin den 1. Juli 1846.

Der Justiz-Minister
Uhden.

An
die mit den Prüfungen zur Auskultatur beauftragten Königlichen Gerichtsbehörden.

I. 2584. O. 146. Vol. 4.

64.

Allerhöchste Kabinets-Ordre vom 17. Juli 1846, — in Betreff der Verwendung des Stempels zu den Urkunden der Rheinischen Gerichtsvollzieher.

(Stempelgesetz v. 7. März 1822; — Allerh. Erlaß v. 4. Novbr. 1844, Ges.-Samml. S. 697 u. Rh. Samml. Bd. 8. S. 371.)

Nachdem durch Meinen Erlaß vom 4. November 1844 — Gesetzsammlung S. 697 — genehmigt worden, daß in den durch Erkenntniß beendigten Prozessen im Gebiet der Rheinischen Gerichtsverfassung bei Festsetzung des tarifmäßigen Prozeßwerthstempels der nachzuweisende Betrag der zu den Gerichtsvollzieher-Urkunden im Prozeß bis dahin verbrauchten Stempel bis auf Höhe des Erkenntniß-Werthstempels in Abrechnung gebracht werde, will Ich auf Ihren Bericht vom 7. d. M., sowohl zur Erleichterung jener Abrechnung, als auch zur Beseitigung der bei den Stempellösungen der Gerichtsvollzieher hervorgetretenen Mißstände hierdurch Folgendes bestimmen:

1) Den Gerichtsvollziehern soll fortan nicht mehr gestattet sein, die Haupt-Exemplare — Urschriften — stempelpflichtiger Gerichtsvollzieher-Urkunden auf ungestempeltem Papier zu schreiben und das erforderliche Stempelpapier umzuschlagen, vielmehr sollen diese Urschriften, soweit sie an sich stempelpflichtig sind, in allen Fällen auf dem behörigen Stempelpapier selbst geschrieben werden.

2) Die zu den Kopien der Gerichtsvollzieher-Urkunden erforderlichen Stempel sollen nicht mehr zu den Kopien selbst verbraucht, sondern zu den Urschriften mit verwendet werden, dergestalt, daß zu letzteren, unter Beachtung der in den beiden ersten Absätzen des §. 15. des Stempelgesetzes

vom 7. März 1822 ertheilten Vorschriften, ein Stempel zu verbrauchen ist, welcher der Summe der zur Urschrift und zu den Abschriften erforderlichen Beträge gleichkommt; die Abschriften sind dagegen auf ungestempeltem Papier zu schreiben.

3) Auf den Urschriften der Gerichtsvollzieher-Urkunden ist am Rande unmittelbar unter dem Stempelabdruck zu vermerken, wie viel Kopieen derselben ausgefertigt worden sind.

4) Gerichtsvollzieher, welche diesen Anordnungen zuwider handeln, verfallen

   a) wenn die Verwendung des erforderlichen Stempels ganz oder zum Theil unterlassen worden, in eine Geldbuße, welche dem vierfachen Betrage des außerdem nachzubringenden nicht verwendeten Stempels gleichkommen, niemals aber unter Einem Thaler betragen soll,

   b) wenn zwar der richtige Stempelbetrag, dieser aber nicht in der zu 1. und 2. vorgeschriebenen Art verbraucht, oder wenn die Bestimmung zu 3. außer Acht gelassen worden, in eine Ordnungsstrafe von 15 Silbergroschen für jeden Kontraventionsfall.

Enthält die Zuwiderhandlung zugleich ein mit härterer Strafe bedrohtes Verbrechen, so ist nur die Strafe dieses Verbrechens in Anwendung zu bringen.

Dieser Mein Befehl ist durch die Gesetzsammlung bekannt zu machen.

Sanssouci den 17. Juli 1846.

Friedrich Wilhelm.

An
die Staats-Minister Flottwell
und Uhden.

I. 3651. Rhein. Gen. 62. Vol. 7.

65.

Verordnung vom 7. August 1846, — betreffend die Gewerbegerichte in der Rheinprovinz.

(Gesetz v. 18. März 1806, — Dekrete v. 11. Juni 1809, 3. August 1810 u. 17. Dezbr. 1811.)

Wir Friedrich Wilhelm, von Gottes Gnaden, König von Preußen rc. rc.

bestimmen auf den Antrag Unserer Minister der Finanzen und der Justiz, daß die in der Rheinprovinz bestehenden Fabrikengerichte und der Rath der Gewerbe-Verständigen zu Aachen fortan den Namen: Königliche Gewerbegerichte führen sollen.

Zugleich verordnen Wir in Betreff der Kompetenz und des Verfahrens dieser Gerichte zur Ergänzung und unter Abänderung der betreffenden Vorschriften des Gesetzes vom 18. März 1806 und der Dekrete vom 11. Juni 1809, 3. August 1810 und 17. Dezember 1811, was folgt:

§. 1.

Die Kompetenz der Gewerbegerichte in Bezug auf Fabrikarbeiter (ouvriers) soll künftig nicht mehr lediglich durch das Verhältniß der Dienstabhängigkeit begründet werden, in welchem diese Arbeiter bei der Betriebsstätte des Fabrikanten stehen, vielmehr sollen auch diejenigen als Arbeiter im gesetzlichen Sinne betrachtet werden, welche, ohne Dienstabhängigkeits-Verhältniß, außerhalb der Betriebsstätte, mit eigenen oder fremden Werkzeugen und mit oder ohne Verwendung von Zuthaten, die ihnen von Fabrikanten gegebenen Rohstoffe oder Halbfabrikate zu Waaren für das Handelsgeschäft derselben gegen Bezahlung verarbeiten.

§. 2.

Zur Gültigkeit der Beschlüsse und Urtheile der Gewerbegerichte ist in der Regel die Anwesenheit von zwei Drittheilen der Mitglieder erforderlich.

Unsere Minister der Finanzen und der Justiz sind aber ermächtigt, die beschlußfähige Zahl der Richter für jedes Gewerbegericht, welches darauf anträgt, dauernd bis auf fünf zu vermindern, wenn die Wirksamkeit des Gerichts dadurch nicht beeinträchtigt wird.

Zur Gültigkeit des auf Entlassung des Sekretairs gerichteten Beschlusses ist stets die Anwesenheit von zwei Drittheilen der Mitglieder erforderlich.

§. 3.

Die Urschriften der Erkenntnisse und Beschlüsse der Gewerbegerichte sind von demjenigen, unter dessen Vorsitz sie erlassen und von dem Sekretair, sämmtliche Ausfertigungen aber von dem Sekretair allein zu unterzeichnen.

§. 4.

Der Kläger ist berechtigt, den Verklagten, welcher auf die schriftliche Aufforderung des Sekretairs vor der Vergleichskammer nicht erschien, sofort mittelst einer, durch den Gerichtsvollzieher zu behändigenden Urkunde vor das Gewerbegericht laden zu lassen.

Für die Behändigung der schriftlichen Aufforderung des Sekretairs ist an denjenigen, welcher sie bewirkt, wenn die Bestellung am Sitze des Gerichts erfolgt, eine Gebühr von zwei Silbergroschen, wenn außerhalb derselben, von zwei Silbergroschen sechs Pfennigen von den Parteien zu entrichten.

Gegeben Sanssouci den 7. August 1846.

(L. S.) Friedrich Wilhelm.

Flottwell, Uhden.

I. 4091. Rhein. Gen: 52. Vol. 3.

66.

Allerhöchste Kabinets-Ordre vom 7. August 1846, — betreffend die Ausdehnung der Bestimmungen des Art. 114. des Forst-Organisationsdekrets für das vormalige Groß-Herzogthum Berg, vom 22. Juni 1811, sowie der für alle Markenwaldungen im ehemaligen Herzogthum Berg ergangenen Allerhöchsten Kabinets-Ordre vom 13. April 1842, auf den ganzen Umfang der Rheinprovinz, mit Ausschluß der Kreise Rees und Duisburg.

(Allerh. Kabinets-Ordre v. 13. April 1842, Rhein. Samml. Bd. 8. S. 33.)

Um den der Landeskultur nachtheiligen Natural-Theilungen gemeinschaftlich benutzter, in ungetheiltem Besitze befindlicher Waldungen in der Rheinprovinz, wo es zur Zeit an angemessenen Vorschriften über die Theilungsgrundsätze und das Theilungsverfahren fehlt, vorzubeugen, bestimme Ich hierdurch auf

Ihren Bericht vom 10. v. M., daß einstweilen und bis zum Erlaß des von den dortigen Provinzialständen gewünschten und bereits in der Bearbeitung begriffenen Gesetzes über Gemeinheitstheilungen und über die Ablösung von Servituten die Bestimmungen des Artikels 114. des Forst-Organisationsdekrets für das vormalige Großherzogthum Berg, vom 22. Juni 1811, sowie der für alle Markenwaldungen im ehemaligen Herzogthum Berg ergangenen Ordre vom 13. April 1842 im ganzen Umfange der Rheinprovinz, mit Ausschluß der Kreise Rees und Duisburg Anwendung finden sollen. Demgemäß darf die Natural-Theilung eines sogenannten Marken-Erben- oder sonst von Mehreren gemeinschaftlich benutzten und in ungetheiltem Besitze befindlichen Waldes fortan nur mit vorgängiger Zustimmung der Regierung, in deren Bezirk der Wald belegen ist, erfolgen, und soll die Regierung ihre Zustimmung nur in solchen Fällen ertheilen, in welchen die Natural-Theilung mit dem Interesse der Forst- und Landeskultur vereinbar ist. Diese Bestimmungen, welche durch die Gesetzsammlung zur öffentlichen Kenntniß zu bringen sind, sollen auch auf die schon schwebenden Theilungsprozesse angewandt werden.

Sanssouci den 7. August 1846.

Friedrich Wilhelm.

An
die Staats-Minister v. Bodelschwingh, Graf zu Stolberg und Uhden.

I. 4532. Rh. Gen. 12.

67.

Allerhöchste Ordre vom 11. Juni 1846, — betreffend die Mittheilung ehrengerichtlicher Erkenntnisse gegen die als Beamte im Staatsdienst angestellten Landwehr-Offiziere und verabschiedeten Offiziere an die ihnen vorgesetzte Civil-Behörde.

Ich bin auf Ihren Bericht vom 31. März dieses Jahres damit einverstanden, daß den Militair-Behörden durch das Kriegs-Ministerium aufzugeben ist, in ehrengerichtlichen Untersuchungen gegen Landwehr-Offiziere und verabschiedete Offiziere, welche als Beamte im Staatsdienst angestellt sind, eine Abschrift des Erkenntnisses mit den Entscheidungsgründen und der Bestätigungs=Ordre der den betreffenden Offizieren in ihrem Beamten=Verhältniß vorgesetzten Dienstbehörde zu übersenden, um gegen dieselben nach Maaßgabe der Umstände das Weitere im Disziplinar=Wege zu veranlassen. Hiernach haben Sie, der Kriegs=Minister, die nöthigen Verfügungen zu treffen.

Berlin den 11. Juni 1846.

Friedrich Wilhelm.

An
den Kriegs=Minister, General der Infanterie von Boyen und den Justiz=Minister Uhden.

Vorstehende Allerhöchste Ordre wird hierdurch den Gerichtsbehörden zur Beachtung mit dem Bemerken bekannt gemacht, daß in Gemäßheit derselben die Militair=Behörden von dem Herrn Kriegs=Minister mit der nöthigen Anweisung versehen worden sind.

Berlin den 14. August 1846.

Das Justiz=Ministerium.
Ruppenthal.

An
sämmtliche Gerichtsbehörden.
I. 3227. L. 10. Vol. 15.

68.

Verordnung vom 14. August 1846, — betreffend die Zuwiderhandlungen gegen die, für den Rhein bestehenden, strompolizeilichen Vorschriften.

(Verordnung v. 24. Mai 1844, Rh. Samml. Bd. 8. S. 271; — Allerh. Ordre v. 15. Septbr. 1845, Rh. Samml. Bd. 9. S. 51.)

Wir Friedrich Wilhelm, von Gottes Gnaden, König von Preußen ꝛc.

verordnen zur Aufrechthaltung der, die Rheinschiffahrt betreffenden polizeilichen Vorschriften, was folgt:

§. 1.

Alle inländische Eigenthümer von Segelschiffen und alle dem Auslande angehörende Eigenthümer von Dampf- und Segelschiffen und fremde Dampfschiffahrts-Gesellschaften sind haftbar für die Geldstrafen, Schäden und Kosten, welche den, in ihrem Dienste stehenden Schiffspatronen, Führern oder Maschinenwärtern wegen Zuwiderhandlung gegen eine, die Rheinschiffahrt betreffende, polizeiliche Vorschrift oder wegen Nichtbeachtung einer solchen Vorschrift zur Last fallen.

§. 2.

Die Ladungen und Zustellungen zur Geltendmachung der im §. 1. angeordneten Haftbarkeit gegen auswärtige Schiffseigenthümer oder Dampfschiffahrts-Gesellschaften erfolgen mit voller gesetzlicher Wirksamkeit in dem Geschäftslokale der, von den Eigenthümern oder Gesellschaften innerhalb Unserer Staaten angenommenen Agenten.

§. 3.

Die in Gemäßheit der gegenwärtigen Verordnung gegen auswärtige Schiffseigenthümer oder Dampfschiffahrts-Gesellschaften ergehenden Verurtheilungen sind in alles Eigenthum vollstreckbar, welches die verurtheilten Eigenthümer oder Gesellschaften innerhalb Unserer Staaten besitzen.

§. 4.

Rücksichtlich der Eigenthümer Preußischer Dampfschiffe bewendet es bei den Bestimmungen des §. 14 Unserer Verordnung vom 24. Mai 1844, zur Beförderung der Sicherheit der Dampfschiffahrt auf dem Rhein und auf der Mosel und der Deklaration vom 15. September 1845.

Urkundlich unter Unserer Höchsteigenhändigen Unterschrift und beigedrucktem Königlichen Insiegel.

Gegeben Sanssouci den 14. August 1846.

(L. S.) Friedrich Wilhelm.

Flottwell. Für den Justiz-Minister Uhden:
Ruppenthal.

Für den Minister der auswärtigen Angelegenheiten:
v. Bodelschwingh.

I. 4533. Rh. Gen. 89. Vol. 6.

69.

Erlaß an den Königlichen Ober=Präsidenten der Rheinprovinz, betreffend die Bestreitung der Kosten für die von den Gemeinden bewirkten Transporte der Civil=Gefangenen bis zur nächsten Gensd'armerie=Station, — vom 24. August 1846.

Auf Ew. Hochwohlgeboren Bericht vom 6. Dezember pr. an das Ministerium des Innern erklären wir uns mit der Bestreitung der Kosten für den von den Gemeinden bewirkten Transport der Civil=Gefangenen bis zur nächsten Gensd'armerie=Station aus Staatsfonds nunmehr einverstanden.

Was aber den zur Uebernahme dieser Kosten zu bezeichnenden speziellen Fond anbetrifft, so bestimmen wir zur Beobachtung eines gleichmäßigen Verfahrens, indem wir auf das unterm 10. September 1835 an die Regierung zu Aachen erlassene Rescript Bezug nehmen, daß von dem Jahre 1845 ab die Kosten des von den Gemeinden bewirkten Transports im polizeilichen Interesse verhafteter Personen aus dem sub Tit. 4. Insgemein der Regierungs=Etats für die Verwaltung des Innern ausgesetzten Fond zu allgemeinen polizeilichen Zwecken zu decken sind.

Die Transportkosten derjenigen Personen dagegen, welche entweder auf Veranlassung einer inländischen Gerichtsbehörde, oder an eine solche Behufs strafrechtlicher Verfolgung transportirt werden, sind nach Maaßgabe des oben allegirten Reskripts, wie bisher schon in dem Regierungsbezirke Aachen geschehen, auf den Kriminalfond anzuweisen.

Ew. Hochwohlgeboren ersuchen wir demnach ergebenst, den betreffenden Regierungen diese Bestimmung bekannt zu machen.

Berlin den 24. August 1846.

Der Justiz=Minister
Uhden.

Für den Minister des Innern.
Im Auftrage
v. Manteuffel.

An
die Königlichen Ober=Präsidenten
der Rheinprovinz.

I. 3677. Rhein. Crim. 60.

70.

Verfügung vom 21. September 1846, — betreffend die Reisekosten der Friedensrichter und Bürgermeister in ihrer Eigenschaft als gerichtliche Hülfspolizeibeamte.

(Dekret v. 18. Juni 1811, Art. 88 u. 89; Art. 49—52 der Kriminal-Prozeß-Ordnung.)

Ew. Hochwohlgeboren erhalten die Anlagen Ihres Berichts vom 3. d. M.,

die Reisekosten der Friedensrichter und Bürgermeister in ihrer Eigenschaft als gerichtliche Hülfspolizeibeamte betreffend,

mit dem Eröffnen zurück, daß da der Artikel 88 des Dekrets vom 18. Juni 1811 bei Festsetzung der Reisegebühren der Richter und Beamten des öffentlichen Ministeriums ausdrücklich auch auf die Artikel 49 bis 52 der Kriminal-Prozeß-Ordnung Bezug nimmt, und in diesen Artikeln von den selbstständigen Instruktionshandlungen der Friedensrichter und Bürgermeister auf frischer That die Rede ist, durch die Bezugnahme dieser Artikel also angedeutet wird, daß auch die letzterwähnten Beamten-Kathegorien auf die gesetzlichen Reisekosten in solchen Fällen Anspruch haben, es keinen Anstand haben kann,

den Friedensrichtern und Bürgermeistern in den Fällen, wo sie auch ohne speziellen Auftrag des Instruktionsrichters oder eines Beamten des öffentlichen Ministeriums den Artikeln 49 u. flgd. der Kriminal-Prozeß-Ordnung gemäß einschreiten, die im Artikel 88 des Tarifs vom 18. Juni 1811 festgesetzten Reisegebühren auf den Kriminalfond anzuweisen.

Es liegt dies auch im Interesse der Kriminal-Justiz-Verwaltung selbst, indem durch Versagung der Reiseentschädigung leicht Versäumnisse bei dem ersten Angriffe der Untersuchung herbeigeführt werden, die auf den Ausgang derselben von entschieden nachtheiligem Einflusse sein können. Es versteht sich von selbst, daß Liquidationen, die sich auf gegenwärtige Verfügung stützen, einer sorgfältigen Prüfung, bezüglich auf die Nothwendigkeit der Reise, unterworfen werden müssen und Mangels dieser Begründung zurückzuweisen sind. Wenn übrigens der Friedensrichter in dem vorausgesetzten Falle von seinem Gerichtsschreiber assistirt ist, so kann diesem die im Artikel 89 des Dekrets vom 18. Juni 1811 festgesetzte Gebühr ebenfalls nicht versagt werden.

Hiervon sind die Präsidenten und Ober-Prokuratoren der Landgerichte in Kenntniß zu setzen.

Berlin den 21. September 1846.

Das Justiz-Ministerium.
Ruppenthal.

An
den Königl. General-Prokurator
Herrn Berghaus Hochwohlgeboren
zu Köln.

I. 3792. Rh. Offiz. Sachen 6. Vol. 2.

71.

Allgemeine Verfügung vom 23. September 1846, — betreffend die Zulässigkeit der Zurücknahme einer Provokation auf richterliches Gehör und Erkenntniß gegen das Straf-Resolut einer Verwaltungsbehörde wegen Kontraventionen gegen Finanz- und Polizei-Gesetze.

(Vergl. Anhang zur Allg. Gerichts-Ordnung §§. 243 u. 247, Verordnung v. 26. Dezbr. 1808 §. 45 (Gesetz-Samml. S. 476), Steuer-Ordnung v. 8. Februar 1819 §. 93 (Gesetz-Samml. S. 116), Deklaration v. 20. Januar 1820 §. 1 (Gesetz-Samml. S. 33), Zollstrafgesetz v. 23. Januar 1838 §. 33 (Gesetz-Samml. S. 86), Kriminal-Ordnung §. 478.)

Es ist neuerdings beim Justiz-Ministerium die Frage zur Sprache gebracht worden:

> ob in Untersuchungen wegen Kontraventionen gegen Polizei-, Finanz- und andere Verwaltungs-Gesetze der Angeschuldigte, wenn er gegen die Entscheidung der Verwaltungsbehörde in den zulässigen Fällen auf rechtliches Gehör und Erkenntniß angetragen hat, die Provokation später wieder zurücknehmen darf, so lange im gerichtlichen Verfahren noch keine Entscheidung ergangen ist.

Dieselbe Frage ist vor einigen Jahren schon einmal einer näheren Erörterung unterworfen worden.

Man hat damals für die Verneinung derselben angeführt:

a) daß die Entscheidung der Verwaltungsbehörde durch die Provokation auf gerichtliche Untersuchung beseitigt werde, durch den Widerruf der Provokation also nicht wieder hergestellt werden könne;

b) daß eine einmal eigeleitete gerichtliche Untersuchung durch eine Erklärung des Angeschuldigten nicht mehr rückgängig gemacht werden könne, nach §. 478 der Kriminal-Ordnung vielmehr durch ein förmliches Erkenntniß über die Schuld oder Unschuld desselben entschieden werden müsse.

Von der anderen Seite ist dagegen hervorgehoben worden, daß die letztere Bestimmung auf Untersuchungen, welche in Folge der Berufung auf richterliches Gehör gegen Straf-Resolute der Verwaltungsbehörden eingeleitet werden, keine Anwendung finden könne, da in solchen Fällen durch das Straf-Resolut bereits über die Schuld des Angeklagten erkannt, der Vorschrift des §. 478 der Kriminal-Ordnung mithin genügt worden sei. Die Provokation auf gerichtliche Entscheidung habe vielmehr die Natur eines Rechtsmittels, und ob der Angeschuldigte von diesem Rechtsmittel Gebrauch machen wolle oder nicht, hänge lediglich von seinem Ermessen ab; es müsse ihm daher auch freistehen, dem ergriffenen Rechtsmittel wieder zu entsagen. Daraus folge denn von selbst, daß wenn der Angeschuldigte seine Provokation auf gerichtliches Erkenntniß zurücknehme, und sich dem Resolut der Verwaltungsbehörde unterwerfen wolle, die eingeleitete gerichtliche Untersuchung wieder aufgehoben werden müsse..

Diese Gründe für und wider sind in dem früheren Spezialfalle Seiner Majestät dem Könige zur Entscheidung vorgetragen worden, und Allerhöchstdieselben haben Sich darauf mittelst Allerhöchster Ordre vom 25. Mai 1844 für die letztere Ansicht, mithin für die Bejahung der Eingangs aufgestellten Frage entschieden.

Es versteht sich dabei von selbst, daß die Zurücknahme der Provokation nur so lange für zulässig erachtet werden kann, als in dem gerichtlichen Verfahren noch kein Erkenntniß ergangen ist, und daß dem Provokanten die Kosten der gerichtlichen Untersuchung zur Last fallen.

Sämmtlichen Gerichtsbehörden wird dies zur Kenntnißnahme und geeigneten Berücksichtigung hierdurch mitgetheilt.

Berlin den 23. September 1846.

Der Justiz-Minister
Uhden.

An
sämmtliche Gerichtsbehörden.

I. 3681. Steuersachen 26. Vol. 5.

72.

Allerhöchste Kabinets-Ordre vom 26. September 1846, — betreffend den in den Preußischen Strafgesetzen gemachten Unterschied bei Verbrechen und Vergehen gegen das diesseitige oder fremdherrliche Münzregal.

Unter Bezugnahme auf das zwischen den Staaten des Zollvereins am 21. Oktober 1845 abgeschlossene Münzkartel und zur Erfüllung der nach den Artikeln 1. und 4. desselben übernommenen Verpflichtungen bestimme Ich auf Ihren Antrag in dem Berichte vom 7. d. M., daß für die Dauer des gedachten Münzkartels in Beziehung auf diejenigen Staaten, mit welchen letzteres abgeschlossen ist, der in den Preußischen Strafgesetzen gemachte Unterschied zwischen inländischem und ausländischem geprägten und Papiergelde, sowie zwischen inländischen und ausländischen Papieren der im Artikel 4. des Münzkartels bezeichneten Art wegfallen und ein gegen das Münzregal eines der vorgedachten Staaten gerichtetes oder an den bezeichneten Papieren eines dieser Staaten begangenes Verbrechen oder Vergehen eines diesseitigen Angehörigen eben so bestraft werden soll, als wenn dasselbe gegen das diesseitige Münzregal gerichtet oder an inländischen gleichartigen Papieren begangen wäre.

Dieser Mein Befehl ist gleichzeitig mit dem Münzkartel vom 21. Oktober 1845 durch die Gesetzsammlung zur öffentlichen Kenntniß zu bringen.

Breslau den 26. September 1846.

Friedrich Wilhelm.

An
die Staatsminister General der Infanterie v. Thiele, Uhden, Frh. v. Canitz und v. Duesberg.

I. 5048. M. 70. Vol. 3.

Münzkartel unter den zum Zollvereine verbundenen Staaten,

vom 21. Oktober 1845.

Nachdem die zum Zoll= und Handelsvereine verbundenen Regierungen als wünschenswerth erkannt haben, zur Vervollständigung der allgemeinen Münz=Konvention vom 30. Juli 1838 und zu gegenseitig wirksamerem Schutze ihres Münzregals, ein Münzkartel abzuschließen, so haben zu diesem Zwecke zu Bevollmächtigten ernannt:

Seine Majestät der König von Preußen:
Allerhöchstihren Geheimen Ober=Finanzrath Adolph Georg Theodor Pochhammer, Ritter des Königlich Preußischen Rothen Adler=Ordens zweiter Klasse rc.;

Seine Majestät der König von Bayern:
Allerhöchstihren General=Zoll=Administrationsrath Karl Meixner;

Seine Majestät der König von Sachsen:
Allerhöchstihren Zoll= und Steuerdirektor Ludwig v. Zahn, Ritter des Königlich Sächsischen Civil=Verdienstordens rc.;

Seine Majestät der König von Württemberg:
Allerhöchstihren Finanzrath Wilhelm Bayhinger, Ritter des Königlich Preußischen Rothen Adler=Ordens dritter Klasse;

Seine Königliche Hoheit der Großherzog von Baden:
Höchstihren Zolldirektor Wilhelm Philipp Goßweyler, Kommandeur des Großherzoglich Badischen Ordens vom Zähringer Löwen rc.;

Seine Königliche Hoheit der Kurprinz und Mitregent von Hessen:
Höchstihren Geheimen Finanzrath Wilhelm Duysing, Ritter des Königlich Preußischen Rothen Adler=Ordens dritter Klasse;

Seine Königliche Hoheit der Großherzog von Hessen:
Höchstihren Ober=Finanzrath Ludwig Philipp Sartorius, Ritter des Königlich Preußischen Rothen Adler=Ordens dritter Klasse;

Seine Königliche Hoheit der Großherzog von Sachsen=Weimar=Eisenach,

Seine Hoheit der Herzog von Sachsen-Meiningen,

Seine Hoheit der Herzog von Sachsen-Altenburg, und

Seine Hoheit der Herzog von Sachsen-Coburg und Gotha:
Den Großherzoglich Sächsischen Geheimen Regierungsrath Gustav Thon, Ritter erster Klasse des Großherzoglich Sächsischen Hausordens vom weißen Falken ꝛc.;

Seine Hoheit der Herzog von Braunschweig:
Höchstihren Finanzdirektor August von Geyso, Ritter des Herzoglich Braunschweigischen Ordens Heinrich des Löwen;

Seine Hoheit der Herzog von Nassau:
Höchstihren Zoll-Direktionsrath Philipp Scholz;

Seine Durchlaucht der Fürst von Schwarzburg-Rudolstadt,

Seine Durchlaucht der Fürst von Schwarzburg-Sondershausen,

Seine Durchlaucht der Fürst Reuß älterer Linie,

Seine Durchlaucht der Fürst von Reuß-Schleitz, und

Seine Durchlaucht der Fürst von Reuß-Lobenstein und Ebersdorf:
Den Großherzoglich Sächsischen Geheimen Regierungsrath Gustav Thon;

Der Senat der freien Stadt Frankfurt:
Den Senator Karl Emil Cester;

von welchen Bevollmächtigten, unter dem Vorbehalte der Ratifikation, folgendes Münzkartel abgeschlossen wurde:

Artikel 1.

Die kontrahirenden Staaten verpflichten sich, ihre Angehörigen wegen eines, gegen das Münzregal eines anderen Vereinsstaates — sei es in Bezug auf die von demselben geprägten Münzen, oder in Bezug auf das von ihm ausgegebene Papiergeld — unternommenen oder begangenen Verbrechens oder Vergehens, oder wegen der Theilnahme an einem solchen Verbrechen oder Vergehen, eben so zur Untersuchung zu ziehen und mit gleicher Strafe zu belegen, als wenn das Verbrechen oder Vergehen gegen das eigene Münzregal gerichtet wäre.

Artikel 2.

Die kontrahirenden Staaten übernehmen ferner die Verpflichtung, die in ihrem Gebiete sich aufhaltenden Fremden, von welchen ein solches Verbrechen oder Vergehen gegen das Münzregal eines anderen Vereinsstaates unternommen oder begangen worden, oder welche an diesem Verbrechen oder Vergehen Theil genommen haben, auf Requisition des betheiligten Staates an dessen Gerichte auszuliefern; mit der Maaßgabe jedoch, daß, im Falle dergleichen Individuen Angehörige eines Dritten der kontrahirenden Staaten sind, der letztere vorzugsweise berechtigt bleibt, die Auslieferung zu verlangen, und deshalb auch von dem requirirten Staate zunächst zur Erklärung über die Ausübung dieses Rechtes aufzufordern ist.

Artikel 3.

Die im Artikel 2. ausgesprochene Verpflichtung zur Auslieferung soll nicht eintreten, wenn der Staat, in dessen Gebiete ein solcher Fremder sich befindet, entweder

a) in Gemäßheit eines zwischen ihm und einem nicht zum Zollvereine gehörigen Staate bestehenden allgemeinen Vertrages über die gegenseitige Auslieferung der Verbrecher verpflichtet ist, denselben dahin auszuliefern, oder

b) die Untersuchung und Bestrafung selbst verhängen zu lassen, vorzieht. Im letzteren Falle soll jedoch die im ersten Artikel eingegangene Verpflichtung gleichfalls Anwendung finden.

Artikel 4.

Die kontrahirenden Staaten wollen die Bestimmungen der Artikel 1 bis 3 auch auf Verbrechen und Vergehen, welche die betrügliche Nachahmung oder die Verfälschung der von einem von ihnen ausgestellten Staatsschuldscheine und zum öffentlichen Umlaufe bestimmten Papiere, sowie der von anderen Instituten, Nationalbanken oder Gesellschaften mit landesherrlichem Privilegium auf jeden Inhaber ausgefertigten Kreditpapiere zum Gegenstande haben, oder die wissentlich oder aus gewinnsüchtiger Absicht unternommene Verbreitung solcher unechten Papiere betreffen, in der Art ausgedehnt wissen, daß bei der Bestrafung solcher Verbrechen und Vergehen zwischen inländischen Papieren und gleichartigen Papieren aus einem anderen Vereinslande ein Unterschied nicht gemacht werden, auch hinsichtlich der Untersuchung oder Auslieferung dasjenige Anwendung finden soll, was vorstehend für Münzverbrechen vereinbart worden ist.

Artikel 5.

Das gegenwärtige Münzkartel, das vom Tage der Ratifikationsauswechselung an in Kraft tritt, soll so lange, als die allgemeine Münzkonvention vom 30. Juli 1838 bestehen wird, in Wirksamkeit bleiben.

Es soll alsbald zur Ratifikation vorgelegt und die Auswechselung der Ratifikations-Urkunden soll binnen drei Monaten in Karlsruhe bewirkt werden.

So geschehen Karlsruhe den 21. Oktober 1845.

Adolph Georg Theodor Pochhammer. (L. S.)
Karl Meixner. (L. S.)

Ludwig v. Zahn. (L. S.)
Wilhelm Vayhinger. (L. S.)

Wilhelm Philipp Goßweiler. (L. S.)
Wilhelm Duysing. (L. S.)

Ludwig Philipp Sartorius. (L. S.)
Gustav Thon. (L. S.)

Adolph Georg Theodor Pochhammer,
aus Auftrag und im Namen des Herzoglich Braunschweigischen Bevollmächtigten.
(L. S.)

Philipp Scholz. (L. S.)
Karl Emil Coester. (L. S.)

Vorstehendes Kartel ist ratifizirt und sind die Ratifikations-Urkunden desselben am 18. Juni 1846 zu Karlsruhe ausgewechselt worden.

73.

Verfügung vom 29. September 1846, — betreffend die Beschäftigung außeretatsmäßiger Assessoren bei den Assisen.

Nach dem Artikel 253 der Rheinischen Strafprozeß-Ordnung sollen die zu dem Assisenhofe berufenen Mitglieder unter den Präsidenten und den ältesten Räthen des Gerichts gewählt werden. Daß diese Vorschrift ihre guten Grüude habe, beweist sich schon aus der Vorschrift des Artikels 352 desselben Gesetzbuches; um so mehr ist es zu bedauern, daß diese Vorschrift so häufig übersehen wird, und zu den Assisen fast durchgängig die jüngsten Mitglieder deputirt werden, wie dann namentlich bei der letzten Assise zu N. nur Ein Rath und zwar einer der jüngsten und drei Assessoren beiwohnten.

Wenn nun der mit Ihrem Berichte vom 23. d. M. eingereichte Antrag des Landgerichts-Präsidenten zu X. sogar dahin geht, die Zuziehung nicht etatsmäßiger Assessoren zu gestatten, so liegt schon in den angeführten Gesetzesstellen der Beweis, daß diesem Antrage nicht entsprochen werden kann.

Berlin den 29. September 1846.

Der Justiz-Minister
Uhden.

An
den Ersten Präsidenten des Königl.
Appellationsgerichtshofes Herrn
Schwarz Hochwohlgeboren
zu Köln.

I. 4311. Rh. Krim. 21. Vol. 3.

74.

Verfügung vom 15. Oktober 1846, — betreffend das Verfahren bei der Eintragung von Hypothekenforderungen, welche mehreren Gläubigern aus einem und demselben Titel gegen den nämlichen Schuldner zustehen.

Ew. Hochwohlgeboren erhalten hierbei Abschrift einer von dem Herrn Finanz-Minister an den dortigen Provinzial-Steuer-Direktor unterm 30. v. M. erlassenen Verfügung:

> betreffend das Verfahren bei der Eintragung von Hypothekenforderungen, welche mehreren Gläubigern aus einem und demselben Titel gegen den nämlichen Schuldner zustehen,

zur Kenntnißnahme.

Berlin den 15. Oktober 1846.

Das Justiz-Ministerium
Ruppenthal.

An
den Königlichen General-Prokurator
Herrn Geheimen Ober-Justiz-Rath
Berghaus Hochwohlgeboren
zu Köln.

I. 4222. Rh. Gener. 1. Vol. 3.

Beilage.

Ew. Hochwohlgeboren Bericht vom 15. August d. J., betreffend das Verfahren bei Eintragung von Hypothekenrechten, hat zu einer Korrespondenz mit dem Herrn Justiz-Minister Veranlassung gegeben. Nachdem das Antwortschreiben des letzteren vom 12. September d. J. nun eingegangen ist, eröffne ich Ihnen folgendes:

In dem Cirkular-Reskripte des französischen Finanz-Ministers vom 7. Prairial des Jahres VII ist der Grundsatz aufgestellt:

> daß mittelst eines und desselben bordereau eine Inskription gegen mehrere in demselben Titel vorkommende Schuldner genommen werden könne, wenn Solidarität und Einheit der Schuld vorhanden ist, daß dagegen dieses Verfahren nicht zulässig sei, 1) wenn die Hypothekenforderung, welche aus einem und demselben Titel herrührt, gegen mehrere nicht solidarisch verpflichtete Schuldner gerichtet ist; 2) wenn aus demselben Titel mehreren Gläubigern verschiedene Forderungen gegen einen gemeinsamen Schuldner zustehen, — in diesen Fällen vielmehr die Inskriptionen mittelst besonderer bordereaux nachgesucht werden müßten.

Die Anwendung dieses Grundsatzes ist durch das Reskript vom 25. Februar 1832 gebilligt und danach bisher verfahren worden.

Wenn nun gegenwärtig der Pariser Kassationshof mittelst eines arrèt de rejet vom 17. Dezember v. J. entschieden hat,

> daß wenn ein Schuldner in einem und demselben Notariats-Akte zu Gunsten verschiedener Gläubiger wegen verschiedener Forderungen eine gemeinsame Hypothek bestellt hat, die Vorlegung Eines bordereau genüge und es zur Gültigkeit des Geschäfts nicht erforderlich sei, daß so viele bordereaux vorgelegt werden, als besondere Gläubiger vorhanden sind,

so weicht diese Entscheidung von dem oben erwähnten Prinzip, wenigstens in dem zu 2 angegebenen Falle ab; ich trage jedoch Bedenken, nach Ew. Hochwohlgeboren Antrage die Abänderung jenes Grundsatzes und des darauf beruhenden Verfahrens im Sinne des arrèt de réjet des Pariser Kassationshofes ohne Weiteres zu genehmigen, da es — worauf auch der Herr Justiz-Minister am Schlusse seines Schreibens aufmerksam macht — noch dahin steht, ob die diesseitigen Gerichtshöfe in dem Falle, wenn die Gültigkeit jener Art der Eintragung zur richterlichen Entscheidung käme, sich der Ansicht des Pariser Kassationshofes anschließen würden.

Alles, was zur Erleichterung des Publikums in dieser Angelegenheit geschehen kann, beschränkt sich mithin darauf, daß wenn mehrere Gläubiger, denen aus einem und demselben Titel Forderungen gegen den nämlichen Schuldner zustehen, wofür ein und dasselbe Grundstück zum Unterpfande eingesetzt ist, die Eintragung unter Einer Nummer in demselben bordereau beantragen, diesem Antrage auf ihre Gefahr zwar nachgegeben werden kann, in Ermangelung eines solchen Antrags aber nach dem bisherigen Grundsatze zu verfahren ist.

Eine Bekanntmachung hierüber durch die Amtsblätter erscheint nicht angemessen, dagegen sind die Hypothekenbewahrer mittelst besondern Erlasses von dieser Verfügung in Kenntniß zu setzen.

Berlin den 30. September 1846.

Der Finanz-Minister
v. Duesberg.

An
den Königl. Geh. Ober-Finanz-Rath und Provinzial-Steuer-Direktor Herrn Helmentag
Hochwohlgeboren
zu Köln.

75.

Allgemeine Verfügung vom 17. Oktober 1846, — betreffend die Beschäftigung der zur Ausbildung in der rheinischen Gesetzgebung an rheinische Landgerichte versetzten Assessoren aus den alten Provinzen.

Um diejenigen Assessoren, welche die dritte juristische Prüfung nur für die alten Provinzen bestanden haben und demnächst Behufs ihrer Ausbildung in der Rheinischen Gesetzgebung an Rheinische Landgerichte versetzt worden sind, mit allen Zweigen des dortigen Dienstes möglichst bekannt zu machen, erscheint es nothwendig, daß dieselben wenigstens sechs Monate lang zu den Geschäften des öffentlichen Ministeriums herangezogen werden und haben daher Ew. Hochwohlgeboren die zur Ausführung dieser Maaßregel erforderlichen Anordnungen zu treffen.

Zur selbstständigen Wahrnehmung der Funktionen des öffentlichen Ministeriums in den Sitzungen können indessen die

Assessoren vor zurückgelegter Prüfung für das Rheinische Recht nicht zugelassen werden.

Berlin den 17 Oktober 1846.

Der Justiz-Minister
Uhden.

An
sämmtliche Königl. Herren Land-
gerichts-Präsidenten und Königl.
Herren Ober-Prokuratoren der
Rheinprovinz.

I. 3940. Rhein. Offiz. Sachen 7. Vol. 4.

76.

Verfügung vom 31. Oktober 1846, — betreffend die Konkurrenz der zur Wahl der Mitglieder der Rheinischen Handelsgerichte berechtigten Notabeln.

(Art. 618 u. 619 des Handelsgesetzbuchs.)

Die von der Königlichen Regierung in dem Berichte vom 1. August d. J. zur Entscheidung gestellte Frage:

> ob die zur Wahl der Mitglieder der Rheinischen Handelsgerichte berechtigten Notabeln in solcher Anzahl gesetzlich konkurriren müssen, daß außer dem Minimum von 25 noch Einer für jedes Tausend der Bewohner des ganzen Handelsgerichts-Bezirks, oder Einer für jedes Tausend der Bewohner der Stadt, in welcher das Handelsgericht seinen Sitz hat, mitzuwählen habe?

ist im Artikel 619 des Handelsgesetzbuches deutlich für die letztere Ansicht entschieden. Derselbe handelt von zwei verschiedenen Gegenständen, nämlich:

1) davon, wer in die Liste der Notabeln überhaupt eingetragen werden könne.

In dieser Beziehung wird bestimmt: La liste des notables sera dressée sur tous les commerçans de l'arrondissement.

2) handelt der Artikel von der Zahl der Notabeln, auf welche die Eintragung beschränkt ist, und er bestimmt darüber: Leur nombre ne peut être au-dessous de 25 dans les villes, ou la population n'excède pas 15,000 âmes; dans les autres villes il doit être augmenté à raison d'un électeur pour 1000 âmes de population. Es ist klar, daß wenn das Gesetz im ersten Theile dieses Satzes die Zahl von

15,000 Bewohnern der Stadt, wo das Handelsgericht seinen Sitz hat, als Maximum hinstellt, bei dessen Dasein wenigstens 25 Notable zugezogen werden müssen, der letzte Theil des Satzes sich auch nur so verstehen läßt, daß wenn in der Stadt mehr als 15,000 Einwohner vorhanden sind, für jedes mehrere Tausend dieser Stadtbewohner ein Wähler mehr zu nehmen sei, indem nur dadurch ein richtiger Gegensatz erlangt wird. Wollte man das Schlußwort population auf den Handelsgerichtsbezirk beziehen, so würden die Worte: dans les autres villes, gar keinen Sinn haben. Es beruht nur auf einem Fassungsfehler, wenn in demjenigen Schreiben des Justiz-Ministeriums, welches in dem Reskripte des Finanz-Ministeriums vom 24. August 1845 angezogen worden, gesagt ist, daß die Zahl der Notabeln mit der Bevölkerung des Jurisdiktions-Bezirks in dem Verhältnisse von 1 : 1000 stehen müsse.

Wenn die Königliche Regierung die Ansicht festgehalten zu sehen wünscht, daß die Zahl der Bewohner des Jurisdiktions-Bezirks entscheide, damit auch die gewerbthätige Umgebung des Gerichtssitzes durch entsprechende Vermehrung der, aus derselben entnommenen Wähler eine genügende Vertretung ihrer Interessen bei dem Handelsgerichte finde und nicht, wie bisher in Elberfeld Statt gefunden, die Hälfte aller Notabeln von der Stadt, wo das Gericht seinen Sitz hat, gestellt werde; so scheint bei diesem Grunde eine Verwechselung obzuwalten, da der Handelsgerichtssitz nur bei Bestimmung der Zahl der Notabeln in Betracht kommt, die Auswahl der letzteren aus Bewohnern der Stadt, oder aus denen der Umgebung, aber lediglich von Ihr abhängt, so daß Sie das Verhältniß Selbst bestimmen kann, in welchem die Stadt Wähler zu geben hat.

Was die zweite, von der Königlichen Regierung erhobene Frage betrifft, welches Kriterium der Notabilität außer den im Art. 618 des Handelsgesetzbuches bezeichneten Eigenschaften als Bedingung zur Aufnahme in die Liste der Wahlberechtigten anzunehmen sei? so fehlt es in dieser Beziehung an einer gesetzlichen Vorschrift. Es wird daher Ihrem Ermessen überlassen, auch solche Kaufleute, welche nicht einen jährlichen Klassensteuer-Betrag von 24 Thlr. zahlen, in jene Liste aufzunehmen, wenn nur sonst diejenigen Eigenschaften bei denselben vorhanden sind, welche der Art. 618 des Handelsgesetzbuches als Bedingung der Aufnahme vorschreibt.

Berlin den 31. Oktober 1846.

Der Justiz-Minister
Uhden.

Der Finanz-Minister
v. Duesberg.

An
die Königl. Regierung zu Düsseldorf.

Abschrift vorstehender Verfügung erhalten Ew. Hochwohlgeboren zur Kenntnißnahme.

Berlin den 31. Oktober 1846.

Der Justiz-Minister
Uhden.

Der Finanz-Minister
v. Duesberg.

An
den Königlichen General-Prokurator Herrn Berghaus Hochwohlgeboren zu Köln.

I. 4556. Rhein. Gen. 52. Vol. 4.

77.

Bekanntmachung vom 5. November 1846, — betreffend den Wegfall der Verabfolgung des freien Bauholzes aus den Staatswaldungen bei Staatsbauten.

Seine Majestät der König haben mittelst Allerhöchster Ordre vom 28. August d. J. zu bestimmen geruht:

daß in gleicher Weise, wie nach der Ordre vom 11. August 1838 bei den Domainen- und Forstbauten, in Zukunft auch bei allen übrigen Staatsbauten, die Verabfolgung des freien Bauholzes aus den Staatswaldungen wegfallen, und jede fiskalische Station verpflichtet sein soll, das zu Bauten ihres Ressorts erforderliche Holz, wie es am vortheilhaftesten geschehen kann, aus ihren Fonds anzukaufen. Die Forstverwaltung soll jedoch gehalten sein, auf Verlangen der bauausführenden Behörden das Holz, soweit dasselbe nach den Grundsätzen der Forstverwaltung abgegeben werden kann, gegen Bezahlung des Taxpreises verabfolgen zu lassen.

Diese Allerhöchste Anordnung wird den sämmtlichen Gerichtsbehörden zur Beachtung bei den im Ressort der Justizverwaltung vorkommenden Bauten hierdurch bekannt gemacht.

Berlin den 5. November 1846.

Der Justiz-Minister
Uhden.

An
sämmtliche Gerichtsbehörden.

I. 3924. Just.-Fond 17. Vol. 7.

78.

Allerhöchste Kabinets-Ordre vom 6. November 1846, — wegen Anwendung der in Betreff des Schießpulvers geltenden Polizeivorschriften auf Schießbaumwolle und ähnliche Präparate.

Da die aus einer Behandlung der Baumwolle und ähnlicher Stoffe mit Säuren hervorgehenden, explodirenden, einstweilen mit dem Namen Schießbaumwolle oder Schießwolle belegten Fabrikate, hinsichtlich der Leichtigkeit ihrer Entzündung und der Kraft ihrer Explosion mindestens für eben so gefährlich zu erachten sind, als das Schießpulver; so bestimme Ich auf Ihren Bericht vom 27. v. M. hierdurch einstweilen und unter Vorbehalt anderweitiger Anordnungen, wie sie bei längerer Erfahrung die besondere Beschaffenheit dieser Fabrikate etwa erheischen möchten, für den Umfang der ganzen Monarchie: daß alle, hinsichts der Fabrikation, Aufbewahrung, Versendung und des Verkaufs des Schießpulvers zur Verhütung von Gefahren gegenwärtig bestehende gesetzliche und polizeiliche Vorschriften und Strafbestimmungen auch in Betreff der oben bezeichneten Fabrikate volle Anwendung finden sollen.

Sie haben diesen Meinen Befehl durch die Gesetzsammlung zur öffentlichen Kenntniß zu bringen.

Sanssouci den 6. November 1846.

Friedrich Wilhelm.

An
die Staats-Minister v. Bodelschwingh, Uhden und v. Duesberg.

I. 4826. G. 23. Vol. 7.

79.

Allerhöchster Erlaß vom 24. Juni 1846, — betreffend die Annahme und Anlegung der von fremden Souverains verliehenen Orden und Ehrenzeichen.

Auf den Bericht des Staats-Ministeriums vom 24 Dezember v. J. genehmige Ich zwar hierdurch, daß in Zukunft alle, sowohl Militair- als Civilpersonen die Erlaubniß zur Annahme und Anlegung der ihnen von fremden Souverains verliehenen Orden und Ehrenzeichen selbst nachsuchen; es sind indessen die diesfälligen Gesuche nicht unmittelbar an Mich zu richten, vielmehr haben die Militair-Personen ihre Gesuche in dem geordneten Instanzenwege, die Civil-Beamten durch den vorgesetzten Departements-Chef, an Mich gelangen zu lassen. Das Staats-Ministerium hat hiernach das Weitere zu veranlassen.

Berlin den 24. Juni 1846.

Friedrich Wilhelm.

An
das Staats-Ministerium.

Vorstehender Allerhöchster Erlaß wird den sämmtlichen Gerichtsbehörden und Justizbeamten hierdurch bekannt gemacht.

Berlin den 7. November 1846.

Der Justiz-Minister
Uhden.

An
sämmtliche Gerichtsbehörden und
Justizbeamten.

I. 4613. O. 75.

80.

Verfügung vom 12. November 1846, — betreffend die Berechnung der Militair-Dienstzeit eines Civilbeamten bei dessen Pensionirung.

(Gesetz v. 3. September 1814, Gesetz-Samml. S. 79; §. 11. des Pensions-Reglements v. 30. April 1825.)

Dem Königlichen Kammergericht wird in Verfolg des wegen Pensionirung des Stadtgerichtsdieners S. zu L. erlassenen Reskripts vom 14. v. M. über die Auslegung der Bestimmung der Kabinets-Ordre vom 20. November 1828,

> daß die nach der bestehenden Einrichtung (Gesetz vom 3. September 1814 — Gesetz-Samml. S. 79) abzuleistenden Militairdienstjahre als eine allgemeine Verpflichtung bei der Pensionirung nicht gerechnet werden sollen,

in Uebereinstimmung mit dem Herrn Finanz=Minister eröffnet, daß bei der Pensionirung eines Civilbeamten, welcher früher im Militair gestanden hat, nur diejenigen Militairdienste außer Berechnung bleiben, welche der betreffende Beamte bis zu seinem vollendeten 20. Lebensjahre geleistet hat, daß daher in dieser Hinsicht lediglich die Bestimmungen des §. 11. des Pensions=Reglements vom 30. April 1825 zur Anwendung kommen.

Berlin den 12. November 1846.

Der Justiz=Minister
Uhden.

An
das Königliche Kammergericht.

Abschrift der vorstehenden Verfügung erhalten Ew. Hochwohlgeboren zur Nachricht.

Berlin den 12. November 1846.

Der Justiz=Minister
Uhden.

An
den Königl. General=Prokurator
Herrn Berghaus Hochwohlgeboren
zu Köln.

I. 4622. Rh. Offiz. Sachen 70.

81.

Verfügung vom 16. November 1846, — betreffend die Führung und Revision der Vormundschafts=Register.

Die Geschäfts=Erleichterung, welche Ew. Hochwohlgeboren nach dem Berichte vom 28. Juli d. J.,

die Führung und Revision der Vormundschafts=Register betreffend,

den Friedensgerichten dadurch zu verschaffen beabsichtigen, daß das elterliche Vormundschafts=Register künftig wegfallen soll, findet der Justiz=Minister im Allgemeinen angemessen. Indessen scheint alsdann die Eintragung der elterlichen Vormundschaften nicht in das Anzeige=Register zu gehören, sondern in das jetzt für die Dativ=Vormundschaften allein bestimmte Register, weshalb Ihnen überlassen wird, die in dem obigen Berichte in

Bezug genommene Verfügung vom 26. November 1840 wieder zurückzuziehen und dadurch den früheren Zustand herzustellen.

Dagegen wird es keine besondere Erleichterung für die Friedensgerichte gewähren können, wenn die unter Nr. 1 bis 4 Ihres Berichtes erwähnten Kolonnen des Registers der Dativ-Vormundschaften beseitigt werden, indem was durch künftige Weglassung derselben in Bezug auf die zur Eintragung erforderliche Zeit und Mühe gewonnen wird, durch den Mangel übersichtlicher Notizen über den Inhalt jener Kolonnen wieder verloren geht.

Mit Rücksicht darauf, daß die Friedensgerichte gegenwärtig schon mehr mit der jetzigen Art der Behandlung des Vormundschaftswesens vertraut sind, und weniger Irregularitäten jetzt vorkommen werden als anfänglich, will der Justiz-Minister dagegen die durch die Verfügung vom 25. September 1835 angeordnete jährliche Revision der Vormundschafts-Register durch die Beamten des öffentlichen Ministeriums in Zukunft wegfallen lassen, während hingegen die Ober-Prokuratoren bei ihren Rundreisen mit besonderer Sorgfalt die Revision der Vormundschafts-Register und der vormundschaftlichen Verwaltung überhaupt auch ferner vorzunehmen verpflichtet bleiben und die Einsendung der Register von Zeit zu Zeit in Bezug auf solche Friedensgerichte anzuordnen berechtigt und gehalten sein sollen, welche sich etwa in der Behandlung des Vormundschaftswesens lau zeigen möchten.

Ew. Hochwohlgeboren bleibt überlassen, hiernach die Ober-Prokuratoren mit der erforderlichen Anweisung zu versehen.

Berlin den 16. November 1846.

Der Justiz-Minister
Uhden.

An
den Königl. General-Prokurator,
Herrn Geheimen Ober-Justiz-Rath
Berghaus Hochwohlgeboren
zu Köln.

I. 4571. Rh. Gen. 72. Vol. 5.

82.

Allgemeine Verfügung vom 25. November 1846, — betreffend das Verfahren der Gerichte bei Beschlagnahme falscher Münzen.

(Reskript v. 2. Jan. 1826, Jahrb. Bd. 27. S. 109 — 11. September 1826, ebendas. Bd. 28. S. 120 u. 21. Februar 1844, Just.-Min.-Blatt S. 51 u. Rh. Samml. Bd. 8. S. 240.)

Die den Gerichts-Behörden wiederholt und zuletzt in der Verfügung vom 21. Februar 1844 (Just.-Min.-Blatt S. 51) ertheilte Anweisung:

> alle falsche Münzen, welche in gerichtlichen Beschlag genommen werden, nach rechtskräftiger Entscheidung der Sache, auch wenn sie von der General-Münz-Direktion für ganz werthlos erklärt worden sind, nicht selbst zu vernichten, sondern an die betreffende Königliche Regierung zur weiteren Beförderung an die Münzverwaltung abzuliefern,

ist nach einer Mittheilung des Königlichen Ministeriums des Staatsschatzes und des Münzwesens in neuerer Zeit von einzelnen Gerichten wieder unbeachtet geblieben.

Da die Ablieferung der falschen Münzen für die Münzverwaltung von großer Wichtigkeit ist, um in künftigen Fällen genaue Auskunft darüber geben zu können, wo und unter welchen Umständen falsche Münzen von derselben Fabrikation früher schon vorgekommen, und ob die Verfertiger derselben bereits entdeckt worden sind, so wird den Gerichtsbehörden die genaue Befolgung jener Vorschrift hierdurch nochmals zur Pflicht gemacht.

Berlin den 25. November 1846.

Der Justiz-Minister
Uhden.

An
sämmtliche Gerichtsbehörden.

I. 4803. Crimin. 122. Vol. 3.

83.

Allgemeine Verfügung vom 30. November 1846, — betreffend die Untersuchung des Gesundheitszustandes der zur Abbüßung von Festungsarrest-Strafen an die Königlichen Festungs-Kommandanturen abzuliefernden Personen.

Nach einer Mittheilung des Herrn Kriegs-Ministers ist in neuerer Zeit der Fall wiederholt vorgekommen, daß den Königlichen Festungs-Kommandanturen kranke Personen zur Abbüßung erkannter Festungsarrest-Strafen überwiesen worden sind. Um die daraus entstehenden Uebelstände so viel als möglich zu verhüten, werden sämmtliche Gerichtsbehörden hierdurch veranlaßt, bei denjenigen Personen, welche mittelst Transport, also zwangsweise zur Antretung eines Festungs-Arrestes an die Königlichen Festungs-Kommandanturen befördert werden, vor der Absendung eine Untersuchung ihres Gesundheitszustandes und ihrer Fähigkeit zur Erduldung der erkannten Strafe durch den Kreis-Physikus bewirken zu lassen und den Befund desselben der betreffenden Kommandantur mitzutheilen.

Berlin den 30. November 1846.

Der Justiz-Minister
Uhden.

An
sämmtliche Gerichtsbehörden.

I. 4449. Crimin. 19. Vol. 5.

84.

Verfügung vom 1. Dezember 1846, — betreffend die Befugniß zum Erlaß von Steckbriefen und anderen öffentlichen Bekanntmachungen in Straffachen.

(Art. 8 u. 9 der Rhein. Kriminalprozeß-Ordn. — §. 36 des Ressort-Reglements v. 20. Juli 1818.)

Ew. Hochwohlgeboren wird auf den Jahresbericht vom 8. März d. J.

in Betreff der in dem Berichte des Ober-Prokurators zu N. vom 9. November v. J. enthaltenen Aeußerung über die Befugniß zum Erlaß von Steckbriefen und anderen öffentlichen Bekanntmachungen in Straffachen, hierdurch eröffnet, wie der Justiz-Minister die Ansicht, daß es ausschließlich zu den Attributionen des öffentlichen Ministeriums gehöre, in Strafsachen Steckbriefe und sonstige öffentliche Bekanntmachungen zu erlassen, nicht theilen kann. — Da Steckbriefe an sich nichts anderes, als zur öffentlichen Bekanntmachung bestimmte Arrestbefehle sind, der Instruktions-Richter aber gesetzlich dergleichen Befehle erlassen kann, so ist er auch zur Erlassung von Steckbriefen befugt.

Ebenso liegen, da er selbst Gerichts-Polizeibeamter ist und also selbstständig die Befugniß hat, vorgefallenen Verbrechen und Vergehen nachzuforschen und die dazu nöthigen Schritte zu thun (Art. 8 und 9 der Rheinischen Krim. Prozeß-Ordnung), andere Bekanntmachungen in Strafsachen nicht außerhalb der Grenzen seiner Ermächtigung. Der Art. 61 der Kriminal-Prozeß-Ordnung macht nur eine Kommunikation mit dem öffentlichen Ministerium nothwendig, begründet aber nicht eine Abhängigkeit des Instruktions-Richters in seinen Amtshandlungen von diesfälligen Anträgen des öffentlichen Ministeriums, so daß Letzteres auch den Instruktions-Richter an Bekanntmachungen der in Rede stehenden Art nicht hindern kann. Uebrigens zeigt der §. 36 des Ressort-Reglements vom 20. Juli 1818 klar, daß auch den Gerichten, mithin auch den dazu gehörigen Instruktions-Aemtern, die Befugniß, Steckbriefe zu erlassen, zusteht.

Ew. Hochwohlgeboren bleibt überlassen, hiernach den Ober-Prokurator zu N. zu bescheiden.

Berlin den 1. Dezember 1846.

Der Justiz-Minister
Uhden.

An
den Königlichen General-Prokurator Herrn Geheimen Ober-Justizrath Berghaus Hochwohlgeboren zu
Köln,

I. 4526. Rhein. Krim. 10. Vol. 3.

85.

Verfügung vom 10. Dezember 1846, — betreffend die Grundsätze bei Festsetzung der Reisekosten-Liquidationen der zur Extrapost berechtigten Beamten, wenn der Ueberschuß über die volle Meilenzahl nicht gerade 1/4, 1/2 oder 3/4, sondern einen andern Bruchtheil beträgt.

Auf Ew. Hochwohlgeboren Bericht vom 31. August d. J. die Gebühren des Kreis-Physikus Dr. L. zu D. in der Untersuchungssache wider den Bürgermeister B. zu E. betreffend,

ist der Justiz-Minister in dieser Angelegenheit mit dem Herrn Finanz-Minister in Korrespondenz getreten. Eine Abschrift des Antwortschreibens des Letzteren vom 28. v. M. erhalten Sie hierbei zur Kenntnißnahme und weiteren Veranlassung, insbesondere auch zur Benachrichtigung der Landgerichts-Präsidenten und Ober-Prokuratoren von den über die Berechnung von Bruchtheilen von Meilen bei den Posten bestehenden und bei Kostenfestsetzungen zu beachtenden Grundsätzen.

Berlin den 10. Dezember 1846.

Das Justiz-Ministerium.
Ruppenthal.

An
den Königlichen General-Prokurator Herrn Geheimen Ober-Justizrath Berghaus Hochwohlgeboren zu Köln.

I. 5081. Rh. Gen. 122.

Beilage.

Anlangend den weiteren Inhalt Ew. Exzellenz gefälligen Schreibens, so ist die gestellte Frage:

ob ein zur Extrapost berechtigter Beamter, wenn er eine kurze Strecke über den Betrag an ganzen Meilen dienstlich zu reisen genöthigt gewesen, ohne daß jedoch die hierüber hinausgehende Wegstrecke die Länge einer Viertelmeile erreicht, dennoch befugt ist, außer dem Ansatze für die ganzen Meilen auch noch für eine volle Viertelmeile Reisekosten zu fordern?

bei dem Finanz-Ministerium bisher nicht zur bestimmten Entscheidung gekommen. Ich habe daher von dem hiesigen General-Postamte darüber Auskunft einziehen lassen, wie die Post bei Extrapostreisen für Entfernungen, welche über eine gewisse Anzahl Meilen betragen, sich bezahlen läßt, wenn der Ueberschuß über die volle Meilenzahl nicht gerade $\frac{1}{4}$, $\frac{1}{2}$ oder $\frac{3}{4}$, sondern einen andern Bruchtheil beträgt. Nach dieser Auskunft ist bei Extrapostreisen, wenn die Entfernung über den vollen Meilenbetrag, weniger als $\frac{1}{8}$ Meile beträgt, für den Ueberschuß gar nichts, wenn sie aber mehr als $\frac{1}{8}$ beträgt, für die volle Meilenzahl und $\frac{1}{4}$ Meile zu bezahlen. Es wird kein Bedenken haben, dies bei Festsetzung von Reisekosten-Liquidationen der zur Extrapost berechtigten Beamten als Richtschnur gelten zu lassen.

Berlin den 28. November 1846.

v. Duesberg.

An
den Königl. Wirkl. Geheimen
Staats- und Justiz-Minister
Herrn Uhden Excellenz.

86.

Verfügung vom 10. Dezember 1846, — betreffend die Beschränkung des schädlichen Treibens der vor den Rheinischen Handels- und Friedensgerichten auftretenden Winkel-Konsulenten.

(§. 49 der Gewerbe-Ordnung.)

Ew. Hochwohlgeboren erhalten hierbei zur Kenntnißnahme Abschrift einer Verfügung vom 24. v. M., welche die Herrn Minister des Innern und der Finanzen zur Beschränkung des schädlichen Treibens der vor den Rheinischen Handels- und Friedens-Gerichten auftretenden Winkel-Konsulenten an die Regierungen der Rheinprovinz wegen genauer Beobachtung der Vorschrift des §. 49 der Gewerbe-Ordnung in Bezug auf die sogenannten Kommissionaire und deren Auftreten für Andere vor den Rheinischen Friedens- und Handels-Gerichten erlassen haben.

Berlin den 10. Dezember 1846.

Das Justiz-Ministerium.
Ruppenthal.

An
den Königl. General-Prokurator,
Herrn Geheimen Ober-Justiz-Rath
Berghaus Hochwohlgeboren
zu Köln.
I. 5082. Rh. Gen. 80.

Beilage.

Mehrfache Beschwerden über das schädliche Treiben der vor den Rheinischen Handels- und Friedens-Gerichten auftretenden Winkel-Konsulenten veranlassen uns, die Königliche Regierung hierdurch aufzufordern, die Polizei-Behörden Ihres Bezirks noch besonders anzuweisen, bei der nach den Bestimmungen des §. 49 der Gewerbe-Ordnung zu ertheilenden Erlaubniß zur gewerbmäßigen Vermittelung von Geschäften, oder zur Uebernahme von Aufträgen und namentlich zur Abfassung schriftlicher Aufsätze für Andere mit besonderer Vorsicht zu Werke zu gehen und zur möglichsten Sicherung des Publikums mit Strenge und Nachdruck darauf zu halten, daß vor Ertheilung der Konzession der Nachsuchende sich über seine Unbescholtenheit und Zuverlässigkeit vollständig ausweise. In allen, den sogenannten Kommissionairen zu ertheilenden Konzessionen ist übrigens ausdrücklich zu bemerken:

> daß aus der ertheilten Konzession das Recht des Konzessionars nicht folge, für Andere vor den Rheinischen Friedens- und Handels-Gerichten aufzutreten, vielmehr die Zulassung oder Nichtzulassung des Konzessionars vor denselben lediglich der Beurtheilung der Gerichte selbst überlassen bleibe.

Berlin den 24. November 1846.

Der Minister des Innern
v. Bodelschwingh.

Der Finanz-Minister
v. Duesberg.

An
die Königliche Regierung zu
Köln, Düsseldorf, Koblenz,
Aachen und Trier.

87.

Verfügung vom 10. Dezember 1846, — betreffend die Führung und Revision der Vormundschafts-Register.

Unter den von Ew. Hochwohlgeboren in dem Berichte vom 26. v. M.

die Führung und Revision der Vormundschafts-Register betreffend,

dargestellten Umständen wird hierdurch genehmigt, daß die Führung eines besonderen Registers über legale Vormundschaften unterbleibe und dieses Register mit dem Anzeige-Register verbunden werde.

Berlin den 10. Dezember 1846.

Das Justiz-Ministerium
Ruppenthal.

An
den Königlichen General-Prokurator
Herrn Geheimen Ober-Justiz-Rath
Berghaus Hochwohlgeboren
zu Köln.

I. 5058. Rh. Gener. 72. Vol. 5.

88.

Allgemeine Verfügung vom 17. Dezember 1846, — betreffend die Fassung der Straf-Erkenntnisse, welche die Degradation von Militair-Invaliden unter Belassung des Militair-Gnadengehalts aussprechen.

(Verfüg. v. 25. Oktober 1843, Just.-Minist.-Blatt S. 266 u. Rhein. Samml. Bd. 8. S. 189.)

Mit Rücksicht darauf, daß den durch rechtskräftiges Erkenntniß degradirten und insbesondere der Charge als Unteroffizier für verlustig erklärten Militair-Invaliden auch bei Belassung des Militair-Gnadengehalts fernerhin nur der ihnen als Gemeinen zuständige Militair-Gnadengehalts-Betrag gewährt werden kann (vergleiche die Verfügung vom 25. Oktober 1843, Justiz-Ministerial-Blatt S. 266) und dieser Betrag einer jedesmaligen Festsetzung von Seiten der betreffenden administrativen Behörde bedarf, werden die sämmtlichen Gerichtsbehörden hierdurch veranlaßt, in den Strafurtheilen, durch welche auf Degradation eines Militair-Invaliden und namentlich auf Verlust der Unteroffiziers-Charge, jedoch unter Beibehaltung des Militair-Gnadengehalts erkannt werden soll, zur Vermeidung unrichtiger Festsetzungen des fernerhin zu zahlenden Gnadengehalts dessen Höhe in dem Erkenntnisse nicht zu bestimmen, sondern nur die Belassung des dem degradirten Militair-Invaliden zuständigen Gnadengehalts auszusprechen und dessen Feststellung den weiteren administrativen Bestimmungen zu überlassen.

Berlin den 17. Dezember 1846.

Der Justiz-Minister
Uhden.

An
sämmtliche Gerichtsbehörden.
I. 5128. J. 26. Vol. 3.

89.

Allgemeine Verfügung vom 18. Dezember 1846, — betreffend die Raumersparniß bei der Außer- und Wieder- in Kourssetzung geldwerther, auf jeden Inhaber lautender Papiere.

(Gesetz v. 4. Mai 1843, Rhein. Samml. Bd. 8. S. 164.)

Die nachstehende, von den Herren Ministern des Innern und der Finanzen an sämmtliche Königliche Regierungen erlassene Verfügung vom 24. Oktober d. J. wird den Gerichtsbehörden hierdurch zur gleichmäßigen Beachtung bekannt gemacht.

Berlin den 18. Dezember 1846.

Der Justiz-Minister
Uhden.

An
sämmtliche Gerichtsbehörden.
I. 5165. S. 13. Vol. 5.

Es ist bemerkt worden und hat auch bereits zu Beschwerden geführt, daß bei den Vermerken der öffentlichen Behörden, durch welche auf jeden Inhaber lautende Staatspapiere und

Pfandbriefe außer Kours oder wieder in Kours gesetzt werden, häufig nicht mit der erforderlichen Raumersparung zu Werke gegangen wird, und findet sich nicht selten die Rückseite solcher Papiere nach mehrmaliger Außer- und Wieder in Koursseßung von den darauf bezüglichen Vermerken, dem Datum derselben und den der Firma beigefügten Unterschriften und Siegeln gänzlich bedeckt. Gegen die Koursfähigkeit der so beschriebenen Papiere werden im Publikum aber Bedenken erregt, welche die Unverkäuflichkeit derselben zur Folge haben und den Effektenhandel erschweren, in den sie nur erst wieder nach stattgehabter Umschreibung gelangen können. Um den hieraus entstehenden Nachtheilen vorzubeugen, sehen wir uns veranlaßt, Hinsichts dieser Vermerke auf die Nothwendigkeit der möglichsten Raumersparniß aufmerksam zu machen. Insbesondere ist bei der nach Vorschrift des Gesetzes vom 4. Mai 1843 (Gesetzsamml. Num. 2349) erfolgenden Wieder-Inkourssetzung eines von einer Königlichen Behörde früher außer Kours gesetzten Papiers der diesfällige Vermerk lediglich auf die Worte zu beschränken, welche das Gesetz vorschreibt, und muß sowohl zu dem Vermerke selbst, als auch zu dessen Datum, der Firma und der Unterschrift möglichst kleine Schrift angewendet, das in schwarzer Farbe beizudrukkende Siegel der Behörde aber immer an einer, den Raum möglichst wenig beschränkenden Stelle angebracht werden.

Die Königliche Regierung hat dies nicht nur Selbst in vorkommenden Fällen zu beachten, sondern auch die betreffenden Behörden und Institute darnach mit Anweisung zu versehen.

Berlin den 24. Oktober 1846.

Der Minister des Innern
v. Bodelschwingh.

Der Finanz-Minister
v. Duesberg.

An
sämmtliche Königl. Regierungen.

90.

Allgemeine Verfügung vom 21. Dezember 1846, — betreffend die Allerhöchste Bestätigung der auf den Verlust der Offizier-Charge lautenden gerichtlichen Erkenntnisse.

(Allerh. Ordres v 29. November 1829 und v. 14. Mai 1830, Gesetzsamml. v. 1830 S. 2 u. 80.)

Es ist der Zweifel erhoben worden, ob es, wenn von den Gerichten auf den Verlust der Offizier-Charge rechtskräftig erkannt worden ist, einer Einreichung des Erkenntnisses zum Zweck der Allerhöchsten Bestätigung auch in dem Falle bedarf, wenn der Angeschuldigte nicht zu den beurlaubten, sondern zu den verabschiedeten Landwehr-Offizieren gehört (Allerh. Ordres v. 29. November 1829 und v. 14. Mai 1830, Gesetzsammlung v. 1830 S. 2 u. 80).

Auf den von dem Herrn Kriegs-Minister und dem Justiz-Minister darüber erstatteten Bericht, haben Seine Majestät der König mittelst Allerhöchsten Erlasses vom 24. v. M. zu bestimmen geruht:

daß alle auf den Verlust des Offizier-Prädikats lautende gerichtliche Erkenntnisse vor der Vollstreckung zur Allerhöchsten Bestätigung eingereicht werden sollen.

Den Gerichtsbehörden wird dies hierdurch mit der Anweisung bekannt gemacht, in Fällen der Art das rechtskräftige Erkenntniß nebst den Akten und einem Akten-Auszuge dem Justiz-Minister einzureichen, auch nach erfolgter Allerhöchster Bestätigung dem Verurtheilten das Offizier-Patent nebst dem ihm ertheilten Abschied abzufordern und diese Papiere der Abtheilung des Königlichen Kriegs-Ministeriums für die persönlichen Angelegenheiten einzureichen.

Berlin den 21. Dezember 1846.

Der Justiz-Minister
Uhden.

An
sämmtliche Gerichtsbehörden.

I. 5150. M. 52. Vol. 13.

91.

Gesetz vom 23. Dezember 1846, — betreffend die Stempel- und Gerichtskosten in Vormundschaften und Kuratelen.

Wir Friedrich Wilhelm, von Gottes Gnaden, König von Preußen rc. rc.

verordnen wegen der Stempel- und Gerichtskosten in denjenigen Vormundschafts- und Kuratelsachen, die nicht schon nach den bestehenden Gesetzen kostenfrei bearbeitet werden müssen, auf den Antrag Unseres Staatsministeriums, nach Anhörung Unserer getreuen Stände, und nach vernommenem Gutachten einer aus Mitgliedern des Staatsraths ernannten Kommission, für den ganzen Umfang Unserer Monarchie, was folgt:

§. 1.

In Vormundschafts- und Kuratelsachen sollen künftig für alle Verhandlungen, welche zum inneren Geschäftsverkehr zwischen den vormundschaftlichen Gerichten und den Pflegebefohlenen oder deren Vormündern und Kuratoren gehören, insbesondere für Anzeigen, Berichte und Vernehmungen der Pflegebefohlenen, der Vormünder und Kuratoren oder ihrer Stellvertreter, für Legung, Abnahme und Decharge der Rechnungen, sowie für Verfügungen der vormundschaftlichen Gerichte, dieselben mögen die Person des Bevormundeten oder dessen Vermögen betreffen, weder Stempel- noch Gerichtsgebühren erhoben werden.

§. 2.

Dagegen verbleibt es bei der bisherigen Stempel- und Kostenpflichtigkeit aller der Verhandlungen, die auch in Beziehung auf dritte Personen, außer dem Vormunde, Kurator und Pflegebefohlenen, von rechtlicher Wirkung sein sollen, und insbesondere aller in beweisender Form ausgefertigten Urkunden, von denen der Vormund oder Kurator gegen dritte Personen oder Behörden Gebrauch machen soll, imgleichen aller Verhandlungen, welche die Siegelung, Inventur, Abschätzung, Sicherstellung, Ermittelung des Vermögens und die Erbregulirung betreffen, und nicht in Anzeigen des Vormundes oder Kurators und in Erlassen an ihn bestehen, die sein Verhalten bei diesen Verhandlungen leiten sollen.

§. 3.

Die Stempel- und Gebührenfreiheit (§. 1.) erstreckt sich auch auf die Deposital-Extrakte der Gerichte oder die Atteste der Königlichen Bank über die Annahme von Geldern und andern Vermögensstücken, sowie auf die Quittungen über die Auslieferung solcher Gelder und Vermögensstücke, insofern die Einnahme oder Ausgabe nur einen Akt der Verwahrung oder Verwaltung des Vermögens ausmacht und nicht als Tilgung von Verbindlichkeiten in Beziehung auf dritte Personen zu bezeichnen ist. Die von den Vormündern oder Kuratoren zur Belegung ihrer Rechnungen beizubringenden Privat-Quittungen sind stempelfrei.

§. 4.

Die Kostenfreiheit der in §§. 1 und 3 bezeichneten Verhandlungen erstreckt sich nicht auf baare Auslagen, Kalkulaturgebühren, Kopialien, imgleichen auf solche Gebühren, welche einem Beamten als Emolumente angewiesen sind.

Im Bezirk des Rheinischen Appellationsgerichtshofes zu Köln sind jedoch die Kopialien (Gerichtsschreiber-Gebühren) nur in soweit einzuziehen, als sie ein Emolument der Gerichtsschreiber sind. Der zu den Staatskassen fließende Antheil bleibt außer Ansatz.

§. 5.

Die vorstehenden Bestimmungen kommen in allen Fällen zur Anwendung, in denen die Gerichtsgebühren und Stempel noch nicht eingezogen, oder die für Stempel eingezogenen Beträge zu deren Ankaufe noch nicht verwendet worden sind.

§. 6.

Auf Vormundschaften und Kuratelen über Abwesende, über unbekannte Interessenten, über Verschwender und zu einer längeren Freiheitsstrafe verurtheilte Verbrecher, imgleichen auf Kuratelen über Fideikommisse und Familienstiftungen, finden die Bestimmungen dieses Gesetzes keine Anwendung.

Urkundlich unter Unserer Höchsteigenhändigen Unterschrift uud beigedrucktem Königlichen Insiegel.

Gegeben Charlottenburg den 23. Dezember 1846.

(L. S.) Friedrich Wilhelm.

v. Rochow, v. Savigny, Uhden, v. Duesberg.

Beglaubigt:
Bode.

I. 440. Steuersachen 49. Vol. 3.

92.

Verfügungen vom 23. Mai und 26. Dezember 1846, — betreffend die Heranziehung der Mennoniten in der Rheinprovinz zum Geschwornendienst.

(Allerh. Ordres v. 9. Juli 1825, 11. März 1827 u. 16. Mai 1830, Rh. Samml. Bd. 2. S. 599, Bd. 3. S. 102 u. S. 344. — Art. 381 der Straf-Prozeßordnung.)

a) Verfügung vom 23. Mai.

Ew. Hochwohlgeboren wird auf den Bericht vom 22. April d. J.

über den legislativen Vorschlag wegen Heranziehung der Mennoniten in der Rheinprovinz zum Geschwornendienst,

hierdurch folgendes eröffnet.

Seine Majestät der Hochseelige König haben zwar mittelst Allerhöchster Ordre vom 9. Juli 1825 zu bestimmen geruht, daß die Mennoniten in der Rheinprovinz mit der Uebernahme des Amts eines Geschwornen verschont werden sollen, da ihre Glaubenslehre keine Eidesleistung gestatte. Da indessen durch die spätere Allerhöchste Ordre vom 11. März 1827 festgesetzt worden ist, daß bei den Mennoniten, sobald selbige zu einem Amte berufen werden, die nach der bei ihrer Sekte üblichen Bekräftigungsformel mittelst Handschlags abzugebende Versicherung mit der wirklichen Eidesleistung gleiche Kraft haben soll, und sonach das frühere Hinderniß wegen der Eidesleistung gehoben worden ist, so dürfte die fernere Befreiung der Mennoniten von dem Amte eines Geschworenen nicht gerechtfertigt sein.

Die Allerhöchste Ordre vom 16. Mai 1830, betreffend die Rechtsverhältnisse der Mennoniten in den westlichen Provinzen hinsichtlich ihrer Militairpflicht, hat hierin nichts Wesentliches geändert; wenigstens sind danach diejenigen Mitglieder der mennonitischen Familien, deren Häupter für sich und ihre Nachkommen die Militairpflicht übernommen haben oder zu übernehmen sich erklären, den übrigen christlichen Unterthanen in den bürgerlichen Verhältnissen gleich gerechnet und müssen daher jedenfalls diese Mennoniten zu dem Amte eines Geschwornen zugelassen werden.

Es ist dabei aber ein Leichtes, festzustellen, welche der Mennoniten zu dieser Kategorie gehören, indem diejenigen, welche die Militairpflicht zu erfüllen sich weigern, eine jährliche Abgabe zu entrichten haben und daher den Verwaltungsbehörden, welche auch die Geschwornenliste zu entwerfen haben, bekannt sein müssen.

Das von dem Appellationsgerichts-Rathe N. überreichte Gesuch mehrerer Mennoniten, betreffend ihre Zulassung zu dem Amte eines Geschworenen, erscheint demnach vollkommen begründet. Da indessen während einer langen Reihe von Jahren die Mennoniten von dem Amte eines Geschworenen ausgeschlossen gewesen sind, jenes Gesuch auch nur von einzelnen Mennoniten ausgegangen zu sein scheint, und es wünschenswerth ist, zu wissen, ob auch die übrigen Mennoniten sich diesem Gesuche anschließen werden und ob sonst keine Bedenken gegen die Zulassung der Mennoniten als Geschworene aus ihren Religions-Grundsätzen entnommen werden können, so werden Ew. Hochwohlgeboren angewiesen, die Aeußerungen der Aeltesten, Lehrer oder Vorsteher der einzelnen Mennoniten-Gemeinden hierüber zu erfordern und demnächst unter Wiedereinreichung des, mittelst Verfügung vom

l. v. M. Ihnen übersandten Promemoria anderweit zu berichten.

Berlin den 23. Mai 1846.

Der Justiz-Minister
Uhden.

An
den Königlichen General-Prokurator Herrn Geheimen Ober-Justizrath Berghaus Hochwohlgeboren zu Köln,

b) Verfügung vom 26. Dezember.

Ew. Hochwohlgeboren erhalten auf den Bericht vom 19. Oktober d. J.,

die Heranziehung der Mennoniten zum Geschwornendienst betreffend,

anbei Abschrift einer hierüber von dem Herrn Minister des Innern in Folge der mit demselben Statt gefundenen Kommunikation an die Präsidenten der 5 Rheinischen Regierungen unterm 6. d. M. erlassenen Verfügung, um das in dieser Angelegenheit weiter Erforderliche zu veranlassen, insbesondere auch jene Verfügung zur Kenntniß des dortigen Appellationsgerichtshofes zu bringen, damit die Assisen-Präsidenten sich darnach richten.

Berlin den 26. Dezember 1846.

Der Justiz-Minister
Uhden.

An
den Königl. General-Prokurator Herrn Berghaus Hochwohlgeboren zu Köln.

I. 5276. Rhein. Krim. 20.

Beilage.

Bei der Assise zu N. für das 1. Quartal d. J. haben die Geschworenen aus N. im Namen der dortigen Mennoniten den Assisen-Präsidenten ersucht, sich dahin zu verwenden, daß letztere zu dem Amte eines Geschworenen wieder zugelassen werden. Dieses Gesuch ist zur Kenntniß des Herrn Justiz-Ministers gebracht worden, welcher daraus Veranlassung genommen hat, mit mir in Verbindung zu treten und darauf aufmerksam zu machen, daß die Bestimmung der Allerhöchsten Kabinets-Ordre vom 9. Juni 1825, nach welcher die Mennoniten, weil ihre Glaubenslehre keine Eidesleistung gestattet, mit der Uebernahme des Amtes eines Geschworenen verschont werden sollen, nicht mehr Platz greifen könne, nachdem durch die Allerhöchste Kabinets-Ordre vom 11. März 1827 festgesetzt worden ist, daß die von den Mennoniten nach der üblichen Bekräftigungsformel mittelst Handschlages abzugebende Versicherung mit der Eidesleistung gleiche Kraft haben soll.

Ew. Hochwohlgeboren veranlasse ich daher, unter Bezugnahme auf den Erlaß vom 30. Juli 1825, in Zukunft die Mennoniten, insoweit sie nach den sonstigen gesetzlichen Bestimmungen dazu geeignet sind, auf die Geschwornen-Listen bringen zu lassen, indem ich zugleich darauf aufmerksam mache, daß nach Artikel 381 der Straf-Prozeß-Ordnung nur diejenigen Mennoniten, deren Familienhäupter für sich und ihre Nachkommen die Militair-Pflicht übernommen haben, als Geschworne zugelassen werden können, da nur diesen nach der Allerhöchsten Kabinets-Ordre vom 16. Mai 1830 die vollen politischen und bürgerlichen Rechte zustehen.

Berlin den 6. Dezember 1846.

Der Minister des Innern
v. Bodelschwingh.

An
die Königlichen Herren Regierungs-Präsidenten zu Düsseldorf, Köln, Aachen, Trier und Koblenz.

93.

Allgemeine Verfügung vom 28. Dezember 1846, — betreffend die Konvention mit der Königl. Niederländischen Regierung vom 7. Juni 1823 (Gesetz-Sammlung S. 153).

Die zwischen der Königl. Niederländischen und der diesseitigen Regierung wegen der in Untersuchungssachen zu erstattenden baaren Auslagen bestehende Konvention vom 7. Juni 1823 (Gesetz-Sammlung S. 153) enthält im Art. 1. unter d. die Bestimmung,

> daß die von den beiden Staaten gegenseitig zu erstattenden Kosten für den Transport der Verbrecher nach dem Satze von 4 Gr. alter oder 5 Gr. neuer Preußischer Silbermünzen oder $29\frac{1}{11}$ Centimes in Niederländischem Gelde für die Meile in Anrechnung gebracht werden sollen.

Diese Bestimmung hat neuerdings eine Abänderung erlitten, indem die beiden genannten Regierungen mittelst besonderer Deklaration vom 4. d. M., welche als ein Supplementar-Artikel zu der erwähnten Konvention gelten soll, dahin übereingekommen sind,

> daß fortan eine gegenseitige Erstattung der Kosten für den Transport von Verbrechern, so wie sie im Art. 1. jener Konvention vereinbart worden, zwischen den beiden kontrahirenden Staaten nicht mehr stattfinden, vielmehr jedem dieser Staaten obliegen soll, dergleichen Verbrecher-Transporte auf seinem Gebiete für eigene Kosten bewerkstelligen zu lassen.

Indem die Gerichtsbehörden von dieser Vereinbarung hierdurch Kenntniß erhalten, werden dieselben zugleich veranlaßt, sich in vorkommenden Fällen danach zu achten.

Berlin den 28. Dezember 1846.

Der Justiz-Minister
Uhden.

An
sämmtliche Gerichtsbehörden.

I. 5246. Conventionen 11.

94.

Allgemeine Verfügung vom 29. Dezember 1846, — betreffend die Untersagung des Anschlags gerichtlicher Bekanntmachungen an die Kirchthüren.

(Edikt vom 28. Oktober 1810 §. 6, Gesetz-Sammlung S. 95; Gewerbe-Ordnung vom 17. Januar 1845, §. 29, Gesetz-Sammlung S. 46; Allerhöchste Ordre vom 8. Februar 1840, Gesetz-Sammlung S. 32; Verordnung vom 2. Dezember 1837, Gesetz-Sammlung S. 219; Reskript vom 18. Februar 1839, Justiz-Ministerial-Blatt S. 90.)

Von Seiten des Herrn Ministers der geistlichen, Unterrichts- und Medizinal-Angelegenheiten und des Herrn Ministers des Innern ist über den Aushang öffentlicher Bekanntmachungen an den Kirchthüren in bürgerlichen und gewerblichen Angelegenheiten die nachstehende Cirkular-Verfügung an die Königlichen Regierungen erlassen worden:

> „Das Edikt vom 28. Oktober 1810 wegen der Mühlengerechtigkeit und Aufhebung des Mühlenzwanges (Gesetz-Sammlung 1810 S. 95) schreibt im §. 6 bei der Anlage neuer Mühlen die Bekanntmachung des Baues durch Anschlag an die Kirchthüren vor. Diese gesetzliche Bestimmung ist zwar durch den §. 29 der neuen Gewerbe-Ordnung vom 17. Januar v. J. für aufgehoben zu erachten, in Folge der Allerhöchsten Kabinets-Ordre vom 8. Februar 1840 (Gesetz-Sammlung S. 32) ist jedoch in manchen Gegenden nach Analogie der Bestimmung des §. 6 des Mühlen-Edikts der Anschlag an die Kirchthüren als die gewöhnliche Publikations-Art lokalpolizeilicher Verordnungen festgesetzt worden, und diese Festsetzung hat wiederum die Folge gehabt, daß die Gerichtsbehörden in Gemäßheit der Verordnung vom 2. Dezember 1837 (Gesetz-Sammlung S. 219) und des Ministerial-Reskripts vom 18. Februar 1839 (Justiz-Ministerial-Blatt S. 90) die Subhastations-Patente für Grundstücke von geringerem Werthe gleichfalls durch Anschlag an die Kirchthüren bekannt machen."

Diese Benutzung der Kirchthüren zu Publikationen des bürgerlichen und gewerblichen Verkehrs ist dem Zwecke der kirchlichen Gebäude nicht entsprechend.

Wir veranlassen daher die Königliche Regierung, darauf zu halten, daß der Aushang öffentlicher Bekanntmachungen an den Kirchthüren, wo solcher bisher üblich gewesen ist, in bürgerlichen und gewerblichen Angelegenheiten in Zukunft nicht mehr Statt finden darf. Eine Abstellung dieser Publikationsweise wird praktisch keine Schwierigkeiten machen, solche vielmehr, je nach der örtlichen Verschiedenheit, durch Inserate in den Amts-, Kreis- und Lokal-Blättern, durch Anschläge an die Gemeindehäuser, Schulzenhöfe und Krüge, durch Bekanntmachung in den Kreis- und Gemeinde-Versammlungen durch öffentlichen Ausruf, endlich durch Anschläge an besondere, in der Nähe der Kirche oder Kirchhöfe schon befindliche oder noch aufzurichtende Tafeln leicht zu versehen sein. Die Königliche Regierung hat hiernach für solche Fälle, wo die Bekanntmachung vermittelst eines Aushanges an den Kirchthüren bisher lokalüblich gewesen ist, in der durch die Allerhöchste Kabinets-Ordre vom 8. Februar 1840 vorgeschriebenen Weise über die Art der Bekanntmachung in Ihrem Verwaltungs-Bezirke nach Maßgabe der örtlichen Verhältnisse anderweitige Festsetzung zu treffen und solche durch die Amtsblätter zur öffentlichen Kenntniß zu bringen.

Hinsichtlich der gerichtlichen Bekanntmachungen werden die Gerichtsbehörden von Seiten des Herrn Justiz-Ministers mit Anweisung versehen werden.

Berlin den 2. Dezember 1846.

Der Minister der geistlichen ꝛc. Angelegenheiten
Eichhorn.

Der Minister des Innern
v. Bodelschwingh.

An
die Königl. Regierung zu N.

Den Gerichts-Behörden wird die vorstehende Verfügung zur gleichmäßigen Beachtung mit dem Bemerken hierdurch bekannt gemacht, daß insbesondere bei den Subhastationen kleiner Grundstücke nach Maßgabe der Verordnung vom 2. Dezember 1837 (Gesetz-Sammlung S. 219) der Anschlag der Subhastations-Patente an die Kirchthüren, wo dies bisher noch üblich gewesen, nicht ferner anzuordnen, vielmehr der Aushang derselben an denjenigen Orten zu veranlassen ist, an welchen die Regierungen die durch Anschlag erfolgenden Bekanntmachungen ihres Ressorts in ihren Verwaltungsbezirken vorschreiben werden.

Berlin den 29. Dezember 1846.

Der Justiz-Minister
Uhden.

An
sämmtliche Gerichtsbehörden.

I. 5259. E. 2. Vol. 2.

XXXIV.

1847.

Gesetze, Verordnungen, Rescripte.

95.

Allgemeine Verfügung vom 5. Januar 1847, — betreffend das Verfahren bei der Insinuation von Ausfertigungen und Verfügungen Preußischer Gerichte an Einwohner des Königreichs Polen.

Hinsichtlich der Insinuation von Ausfertigungen und Verfügungen Preußischer Gerichte an Einwohner des Königreichs Polen besteht nach Maaßgabe des Reskripts vom 26. Juli 1819 (Jahrbücher Bd. 14. S. 19—23) die Einrichtung, daß die diesseitigen Gerichte dergleichen Erlasse an den Königlichen General-Konsul zu Warschau senden, der Letztere solche an die Königl. Polnische Regierungs-Justiz-Kommission befördert und die zurückempfangene Bescheinigung über die durch die Prokuratoren der Königl. Polnischen Justiz-Behörden bewirkte Insinuation demnächst den Preußischen Gerichtsbehörden mit dem Ersuchen übermacht, den Betrag der Insinuationskosten unmittelbar und portofrei dem betreffenden Königl. Polnischen Prokurator zu übersenden.

Da nach einer Mittheilung des Königlichen Ministeriums der auswärtigen Angelegenheiten die Erstattung dieser Kosten von Seiten einzelner Preußischer Gerichtsbehörden bisweilen längere Zeit ausgesetzt, ihre Einsendung auch nicht unmittelbar oder nicht portofrei bewirkt, und dadurch ein vermehrter Schriftwechsel für das Königl. General-Konsulat in Warschau herbeigeführt worden ist, so werden sämmtliche Gerichtsbehörden hierdurch veranlaßt:

künftig in dergleichen Fällen sofort nach Empfang der Insinuations-Dokumente über die im Königreiche Polen ausgehändigten Ausfertigungen und Verfügungen die liquidirten Kosten den betreffenden Prokuratoren der Königl. Polnischen Civil-Tribunale unmittelbar und portofrei zu übersenden, in dem Transmissions-Schreiben auch zugleich die Data und Nummern der Berichte oder Nachweisungen der Prokuratoren, mittelst deren die Kosten reklamirt worden sind, anzuführen und endlich etwaige, in Angelegenheiten dieser Art an das Königl. General-Konsulat zu Warschau gerichtete Schreiben zu frankiren.

Berlin den 5. Januar 1847.

Der Justiz-Minister
Uhden.

An
sämmtliche Gerichtsbehörden.

I. 5212. Requis. 2. Vol. 2.

96.

Verfügung vom 8. Januar 1847, — betreffend die Zahlung und Ueberweisung der Kosten in Untersuchungssachen wegen einfachen Holzdiebstahls.

Nachdem auch Ew. Hochwohlgeboren in dem Berichte vom 17. Juni v. J. mit der von der Regierung zu Trier vorgeschlagenen Einrichtung,

> wegen Zahlung und Verrechnung der in Gemäßheit der Allerhöchsten Kabinets-Ordre vom 10. Dezember 1840 den Gerichtsschreibern und Gerichts-Vollziehern in Untersuchungssachen wegen Holzdiebstahls und wegen Entwendung von Wald-Produkten aus den Staatswaldungen zu gewährenden Gebühren,

sich einverstanden erklärt haben, ist mittelst gemeinschaftlicher, von der 2. Abtheilung des Ministeriums des Königlichen Hauses und den Ministerien der Justiz und der Finanzen an sämmtliche Rheinische Regierungen erlassenen Verfügung bestimmt worden,

> daß vom 1. Januar 1847 ab nicht blos die in Rede stehenden Gebühren, sondern überhaupt alle in Forst- und Jagdfrevel-Sachen aus dem Kriminalkosten-Fond seither gezahlten Gerichtskosten nicht mehr aus diesem Fond vorschußweise gezahlt, und die von den Inkulpaten auf diese

Vorschüsse einzuziehenden Beträge dem Kriminalkosten-Fond wieder zugeführt, sondern daß die diesfälligen Zahlungen auf den Tit. VI. des Forst-Verwaltungs-Etats angewiesen und die darauf wieder einkommenden Beträge in den Spezial-Forst-Geldrechnungen bei Kap. IV. unter dem Abschnitt: „an Gerichtskosten" in Einnahme verrechnet werden sollen.

Gegen die in dem obigen Berichte vorgeschlagene Anordnung wegen Zahlung der vorerwähnten Gebühren durch die Steuerkassen für Rechnung der Forstkassen in den Fällen, wo die Forstkasse sich nicht am Zahlungsorte befindet, ist zwar im Allgemeinen nichts zu erinnern gefunden worden. Da aber von hieraus sich nicht wohl übersehen läßt, ob nicht eine solche Anordnung in einzelnen Fällen eine unverhältnißmäßige Belästigung der Steuerkassen herbeiführen würde, so hat die Entscheidung über eine derartige Einrichtung dem Ermessen der einzelnen betheiligten Regierungen überlassen werden müssen.

Was endlich die Art und Weise der Ueberweisung der Strafgelder und Kosten in Sachen der in Rede stehenden Art betrifft, so ist in dieser Beziehung nach den Anträgen in dem Berichte vom 17. Juni v. J. zu verfahren.

Berlin den 8. Januar 1847.

Der Justiz-Minister
Uhden.

An
den Königl. Herrn General-Prokurator Hochwohlgeboren zu Köln.

I. 5230. Rh. Krim. 7. Vol. 6.

97.

Verfügung vom 12. Januar 1847, — betreffend die Verwendung des Stempels zu den Urkunden der Rheinischen Gerichtsvollzieher.

(Allerh. Kab.-Ordre v. 4. Novbr. 1844, Gesetz-Samml. S. 697 und Rhein. Samml. Bd. 8. S. 371.)

Bei der Ausarbeitung des Entwurfs zu der unterm 17. Juli v. J. publizirten Allerhöchsten Kabinets-Ordre,

in Betreff der Verwendung des Stempels zu den Urkunden der Rheinischen Gerichtsvollzieher, ist von den Ministerien der Justiz und der Finanzen für nothwendig erachtet worden, bei Vorlage der nach Inhalt der Allerhöchsten Kabinets-Ordre vom 4. November 1844 (Ges.-Samml. S. 697) zur Anrechnung kommenden Stempel jeden derselben mit einem besonderen Kassirungs-Stempel bedrucken zu lassen, um dadurch zu verhüten, daß die bereits zur Anrechnung gebrachten Stempel nicht später als verdorbene Stempel nochmals berechnet werden.

Zur vollständigen Erreichung dieses Zweckes ist es erforderlich, daß der Abdruck des Stempels deutlich auf die beschriebenen Theile der Gerichtsvollzieher-Urkunde, und daß er vor und nicht erst nach der geschehenen Anrechnung erfolge.

Ew. Hochwohlgeboren werden veranlaßt, hiernach die nöthige Anweisung an die Gerichts-Sekretaire des Appellationshofes, der Landgerichte, der Handelsgerichte und der Friedensgerichte zu erlassen.

Die erforderlichen Stahlstempel nebst Zubehör sind nach einer Mittheilung des Herrn Finanz-Ministers dem Königlichen Provinzial-Steuer-Direktor zu Köln Behufs der Ueberweisung dieser Stempel an die Gerichtsbehörden bereits übersandt worden.

Berlin den 12. Januar 1847.

Der Justiz-Minister
Uhden.

An
den Königl. Ersten Präsidenten des Appellationsgerichtshofes Herrn Dr. Schwarz
und
den Königlichen General-Prokurator Herrn Geheimen Ober-Justizrath Nicolovius Hochwohlgeboren
zu Köln.

I. 4. Rhein. General. 62. Vol. 7.

98.

Verfügung vom 13. Januar 1847, — betrifft die Anstellung der Telegraphen im Civildienste.

Auf den Bericht vom 30. Dezember v. J. erklärt das Justiz-Ministerium sich mit der darin ausgesprochenen Ansicht, daß den Telegraphen-Beamten in Beziehung auf ihre Anstellung im Civildienst dieselben Rechte wie den versorgungsberechtigten Unteroffizieren zustehen, hierdurch einverstanden.

Berlin den 13. Januar 1847.

Das Justiz-Ministerium.
Ruppenthal.

An
den Königl. General-Prokurator,
Herrn Geheimen Ober-Justiz-Rath
Nicolovius Hochwohlgeboren
zu Köln.

I. 135. Rh. Offiz. Sachen 54.

99.

Verfügung vom 12. Februar 1847, — betreffend die Zusammenstellung der in Untersuchungssachen mit Rücksicht auf die bestehenden Militair-Verhältnisse zu beachtenden Bestimmungen.

Von dem Königlichen Oberlandesgericht zu Paderborn ist

„eine Zusammenstellung der Vorschriften, welche die Civilgerichte in Strafrechtssachen aus Rücksicht auf die Militair-Verhältnisse zu beachten haben,"

entworfen und dem Justiz-Minister mittelst Berichts vom 7. Oktober v. J. eingereicht worden.

Nachdem diese Zusammenstellung nach vorgängiger Kommunikation mit dem Herrn Kriegs-Minister an einzelnen Stellen ergänzt resp. berichtigt worden ist, wird dieselbe den Gerichtsbehörden hierdurch in der Beilage zur Kenntnißnahme mitgetheilt.

Berlin den 12. Februar 1847.

Der Justiz-Minister
Uhden.

I. 5206. L. 10. Vol. 15.

Beilage.

Zusammenstellung der Vorschriften, welche die Civil-Gerichte in Strafrechts-Sachen aus Rücksicht auf die Militair-Verhältnisse zu befolgen haben.

Erster Abschnitt.

Kompetenz-Verhältnisse.

Ueber die Kompetenz-Verhältnisse der Militair- und Civil-Gerichte enthalten die §§. 1—18 Tit. 1 Thl. II des Strafgesetzbuchs für das Heer (Gesetz-Samml. v. 1845 S. 287 flg.) ausführliche Vorschriften. Es sind dort mit Bezug auf die, eine vollständige Klassifikation der Militair-Personen enthaltende Anlage A. dieses Strafgesetzbuchs die Personen aufgeführt, welche der Militair-Gerichtsbarkeit unterworfen sind (§§. 1, 4, 6 u. 8), die Strafsachen, worauf die Militair-Gerichtsbarkeit sich erstreckt (§§. 2 u. 3); es ist der Zeitpunkt angegeben, mit welchem der Militair-Gerichtsstand beginnt (§§. 5 u. 7), desgleichen, in welchem derselbe aufhört (§§. 7, 16, 17).

Die Einzelnheiten anlangend, so sind insbesondere wichtig die Bestimmungen:

a) über die ausnahmsweise Kompetenz der Civil-Gerichte zur Untersuchung und Entscheidung der von Personen des Dienststandes verübten Kontraventionen gegen Finanz- und Polizei-Gesetze und gegen Jagd- und Fischerei-Verordnungen (§. 3), zu welchen Vergehen jedoch der Holzdiebstahl und die Kontraventionen gegen militairpolizeiliche Vorschriften nicht zu rechnen sind;

   Just. Minist. Reskr. vom 30. Juli 1838 (Jahrb. Bd. 51 S. 441).

b) über den Einfluß, welchen die Beurlaubung auf bestimmte Zeit und die einstweilige Beschäftigung im Civil-Staatsdienst oder im Kommunaldienst auf den Militair-Gerichtsstand äußern (§. 4);

c) über die Fälle, in welchen die Personen des Beurlaubtenstandes, welche letztere in Strafsachen den Civil-Gerichten in der Regel unterworfen sind, ausnahmsweise unter der Militair-Gerichtsbarkeit stehen (§§. 6—8);

d) über das Verfahren, wenn Verbrechen, welche Militairpersonen vor Eintritt in den Dienststand verübt haben, erst später bei den Militair-Behörden zur Sprache kommen und

   a) von den Civil-Gerichten noch keine Untersuchung eingeleitet,

b) diese bereits eingeleitet, aber noch nicht erkannt, oder

c) das Erkenntniß bereits ergangen war (§§. 9—12), und umgekehrt über das Verfahren, wenn wegen eines während des Dienststandes verübten Verbrechens zur Zeit des Uebertritts in den Beurlaubtenstand noch die Untersuchung anhängig ist, oder wenn ein während des Dienststandes verübtes Verbrechen erst nach dem Uebertritt in den Beurlaubtenstand, oder nach gänzlichem Ausscheiden aus den Militair-Verhältnissen zur Sprache kommt (§§. 14, 15, 17) *);

e) über Aussetzung der Untersuchung und Strafvollstreckung gegen Personen des Beurlaubtenstandes, welche zum Kriege, zu einer außerordentlichen Zusammenziehung der Truppen oder zu größeren Uebungen einberufen sind (§. 13).

Der Unterschied zwischen militairischen und gemeinen Verbrechen, worauf in den obigen Gesetzstellen häufig verwiesen wird, ist aus dem §. 192 Thl. I. des Militair-Strafgesetzbuchs zu ersehen.

Zweiter Abschnitt.

Vorschriften, welche die Civil-Gerichte zu befolgen haben, wenn die Untersuchung vor die Militair-Gerichte gehört, oder Militair-Personen dabei betheiligt sind.

1) In Absicht der Erhebung des Thatbestandes und der vorläufigen Verhaftung ist auf die Vorschriften im §. 216 der Kriminal-Ordnung und §§. 27, 39, 40, 41 u. flg., §§. 91—94 Thl. II. des Militair-Strafgesetzbuchs, so wie auf die in der Anlage B. dieses Gesetzbuchs enthaltenen Bestimmungen, ferner auf das Reskript des Kriegs-Ministeriums v. 7. November 1818 (Milit. Ges.-Samml. S. 147) und die Justiz-Minist.-Reskripte vom 21. Juli 1828 (Jahrb. Bd. 32 S. 92), v. 20. Mai 1830 (Jahrb. Bd. 35 S. 290) und v. 11. Juni 1835 (Jahrb. Bd. 45 S. 542) Rücksicht zu nehmen.

---

*) Wenn Militair-Personen des Beurlaubtenstandes, welche zu militairischer Festungsstrafe verurtheilt sind, zur Zeit ihrer definitiven Einstellung in eine Festungs-Straffection bei einem Civil-Gericht sich in Untersuchung befinden, so ist hinsichtlich der Fortführung dieser Untersuchung und der Abfassung des Erkenntnisses nach den Vorschriften der Allerh. Ordre vom 28. August 1836 (Gesetzsamml. S. 228) zu verfahren.

2) Bei Requisitionen der Militair-Gerichte und Militair-Behörden
   I. im Laufe der Untersuchung sind
      a) die Fälle anlangend, in welchen Requisitionen stattfinden, die §§. 27, 39, 40, 41, 48, 94, 246 Thl. II. des Militair-Strafgesetzbuchs, §. 39 der Verordnung vom 21. Oktober 1841 (Gesetzsammlung S. 325), und die Gensd'armerie insbesondere angehend, das Justiz-Minist.-Reskript v. 22. Februar 1822 (Jahrb. Bd. 19 S. 200) zu vergleichen.
      b) das Verfahren betreffend, wenn die Civil-Gerichte Untersuchungen gegen Militair-Personen, ganz oder theilweise auf Requisition eines Militair-Gerichts oder einer Militair-Behörde führen, die §§. 51, 83, 84, 110, 111, 113—121, 176, 177, 218, 219, 223, 225, 231, 279 Thl. II. des Militair-Strafgesetzbuchs, so weit die Verfassung der Civil-Gerichte es gestattet, zu befolgen;
   II. bei Requisitionen zu Strafvollstreckungen die §§. 177, 183, 184, 185, 186, 187, 192 Thl. II. des Militair-Strafgesetzbuchs und die §§. 38 u. 39 der Verordnung vom 21. Oktober 1841, so wie
   III. in Bezug auf den Kostenpunkt die §§. 273 flg. Thl. II. des Militair-Strafgesetzbuchs und das Reskript des Justiz-Ministeriums v. 12. Juli 1845 (Just.-Minist.-Bl. S. 156) zu berücksichtigen.

3) Ueber das Verfahren, wenn Verbrechen von Militair- und Civil-Personen gemeinschaftlich verübt, oder wenn zwischen Militair- und Civil-Personen wechselseitige Beleidigungen oder Thätlichkeiten vorgefallen sind, bestimmen die §§. 52, 53, 232, 233, 237, 277 a. a. O. und der §. 79 der Kriminal-Ordnung.

4) Ueber das Verfahren, wenn gegen eine Civil-Person auf Antrag einer Militair-Person wegen Beleidigungen eine Untersuchung eingeleitet ist, finden sich Vorschriften in den §§. 235, 236, 237 Thl. II. des Militair-Strafgesetzbuchs und der Allerhöchsten Ordre vom 1. März 1844 (Gesetzsamml. S. 69), so wie in den darin angezogenen Verordnungen.

5) Rücksichtlich des Kostenpunkts, sofern eine Civil-Person während einer wider sie anhängigen Untersuchung den Militair-Gerichtsstand und dadurch die Kostenfreiheit erlangt, entscheidet der §. 276 Thl. II. des Militair-Strafgesetzbuchs und die Verordnung vom 17. Februar 1838 (Gesetzsamml. S. 193).

Dritter Abschnitt.

Vorschriften, welche die Civil-Gerichte zu befolgen haben, wenn bei ihnen Untersuchungen gegen Personen anhängig werden, welche im militairpflichtigen Alter stehen, oder welche dem Militairverbande angehören, oder diesem früher angehört haben.

I. Vorschriften, die bei und nach Eröffnung der Untersuchung zu beachten sind.

Sobald eine Person zur Untersuchung gezogen wird, welche das militairpflichtige Alter erreicht hat, so ist ungesäumt der Kreis-Landrath von der Eröffnung der Untersuchung zu benachrichtigen.

Die Versäumniß dieser Anzeige wird unnachsichtlich mit Ordnungs-Strafe gerügt.

Justiz-Ministerial-Reskript v. 17. Septbr. 1819 (Jahrb. Bd. 14. S. 16)
" " " " 12. August 1825 (Jahrb. Bd. 26. S. 221)
" " " " 26. August 1831 (Jahrb. Bd. 38 S. 138)
" " " " 24. Mai 1833 (Jahrb. Bd. 41 S. 562)
" " " " 18. August 1834 (Jahrb. Bd. 44 S. 138)
" " " " 16. Dezbr. 1839 (Justiz-Min.-Bl. v. 1840 S. 18)
" " " " 15. Juni 1841 (Just.-Minister.-Bl. S. 217).

Sodann ist nach Einleitung der Untersuchung, allenfalls durch Korrespondenz mit den betreffenden Behörden, zu ermitteln, ob der Angeschuldigte zu den Militair-Personen des Beurlaubtenstandes (Reserve, Landwehr) gehört. Ergiebt sich dies, so muß von der Militair-Behörde, unter Benachrichtigung von der Einleitung der Untersuchung, das Nationale eingefordert und zu den Akten genommen werden. Es genügt nicht, wenn das Nationale in älteren Untersuchungs-Akten sich befindet, weil in Bezug auf die Militair-Verhältnisse Aenderungen eingetreten sein können, die bei Abfassung des Erkenntnisses von der erheblichsten Bedeutung sind.

Cirk. Resk. des Justiz-Minist. v. 2. August 1824 (Jahrb. Bd. 24 S. 159)

Publikandum des Oberlandesgerichts v. 14. Novbr. 1834 (Paderbornsches Intelligenz-Blatt Num. 94).

Publikandum des Oberlandesgerichts v. 3. April 1829 (Paderbornsches Intelligenz-Blatt Num. 30).

Wird ein beurlaubter Landwehr-Offizier oder ein im landwehrpflichtigen Alter befindlicher, mit dem Vorbehalt der Dienstpflicht aus dem stehenden Heere ausgeschiedener Offizier zur Untersuchung gezogen, so muß nicht allein hiervon der vorgesetzten Militair-Behörde, unter Angabe der Verdachtsgründe, Nachricht ertheilt, sondern es muß derselben auch über die Lage der Untersuchung besondere Mittheilung gemacht werden, sobald die im §. 218 der Kriminal-Ordnung vorgeschriebenen Bedingungen vorhanden sind.

Justiz-Ministerial-Reskript vom 24. Juni 1830 (Jahrb. Bd. 35 S. 288)
" " " " 21. Juni 1836 (Jahrb. Bd. 47 S. 612).

Diese Offiziere haben in Strafsachen den eximirten Gerchitsstand —

Landwehr-Ordnung v. 21. November 1815 §. 75 (Gesetzsamml. v. 1816 S. 77)
Cirkular-Reskript des Justiz-Minist. v. 2. August 1824 (Jahrb. Bd. 24 S. 159)
und Instruktion für die Inspektoren der Landwehr vom 10. Dezember 1816 §. 21,

welcher eximirte Gerichtsstand auch den verabschiedeten Offizieren der Linie und Landwehr zusteht.

Justiz-Ministerial-Reskript v. 25. Oktober 1814 (Jahrb. Bd. 4 S. 240).

Wird nachgewiesen, daß der Angeschuldigte aus dem Militair-Verbande bereits entlassen ist, so bedarf es noch der Feststellung, ob derselbe in dem stehenden Heere oder in der Landwehr als Offizier oder Unteroffizier oder als Beamter eine Charge bekleidet hat, weil noch auf Verlust der Diensttitel u. s. w. erkannt werden kann.

Allerh. Ordres v. 21. November 1829 (Gesetzsamml. von 1830 S. 2) und v. 23. April 1842 (Gesetzsamml. S. 191)
Justiz-Ministerial-Reskript v. 13. November 1841 (Justiz-Ministerial-Blatt S. 354)
Militair-Strafgesetzbuch Thl. I. §§. 50 flg. §§. 83 flg.

Endlich ist zu ermitteln, ob der Angeklagte eine Militair-Pension oder ein Militair-Gnadengehalt bezieht, oder in der letzteren Beziehung verfassungsmäßig ihm Ansprüche zustehen, ob er im Besitz eines Civil-Versorgungsscheins oder von Orden und Ehrenzeichen sich befindet.

Allerh. Ordre v. 17. März 1829 (Gesetzsamml. S. 42)
" " " 25. April 1835 (" " " 46)

Allerh. Ordre v. 12. Novbr. 1836 (Gesetzsamml. S. 317)
= = = 6. Oktbr. 1837 (= = = 153)
= = = 24. = 1838 (= = v. 1839 S. 1.)

Der Civil-Versorgungsschein, Verleihungs- und Besitzzeugnisse über Orden und Ehrenzeichen sind abzufordern. Der erstere ist dem Kriegs-Ministerium einzureichen.

Staats-Ministerial-Beschluß v. 20. Januar 1819 und Justiz-Minist.-Reskript v. 9. März 1829 (Jahrb. Bd. 33 S. 136)

Justiz-Ministerial-Reskript vom 30. Juli 1827 (Jahrb. Bd. 30 S. 391)
= = = = 7. Mai 1829 (Jahrb. Bd. 33 S. 345).

Wird gegen einen Militair-Invaliden eine Untersuchung anhängig, so muß in jedem Falle bei der Königlichen Regierung angefragt werden, ob derselbe zum Gnadengehalt berechtigt sei.

Allerh. Ordre vom 24. Oktober 1838 (Gesetzsamml. v. 1839 S. 1).

Ueber das Verfahren, wenn Militairpersonen des Dienststandes, wohin auch die Reserve- und Landwehr-Mannschaft, während sie im aktiven Dienste sich befindet, zu rechnen ist, als Zeugen zu vernehmen sind, bestimmen Kriminal-Ordnung §. 352, Justiz-Ministerial-Reskript vom 21. August 1816 (Jahrb. Bd. 8 S. 16) vom 15. März 1833 (Jahrb. Bd. 41 S. 278) und Anhang zur Prozeß-Ordnung §§. 54 und 55.

Ein Angeschuldigter, welcher zum Beurlaubtenstande gehört und in die 2te Klasse des Soldatenstandes noch nicht versetzt ist, darf während der Untersuchung niemals gezüchtigt werden.

In den Fällen §. 292 flg. Kriminal-Ordnung, tritt an die Stelle der körperlichen Züchtigung nach Anleitung des §. 296 a. a. O. Entziehung der besseren Kost, einsames Gefängniß oder eine ähnliche Maaßregel.

Kriegs-Artikel, Art. 5.
Verordnung vom 27. Juni 1844, §. 73.
Militair-Strafgesetzbuch Thl. I. §. 31.

Von der vorläufigen Abführung einer Militair-Person des Beurlaubtenstandes zur Strafanstalt ist die Militair-Behörde zu benachrichtigen.

Verordnung vom 22. Februar 1823, §. 9.
Justiz-Minist.-Reskripte v. 18. September 1826 (Jahrb. Bd. 28 S. 114) und v. 22. Mai 1818 (Jahrb. Bd. 11 S. 246), vergl. unt. IV. Num. 2 u. 3.

II. Vorschriften, die bei Abfassung des Erkenntnisses zu befolgen sind.

Durch die Verordnung vom 22. Februar 1823 (Gesetzsamml. S. 31) sind die Civil-Gerichte ermächtigt, gegen Militair-Personen des Beurlaubtenstandes unmittelbar auf die militairischen Strafen zu erkennen. Das Gesetz hat einestheils verschiedene Abänderungen und Ergänzungen erlitten, anderntheils ist der dadurch begründete Rechtszustand abgeändert in Folge der Allerhöchsten Ordre vom 27. Juni 1844, betreffend die Publikation und Einführung der neuen Kriegs-Artikel, so wie des Strafgesetzbuchs für das Heer, welche beide die Bestimmung enthalten:

„In soweit nach den allgemeinen Landesgesetzen oder besonderen Verordnungen die Berücksichtigung der Militairgesetze bei Bestrafung der Militair-Personen des Beurlaubtenstandes eintreten soll, seien nunmehr die neueren Gesetze (die neuen Kriegs-Artikel nebst der Verordnung über deren Anwendung und das Strafgesetzbuch für das Heer) zu beachten."

Allerh. Ordre v. 27. Juni 1844 (Gesetzsamml. S. 275)
Strafgesetzbuch für das Heer, Einleitung §. 6.

Hierbei ist im Allgemeinen noch zu berücksichtigen, daß die für Unteroffiziere geltenden Strafgesetze nicht blos auf diese Personen, sondern auch auf sämmtliche im Range der Unteroffiziere stehenden Militair-Personen des Soldatenstandes, welche in der Anlage A. des Militair-Strafgesetzbuchs verzeichnet sind, Anwendung finden, und daß die Strafbestimmungen für Gemeine auch für alle übrigen dort namhaft gemachten, im Range der Gemeinen stehenden Militair-Personen des Soldatenstandes gelten.

Die einzelnen zu berücksichtigenden Punkte sind:

1. Ausstoßung aus dem Soldatenstande.

Die Strafe findet gegen Gemeine und Unteroffiziere des Beurlaubtenstandes statt.

Militair-Strafgesetzbuch Thl. I. §. 42 und
Verordnung vom 27. Juni 1844 über Anwendung der Kriegs-Artikel §. 20 (Gesetzsamml. S. 286).

Gegen einen Unteroffizier muß bei der Ausstoßung aus dem Soldatenstande nothwendig zugleich auf Degradation zum Gemeinen erkannt werden.

(Vergleiche die vorigen Citate).

Mit der Ausstoßung aus dem Soldatenstande ist zugleich ausdrücklich zu erkennen auf den Verlust

a) des Adels,
b) der National-Kokarde, so wie der aberkennungsfähigen (vergl. unt. Num. 6) Ehrenzeichen und
c) aller Ehrenrechte.

Sie hat außerdem den Verlust der bekleideten Charge und

der damit verbundenen Rechte und Auszeichnungen, so wie aller durch den Dienst erworbenen Ansprüche und die Unfähigkeit, im Staats- oder Kommunal-Dienste ein Amt oder eine Ehrenstelle zu bekleiden, zur unmittelbaren Folge, ohne daß darauf ausdrücklich erkannt zu werden braucht.

Auch wird auf die in den älteren Kriegs-Artikeln vorgeschriebene Unfähigkeit zum Erwerbe des Bürgerrechts oder des Besitzes von Grundstücken nicht mehr erkannt.

Die Strafe tritt übrigens nur ein, wo die Militair-Gesetze sie androhen. Die gemeinen (nicht militairischen, vergl. §. 192 Thl. I. des Militair-Strafgesetzbuchs) Verbrechen, wodurch die Ausstoßung verwirkt ist, sind:

A. der dritte, oder unter Umständen auch schon der zweite Diebstahl, nämlich:

a) der dritte gemeine Diebstahl, ohne Unterschied zwischen großen und kleinen,
b) der zweite Diebstahl unter erschwerenden Umständen,
c) der zweite gewaltsame Diebstahl,
d) der große gemeine Diebstahl oder der Diebstahl unter erschwerenden Umständen, wenn die Strafe des gewaltsamen Diebstahls vorausgegangen ist,
e) der gewaltsame Diebstahl, wenn die Strafe des großen gemeinen oder des Diebstahls unter erschwerenden Umständen vorausging.

Nach den Militairgesetzen wird mit den Strafen des Diebstahls unter erschwerenden Umständen belegt, welcher

a) Gegenstände aus Lazarethen, Montirungs-Kammern, Magazinen und Werkstätten der Truppen entwendet;
b) seinen Kameraden, dem mit ihm aus dienstlicher Veranlassung ein gemeinschaftlicher Aufenthaltsort angewiesen ist, bestiehlt;
c) der Entwendung an Sachen des Offiziers, zu welchem er als Ordonnanz oder als Bursche kommandirt ist, sich schuldig macht;
d) seinen Quartierwirth oder zu dessen Hausstande gehörige Personen bestiehlt;
e) einen Diebstahl an der Habe der seiner Aufsicht anvertrauten Verhafteten oder Kriegsgefangenen verübt;
f) zur Nachtzeit, worunter die Zeit von einer Stunde nach Sonnenuntergang bis zu einer Stunde vor Sonnenaufgang zu verstehen ist, einen Diebstahl begeht;
g) im Wachdienst die seiner Bewachung anvertrauten Sachen stiehlt;
h) eines solchen Diebstahls sich schuldig macht, welchen die allgemeinen Landesgesetze als Diebstahl unter erschweren-

den Umständen ausdrücklich bezeichnen, oder hinsichtlich der Strafbarkeit gleichstellen.

Zu bemerken ist indeß, daß auf Ausstoßung wegen wiederholten Diebstahls nur erkannt werden kann, wenn wider den Angeschuldigten vor der Verübung des zu bestrafenden Diebstahls wegen Verübung des früheren Diebstahls oder der früheren Diebstähle auf die ordentliche Strafe bereits rechtskräftig erkannt war, indem die nach den Militairgesetzen eintretende Strafe des Rückfalls überhaupt voraussetzt, daß vor der Verübung des zweiten wegen des ersten Vergehens auf die ordentliche Strafe bereits rechtskräftig erkannt worden ist.

B. Jedes gemeine Verbrechen, welches einen Mangel an ehrliebender Gesinnung verräth, wenn das Verbrechen in den allgemeinen Landesgesetzen mit einer Freiheitsstrafe von 10 Jahren und darüber oder mit schimpflicher Ausstellung oder mit Staupenschlag (Brandmarkung) bedroht ist *).

C. Jedes gemeine Verbrechen, wegen dessen die Todesstrafe verhängt wird.

Neben der Ausstoßung wird bei etwaiger Verwirkung einer Freiheitsstrafe stets auf bürgerliche Freiheitsstrafe erkannt.

Ob im Falle der außerordentlichen Bestrafung auf Ausstoßung erkannt werden dürfe, ist nicht ausdrücklich entschieden. Das General-Auditoriat, welches früher die Frage verneinte (vergl. Fleck, Kriegs-Artikel S. 113 und Kriminal-Ordnung §. 408) hat in neuerer Zeit auf Grund der Allerhöchsten Ordre vom 27. September 1845 (Gesetzsamml. S. 677) in Verbindung mit §. 44 Thl. I. des Militair-Strafgesetzbuchs für ihre Bejahung sich bestimmt.

2. Entlassung aus dem Soldatenstande (Militair-Verhältnisse).

Darauf muß gegen Unteroffiziere und gemeine Soldaten des Beurlaubtenstandes erkannt werden, wenn dieselben wegen gemeiner Verbrechen mit einer Freiheitsstrafe belegt werden, deren Dauer über 10 Jahre oder über die Dienstpflicht des zu Bestrafenden im zweiten Aufgebot der Landwehr (d. h. also in der Regel über das 39ste Lebensjahr) hinaus geht, sofern nicht Ausstoßung aus dem Soldatenstande verwirkt sein sollte. Auch neben dieser Strafe ist stets auf bürgerliche Freiheitsstrafe zu erkennen. Gehört der zu Bestrafende zu den Unter-

*) Wird wegen Meineides nicht auf schimpfliche Ausstellung, sondern auf öffentliche Bekanntmachung (als meineidiger Betrüger) erkannt, so muß, in Folge einer Allerhöchsten Ordre v. 21. August 1839, ebenfalls die Ausstoßung aus dem Soldatenstande eintreten.

offizieren, so ist mit dieser Straf-Degradation in den unter Nr. 7 bezeichneten Fällen verbunden.

Verordnung vom 22. Februar 1823 §. 3.
Allerhöchste Ordres vom 30. Juli 1832 (Gesetzsamml. S. 205) und 11. April 1839 (Gesetzsamml. S. 205)
Verordnung vom 27. Juni 1844 §. 75.
Militair-Strafgesetzbuch Thl. I. §. 57.

3. Versetzung in die zweite Klasse des Soldatenstandes.

Auf Versetzung in die zweite Klasse des Soldatenstandes darf gegen Gemeine und Unteroffiziere des Beurlaubtenstandes erkannt werden, jedoch gegen Unteroffiziere nur bei gleichzeitiger Degradation. Wird auf Versetzung in die zweite Klasse erkannt, so muß nothwendig zugleich der Verlust der National-Kokarde und des National-Militair-Abzeichens, so wie der Kriegsdenkmünze, überhaupt aller aberkennungsfähigen (vergl. unt. No. 6) Ehrenzeichen ausgesprochen werden. Sie findet bei gemeinen Verbrechen statt:

A. in den Fällen, wo die Kriegsartikel sie androhen,
a) beim Diebstahl jeder Art;
b) bei der Fälschung von Legitimations-Urkunden, wenn das Verbrechen einen Mangel an ehrliebender Gesinnung verräth;
c) bei jedem anderen, einen Mangel an ehrliebender Gesinnung verrathenden Verbrechen;

B. in allen Fällen, in welchen nach den allgemeinen Landesgesetzen die National-Kokarde verwirkt ist;

C. bei Verbrechen, welche, von Beamten begangen, die Kassation, verbunden mit Unfähigkeit zur Bekleidung öffentlicher Aemter, nach den allgemeinen Landesgesetzen zur Folge haben.

Wer in der zweiten Klasse sich befindet, kann die erworbenen Versorgungs-Ansprüche nicht geltend machen,

Allerh. Ordre v. 13. Oktober 1824 (Gesetzsamml. S. 213)
= = = 26. August 1825 (= = = 192)
= = = 11 April 1839 (= = = 205)
= = = 14. Juli 1841 (= = = 233)
Verordnung vom 27. Juni 1844 §§. 18, 65.
Kriegs-Artikel, Art. 60—63.
Militair-Strafgesetzbuch Thl. I. §§. 38 flg., §. 60.

Die Versetzung in die zweite Klasse als bloße Nebenstrafe steht der Kompetenz der Untergerichte niemals entgegen.

Justiz-Minist.-Reskript vom 1. September 1827 (Jahrb. Bd. 28 S. 122).

Nach den Kriegsartikeln muß wegen Diebstahls auch bei außerordentlicher Bestrafung die Versetzung in die zweite Klasse erfolgen; —

Kriegs-Art. l. c. in Verbindung mit §. 65 der Verordnung vom 27. Juni 1844 —

nach den allgemeinen Landesgesetzen muß auf Verlust der National-Kokarde, mithin auch auf Versetzung in die zweite Klasse im Falle der außerordentlichen Bestrafung mindestens dann erkannt werden, wenn der Angeschuldigte wegen eines entehrenden Verbrechens zur Festungs- oder Zuchthausstrafe verurtheilt wird.

Verordnung vom 22. Februar 1833 (Gesetzsamml. S. 22), Deklaration vom 30. September 1813 und Allerh. Ordre vom 28. März 1816 (Samml. der Verordn. S. 14).

Endlich wird nach den allgemeinen Landesgesetzen ein Beamter, der auch nur außerordentlich zur Zuchthausstrafe oder Festungsarbeit verurtheilt wird, zugleich kassirt, so wie die Kassation überhaupt wegen eines von Mangel an ehrliebender Gesinnung zeugenden Verbrechens schon im Wege der außerordentlichen Bestrafung verhängt werden soll.

Allerhöchste Ordre vom 5. November 1843 (Gesetzsamml. S. 338) und 26. September 1845 (Gesetzsamml. S. 677).

Hiernach scheint es keinem Bedenken zu unterliegen, auf Versetzung in die zweite Klasse in allen dazu angethanen Fällen auch bei außerordentlicher Bestrafung zu erkennen.

Ueber die Zurückversetzung in die erste Klasse uud deren Folgen vergl. §. 39 Thl. I. des Militair-Strafgesetzbuchs. Allerhöchste Ordres vom 5. Februar, 18. März und 12. Mai 1839 (Justiz-Minist.-Blatt S. 207); Allgem. Verfügung des Ministers des Innern vom 25. Oktober 1845 (Ministerial-Blatt der innern Verwaltung S. 347).

4. Körperliche Züchtigung.

Gegen Militairpersonen des Beurlaubtenstandes darf körperliche Züchtigung nur bei gleichzeitig eintretender oder nach bereits erfolgter Versetzung in die 2. Klasse des Soldatenstandes verhängt und selbst dann darauf blos bei der Verurtheilung znr ordentlichen Strafe wegen solcher Verbrechen erkannt werden, welche mit körperlicher Züchtigung im Gesetze ausdrücklich bedroht sind *).

---

*) Da die Unteroffiziere nicht zur untersten Volksklasse gehören, so bleibt es in den Fällen, in welchen dieselben die Degradation zum Gemeinen zweiter Klasse und körperlicher Züchtigung ver-

Die desfallsigen gemeinen Verbrechen sind:

a) der wiederholte Diebstahl, der Diebstahl unter erschwerenden Umständen und der gewaltsame Diebstahl;

b) jedes andere Verbrechen, welches die allgemeinen Landesgesetze mit körperlicher Züchtigung bedrohen, vorausgesetzt, daß Versetzung in die 2. Klasse bereits eingetreten ist, oder gleichzeitig erfolgt.

Ueber wiederholten Diebstahl und Diebstahl unter erschwerenden Umständen vergl. oben unter Num. 1.

Kriegsartikel, Art. 5, 60, 61.

Verordnung vom 27. Juni 1844 §§. 18, 21, 22, 60—71, 73.

Militair-Strafgesetzbuch, Einleitung §. 2 Thl. I. §§. 31, 33, 192

Justiz-Minist.-Reskript vom 14. Oktober 1831 (Jahrb. Bd. 38 S. 435).

Durch die Allerhöchste Ordre vom 11. April 1839 (Gesetzsamml. S. 205) ist angeordnet, daß die körperliche Züchtigung auf dieselbe Weise gegen Militairpersonen des Beurlaubtenstandes wie gegen andere Verurtheilte des Civilstandes zu vollstrekken sei, demgemäß die Civilgerichte die Vorschriften des Militairrechts über Vollstreckung der körperlichen Züchtigung nicht mehr zu berücksichtigen haben. Die bezüglichen Vorschriften des Militairrechts gelangen aber noch zur Anwendung, wenn gegen eine Militairperson des Beurlaubtenstandes, weil die Anordnungen der Allerh. Ordre vom 11. April 1839 in ihrem vollen Umfange noch nicht zur Ausführung gediehen sind, neben der körperlichen Züchtigung noch auf Festungsstrafe erkannt ist (vergl. unt. Num. 5). In solchen Fällen wird noch jetzt nach Maaßgabe des Militairrechts auf Stockhiebe (nicht auf Peitschenhiebe) erkannt und die Vollstreckung dieser Strafe der Militairbehörde überlassen.

Verordnung vom 22. Februar 1823 §. 1.

Cirkular-Verfügung des Justiz-Ministers vom 2. August 1824. II. 13.

Allerhöchste Ordre vom 11. April 1839 (Kriegs-Artikel, Art. 5).

---

wirkt haben, dem richterlichen Ermessen überlassen, bei der Verurtheilung zur Degradation, der außerdem verwirkten körperlichen Züchtigung eine verhältnißmäßige Freiheitsstrafe zu substituiren (vergl. Justiz-Ministerial-Reskript vom 23. Mai 1812, Jahrb. Bd. 1 S. 6). Die Militairgerichte pflegen übrigens Unteroffiziere in den vorgedachten Fällen zur körperlichen Züchtigung zu verurtheilen, welche Strafe dieselben alsdann, nach vorheriger Degradation, als Gemeine der 2. Klasse erleiden.

Verordnung vom 27. Juni 1844, §§. 21, 22.
Militair-Strafgesetzbuch Thl. I, §§. 31—33.

Nach den Militairgesetzen ist die geringste Zahl der zu verhängenden Stockschläge 10 und die höchste 40; 20 Stockschläge sind einer Gefängnißstrafe von 4 Wochen gleich gesetzt.

Verordnung vom 27. Juni 1844 §§. 21, 22, 31, 74.
Militair-Strafgesetzbuch I. §§. 31—33, 64, 66.

Ein von dem ersten Richter darin begangenes Versehen, daß auf Peitschenhiebe statt auf Stockhiebe erkannt ist, wird von dem zweiten Richter beseitigt, ohne daß ein neues Erkenntniß des ersten Richters erforderlich wäre. Ist das Erkenntniß rechtskräftig geworden, so muß der erste Richter von Neuem erkennen, gegen welches Erkenntniß das Rechtsmittel der weiteren Vertheidigung stattfindet.

Justiz-Minist.-Reskript v. 7. April 1823 (v. Kamptzs Jahrb. Bd. 21 S. 300).

Ist gegen eine Militairperson des Beurlaubtenstandes rechtskräftig auf körperliche Züchtigung erkannt, so darf diese nicht vollstreckt werden, sobald der Verurtheilte die Restitution nachsucht.

Militair-Strafgesetzbuch II. §. 263.

5. Freiheitsstrafe.

Nachdem die Allerhöchste Ordre vom 11. April 1839 die Bestimmung der Verordnung vom 22. Februar 1823, wonach gegen Militairpersonen des Beurlaubtenstandes statt der in den allgemeinen Landesgesetzen bestimmten Zuchthaus-, Festungs- und Zwangsarbeitsstrafen auf Einstellung in eine Strafabtheilung zu erkennen war, aufgehoben; so ist nunmehr auch gegen jene Personen auf die in den Civilstrafgesetzen bestimmten Freiheitsstrafen zu erkennen, jede Freiheitsstrafe jedoch, deren Dauer drei Monate nicht übersteigt, als Gefängnißstrafe festzusetzen, bei welcher Festsetzung das Verhältniß der Gefängnißstrafe zu den härteren Freiheitsstrafen nach Anleitung §§. 62 u. flg. Thl. I. des Militair-Strafgesetzbuchs und §. 74 Verordnung vom 27. Juni 1844 nicht berücksichtigt werden darf; so daß also in diesen Fällen die härtere Freiheitsstrafe in Gefängnißstrafe von gleicher Dauer verwandelt werden muß.

Allerh. Ordre vom 28. Mai 1846 (Gesetzsamml. S. 236).

Diese Freiheitsstrafen sind in den gewöhnlichen Civil-Strafanstalten zu vollziehen.

Jene Bestimmung der Allerh. Ordre vom 11. April 1839 hat indeß in unserm Departement bisher nur insoweit zur Ausführung gebracht werden können, als die Ablieferung der Sträflinge in die Strafanstalt zu Herford möglich ist, also nur bei Angeschuldigten der evangelischen Konfession, da nur solche in die Strafanstalt zu Herford aufgenommen werden; rücksichtlich der katholischen und jüdischen Sträflinge bleibt die Allerh. Ordre vom 11. April 1839 zur Zeit noch außer Anwendung. In Betreff derselben sind die älteren Vorschriften mit der Maaßgabe zu befolgen, daß eine Freiheitsstrafe bis zu drei Monaten stets als Gefängnißstrafe von gleicher Dauer festzusetzen ist.

Allerh. Ordre v. 11. April 1839 (Gesetzsamml. S. 205)
Justiz-Minist.-Reskript v. 27. Juli 1839 (Justiz-Minist.-Blatt S. 284)
Reskript der Ministerien der Justiz, des Innern und des Krieges vom 1. Oktober 1839 (Amts-Blatt der Königl. Regierung zu Minden S. 395).

Bei Anwendung der Verordnung vom 22. Februar 1823 ist zu beachten:

a) Wenn die allgemeinen Landesgesetze Zuchthaus-, Festungs- und Zwangsarbeitsstrafen androhen, so muß auf Einstellung in eine Strafabtheilung von verhältnißmäßiger Dauer erkannt werden, so zwar, daß Ein Jahr Festungsstrafe eine Zuchthausstrafe von 8 Monaten vertritt.
Verordn. vom 22. Februar 1823 §. 1 und Cirkular-Reskript vom 2. August 1824 II b.
Verordn. vom 27. Juni 1844 §. 72.
Militair-Strafgesetzbuch I. §. 5, 6, 55, 66, 68.

b) die Civilgerichte sind nicht befugt, auf die militairischen Strafen des strengen und mittleren Arrestes oder auf Entlassung aus der Landwehr (verschieden von der Ausstoßung oder Entlassung aus dem Militairverhältnisse) zu erkennen.
Cirkular-Reskript vom 2. August 1824 II. 9 u. 12.
Justiz-Minist.-Reskript v. 9. September 1817 (Jahrb. Bd. 10 S. 35).

c) Neben der Einstellung in eine Strafabtheilung kann auch in den dazu angethanen Fällen auf Detention bis zur Besserung oder bis zum Nachweis des ehrlichen Erwerbs erkannt werden. Die Detention geschieht bei der Strafabtheilung.
Cirkular-Reskript vom 2. August 1824 II. Nr. 7 und Justiz-Ministerial-Reskript vom 16. August 1817 (v. Kamptz Jahrb. Bd. 10 S. 34) und 4. April 1836 (Bd. 46 S. 641).

d) Die Einstellung in eine Strafabtheilung ist nicht nothwendig mit Versetzung in die 2. Klasse verbunden.
Vergl. Justiz-Ministerial-Reskript vom 9. Juli 1835 (v. Kamptz Jahrb. Bd. 46 S. 168).

e) Bei Ausstoßung aus dem Soldatenstande oder Entlassung aus dem Militair-Verhältnisse wird stets auf bürgerliche Freiheitsstrafe erkannt.

Siehe ob. Nr. 1 und 2.

f) Wird der Verurtheilte vor der Strafvollstreckung aus dem Militairverbande entlassen, so hat der erste Richter die Strafe mit Vorbehalt des Rechtsmittels durch Erkenntniß in bürgerliche Strafe zu verwandeln.

Justiz-Ministerial-Reskript vom 15. Dezember 1834 (v. Kamptz Jahrb. Bd. 44 S. 441) vom 19. Mai 1837 (v. Kamptz Jahrb. Bd. 49 S. 529) und 22. April 1843 (Justiz-Minist.-Blatt S. 123).

g) Hat der erste Richter aus Versehen auf Zuchthausstrafe und dergl. erkannt, so geschieht die Substitution der Festungsstrafe von dem zweiten Richter, ohne daß der erste Richter von Neuem zu erkennen braucht. Ist die irrige Entscheidung rechtskräftig geworden, so muß der erste Richter mit Vorbehalt des Rechtsmittels von Neuem erkennen.

Dasselbe gilt von dem umgekehrten Falle, wenn aus Versehen auf die militairischen Strafen statt auf die bürgerlichen erkannt ist.

Justiz-Minist.-Reskr. v. 7. April 1823 (v. Kamptz Jahrb. Bd. 21 S. 300) u. 22. April 1843 (Justiz-Minist.-Blatt S. 123).

h) Bei Strafumwandlungen ist zu beachten, daß nur Baugefangenschaft der Zuchthausstrafe gleichsteht, daß dagegen 1 Jahr Festungsstrafe (Einstellungen in die Strafabtheilungen) 8 Monaten Zuchthausstrafe, daß der gelinde und Festungs-Arrest der Gefängnißstrafe, und daß 6 Monate Arrest oder Gefängnißstrafe 4 Monaten Festungsstrafe gleich geachtet werden.

Militair-Strafgesetzbuch I. §. 63 u. 66.

Verordn. vom 27. Juni 1844 §. 74.

i) Die Militairbehörde ist nicht befugt, Militairpersonen des Beurlaubtenstandes, gegen welche auf Einstellung in eine Festungs-Strafsektion erkannt worden, nach eingetretener Rechtskraft des Erkenntnisses aus der Landwehr zu entfernen und sodann die Verwandlung der Strafe zu beantragen.

Justiz-Minist.-Reskript v. 19. Mai 1837 (v. Kamptz Jahrb. B. 49 S. 529).

Ueber die gegen Offiziere und Unteroffiziere der Landwehr zu verhängenden Freiheitsstrafen vergl. unt. Num. 6 u. 7.

6. Verlust der National-Kokarde und des National-Militair-Abzeichens.

Gegen Unteroffiziere und Gemeine des Beurlaubtenstandes wird auf Verlust der National-Kokarde und des National-Militair-Abzeichens (nicht des Landwehr-Kreuzes) bei gemeinen Verbrechen erkannt:

a) sofern nach den allgemeinen Landesgesetzen der Verlust der National-Kokarde eintreten würde,
b) bei Versetzung in die zweite Klasse (s. ob. Num. 3) oder Ausstoßung aus dem Soldatenstande (s. ob. Num. 1).

Mit der National-Kokarde und dem National-Militair-Abzeichen gehen verloren, weshalb auf deren Verlust gleichfalls zu erkennen ist:

a) die Kriegsdenkmünze, mag selbige vom Könige oder einem auswärtigen Landesherrn verliehen sein,
b) die Dienst-Auszeichnung für die Unteroffiziere und Gemeinen der Linie und Landwehr,
c) alle andere Ehrenzeichen, welche rücksichtlich des Verlustes den Orden nicht gleich gesetzt sind. Den Orden sind in dieser Beziehung gleich gesetzt, weshalb ihr Verlust nur vom Könige ausgesprochen werden kann:
    a) die Dienst-Auszeichnung der Offiziere in der Linie und Landwehr,
    b) das Militair- und das allgemeine Ehrenzeichen,
    c) die Rettungs-Medaille.

Entlassung aus dem Militair-Verhältnisse oder Verurtheilung zu einer Zuchthaus- und Festungsstrafe hat den Verlust der National-Kokarde nicht nothwendig zur Folge (s. ob. Num. 2 und 5).

Allerh. Ordre vom 13. Oktober 1824 (Gesetzsammlung S. 213).
" " " 26. August 1825 (Gesetzsammlung S. 191).
" " " 14. Juli 1841 (Gesetzsamml. S. 233).
" " " 18. Juni 1825 (v. Kamptz Jahrb. Bd. 26 S. 185).
" " " 16. Juni 1842 (Gesetzsamml. S. 89).
" " " 9. Novbr. 1844 (Justiz-Minist.-Blatt 1845 S. 3).
" " " 30. Oktober 1814 (Gesetzsammlung 1815 S. 1).
" " " 24. Dezember 1814 (Gesetzsammlung 1815 S. 2).
" " " 23. Februar 1817 (Gesetzsammlung S. 35).

Allerh. Ordre vom 25. September 1817 (Gesetzsamml. S. 297).
= = = 23. April 1831 (v. Kamptz Jahrb. Bd. 37 S. 404).
§. 18 Verordnung vom 27. Juni 1844.
§§. 36—38 I. des Militair-Strafgesetzbuchs.

Die Aberkennung der National-Kokarde hat auf die Kompetenz-Verhältnisse keinen Einfluß.

Justiz-Minist.-Reskr. vom 1. Septbr. 1826 (v. Kamptz Jahrb. Bd. 28 S. 122).

7. Degradation zum Gemeinen.

Die Degradation ist nur gegen Unteroffiziere und die mit ihnen in gleichem Range stehenden zum Soldatenstande gehörigen Personen des Beurlaubtenstandes statthaft. Sie erfolgt:

a) bei Versetzung in die zweite Klasse des Soldatenstandes (vergl. ob. Num. 3), bei der Ausstoßung aus dem Soldatenstande (vergl. ob. Num. 1) und Verurtheilung zum Verlust der National-Kokarde (vergl. ob. Num. 6).

b) wenn ein Portepee-Unteroffizier zu einer sechsmonatlichen Festungs- oder dieser gleich zu achtenden Zuchthausstrafe und darüber, und wenn ein Unteroffizier ohne Portepee zu einer dreimonatlichen Festungsstrafe oder dieser gleich zu achtenden Zuchthausstrafe und darüber zu verurtheilen wäre. Beträgt die verwirkte Festungs- oder Zuchthausstrafe weniger, so tritt an deren Stelle Gefängnißstrafe von gleicher (nicht verhältnißmäßiger) Dauer, so daß also ein Unteroffizier, ohne degradirt zu werden, niemals Zuchthaus- oder Festungsstrafe erleiden kann;

c) bei Verbrechen, die von Beamten begangen, in Gemäßheit der allgemeinen Landesgesetze die einfache Kassation oder Amtsentsetzung nach sich ziehen, insofern diese Strafe nicht lediglich als Folge des Festungs-Arrestes zu verhängen wäre.

Die Degradation eines Portepee-Unteroffiziers zum Gemeinen ist einer sechsmonatlichen, die eines Unteroffiziers ohne Portepee einer dreimonatlichen Festungsstrafe gleich zu achten, wonach die zu erkennende Freiheitsstrafe entweder wegfällt oder deren Dauer abgekürzt wird.

Hierbei ist nicht zu übersehen, daß die Degradation einer sechs- bezüglich dreimonatlichen militairischen Festungsstrafe, nicht aber einer sechs- oder dreimonatlichen Zuchthausstrafe gleichsteht, indem 1 Jahr Festungsstrafe nur 8 Monate Zuchthausstrafe vertritt. Beträgt die zu verhängende Festungs- oder Zuchthausstrafe nicht über drei Monate, so wird dieselbe als Gefängnißstrafe von gleicher Dauer festgesetzt (vergl. ob. Num. 5), wonach die Abrechnung auf die Degradation erfolgt.

Verordn. vom 22. Februar 1823 §. 4.

Verordn. vom 27. Juni 1844 §. 10, 17, 28, 31.

Militair-Strafgesetzbuch I. §. 5, 40, 41, 61, 65 und über das Verhältniß der Zuchthaus- zur Festungsstrafe (1 Jahr Festung 8 Monate Zuchthaus) §. 66, 68, so wie

Verordn. vom 27. Juni 1844 §. 74.

Vergl. endlich Allerh. Ordre vom 28. Mai 1846 (Gesetzsamml. S. 236).

8. Bestrafung der beurlaubten Offiziere der Landwehr und der in strafrechtlicher Hinsicht ihnen gleichstehenden, mit dem Vorbehalt der Dienstpflicht aus dem stehenden Heere entlassenen Offiziere.

Die Kriegs-Artikel und die zu deren Erläuterung ergangenen Verordnungen leiden auf diese Offiziere keine Anwendung. Dagegen kann wider dieselben nach dem Militair-Strafgesetzbuch auf Kassation oder Entfernung aus dem Offizierstande oder Dienstentlassung erkannt werden.

a) Die Kassation erfolgt:

1) wenn wegen eines gemeinen Verbrechens auf den Tod erkannt wird,

2) wenn gegen Unteroffiziere und Gemeine auf Ausstoßung aus dem Soldatenstande zu erkennen sein würde (s. ob. Num. 1).

Die Kassation hat mit der Ausstoßung aus dem Soldatenstande gleiche Folgen.

b) Die Entfernung aus dem Offizierstande (Verlust der Charge als Offizier) tritt ein:

1) wenn ein Verbrechen begangen ist, welches, von einem Gemeinen oder Unteroffizier verübt, die Versetzung in die zweite Klasse nach sich ziehen würde (vergl. oben Num. 1),

2) wenn nach den allgemeinen Landesgesetzen wider Beamte auf Kassation, verbunden mit der Unfähigkeit zur Bekleidung öffentlicher Aemter zu erkennen wäre, in welchem Falle zugleich diese Unfähigkeit auszusprechen ist,

3) wenn ein in den allgemeinen Landesgesetzen mit Zuchthausstrafe zu ahndendes Verbrechen verübt worden. Statt der Zuchthausstrafe ist jedoch auf verhältnißmäßigen Festungs-Arrest (6 Monate Festungs-Arrest sind gleich 4 Monaten Festungsstrafe und 1 Jahr Festungsstrafe ist gleich 8 Monaten Zuchthaus) zu erkennen.

Militair-Strafgesetzbuch I. §. 12, 55.

c) Die Dienstentlassung wird verhängt, wenn gegen Beamte die einfache Kassation oder Amtsentsetzung, insofern diese Strafe nicht blos als Folge des Festungs-Arrestes zu verhängen wäre, eintreten müßte. Keine dieser Strafen berechtigt zur Verrechnung oder Abrechnung auf die außerdem verwirkten Freiheitsstrafen.

Anlangend den Verlust der National-Kokarde, so hat es bei den allgemeinen Landesgesetzen sein Bewenden. Muß auf Verlust derselben erkannt werden, so ist zugleich, wie schon aus dem unter b. Num. 1 und 2 Erwähnten erhellet, die Entfernung aus dem Offizierstande auszusprechen.

Allerh. Ordres v. 14. Mai 1830 (Gesetzsamml. S. 80) und 31. März 1839 (Justiz-Min.-Bl. S. 127).

Militair-Strafgesetzbuch I. §. 12, 44—47, 54—56, 60, 61, 63, 66, 68.

Vergl. Allerh. Ordres vom 5. November 1843 (Gesetzsamml. S. 338) und 26. September 1845 (Gesetzsamml. S. 677).

9. Kassation und Dienstentlassung der im Reserve- oder Landwehrverhältniß sich befindenden Kompagnie- und Eskadron-Chirurgen.

Die Kompagnie- und Eskadron-Chirurgen des Beurlaubtenstandes, welche zu den Militairbeamten gehören (siehe den ersten Abschnitt), müssen, falls sie eines Vergehens sich schuldig machen, welches, wenn es während des Dienstes verübt wäre, die Kassation zufolge der allgemeinen Landesgesetze nach sich zöge, gleich jedem andern Beamten kassirt werden, wodurch sie das Recht verlieren, ihrer Militairpflicht als Chirurgen Genüge zu leisten, und zum Waffendienste als Gemeiner heranzuziehen sind.

Allerh. Ordre v. 5. Dezember 1834 (v. Kamptz Jahrb. Bd. 44 S. 434).

Militair-Strafgesetzbuch Thl. I. §. 83 u. flg., Thl. II. §. 211 u. flg.

Vergl. Allerh. Ordres vom 5. November 1843 (Gesetzsamml. S. 338) und 26. September 1845 (Gesetzsamml. S. 677).

10. Berücksichtigung der Rechte und Verhältnisse gewesener Offiziere, Unteroffiziere und Militair-Beamte.

A. Verübt ein ehemaliger Offizier ein Verbrechen, welches, sofern er noch im Dienste gewesen wäre, mit Kassation bestraft sein würde, so wird statt der Kassation auf Verlust aller Titel und zugleich auf die mit der Kassation verbundenen

Ehrenstrafen, so wie auf Verlust des Rechts, die Offizier-Uniform zu tragen, erkannt.

Hätte das Verbrechen Entfernung aus dem Offizierstande zur Folge, so wird der Verlust der Titel und des Rechts, die Offizier-Uniform zu tragen, ausgesprochen; wäre nur die Dienstentlassung verwirkt, so tritt nur Verlust jenes letzteren Rechts ein (vergl. ob. Num. 8).

Es gilt dies sowohl von gewesenen Offizieren der Landwehr, als den ehemaligen, nach §. 1 und 16 Thl. II. des Militair-Strafgesetzbuchs etwa den Civilgerichten unterworfenen Offizieren der Linie.

Allerh. Ordre vom 21. November 1829 (Gesetzsamml. 1830 S. 2).

Militair-Strafgesetzbuch I. §. 50—53.

B. Die ehemaligen Unteroffiziere betreffend, so ist die Vorschrift der Allerh. Ordre vom 21. November 1829 (Gesetzsamml. 1830 S. 2), wonach

„in allen Fällen, — in welchen verabschiedete Militair-Personen und Civilbeamte eines Vergehens sich schuldig machen, welches, wenn es im Dienst begangen wäre, die Dienstentsetzung nach sich ziehen würde, — selbige des Rechts, den ihnen verliehenen Titel, oder das sonstige Dienst-Prädikat zu führen, verlustig gehen und auf diesen Verlust erkannt werden soll,“

durch die Allerh. Ordre vom 23. April 1842 (Gesetzsamml. S. 191) auch auf die aus dem militairischen Verhältniß gänzlich ausgeschiedenen Militair-Personen der Unteroffizier-Klasse dergestalt ausgedehnt, daß im Falle dieselben zum Verlust der National-Kokarde, oder zu einer Zuchthausstrafe verurtheilt werden, diese Strafe auch den Verlust der „Unteroffizier-Charge“ und aller damit verbundenen Auszeichnungen und Vorrechte zur Folge hat, und auf jenen Verlust (nicht auf Degradation) erkannt werden muß, die Dauer der außerdem verwirkten Freiheitsstrafe deshalb jedoch keine Abkürzung erleidet. Das Vorstehende ist sowohl bei den ehemaligen Unteroffizieren der Linie, als denen der Landwehr zu beachten.

Justiz-Minist.-Reskript v. 13. November 1841 (Justiz-Minist.-Blatt S. 354).

Besitzt ein zum Verlust der Unteroffizier-Charge zu Verurtheilender ein Gnadengehalt, so ist zugleich, wenn nicht, nach II. C. Num. 11 (dieser Zusammenstellung) der gänzliche Verlust desselben eintreten muß, auf den Verlust des Unteroffizier-Gnadengehalts zu erkennen. Den Betrag des dem Verurtheilten alsdann zu zahlenden geringeren Gnadengehalts hat aber nicht das erkennende Gericht festzustellen, vielmehr ist die erforderliche Bestimmung darüber der betreffenden Verwaltungsbehörde zu überlassen.

Allg. Verfügung des Justiz-Minist. vom 17. Dezember 1846 (Justiz-Minist.-Blatt S. 234).

Ein Gesetz, welches die Unteroffizier-Charge nachträglich abzuerkennen erlaubte, ist zwar nicht vorhanden, nach dem jetzigen Stande der Gesetzgebung wird dies aber nicht minder für zulässig zu erachten sein, als es jedenfalls statthaft erscheint, auf Verlust des Unteroffizier-Gnadengehalts nachträglich zu erkennen, obschon dies nirgends ausdrücklich entschieden ist.

Vergl. Allerh. Ordres v. 17. März 1829 (Gesetzsamml. S. 42), v. 14. November 1830 (Jahrb. Bd. 37 S. 90), v. 25. April 1835 (Gesetzsamml. S. 46), v. 6. Oktober 1837 (Gesetzsamml. S. 153), v. 24. Oktober 1838 (Gesetzsamml. 1839 S. 1), Justiz-Ministerial-Reskript vom 25. Oktbr. 1843 (Justiz-Min.-Bl. S. 260), Allerh. Ordre v. 23. April 1842 (Gesetzsamml. S. 191).

C. Die ehemaligen Militair-Beamten stehen in Bezug auf Verlust der Pension, der Titel, der National-Kokarde u. s. w. den gewesenen Civil-Beamten völlig gleich.

Militair-Strafgesetzbuch I. §. 83 u. flg., II. §. 1 u. 16. Vergl. zugleich Allerh. Ordres vom 21. November 1829 (Gesetzsamml. 1830 S. 2), 21. Mai 1825 (Gesetzsamml. S. 147), 12. November 1836 (Gesetzsamml. S. 317) und §. 30 des Pensions-Edikts (v. Kamptz's Annalen Bd. 16 S. 843).

11. Verlust des Militair-Gnadengehalts.

Ergeht gegen einen Militair-Gnadengehalts-Empfänger, gleichviel ob er im Civildienst angestellt ist oder nicht, und ohne Unterschied, ob der Bezug des Gnadengehalts zur Zeit stattfindet, oder in dieser Beziehung dem Angeschuldigten nur Ansprüche zustehen, ein Straferkenntniß, so muß im Erkenntniß ausdrücklich darüber bestimmt werden, ob der Angeschuldigte des Gnadengehalts oder des Anspruchs darauf für verlustig zu erklären sei oder nicht. Ist eine solche Bestimmung in das Erkenntniß aufzunehmen versäumt, so kann eine nachträgliche Entscheidung über jenen Punkt verlangt werden. Das nachträgliche Erkenntniß darf jedoch nur auf Antrag des nach den bestehenden Ressort-Verhältnissen dabei betheiligten Ministers erlassen werden. Der Antrag geht von dem Kriegs-Minister (Abtheilung des Kriegs-Ministeriums für das Invalidenwesen) aus, wenn der Empfänger nicht im Civildienst angestellt war; im anderen Falle hat der Minister, welchem der Empfänger als Civilbeamter untergeordnet, das nachträgliche Erkenntniß zu beantragen.

Der gänzliche Verlust des Gnadengehalts tritt übrigens nur ein, wenn der Berechtigte eines vor oder nach der Entlassung aus dem Militairdienste begangenen Verbrechens überführt ist, welches während des Militairdienstes die Ausstoßung aus dem Soldatenstande (vergl. ob. Nr. 1) nach sich gezogen hätte. Gehörte der Berechtigte vor der Entlassung aus dem Militairdienste zu den Unteroffizieren, so ist nach dem, was zuvor Num. 10 Buchstab B bemerkt wurde, in den dazu angethanen Fällen auf Verlust der Unteroffizier-Charge und aller damit verbundenen Auszeichnungen und Vorrechte zu erkennen.

12. Soll wegen Verbrechen ein Straferkenntniß ergehen, welche von Militair-Personen des stehenden Heeres oder des Beurlaubtenstandes während der Dienstzeit begangen sind, so haben die Civil-Gerichte, so weit deren Kompetenz in solchen Fällen nach dem ersten Abschnitt begründet ist, die einschlagenden Bestimmungen der Militairgesetze, insbesondere des Militair-Strafgesetzbuchs der neuen Kriegs-Artikel u. s. w. worauf hier nur im Allgemeinen verwiesen werden kann, sorgfältig zu beachten.

13. In Straferkenntnissen gegen Personen des Beurlaubtenstandes ist der Truppentheil anzugeben, dem dieselben angehören, sobald die ersteren der Königlichen Bestätigung bedürfen.

Justiz-Minist.-Reskript vom 19. November 1832 (Paderbornsches Intelligenz-Blatt).

14. Die Militair-Personen des Beurlaubtenstandes haben in Strafsachen, welche vor die Civil-Gerichte gehören, auf Kostenfreiheit keinen Anspruch.

Militair-Strafgesetzbuch II. §. 273 ꝛc.

Allerh. Ordre vom 16. April 1834 (v. Kamptz Jahrb. Bd. 43 S. 649).

Verordn. v. 17. Februar 1838 (Gesetzsamml. S. 193).

15. In Untersuchungen wegen Widersetzlichkeit gegen im Dienst begriffene Militair-Personen und Gensd'armen wird das Erkenntniß von den Obergerichten abgefaßt und haben die Untergerichte der Abfassung des Urtheils in allen Fällen sich zu enthalten, sofern ihnen die Kompetenz hierzu nicht ausdrücklich beigelegt ist.

Allgem. Kriminal-Ordnung §. 16.

Justiz-Minist.-Reskripte v. 5. August 1822 (v. Kamptz Jahrb. Bd. 20 S. 75) u. 16. April 1836 (v. Kamptz Jahrb. Bd. 47 S. 610).

III. Vorschriften, die nach Abfassung des Erkenntnisses zu berücksichtigen sind.

1) Königliche Bestätigung ist erforderlich:

a) wenn auf Verlust der Offizier-Charge (Kassation, Entfernung aus dem Offizierstande, Entlassung aus dem Dienste, unter Num. II. 8);

Verordnung v. 22. Februar 1823 §. 6,
Allerh. Ordre v. 31. Mai 1830 (Gesetzsamml. S. 80);

b) wenn auf Ausstoßung aus dem Soldatenstande erkannt ist, sofern die zugleich erkannte Freiheitsstrafe eine zehnjährige Dauer nicht erreicht oder über die Dienstpflicht des zu Bestrafenden im zweiten Aufgebot der Landwehr (d. h. also in der Regel über das 39. Lebensjahr) nicht hinausgeht.

§. 6 Verordnung v. 22. Februar 1823,
Allerh. Ordre v. 30. Juli 1832 (Gesetzsamml. S. 205),
Militair-Strafgesetzbuch Thl. I. §. 57.

Behufs Einholung der Königlichen Bestätigung werden die Akten nebst einer Ausfertigung des ergangenen Erkenntnisses dem General-Auditoriat unmittelbar übersandt.

Justiz-Minist.-Reskript vom 9. Juni 1823 (v. Kamptz Jahrb. Bd. 21 S. 302),
Cirkular-Reskript des Justiz-Ministeriums v. 2. August 1824 II. Nr. 5 (v. Kamptz Jahrb. Bd. 24 S. 159).

Nur wenn auf eine der unter III. 1 a dieser Zusammenstellung erwähnten Strafen gegen einen nicht mehr im Militair-Verbande stehenden Offizier erkannt ist, erfolgt die Einholung der Königlichen Bestätigung durch den Justiz-Minister, dem in diesen Fällen die Akten nebst einer Ausfertigung des ergangenen Erkenntnisses und einem Aktenauszuge in geordnetem Instanzenzuge einzusenden sind.

Allg. Verfügung des Justiz-Minist. vom 21. Dezember 1846 (Justiz-Minist.-Bl. S. 236).

Die nach §. 6 der Verordnung vom 22. Februar 1823, im Falle auf Verlust des Portepees und Degradation erkannt war, erforderliche Königliche Bestätigung ist durch die Allerh. Ordre vom 3. April 1827 (Gesetzsamml. S. 36) und §. 154 Thl. II. des Militair-Strafgesetzbuchs aufgehoben.

2) Mittheilung des Erkenntnisses.

a) Gehört der Angeschuldigte dem Militairstande nicht an, steht aber im militairpflichtigen Alter, so muß der Kreis-Landrath von dem Ausfalle der Untersuchung schleunigst benachrichtigt werden.

Vergl. die Allegate 3. Abschnitt zu I. Num. 1.

b) Ist der Angeschuldigte eine Militair-Person des Beurlaubtenstandes, so wird das ergehende Straferkenntniß der vorgesetzten Militairbehörde (dem Brigade-Kommandeur der Landwehr) mitgetheilt, es sei denn, daß eine bloße Geldbuße verhängt wäre. Die Mittheilung des

Tenors genügt, wenn Gemeine und Unteroffiziere nicht mit einer Zuchthaus- oder Festungsstrafe belegt sind. Wird auf Zuchthaus- oder Festungsstrafe erkannt, so sind auch die Entscheidungsgründe mitzutheilen.

In Untersuchungen gegen die im dritten Abschnitt dieser Zusammenstellung unter II. Num. 8 erwähnten Offiziere muß das Erkenntniß mit den Gründen in jedem Falle der Militair-Behörde übersandt werden, was sogar von freisprechenden Erkenntnissen gilt.

Instruktion für die Inspekteure und Kommandeure der Landwehr vom 10. Dezember 1816.

Verordnung vom 22. Februar 1823 §. 9.

Cirkular-Verfügung des Justiz-Minist. vom 2. August 1824 I. 2 und II. 19.

Regulativ vom 20. Juni 1837 (Justiz-Minist.-Blatt 1842 S. 115).

Justiz-Minist.-Reskripte v. 24. Juni 1830 (v. Kamptz Jahrb. Bd. 35 S. 288), vom 21. Juni 1836 (v. Kamptz Jahrb. Bd. 47 S. 612), vom 4. Juni und 9. Juli 1842 (Justiz-Minist.-Blatt S. 211 und 247).

c) Insofern auf Verlust einer Pension erkannt worden, ist die zahlende Behörde hiervon zu benachrichtigen.

Justiz-Minist.-Reskr. v. 8. Oktober 1830 (v. Kamptz Jahrb. Bd. 36 S. 334).

d) Ist ein Militair-Invalide zum Verlust des Gnadengehalts oder der Unteroffizier-Charge verurtheilt, so muß die betreffende Königliche Regierung hiervon in Kenntniß gesetzt werden.

Ist einem Militair-Invaliden der Anspruch auf Gnadengehalt aberkannt, so muß hiervon der Abtheilung des Kriegs-Ministeriums für das Invaliden-Wesen Nachricht ertheilt werden.

Allerh. Ordre vom 24. Oktober 1838 (Gesetzsamml. S. 1).

Justiz-Minist.-Reskript v. 25. Oktober 1843 (Justiz-Minist.-Blatt S. 266).

e) Ist der Verlust der Kriegs-Denkmünze ausgesprochen, so wird dieselbe nebst der darüber ertheilten Urkunde, wenn gleichzeitig auf Kassation oder Ausstoßung aus dem Soldatenstande erkannt ist, der General-Ordens-Kommission eingeschickt und der Pfarrer des Kirchspiels, zu welchem der Verurtheilte gehört, hiervon benachrichtigt.

Justiz-Minist.-Reskript v. 14. März 1815 (v. Kamptz Jahrb. Bd. 5 S. 35).

f) Sofern wider die auf Seereisen begriffenen Schiffsleute

wegen der im Allg. Landr. II. 8 §. 1606—1616 benannten Verbrechen Kriminal-Erkenntnisse ergehen, so sind diese den Ersatz- und Landwehr-Behörden mitzutheilen.

Justiz-Minist.-Reskr. v. 27. Dezember 1832 (v. Kamptz Jahrb. Bd. 40 S. 512) und 18. Januar 1833 (v. Kamptz Jahrb. Bd. 41 S. 279).

3) Angehend den Allerhöchsten Orts zu beantragenden Verlust der Orden und der den Orden gleichgesetzten (II. Nr. 6) Ehrenzeichen, so hat es bei den allgemeinen Vorschriften sein Bewenden.

4) Dem Sträfling, welcher die militairische Festungsstrafe vorläufig angetreten hat, werden die ergehenden Erkenntnisse mittelst Requisition der Festungs-Garnisongerichte publizirt.

Justiz-Minist.-Reskript v. 13. März 1837 (v. Kamptz Jahrb. Bd. 49 S. 283).

IV. Vorschriften, welche bei der Strafvollstreckung zu beachten sind.

1) Wenn Militair-Personen des Beurlaubtenstandes, welche Orden oder den Orden gleichgesetzte Ehrenzeichen (II. Nr. 6) besitzen:

a) zur Ausstoßung aus dem Soldatenstande, Kassation oder Versetzung in die 2. Klasse des Soldatenstandes verurtheilt sind, oder, wenn

b) Freiheitsstrafe (wozu auch die bloße Gefängnißstrafe zu rechnen) gegen sie erkannt und der Fall von der Art ist, daß nach den bestehenden Vorschriften die Entscheidung des Königs über den Verlust der Orden und Ehrenzeichen eingeholt werden muß;

so darf die Strafe an den Verurtheilten nicht eher vollzogen werden, als diese Entscheidung erfolgt ist.

Militair-Strafgesetzbuch II. §. 192 und Erweiterungs-Urkunde für die Preußischen Orden und Ehrenzeichen vom 18. Januar 1810 §. 17.

2) Vor der Rechtskraft des Erkenntnisses darf die verhängte Freiheitsstrafe (wozu auch die bloße Gefängnißstrafe zu rechnen) nicht vollstreckt werden, wenn auf Degradation, Kassation, Entfernung aus dem Offizierstande, Dienstentlassung und wenn gegen Offiziere auf Festungsarrest oder gegen Unteroffiziere und Gemeine, welche nicht nach der Allerh. Ordre vom 11. April 1839 zu behandeln sind, auf Ausstoßung aus dem Soldatenstande oder Entlassung aus dem Militair-Verhältniß erkannt ist. Noch weniger darf, wenn derartige Strafen in Aussicht stehen, schon

nach beendigter Untersuchung die vorläufige Abführung zu den Strafanstalten erfolgen.

Allerh. Ordre v. 3. Oktober 1823 (v. Kamptz Jahrb. Bd. 22 S. 213).

Minist. Verfügung vom 4. November 1836 (Jahrb. Bd. 48 S. 514).

Minist. Verfügung v. 15. Juni 1841 (Justiz-Minist.-Blatt S. 207).

Allerh. Ordre v. 11. April 1839 (Gesetzsamml. S. 205).

Allerh. Ordre v. 16. Februar 1842 nebst

Minist.-Reskript v. 29. April 1842 (Justiz-Minist.-Blatt S. 150).

Minist.-Reskript vom 27. Mai 1840 (Justiz-Minist.-Blatt S. 190).

Militair-Strafgesetzbuch II. §. 186.

3) Wird die Strafvollstreckung in den Fällen unter Num. 1 und 2 ausgesetzt und befindet sich der Angeschuldigte in Haft, so wird die Strafe vom Tage der Abfassung des ersten Erkenntnisses oder der etwaigen spätern Verhaftung berechnet, sofern eine härtere Strafe als Gefängniß oder Festungs-Arrest verhängt ist. Ist auf härtere Strafe nicht erkannt, so findet die Anrechnung erst vom Tage der Abführung zur Strafverbüßung statt.

Militair-Strafgesetzbuch II. §. 187 und I. §. 63 u. 66.

Insoweit die obigen Bestimmungen (unter Num. 1 und 2) nicht entgegenstehen, ist übrigens der vorläufige Antritt der Strafe bei Personen des Beurlaubtenstandes gleich wie bei denen des Civilstandes statthaft.

Justiz-Minist.-Reskr. v. 18. Septbr 1826 (v. Kamptz Jahrb. Bd. 28 S. 114) u. 22. Mai 1818 (v. Kamptz Jahrb. Bd. 11 S. 246).

4) Die Ausstoßung aus dem Soldatenstande ist durch das Amtsblatt des Regierungs-Bezirks, worin der Verurtheilte seinen Wohnsitz hat, zur öffentlichen Kenntniß zu bringen.

Allerh. Ordre v. 31. Mai 1838 (Gesetzsamml. S. 369).

Militair-Strafgesetzbuch II. §. 193.

5) Die gegen die im dritten Abschnitt dieser Zusammenstellung unter II. Num. 8 gedachten Landwehr-Offiziere verhängten Strafen anlangend, so wird Geldstrafe ohne Weiteres vollzogen; Gefängnißstrafe muß, sofern nicht geeignete, für die höheren Stände bestimmte Gefängnisse vorhanden sind, in Garnison-Orten, in welchen Arrestlokale für Offiziere sich finden, vollstreckt werden. Derartige Militair-Arrest-Lokale sind übrigens mit wenigen Ausnahmen nur in Divisions-Stabsquartieren und in den

Städten, wo Gouvernements und Kommandanturen bestehen, vorhanden.

Ist Festungs-Arrest verhängt, so wird die Abführung zur Festung durch den Landwehr-Bataillons-Kommandeur veranstaltet.

Cirkular-Verfügung des Justiz-Minist. v. 2. August 1824 I. 3.

Allerh. Ordre vom 8. Januar und Minist.-Reskript v. 29. Januar 1842 (Justiz-Minist.-Bl. S. 40).

6) Ueber die Vollstreckung der körperlichen Züchtigung sind die Bemerkungen unter II. Num. 4 und die Bestimmungen §. 32 der Instruktion für die Inspekteure der Landwehr vom 10. Dezember 1816, wonach bei Vollziehung der Strafe der körperlichen Züchtigung der Bezirks-Feldwebel, sofern dies, ohne Kosten zu verursachen, geschehen kann, gegenwärtig sein soll,

7) über die Vollstreckung der Detention die Bemerkungen unter II. Num. 5 zu vergleichen.

8) Orden und die denselben gleichstehenden Ehrenzeichen, deren Verlust ausgesprochen ist, werden nebst den Verleihungs- und Besitzzeugnissen der General-Ordens-Kommission übersandt; sind dieselben nicht herbeizuschaffen, so wird die General-Ordens-Kommission hiervon benachrichtigt.

Justiz-Minist.-Reskript v. 16. Aug. 1819 (v. Kamptz Jahrb. Bd. 14 S. 67)
= = = = 13. Mai 1822 (v. Kamptz Jahrb. Bd. 19 S. 330)
= = = = 21. Mai 1819 (v. Kamptz Jahrb. Bd. 13 S. 318)
= = = = 27. April 1841 (Justiz-Minist.-Blatt S. 159)
= = = = 25. Mai 1841 (Justiz-Minist.-Blatt S. 186).

9) In Hinsicht der Vollstreckung der militairischen Festungsstrafe wird auf die darüber bestehenden besonderen Vorschriften verwiesen.

Vgl. a) über die Extrahirung der Annahme-Ordre, welche nur von den Oberlandesgerichten ausgeht,

Reskript v. 10. August 1808 (Rabe Bd. 9 S. 280)
Justiz-Minist.-Reskript vom 31. Dezember 1814 (v. Kamptz Jahrb. Bd. 4 S. 215).

b) über die bei Ablieferung der Sträflinge an die Festungs-Kommandanturen zu richtenden Requisitionen,

die vorallegirten Bestimmungen, die Justiz-Minist.-Reskripte v. 23. März 1837 und 26. März 1842

(Justiz-Minist.-Blatt S. 115) und das Justiz-Minist.-Reskript vom 22. September bis 14. Dezember 1836 (v. Kamptz Jahrb. Bd. 48 S. 515 u. flg.)

c) über den durch die Civilgerichte zu veranlassenden Transport zur Festung und die Bekleidung der Militair-Sträflinge:

Cirkular-Reskript v. 2. August 1824 II. 16 u. 17,
Justiz-Minist.-Reskr. v. 26. Novbr. 1824 (v. Kamptz Jahrb. Bd. 24 S. 347),
= = = = 5. Febr. 1833 (v. Kamptz Jahrb. Bd. 41 S. 281),
= = = = 24. Novbr. 1826 (v. Kamptz Jahrb. Bd. 28 S. 319),
= = = = 6. August 1837 (v. Kamptz Jahrb. Bd. 50 S. 235),
= = = = 31. Dezember 1838 (Justiz-Min.-Bl. 1839 S. 22),
Regulativ über die Behandlung und Verpflegung der Militair-Sträflinge vom 2. Januar 1837 (Militair-Gesetzsamml. Bd. II. S. 29 u. flg.);

d) über die Unzulässigkeit der Ablieferung kranker und arbeitsunfähiger Sträflinge,

Justiz-Minist.-Reskripte v. 26. Januar 1834 und 23. Mai 1838 (v. Kamptz Jahrb. Bd. 51 S. 445),
Justiz-Minist.-Reskript v. 12. Juli 1841 (Justiz-Minist.-Bl. S. 227);

e) über die Verpflegungskosten während der Strafverbüßung,

Justiz-Minist.-Reskr. v. 29. August 1812 (v. Kamptz Jahrb. Bd. 1 S. 205),
= = = = 11. Juni 1819 (v. Kamptz Jahrb. Bd. 13 S. 321),
= = = = 27. Juni 1823 (v. Kamptz Jahrb. Bd. 22 S. 113),
und die unter c allegirten Reskripte v. 2. August 1824 und 26. November 1824, wie das Regulativ v. 2. Januar 1837 (Militair-Gesetzsamml. Bd. II. S. 29 u. flg.).

10) Die gegen Unteroffiziere und Gemeine des Beurlaubtenstandes verhängten Gefängnißstrafen sind in den gewöhnlichen Civil-Straf-Anstalten zu vollziehen.

Allerh. Ordre vom 11. April 1839 (Gesetzsammlung S. 205),
Justiz-Minist.-Reskript vom 27. Juli 1839 (Justiz-Minist.-Bl. S. 204).

11) Die Vollstreckung einer Freiheitsstrafe gegen Militair-Personen des Beurlaubtenstandes wird ausgesetzt bei der Einberufung zum Kriege, zu einer außerordentlichen Zusammenziehung oder zur größeren Uebung, sofern nicht Verhaftung bereits erfolgt ist oder bei der Untersuchung gesetzlich eintreten muß.

Allerh. Ordre v. 30. Juli 1832 (Gesetzsamml. S. 206), Militair-Strafgesetzbuch II. §. 13.

12) Orden und Ehrenzeichen dürfen während der Verbüßung einer Freiheitsstrafe nicht getragen werden.

Allerh. Ordre v. 12. Mai 1822 (Gesetzsamml. S. 174).

13) Es ist unzulässig, eine Person des Beurlaubtenstandes, die nicht in der 2. Klasse des Soldatenstandes sich befindet, während der Verbüßung einer Freiheitsstrafe im Wege der Disciplin zu züchtigen.

Siehe oben: zweiter Abschnitt am Ende und §. 27 Instruktion für die Inspekteure u. s. w. gerichtlicher Gefangenen-Anstalten vom 24. Oktober 1837 (Justiz-Minist.-Bl. 1839 S. 270) und Allerh. Ordre vom 11. April 1839 (Gesetzsamml. S. 205) §. 3.

14) Ueber den Erwerbs- und Besserungs-Nachweis der in den Festungs-Strafanstalten sich befindenden Verbrecher haben ausschließlich die Festungs-Kommandanturen zu entscheiden.

Justiz-Minist.-Reskr. vom 4. April 1836 (v. Kamptz Jahrb. Bd. 47 S. 614).

100.

Verfügung vom 28. Februar 1847, — betreffend die Verzichtleistung der Gemeinden und anderer öffentlichen Anstalten auf eine Hypothek.

(§. 6 Ressort-Reglement vom 20. Juli 1818, Art. 1317, 1394, 2127, 2157 u. 2158 des bürgerl. Ges.-Buchs; Rhein. Gemeinde-Ordn. v. 23. Juli 1845 §. 102.)

Der §. 6 des Ressort-Reglements vom 20. Juli 1818 schreibt vor:

„Wenn Gemeinden, Stiftungen, Spitäler und andere öffentliche Anstalten, oder die zur Erhebung und Verwaltung ihrer Einkünfte bestellten Empfänger mit deren Einwilligung auf eine Hypothek verzichten, dieselbe einschränken, oder zum Nachtheile ihres einmal erworbenen Rechts eine Veränderung damit vornehmen, so wird die dazu erforderliche Ermächtigung, sofern es nicht zufolge eines rechtskräftigen Urtheils geschieht, von den Regierungen ertheilt."

Diese Bestimmung haben die Rheinischen Regierungen, mit Ausnahme der Regierung zu Aachen dahin ausgelegt, daß sie befugt seien, die Löschungsbewilligung selbstständig zu ertheilen, ohne daß es dazu einer besonderen Einwilligung der gedachten moralischen Personen in Form eines authentischen Akts bedürfe.

Die Regierung zu Aachen dagegen geht von der Ansicht aus, daß die Einwilligung in die Löschung Seitens der legitimirten Vertreter der moralischen Personen mittelst Notariats-Akts ertheilt, und letzterer ihr demnächst in der Ausfertigung zur Genehmigung vorgelegt werden müsse.

Hiernach ist auch bisher von ihr verfahren, und der Genehmigungs-Vermerk unter die Ausfertigung gesetzt worden.

Der Herr Provinzial-Steuer-Direktor Helmentag hat über dieses abweichende Verfahren berichtet und angefragt, nach welcher von beiden Ansichten künftig verfahren werden soll, um die Hypotheken-Bewahrer gegen etwanige künftige Regreß-Ansprüche sicher zu stellen.

Nachdem wir die Sache in gemeinschaftliche Erwägung genommen haben, theilen wir Ew. Hochwohlgeboren darüber Folgendes mit:

Was zunächst die Frage anlangt,

> „ob die bloße Genehmigung der Regierung wegen Löschung oder Beschränkung einer Inskription im Hypothekenbuche für den Hypotheken-Bewahrer genüge, um den Vermerk im Hypothekenbuche vorzunehmen, oder ob der Beschluß der das Vermögen der benannten moralischen Personen verwaltenden Behörden mit vorgelegt werden müsse,"

so muß unbedingt für die letztere Alternative entschieden werden. Denn die Art. 2157 und 2158 des bürgerlichen Gesetzbuchs schreiben vor:

> „Die Eintragungen werden entweder mit Bewilligung dessen, der dabei betheiligt und hierzu fähig ist (partie interessée et ayant capacité à cet effèt) oder Kraft eines in letzter Instanz ergangenen, oder rechtskräftig gewordenen Urtheils gelöscht. In dem einen, wie in dem anderen Falle haben diejenigen, welche die Löschung nachsuchen, eine Ausfertigung der die Einwilligung enthaltenden öffentlichen Urkunde (acte authentique, portant consentement) im Büreau des Hypotheken-Bewahrers niederzulegen."

Hiernach muß die betheiligte moralische Person selbst durch ihre Vertreter in die Löschung einwilligen. Denn nur so ist die partie interessée et ayant capacité à cet effèt, von welcher das Gesetz spricht.

Die bloße Autorisation der Regierung kann diese Einwilligung nicht ersetzen, da die Regierung nicht selbst die Verwaltung des Vermögens jener moralischen Personen, sondern nur die Oberaufsicht über die verwaltenden Behörden zu führen hat. Von diesen letzteren muß daher die Einwilligung ertheilt und ein förmlicher Beschluß über die Löschung oder Beschränkung der Inscription gefaßt, auch demnächst der Regierung vorgelegt werden, welche sodann den Beschluß genehmigt, oder nach den Umständen die Genehmigung versagt.

Was aber ferner die Frage betrifft:

> ob der Beschluß der verwaltenden Behörden durch einen Notariats-Akt konstatirt werden müsse, oder eine schriftliche Erklärung in der gewöhnlichen Form ausreiche,

so kann dies zuvörderst in Betreff der Gemeinden nicht zweifelhaft sein, da die Rheinische Gemeinde-Ordnung vom 23. Juli 1845 §. 102 eine, Namens der Gemeinde von den Bürgermeistern und Vorstehern derselben ausgestellte Urkunde, welcher der Beschluß des Gemeinderaths in beglaubter Abschrift beigefügt ist, für genügend erklärt, um die Gemeinde zu verpflichten.

Aber auch in Betreff der übrigen genannten moralischen Personen, als Kirchen, Schulen, Spitäler rc. kann die Aufnahme eines Notariats-Akts nicht für erforderlich erachtet werden.

Der Art. 2158 des bürgerlichen Gesetzbuchs sagt zwar allerdings, daß die Einwilligung zur Löschung oder Beschränkung einer Eintragung in das Hypothekenbuch in einem authentischen Akte gegeben werden soll, aber er sagt nicht, daß dieser authentische Akt ein Notariats-Akt sein müsse; ein Notariats-Akt ist ganz unstreitig ein authentischer Akt, aber nicht alle authentische Akte sind Notariats-Akte. Wenn das Gesetz zu irgend einer Verhandlung die Zuziehung eines Notars vorschreibt, so wird dies jedesmal deutlich ausgesprochen (confr. Art. 1394 des Civil-Gesetzbuchs); daß aber das Gesetz unter dem authentischen Akte nicht ausdrücklich einen Notariats-Akt verstehe, beweist am deutlichsten der Art. 2127 des Civil-Gesetzbuches, welcher sagt: daß die Bestellung einer Hypothek in einem authentischen Akte, welcher vor Notar und Zeugen Statt finden soll, geschehen müsse.

Diese Worte finden sich nicht in dem Art. 2158, welcher blos von einem authentischen Akte spricht, und dadurch andeutet, daß es für die Bestellung einer Hypothek spezielle Vorschriften gebe, die aber bei der Einwilligung in die Löschung oder Beschränkung nicht nöthig gefunden worden.

Geht man auf die in dem Art. 1317 des Civil-Gesetzbuchs gegebene Definition eines authentischen Akts zurück, so muß man anerkennen, daß der Gegensatz eines authentischen Akts ein Akt unter Privatunterschrift (acte sous singe privé) ist, bei welchem ein öffentlicher Beamter, als solcher, nicht mitgewirkt hat; jeder Akt, bei dem ein öffentlicher Beamter, als solcher, thätig war, ist ein authentischer Akt. Deswegen werden zur Kathegorie der authentischen Akte unbezweifelt alle Civilstands-Akte, alle Protokolle der Feld- und Waldhüter der Polizei-Beamten u. s. w. gerechnet.

Aus diesen Gründen, welche auch bei Gemeinden volle Anwendung finden müßten, wenn es gegenwärtig nach Erlaß der Gemeinde-Ordnung vom 23. Juli 1845 und in der im §. 102 enthaltenen Bestimmung, noch nöthig sein könnte, auf dieselben zu rekurriren, folgt eben so unzweifelhaft, daß der Beschluß der öffentlichen Behörde, welcher die Verwaltung des Vermögens der Spitäler und anderer öffentlichen Anstalten und Stiftungen anvertraut ist, eben so gewiß ein authentischer Akt ist, als der Beschluß der Regierung, welcher jenen bestätigt. Durch den Beschluß der Regierung würde der vorangegangene Beschluß der Verwaltung ein authentischer werden, wenn man ihm selbst die ursprüngliche Authentizität bestreiten wollte und könnte.

Was die Gesetzgebung in dem vorliegenden Falle für die Verwaltung des Vermögens der genannten moralischen Personen vorschreibt, das hat sie auch für die Verwaltung des Vermögens der Minderjährigen vorgeschrieben; was in jenen Fällen die Verwaltungs-Kommissionen zu thun haben, das hat in diesen der Familienrath zu thun; die Bestätigung der Beschlüsse in jenen Fällen erfolgt von der Regierung, in diesen von den Gerichten. So wenig nun behauptet werden kann, daß ein Familienrath seinen Beschluß durch einen Notariats-Akt konstatiren lassen muß, so wenig läßt sich dies von jenen Verwaltungs-Behörden behaupten; das Verfahren der Regierung zu Aachen ist mithin weder durch die Gesetze, noch durch die Praxis zu rechtfertigen.

An dem früheren gesetzlichen Zustande hat der §. 6 des Ressort-Reglements nur in so weit eine Aenderung eintreten lassen, als das Recht, die Beschlüsse der oft genannten Verwaltungs-Kommissionen zu bestätigen oder zu genehmigen, den Regierungen gegeben wurde, während diese Bestätigung früher theils von dem Präfektur-Rathe, theils von dem Minister, theils selbst von dem Staats-Oberhaupte unmittelbar ausgehen mußte.

Es ist daher weiter nichts erforderlich, als daß die Vertreter der betreffenden moralischen Person ihren motivirten Beschluß der Regierung vorlegen, welche, wenn sie es angemessen findet, ihre Genehmigung darunter setzt. Dadurch wird der Hypotheken-Bewahrer vollkommen sicher gestellt, und gegen jeden etwanigen Regreß-Anspruch geschützt.

In Beziehung auf das erwähnte Erforderniß tritt indeß bei Gemeinden insofern eine Ausnahme ein, als nach der von mir, dem Minister des Innern, unterm 1. September v. J. an Ew. Hochwohlgeboren erlassenen Verfügung die Autorisation der Regierung dann nicht erforderlich ist, wenn es sich nach erfolgter Rückzahlung eines ausgeliehenen Kapitals blos um die Löschung einer Inscription, die zu dessen Sicherheit bestanden hat, handelt; hierbei muß es, da der §. 97 der Gemeinde-Ordnung nur der Aufnahme von Anleihen, der Verwendung von Kapitalien, der Schenkungen und einseitigen Verzichtleistungen erwähnt, also ganz andere Dispositionen voraussetzt, sein Bewenden behalten, und ist in diesem Falle eine nach Vorschrift des §. 102 der Gemeinde-Ordnung von den Gemeinde-Behörden ausgestellte Löschungs-Urkunde für sich allein genügend.

Ew. Hochwohlgeboren ersuchen wir hiernach, die Regierungen der Rheinprovinz mit Anweisung zu versehen, und dem Herrn Provinzial-Steuer-Direktor Helmentag davon Nachricht zu geben.

Berlin den 28. Februar 1847.

Der Minister der geistlichen ꝛc. Angelegenheiten.
gez. Eichhorn.

Der Minister des Innern.
gez. v. Bodelschwingh.

Der Justiz-Minister.
gez. Uhden.

Der Finanz-Minister.
gez. v. Duesberg.

An
den Königl. Ober-Präsidenten ꝛc.
Herrn Eichmann Hochwohlgeboren
zu Koblenz.

I. 831. Rh. Gener. 1. Vol. 3.

101.

Allerhöchste Kabinets-Ordre vom 1. März 1847, — betreffend den Gerichtsstand der Eisenbahngesellschaften bei Entschädigungsansprüchen der Grundbesitzer.

Um den Belästigungen abzuhelfen, welche in denjenigen Landestheilen, wo die allgemeine Gerichtsordnung oder die Prozeßvorschriften des gemeinen Rechts Gesetzeskraft haben, für die Besitzer der von Eisenbahnen durchschnittenen Grundstücke dadurch entstehen, daß sie ihre Entschädigungsansprüche gegen die Eisenbahngesellschaften in der Regel nur in dem ordentlichen Gerichtsstande derselben verfolgen dürfen, will Ich auf Ihren Bericht vom 11. v. M. für den ganzen Umfang der Monarchie, mit Ausschluß des Bezirks des Appellationsgerichtshofes zu Köln, hierdurch bestimmen, daß bei Klagen auf gerichtliche Entscheidung über den Werth der für eine Eisenbahn expropriirten Grundstücke, sowie bei allen sonstigen Entschädigungsansprüchen, welche Grundbesitzer, als solche, auf Veranlassung einer Eisenbahnanlage gegen deren Unternehmer gerichtlich verfolgen, die Eisenbahngesellschaften verpflichtet sein sollen, bei dem Obergericht Recht zu nehmen, in dessen Departement das expropriirte oder beschädigte Grundstück belegen ist. — Auf die bereits anhängigen Klagen findet die gegenwärtige Bestimmung keine Anwendung. — Dieser Erlaß ist durch die Gesetzsammlung zur öffentlichen Kenntniß zu bringen.

Berlin den 1. März 1847.

Friedrich Wilhelm.

An
die Staats-Minister Uhden und
v. Duesberg.

I. 1235. G. 65. Vol. 2.

102.

Verfügung vom 11. März 1847, — betreffend die Befugniß der Verwaltungsbeamten zur Versiegelung der Papiere verstorbener Agenten von Privat-Feuer-Versicherungs-Gesellschaften.

Ew. Hochwohlgeboren werden auf den Bericht Ihres Amtsvorgängers vom 3. Dezember v. J., die Befugniß der Verwaltungsbeamten zur Versiegelung der Papiere verstorbener Agenten von Privat-Feuer-Versicherungs-Gesellschaften betreffend,

hierdurch benachrichtigt, daß der Herr Minister des Innern, mit welchem der Justiz-Minister über jenen Gegenstand in Kommunikation getreten ist, die Königliche Regierung zu Aachen wegen ihrer Ansicht über die in Rede stehende Befugniß der Verwaltungs-Beamten sowohl im Allgemeinen, als insbesondere in Beziehung auf die von dem verstorbenen Bürgermeister M. zu G. nach dem Ableben des Kaufmanns F. vorgenommene Versiegelung der dessen Geschäft als Agent der Aachen-Münchener Feuer-Versicherungs-Gesellschaft betreffenden Papiere desselben, mittelst der abschriftlich beifolgenden Verfügung vom 23. Februar d. J. im Einverständniß mit dem Justiz-Minister rektifizirt hat.

Berlin den 11. März 1847.

Das Justiz-Ministerium.
Ruppenthal.

An
den Königlichen General-Prokurator Herrn Geheimen Ober-Justizrath Nicolovius Hochwohlgeboren
zu Köln.

I. 908. Rh. Gen. 85.

Beilage.

Der Herr Justiz-Minister Uhden hat mir von der Korrespondenz Mittheilung gemacht, welche zwischen der Königlichen Regierung und dem General-Prokurator zu Köln in der Angelegenheit,

die Befugniß der Verwaltungs-Beamten zur Versiegelung der Papiere verstorbener Agenten von Privat-Feuer-Sozietäten, insbesondere, die Versiegelung der Bücher des verstorbenen Agenten F. durch den inzwischen ebenfalls verstorbenen Bürgermeister M. zu G. betreffend,

gepflogen worden ist. In Folge dessen eröffne ich der Königlichen Regierung mit Bezug auf Ihr Schreiben an den gedachten General-Prokurator vom 16. Novbr. v. J. folgendes.

Unzweifelhaft sind Agenten von Privat-Feuer-Versicherungs-Gesellschaften keine Staats- oder andere öffentliche Beamte und es läßt sich daher auf die Allerhöchste Ordre vom 14. Juli 1843

(Gesetz-Samml. S. 321) die Befugniß eines Bürgermeisters zur Versiegelung der Papiere verstorbener derartiger Agenten, um so gewisser nicht stützen, als der Bürgermeister überdies nicht als die vorgesetzte Dienst-Behörde der Letzteren betrachtet werden kann.

Da nun ferner auch der §. 13 des Gesetzes über das Mobiliar-Feuer-Versicherungswesen vom 8. Mai 1837 nur bestimmt, daß die Polizei-Behörde befugt sei, die Bücher jener Agenten zu jeder Zeit einzusehen, um die Führung derselben zu beaufsichtigen, keineswegs ihr aber das Recht zur Versiegelung solcher Bücher und sonstiger Papiere der Agenten beigelegt worden ist; so ist es allerdings durch nichts gerechtfertigt, daß der verstorbene Bürgermeister M. in G. die Papiere des dortigen Kaufmanns F., insoweit sie sich auf sein Geschäft als Agent der Aachen-Münchener Feuer-Versicherungs-Gesellschaft bezogen, nach dessen Tode versiegelt hat.

Die Königliche Regierung hat Sich hiernach zu achten, und in dem vorliegenden Spezialfalle die etwa nöthige Remedur zu treffen.

Berlin den 23. Februar 1847.

Der Minister des Innern
v. Bodelschwingh.

An
die Königl. Regierung zu Aachen.

103.

Verfügung vom 24. März 1847, — betreffend den Uebertritt der Notariats-Kandidaten und der Landgerichts-Assessoren in den Verwaltungsdienst für das Hypothekenwesen.

Ew. Hochwohlgeboren wird auf den Bericht vom 3. d. Mts.,

den Uebertritt der Notariats-Kandidaten und der Landgerichts-Assessoren in den Verwaltungsdienst für das Hypothekenwesen betreffend,

hierdurch eröffnet, daß die Beschäftigung der Notariats-Kandidaten auf einem Hypotheken-Amte und die auf diesem Wege zu gewinnende praktische Ausbildung für dieselben immerhin von erheblichem Interesse ist, weil eine genaue Bekanntschaft mit dem Hypothekenwesen hierdurch erlangt wird, mit welchem das Notariat in täglicher Beziehung steht.

Nicht dem mindesten Bedenken kann es daher unterliegen, daß den Notariats-Kandidaten der erfolgten Anstellung als Hypotheken-Amts-Assistenten ungeachtet, der Rücktritt zum Notariat immer offen bleibe. Einer Urlaubsertheilung zum Zweck einer solchen Beschäftigung der Notariats-Kandidaten auf den Hypotheken-Aemtern bedarf es nicht; vielmehr genügt es, wenn die Aufnahme derselben Ew. Hochwohlgeboren von der Königlichen Provinzial-Steuer-Direktion angezeigt wird, damit hiernach von Seiten der gerichtlichen Behörde, so weit es die Verhältnisse gestatten, die Aufsicht über den betreffenden Kandidaten geführt werden kann.

Es ist demnach wegen dieses Gegenstandes mit der Königlichen Provinzial-Steuer-Direktion in Kommunikation zu treten, dem Ober-Prokurator zu Coblenz aber auf den Bericht vom 25. d. M. zu eröffnen, daß es einer Urlaubs-Ertheilung in Ansehung des Notariats-Kandidaten S. nicht bedürfe.

Anlangend die Landgerichts-Assessoren, so können dieselben, wenn sie es ihrem Interesse angemessen finden, sich durch eine praktische Beschäftigung die gehörige Qualifikation zur Uebernahme eines Hypotheken-Amts zu verschaffen, hieran nicht gehindert werden.

Es versteht sich indessen von selbst, daß hierzu Seitens jedes einzelnen Assessors die vorschriftsmäßige Urlaubs-Bewilligung zuvörderst nachgesucht werden muß; wobei alsdann sich ergeben wird, ob und welche Verfügungen in Ansehung der Einstellung der Gehaltszahlungen zu treffen sein werden, indem es von selbst einleuchtet, daß die Fortdauer des Besoldungsgenusses während eines solchen Urlaubs nicht für zulässig erachtet werden kann.

Berlin den 24. März 1847.

Der Justiz-Minister
Uhden.

An
den Königl. General-Prokurator,
Herrn Geheimen Ober-Justiz-Rath
Nicolovius Hochwohlgeboren
zu Köln.

I. 1031. Rhein. General. 1. Vol. 3.

104.

Gesetz vom 8. April 1847, — über das Verfahren bei Kompetenz-Konflikten zwischen den Gerichten und Verwaltungsbehörden.

Wir Friedrich Wilhelm, von Gottes Gnaden, König von Preußen 2c. 2c.

verordnen über das Verfahren bei Kompetenzkonflikten zwischen den Gerichten und Verwaltungsbehörden, auf den Antrag Unseres Staats-Ministeriums und nach vernommenem Gutachten Unseres Staatsraths, für den ganzen Umfang der Monarchie, was folgt:

§. 1.

Die Entscheidung der Kompetenzkonflikte zwischen den Gerichten und den Verwaltungsbehörden wird einer aus bleibenden Mitgliedern zu bildenden Behörde übertragen, welche unter dem Titel

„Gerichtshof zur Entscheidung der Kompetenzkonflikte"

bestehen soll,

1) aus dem Präsidenten des Staatsraths,
2) aus dem Staatssekretair und neun anderen Mitgliedern des Staatsraths, von denen Fünf Justizbeamte, die übrigen Vier aber Verwaltungsbeamte sein müssen. Diese Mitglieder werden von Uns auf den Vorschlag des Präsidenten des Staatsraths ernannt.

§. 2.

In rechtskräftig von den Gerichten entschiedenen Sachen, kann der Kompetenzkonflikt nicht mehr erhoben werden; ebenso wenig findet derselbe noch Statt, wenn in einem Prozesse, bei welchem eine Verwaltungsbehörde als Partei betheiligt ist, die von derselben aufgestellte Präjudizial-Einrede der Unzulässigkeit des Rechtsweges rechtskräftig verworfen worden ist.

§. 3.

Zur Erhebung des Kompetenzkonflikts sind nur die Central- und die Provinzial-Verwaltungsbehörden befugt. Hält eine untere Verwaltungsbehörde in einer zu ihrer Kenntniß kommenden Rechtssache die Erhebung des Kompetenzkonflikts für erforderlich, so hat sie hiervon sofort der vorgesetzten Dienstbehörde Anzeige zu machen.

§. 4.

Die Erhebung des Kompetenzkonflikts erfolgt durch Uebersendung eines darüber abzufassenden motivirten Beschlusses der Verwaltungsbehörde an das Gericht, mit der Erklärung:

daß der Kompetenzkonflikt erhoben werde,

und mit dem Antrage:

das Rechtsverfahren bis zur Entscheidung über denselben einzustellen.

Besteht die Provinzialbehörde, welche den Konflikt erheben will, aus mehreren Abtheilungen, so muß der Beschluß vom Plenum derselben gefaßt werden.

§. 5.

Sobald der Konflikt auf diese Weise (§. 4) erhoben ist, stellt das Gericht das Rechtsverfahren durch einen Bescheid, gegen welchen kein Rechtsmittel zulässig ist, einstweilen ein, und fertigt diesen Bescheid, nebst einer Abschrift des Beschlusses der Verwaltungsbehörde, den bei der Sache betheiligten Privatparteien mit dem Eröffnen zu, daß ihnen freistehe, sich binnen einer Präklusivfrist von vier Wochen über den Kompetenzkonflikt schriftlich zu erklären. Eine solche Erklärung muß von einem Rechtsanwalte unterzeichnet sein und nebst einer Abschrift derselben eingereicht werden.

§. 6.

Nach dem Eingange der Erklärungen der Parteien läßt das Gericht die Abschriften derselben der Verwaltungsbehörde (§. 4) zustellen und reicht sodann die Akten mit seinem Gutachten dem Justiz-Minister ein.

Ist binnen der vierwöchentlichen Frist (§. 5) keine Erklärung eingegangen, so hat das Gericht hiervon die Verwaltungsbehörde zu benachrichtigen und erst alsdann die Akten an den Justiz-Minister zu befördern.

§. 7.

Ist die Sache bei einem Untergerichte anhängig, so erstattet dasselbe den gutachtlichen Bericht (§. 6) an das vorgesetzte Landes-Justizkollegium, welches ihn, unter Beifügung seines Gutachtens, dem Justiz-Minister überreicht.

§. 8.

Im Bezirke des Appellationsgerichtshofes zu Köln treten in dem vorstehend (§§. 4—7) angeordneten Verfahren folgende Abweichungen ein.

Wird in einer, bei einem Friedensgerichte anhängigen Sache der Kompetenzkonflikt erhoben, so ist der im §. 6 gedachte Bericht von dem Friedensrichter an den Ober-Prokurator des Landgerichts zu erstatten und von diesem alsdann gutachtlich an den Justiz-Minister zu berichten.

Ist das Rechtsverfahren bei einem Landgerichte oder bei dem Appellationsgerichtshofe anhängig, so hat die Verwaltungsbehörde das Schreiben, mit welchem sie den Beschluß über die Erhebung des Konflikts mittheilt (§. 4), nicht an das Gericht, sondern an den bei demselben angestellten Ober-Prokurator oder

General-Prokurator zu richten, welcher dem Gerichte sofort davon Mittheilung zu machen und, nach Abfassung des gerichtlichen Bescheides, durch den das Rechtsverfahren eingestellt ist (§. 5), alle übrige, in den §§. 5 und 6 den Gerichten vorgeschriebene Handlungen vorzunehmen hat.

Dem an den Justiz-Minister zu erstattenden Berichte hat der Ober-Prokurator oder General-Prokurator statt der Gerichtsakten, die von den Parteien einzufordernden Akten derselben, oder wenigstens die Ladung, ferner den Beschluß der Verwaltungsbehörde über die Erhebung des Konflikts (§. 4), den Bescheid des Gerichts (§. 5), die etwa eingegangenen Erklärungen der Parteien und die mit der Verwaltungsbehörde nach §. 6 geführte Korrespondenz beizufügen.

§. 9.

Die Provinzial-Verwaltungsbehörde ist verpflichtet, sobald sie von dem Gerichte entweder die Erklärungen der Parteien oder die Benachrichtigung empfangen hat, daß dergleichen Erklärungen nicht eingegangen sind (§. 6), unter Ueberreichung der Akten, an den betheiligten Verwaltungschef gutachtlich zu berichten.

§. 10.

Der Justiz-Minister sendet die ihm eingereichten gerichtlichen Akten (§§. 6, 8) nebst seinen Bemerkungen über den Konflikt, wenn er solche beizufügen für nöthig erachtet, an den im §. 1 genannten Gerichtshof, und setzt davon den betheiligten Verwaltungschef, unter Mittheilung jener Bemerkungen, in Kenntniß.

§. 11.

Erachtet der Verwaltungschef den von der Provinzialbehörde erhobenen Kompetenzkonflikt für nicht begründet, so hat er davon den Gerichtshof (§. 1) mit der Erklärung, daß der Antrag auf Einstellung des Rechtsverfahrens zurückgenommen werde, zu benachrichtigen. Der Gerichtshof sendet alsdann die Akten dem Justiz-Minister zurück, und dieser veranlaßt den Fortgang des Rechtsverfahrens.

§. 12.

Hält dagegen der Verwaltungschef den Kompetenzkonflikt für begründet, so steht ihm frei, dem Gerichtshofe auch seine Bemerkungen zu übersenden; er hat dieselben aber dann auch dem Justiz-Minister mitzutheilen.

§. 13.

Die bei dem Gerichtshofe eingegangenen gerichtlichen Akten (§. 10) werden dem Referenten zugestellt, sobald entweder eine Erklärung des betheiligten Verwaltungschefs eingegangen, oder eine achtwöchentliche Frist seit dem Tage verflossen ist, an welchem der Verwaltungsbehörde die zuletzt eingegangene Erklärung der Parteien, oder das Benachrichtigungsschreiben des Gerichts, daß keine solche Erklärungen eingegangen sind (§. 6), zugestellt worden ist.

§. 14.

Die Entscheidung des Gerichtshofes erfolgt auf den schriftlichen Vortrag eines Referenten und eines Korreferenten. Zum Referenten kann einer der beim Staatsrathe angestellten Geheimen Referendarien oder kommissarischen Hülfsarbeiter ernannt werden; ein Stimmrecht steht jedoch einem solchen Referenten nicht zu.

§. 15.

Zur Abfassung gültiger Erkenntnisse des Gerichtshofes ist die Theilnahme von wenigstens sieben Mitgliedern, mit Einschluß des Vorsitzenden, erforderlich.

§. 16.

Der Justiz-Minister, sowie jeder der betheiligten Verwaltungschefs ist befugt, zu den Berathungen des Gerichtshofes einen Rath seines Departements abzuordnen, welcher nöthigenfalls über die Sache nähere Auskunft zu geben hat, an der Entscheidung aber nicht Theil nimmt.

§. 17.

Das Erkenntniß des Gerichtshofes ist mit den Entscheidungsgründen unter der Unterschrift des Vorsitzenden auszufertigen, und dem Justiz-Minister, sowie dem betheiligten Verwaltungschef zur Mittheilung an das Gericht und die Verwaltungsbehörde zuzustellen. Das Gericht hat den Parteien das Erkenntniß bekannt zu machen. Die Veröffentlichung solcher Erkenntnisse bleibt dem Ermessen des Justiz-Ministers, sowie der Verwaltungschefs überlassen.

§. 18.

Ist die Entscheidung (§. 17) gegen die Zulassung des Rechtsweges ausgefallen, so hat das Gericht das Rechtsverfahren aufzuheben, die gerichtlichen Kosten niederzuschlagen, und die etwa schon bezahlten zu erstatten. Zur Erstattung außergerichtlicher Kosten ist in einem solchen Falle keine der Parteien verpflichtet.

§. 19.

Durch Erhebung des Kompetenzkonflikts wird der Lauf der Präklusivfristen im Prozesse gehemmt, auch ist die Exekution bis zur Entscheidung über den Kompetenzkonflikt, unzulässig.

§. 20.

Der im §. 1 angeordnete Gerichtshof hat auch über solche Streitigkeiten zwischen den Gerichts- und Verwaltungsbehörden zu entscheiden, bei welchen eine jede der beiden Behörden sich in der Sache für inkompetent, und dagegen die andere für kompetent hält.

§. 21.

Den Verwaltungsbehörden sind in den vorstehenden Bestimmungen (§§. 1—20) die Auseinandersetzungsbehörden gleich zu achten.

§. 22.

Alle bei Publikation dieses Gesetzes noch nicht entschiedene Kompetenzkonflikte werden dem im §. 1 angeordneten Gerichtshofe zur Entscheidung überwiesen. Die Vorschriften der §§. 5—13 finden jedoch nur auf diejenigen von diesen Sachen Anwendung, in welchen die Akten bei dem Justiz-Minister noch nicht eingegangen sind.

§. 23.

Alle diesem Gesetze entgegenstehende Vorschriften werden hiermit aufgehoben.

Urkundlich unter Unserer Höchsteigenhändigen Unterschrift und beigedrucktem Königlichen Insiegel.

Gegeben Berlin den 8. April 1847.

(L. S.) Friedrich Wilhelm.

Frhr. v. Müffling.
v. Boyen, Eichhorn, v. Savigny, v. Bodelschwingh, Graf zu Stolberg, Uhden, v. Düesberg.

Beglaubigt:
Bode.

I. 1492. K. 35. Vol. 3.

105.

Verfügung vom 19. April 1847, — betreffend die Beglaubigung der portofreien amtlichen Correspondenz der Gerichtsvollzieher.

Nach einem Schreiben des Herrn General-Postmeisters vom 29. v. M. hat der Ober-Prokurator daselbst bei dem dortigen Ober-Postamte darüber sich beschwert, daß Dienst-Pakete, welche von Gerichtsvollziehern unter der Rubrik: H. J. D. S. und mit dem Namen des Absenders versehen, an ihn eingegangen sind, mit Porto belegt werden, dessen Niederschlagung sodann durch eine spezielle Bescheinigung darüber, daß in dem Couvert nur herrschaftliche Dienstsachen enthalten gewesen, herbeigeführt werden muß.

Seitens des gedachten Ober-Postamtes ist indessen durch Einsendung einer Adresse zugleich nachgewiesen worden, daß derartige Schreiben, oder vielmehr die betreffenden Adressen den Namen des Absenders nicht immer enthalten und ist zur Vermeidung fernerer Weiterungen von dem Herrn General-Postmeister demnach anheimgestellt worden, den Gerichts-Vollziehern die Führung eines Dienstsiegels zu gestatten.

Abgesehen davon, daß gesetzlich den Gerichts-Vollziehern die Führung eines Amtssiegels nirgendwo beigelegt ist, nimmt das Justiz-Ministerium schon aus dem Grunde Anstand, eine solche Anordnung zu treffen, weil, wenn auch nicht durch die Gerichts-Vollzieher selbst, doch zu leicht durch ihre Schreiber und Gehülfen Mißbrauch von einem solchen Amtssiegel gemacht werden kann.

Zweckmäßiger erscheint es dahingegen, daß die portofreie amtliche Correspondenz der Gerichts-Vollzieher auf dem Couvert nicht allein mit der portofreien Rubrik, sondern auch mit dem Namen des Absenders, unter Beifügung seiner amtlichen Eigenschaft jedesmal versehen werde, indem hierdurch mit der Einen Seite das Interesse der Postverwaltung gegen etwanige Unterschleife hinreichend gesichert, auf der andern Seite aber jede Weiterung vermieden wird, welche mit der Ertheilung besonderer Bescheinigungen über die Portofreiheit einzelner Schreiben verbunden sind.

Ew. Hochwohlgeboren haben demnach die Ober-Prokuratoren zu veranlassen, die Gerichts-Vollzieher desfalls mit näherer Weisung zu versehen, und darauf zu wachen, daß bei Einsendung der amtlichen Correspondenz diesem gemäß verfahren werde.

Berlin den 19. April 1847.

Das Justiz-Ministerium.
Ruppenthal.

An
den Königlichen General-Prokurator
Herrn Geheimen Ober-Justiz-Rath
Nicolovius Hochwohlgeboren
zu Köln.

I. 1428. Rhein. Gen. 10. Vol. 3.

106.

Allerhöchste Kabinets-Ordre vom 30. April 1847, — betreffend den Stempel zu Kauf- und Lieferungs-Verträgen im kaufmännischen Verkehre.

Da für die im kaufmännischen Verkehr vorkommenden Verträge über Kauf- und Lieferungs-Geschäfte nach dem gegenwärtigen Stande dieses Verkehrs der für Käufe von Mobilien vorgeschriebene Stempel zu ⅓ pCt. des Kaufpreises zu hoch erscheint, so bestimme Ich hierdurch nach dem Antrage des Staatsministeriums vom 18. d. M., daß fortan jeder im kaufmännischen Verkehr über bewegliche Gegenstände, mit Einschluß der Aktien und anderen geldwerthen Papiere, sei es mit oder ohne Zuziehung eines vereideten Agenten oder Mäklers, schriftlich abgeschlossene Kauf- oder Lieferungs-Vertrag, ohne Unterschied, ob derselbe unter Handeltreibenden, oder unter anderen Personen abgeschlossen worden, soweit er nach der Höhe des Betrages an sich stempelpflichtig ist, einer Stempel-Abgabe von 15 Silbergroschen und falls mehrere Kontrakts-Exemplare durch Unterschrift der Kontrahenten vollzogen werden, jedes Exemplar dem Stempel von 15 Silbergroschen unterliegen soll. — Wenn jedoch der Stempel zu ⅓ pCt. des Kaufpreises weniger als 15 Silbergroschen beträgt und nicht wegen der Form des Vertrages nach den Tarifpositionen „Protokolle zu b" und „Notariats-Instrumente" zum Stempel-Gesetz v. 7. März 1822, ein Stempel von 15 Silbergroschen erforderlich ist, so soll anstatt dieses Stempels nur der geringere Prozentstempel eintreten. — In der Anwendung der Stempel-Tarifposition „Mäkler-Atteste" wird hierdurch nichts geändert. — Zuwiderhandlungen gegen die gegenwärtige Verordnung sind nach den Strafbestimmungen des Stempelgesetzes vom 7. März 1822 zu ahnden. — Auch soll in dem Fall, wenn der Kauf- oder Lieferungs-Vertrag unter Mitwirkung eines Mäklers oder vereideten Agenten abgeschlossen ist, nicht blos jeden der Kontrahenten, sondern auch den Mäkler oder Agenten die in dem vierfachen Betrage des unverbraucht gebliebenen Stempels bestehende Strafe, unter solidarischer Haftung aller dieser Personen für den Stempel, treffen.

Dieser Mein Befehl ist durch die Gesetzsammlung bekannt zu machen.

Berlin den 30. April 1847.

An das Staats-Ministerium. — Friedrich Wilhelm.

I. 1770. Steuersachen 57.

107.

Allerhöchster Erlaß vom 29. Januar 1847, — betreffend das Verfahren bei Einleitungen gerichtlicher Untersuchungen wider Geistliche wegen Zuwiderhandlungen gegen die Vorschriften der §§. 214 u. 227 Tit. 20 Thl. II. des Allg. Landrechts.

(§§. 5 u. 9 des Gesetzes vom 29. März 1844, Gesetz-Samml. S. 77 u. flg.)

Auf den Bericht des Staats-Ministeriums vom 8. d. M. erkläre Ich Mich mit der darin entwickelten Ansicht einverstanden, daß bei Zuwiderhandlungen von Geistlichen gegen die Vorschriften der §§. 214 u. 227 Tit. 20 Thl. II. des Allgemeinen Landrechts die Einleitung einer gerichtlichen Untersuchung, in Gemäßheit der Bestimmungen der §§. 5 u. 9 des Gesetzes vom 29. März 1844, betreffend das gerichtliche und Disciplinar-Verfahren gegen Beamte, nur auf vorgängigen Antrag des Ministers der geistlichen Angelegenheiten erfolgen darf. — Zur Beseitigung der dieserhalb entstandenen Zweifel will Ich Sie, den Justiz-Minister Uhden hierdurch ermächtigen, die Gerichtsbehörden hiernach mit entsprechender Anweisung zu versehen.

Berlin den 29. Januar 1847.

Friedrich Wilhelm.

An
das Staats-Ministerium.

Vorstehende Allerhöchste Ordre wird sämmtlichen Gerichtsbehörden hierdurch zur Nachachtung bekannt gemacht.

Berlin den 15. Mai 1847.

Der Justiz-Minister
Uhden.

An
sämmtliche Gerichtsbehörden.

I. 1660. G. 35. Vol. 6.

108.

Verfügung vom 22. Mai 1847, — betreffend die Zahlung und Ueberweisung der Kosten in einfachen Holzdiebstahlssachen 2c.

(Verf. v. 8. Januar 1847, S. 148 dieses Bandes.)

Ew. Hochwohlgeboren wird auf den Bericht vom 22. März dieses Jahres,

die Zahlung und Ueberweisung der Kosten in einfachen Holzdiebstahls-Sachen 2c. betreffend,

nach vorheriger Kommunikation mit den Ministerien des Königlichen Hauses und der Finanzen eröffnet, daß die Verfügung vom 8. Januar, sowie auch jene, welche unterm 16. desselben Monats an sämmtliche rheinische Regierungen erlassen worden ist, nur die Kosten zum Gegenstand hat, welche durch das gerichtliche Verfahren wegen einfacher Holzdiebstähle, Forstentwendungen und Jagd- resp. Fischerei-Kontraventionen in Staatswaldungen resp. in Königlichen Jagdrevieren verübt, veranlaßt werden.

Die darin erwähnte Einrichtung, wonach diese seither aus dem Kriminal-Kostenfond gezahlten Kosten nicht mehr aus diesem Fond vorschußweise entrichtet und demselben die von den Verurtheilten einzuziehenden Beträge nicht mehr wieder zugeführt, die desfallsigen Zahlungen vielmehr auf den Tit. VI. der Forstverwaltungs-Etats angewiesen und ebenso die wieder einkommenden Beträge in den Spezialforstgeld-Rechnungen bei Kap. IV. unter dem Abschnitte:

„An Gerichtskosten"

in Einnahme gebracht werden, findet dennoch auf Holzdiebstähle, Forstentwendungen 2c., in Privat- oder Gemeinde-Waldungen verübt, keine Anwendung.

In diesem Sinne ist auch von den gedachten Ministerien die Regierung zu Düsseldorf auf die desfalls erhobene Anfrage beschieden, eine nähere Weisung an die Regierungen zu Köln, Aachen und Trier aber nicht für nothwendig erachtet worden, weil bei diesen dem angeführten Grundsatze gemäß bereits verfahren wird.

Uebrigens kann der Justiz-Minister mit der von Ew. Hochwohlgeboren geäußerten Ansicht sich nur einverstanden erklären, daß die in der Verfügung vom 8. Januar d. J. erwähnte Einrichtung auch diejenigen Holzdiebstähle 2c. umfaßt, welche in Waldungen Statt gefunden haben, deren Administration der Forstverwaltung angehört, und daß dasjenige, was von den Gebühren der Gerichtsschreiber und Gerichtsvollzieher gilt, auch in

Ansehung der sonstigen Kosten, z. B. der Zeugengebühren rc. zu beobachten ist.

Den dortigen Ober-Prokurator haben Sie hiernach zu bescheiden und bleibt es Ihnen überlassen, auch die übrigen Ober-Prokuratoren auf den Umfang der fraglichen Einrichtung aufmerksam zu machen.

Berlin den 22. Mai 1847.

Das Justiz-Ministerium.
Ruppenthal.

An
den Königlichen General-Prokurator Herrn Geheimen Ober-Justizrath Nicolovius Hochwohlgeboren
zu Köln.

I. 1909. Rh. Krim. 7. Vol. 6.

109.

Verfügung vom 22. Mai 1847, — betreffend die Beglaubigung der portofreien Rubrizirung von Dienstschreiben der Gerichtsvollzieher.

(Verf. v. 19. April 1847, S. 193 dieses Bandes.)

Ew. Hochwohlgeboren wird in Beziehung auf das Reskript vom 19. April d. J.,

wegen der Beglaubigung der portofreien Rubrizirung von Dienstschreiben der Gerichtsvollzieher,

hierbei Abschrift eines diesen Gegenstand betreffenden Schreibens des Herrn General-Postmeisters vom 8. d. M. mit der Aufforderung zugefertigt, dem Antrage des Letzteren gemäß die Gerichtsvollzieher durch die respektiven Ober-Prokuratoren anzuweisen, ihre eigenhändige Namens-Unterschrift bei der Postanstalt ihres Wohnorts niederzulegen.

Der Herr General-Postmeister ist von dieser Verfügung in Kenntniß gesetzt worden.

Berlin den 22. Mai 1847.

Das Justiz-Ministerium.
Ruppenthal.

An
den Königl. General-Prokurator, Herrn Geheimen Ober-Justiz-Rath Nicolovius Hochwohlgeboren
zu Köln.

I. 1855. Rhein. General. 10. Vol. 3.

Beilage.

Damit die Postanstalten bei der von Ew. Exzellenz nach dem geehrten Schreiben vom 19. v. M. getroffenen Anordnung in Bezug auf die Beglaubigung der portofreien Rubrizirungen Seitens der Gerichtsvollzieher bei ihrer amtlichen, unter Privatsiegel Statt findenden Korrespondenz durch Beisetzung des Namens und der amtlichen Eigenschaft des Absenders einen genügenden Anhalt für die Kontrolle haben, erscheint es zweckmäßig, daß die Gerichtsvollzieher angewiesen werden, ihre eigenhändige Namens-Unterschrift überall den betreffenden Orts-Postanstalten mitzutheilen.

Ew. Exzellenz stelle ich ganz ergebenst anheim, dieserhalb das Erforderliche geneigtest verfügen und vom Geschehenen mich benachrichtigen zu wollen, wonächst auch an die Postanstalten hierüber verfügt werden wird.

Berlin den 8. Mai 1847.

Der General-Postmeister
v. Schaper.

An
den Königl. Wirkl. Geheimen
Staats- und Justiz-Minister
Herrn Uhden Excellenz.

110.

Allgemeine Verfügung vom 26. Mai 1847, — wegen der Ersparnisse bei den auf den Justiz-Baufond angewiesenen Beträgen.

In der Verfügung vom 2. April 1842 (Justiz-Minist.-Blatt S. 153) ist die Anordnung getroffen, daß die Ersparnisse an den zur Ausführung von Bauten oder Reparaturen oder zur innern Einrichtung der Gerichtslokalien für Rechnung des Justiz-Baufonds bei der Königlichen General-Staats-Kasse und durch die betreffenden Königlichen Regierungen zur Disposition gestellten Summen, wenn sie den Betrag von einem Thaler nicht erreichen, bei der Regierungs-Haupt-Kasse extraordinair vereinnahmt und mit den Ueberschüssen zur General-Staats-Kasse abgeliefert, also nicht besonders abgeführt werden sollen. Es folgt daraus, daß bei den höheren Ersparnissen der Art —

von einem Thaler und darüber — Behufs deren Wiedervereinnahmung bei dem Justiz-Bau-Fond bisher nach Vorschrift der allgemeinen Verfügung vom 25. Januar 1839 No. 2 (Justiz-Minist.-Blatt S. 57) in jedem einzelnen Falle besonders berichtet werden mußte.

Zur größern Vereinfachung des Geschäftsganges und zur Verminderung der Schreiberei wird hierdurch bestimmt, daß über dergleichen Ersparnisse von jetzt ab nur dann, wenn dieselben funfzig Thaler oder mehr betragen, nach erfolgter Feststellung des ersparten Betrages in jedem einzelnen Falle besonders berichtet und die ersparte Summe der Regierungs-Haupt-Kasse überwiesen werden soll.

Dagegen sind alle diejenigen Ersparnisse an Baugeldern, welche den Betrag von funfzig Thalern nicht erreichen, künftig im gerichtlichen Depositorium zurückzubehalten und in ein besonderes Verzeichniß aufzunehmen, welches alljährlich einmal und zwar im Monat November dem Justiz-Minister einzureichen und wovon ein Duplikat der betreffenden Regierung, unter gleichzeitiger Ueberweisung des Geldes an die Regierungs-Haupt-Kasse zu überweisen ist.

In diesem Verzeichnisse sind die angewiesenen und die davon ersparten Beträge unter Angabe des Datums und der Journal-Nummer der einzelnen Reskripte genau aufzuführen.

Diese Anordnung erstreckt sich jedoch nur auf diejenigen Baulichkeiten und Reparaturen 2c., welche durch die Justiz-Behörden ausgeführt worden sind, und für welche die letzteren die angewiesenen Summen erhalten und die entstandenen Kosten gezahlt haben.

Dagegen behält es hinsichtlich derjenigen Bauten, welche durch die Königlichen Regierungen ausgeführt und für welche die Zahlungen an die Bauhandwerker 2c. unmittelbar durch die zu ihrem Ressort gehörenden Kassen geleistet werden, bei der Verfügung vom 2. April 1842 sein Bewenden.

Berlin den 26. Mai 1847.

Der Justiz-Minister
Uhden.

An
die sämmtlichen Königlichen
Obergerichte.

I. 2192. Just.-Fond 17. Vol. 7.

111.

Allgemeine Verfügung vom 22. Juni 1847, — betreffend die juristischen Prüfungen.

Die bestehenden Vorschriften über die juristischen Prüfungen sind mit Rücksicht auf die neuern Veränderungen im Civil-Prozeß-Verfahren einer Revision unterworfen worden, in Folge deren Seine Majestät der König mittelst Allerhöchster Ordre vom 14. d. M. diejenigen Bestimmungen zu genehmigen geruhet haben, welche in der nachstehenden Zusammenstellung enthalten sind.

Sämmtliche Gerichtsbehörden werden hierauf zur Nachachtung verwiesen.

Die Bestimmungen unter B und C der Zusammenstellung finden indeß auf die Referendarien im Bezirke des Rheinischen Appellationsgerichtshofes zu Köln keine Anwendung.

Die Präsidien der Königlichen Oberlandesgerichte haben zugleich, was die bei der Präsentation zur dritten Prüfung für die Königliche Immediat-Justiz-Examinations-Kommission beizufügenden Verzeichnisse und Akten betrifft, die durch das Reskript vom 13. November v. J. mitgetheilten Anträge der gedachten Kommission zu berücksichtigen.

Berlin den 22. Juni 1847.

Der Justiz-Minister
Uhden.

An
sämmtliche Gerichtsbehörden.
I. 2344. O. 146. Vol. 4.

---

a) Zusammenstellung
der, die bestehenden Vorschriften über die Vorbereitung und Prüfung der Justiz-Referendarien abändernden Grundsätze.

A.

Die Bestimmungen über die Auskultator-Prüfung, über die Vorbereitungs-Stadien von der Auskultatur zum Referendariat und über die Referendariats-Prüfung selbst, bleiben im Wesentlichen unverändert.

Es sollen jedoch die Auskultatoren den mündlichen Verhandlungen der Parteien vor dem versammelten Gerichte, sowie den Berathungen des Kollegiums in dem Berathungszimmer fleißig beiwohnen, auch wenn sie nicht unmittelbar, sei es als Protokollführer, oder mit Entwerfung der Referate, bei der Verhandlung betheiligt sind.

Die Kandidaten zur zweiten Prüfung sollen fortan in dieser stets einen mündlichen Vortrag aus den ihnen einige Tage vorher zugefertigten Akten halten.

An Stelle der bisherigen Probe-Relationen kann auch ein Probe-Referat, wie es den mündlichen Verhandlungen zur Grundlage dient, nebst einem motivirten für das Berathungszimmer sich eignenden Votum oder ein nach §. 38 der Instruktion vom 24. Juli 1833 auszuarbeitendes vollständiges schriftliches Referat geliefert werden.

Wenn nach dem Ausfall der mündlichen oder schriftlichen Prüfung der Kandidat nicht für ganz unqualifizirt zu erachten ist, anderer Seits aber auch seine volle Qualifikation zweifelhaft erscheint, so sind die Examinatoren befugt, dem Kandidaten unter Aufsicht eines Mitgliedes der Examinations-Kommission ein angemessenes praktisches Thema zur sofortigen schriftlichen Bearbeitung mit Benutzung der erforderlichen Gesetzbücher vorzulegen, und mit Rücksicht auf das Ergebniß dieser Arbeit zu beurtheilen, ob der Kandidat für vollständig qualifizirt zu achten sei oder nicht.

B.

Beschäftigung der Referendarien von der zweiten bis zur dritten Prüfung.

Jeder Referendarius, der zur dritten Prüfung verstattet werden will, muß:

1) ein volles Jahr bei einem Obergerichte gearbeitet haben;
2) mindestens drei Monate bei einem Untergerichte als selbstständiger Richter in allen Hauptzweigen der richterlichen Thätigkeit beschäftigt gewesen sein. Die Beschäftigung von mindestens vier Monaten bei einem größeren Untergericht, bei welchem Referendarien als selbstständige Richter nicht fungiren dürfen, kann mit Genehmigung des Obergerichts die Beschäftigung als selbstständiger Richter bei einem kleinen Untergericht ersetzen.

   Außerdem muß der Referendarius noch mindestens sechs Monate, entweder

3) bei einem Untergerichte arbeiten und besonders auch als Assistent der Parteien in Civil-Prozessen, sowie

als Vertheidiger in Kriminal-Untersuchungen beschäftigt werden;
oder Statt dessen

4) bei einem Justiz-Kommissarius zur Beschäftigung eintreten, um sich namentlich in Vertretung der Parteien und in mündlichen Vorträgen vor versammeltem Gerichte noch besser zu üben.

Von der Beschäftigung zu 3 und 4 können Referendarien, welche bei einer Regierung oder General-Kommission längere Zeit mit Erfolg gearbeitet haben, durch den Justiz-Minister dispensirt werden.

Hinsichtlich der Beschäftigung der Referendarien bei den Ober- und Untergerichten ist aber noch Folgendes zu beachten:

a) Die Referendarien müssen, wie bisher, als Inquirenten beschäftigt, diese Beschäftigung kann jedoch mit der bei Ober- und Untergerichten, wie sie vorstehend angeordnet ist, verbunden, auch da, wo das Gesetz vom 17. Juli 1846 gilt, während dieser Stadien durch Arbeiten bei den Staats-Anwälten ersetzt werden. Die Staats-Anwälte werden zugleich ermächtigt, bei geringfügigern Untersuchungssachen unter ihrer oder ihrer Gehülfen Aufsicht, die Referendarien auch in den mündlichen Verhandlungen fungiren zu lassen.

b) Referendarien, welche einer Partei vom Gerichte zum Assistenten zugeordnet worden, sind für den bestimmten Prozeß zu allen durch die Verordnung vom 21. Juli 1846 den Justiz-Kommissarien beigelegten Funktionen bei diesem Gerichte berechtigt.

c) Die von dem Referendarius getroffene Wahl eines Justiz-Kommissarius, bei welchem er eintreten will (ob. Num. 4) bedarf der Genehmigung des betreffenden Präsidenten.

Die in Civil- und Strafsachen vor versammeltem Gerichte zu haltenden mündlichen Vorträge muß der Referendar unter Assistenz des gewählten Justiz-Kommissarius halten; dem Vorsitzenden des Gerichtshofes steht es jedoch zu, in geringfügigeren, nach dem Gesetze vom 17. Juli v. J. behandelten Strafsachen, ihn ohne Assistenz des Justiz-Kommissarius als Vertheidiger auftreten zu lassen.

d) Die Folgereihe, sowie das Detail der Beschäftigung der Referendarien in den vorgeschriebenen Stadien muß dem Ermessen der Präsidenten, Staats-Anwälte, Direktoren und Justiz-Kommissarien überlassen bleiben; als leitender Grundsatz ist jedoch dabei festzuhalten, daß sich die Referendarien die Fähigkeit, mit Parteien umzugehen, und nicht minder eine hinreichende Uebung im schriftlichen

Vortrage, wie Gewandtheit in mündlicher Darstellung, sowie die Fähigkeit erwerben müssen, mündliche Vorträge der Parteien rasch und richtig aufzufassen und die Gesetze auf den mündlich vorgetragenen Rechtsfall richtig anzuwenden.

Sind sie bei den Gerichten in dem Civil-Prozeßverfahren zu Referenten bestellt, so haben sie in der Regel nicht nur das Referat mit einem Votum auszuarbeiten, sondern auch demnächst der mündlichen Verhandlung, der Berathung in dem Berathungszimmer beizuwohnen und hier (bei den Obergerichten und größeren Untergerichten stets, bei anderen, so lange ihnen kein Votum beigelegt ist, unter der Kontrolle eines Korreferenten) den Vortrag zu halten, sowie endlich das beschlossene Urtel mit Gründen abzusetzen.

C.

Zulassung zur dritten Prüfung.

Um nach Zurücklegung der vorgeschriebenen Stadien, zur dritten Prüfung zugelassen zu werden, hat der Kandidat an Stelle des bisher vorgeschriebenen Instruktions- und Relationen-Verzeichnisses, neben den sonstigen, auf den auch ferner gültigen reglementären Bestimmungen beruhenden Zeugnissen, beizubringen:

a) ein Verzeichniß von 12 praktisch brauchbaren Referaten in Civilsachen, die er entweder nach dem alten Verfahren, oder nach dem der Verordnung vom 21. Juli v. J. bei Obergerichten angefertigt hat.

Bei den zuletzt gedachten muß mit den Referaten nicht nur ein Votum in der Sache angefertigt sein, sondern der Referent muß auch in mindestens vieren derselben den mündlichen Vortrag gehalten und das Erkenntniß abgesetzt haben.

b) Ein Verzeichniß von mindestens sechs wichtigeren schriftlichen praktischen Arbeiten, die er selbstständig, sei es bei dem Ober- oder einem Untergerichte angefertigt hat, die aus jedem beliebigen Kreise seiner Geschäftsthätigkeit entnommen sein, und unter welchen sich zwei Untersuchungen befinden können.

Von den Arbeiten zu b kann er eine selbst zur Censur bezeichnen, eine andere wird von dem Vorsitzenden der Immediat-Justiz-Examinations-Kommission zu diesem Zweck ausgewählt.

Uebrigens verbleibt es dabei, daß ein Kandidat, welcher

zur dritten Prüfung präsentirt sein will, dem Präsidium die erforderlichen Atteste und Zeugnisse einzureichen hat, daß das Gesuch demnächst bei den Mitgliedern des Kollegiums zur Abgabe ihrer schriftlichen Vota cirkuliren muß, und daß sodann darüber, ob der Kandidat zuzulassen und ihm das General-Attest zu ertheilen, oder ob derselbe Behufs seiner besseren Ausbildung zur ferneren praktischen Beschäftigung zu verweisen sei, im Kollegium nach vorgängigem Vortrag Beschluß zu fassen ist.

D.

Die Prüfung bei der Immediat-Justiz-Examinations-Kommission selbst ist eine schriftliche und eine mündliche.

Die schriftliche Prüfung hat zum Gegenstande:

1) zwei der sub b in dem vorigen Abschnitte gedachten schriftlichen Arbeiten,
2) eine Probe-Relation, die entweder nach dem alten Verfahren, in Gemäßheit der darüber bestehenden Vorschriften, oder
nach der Verordnung vom 21. Juli 1846 angefertigt worden ist.

Diese Relation kann der Kandidat bei einem Obergerichte oder bei dem Geheimen Ober-Tribunale, oder auch bei dem Revisions-Kollegium zu Berlin anfertigen. Ist es ein Referat nach der Verordnung vom 21. Juli v. J., so muß dasselbe bestehen:

a) aus einer Darstellung des Sach- und Rechtsverhältnisses auf Grund der schriftlichen Verhandlungen;
b) einem danach mit Gründen angefertigten Votum und Erkenntniß-Entwurfe und wenn der Kandidat dafür hält, daß das Resultat der mündlichen Verhandlung eine Aenderung des von ihm projectirten Erkenntnisses nöthig mache;
c) dem in Folge der mündlichen Verhandlung modificirten Erkenntniß-Entwurfe.

Dieser modificirte Erkenntniß-Entwurf ist von dem Kandidaten sofort nach dem Schlusse der mündlichen Verhandlung anzufertigen, ohne daß er der Berathung des Kollegiums beigewohnt hat.

Endlich hat der Kandidat

3) eine wissenschaftliche Arbeit über ein praktisches Thema, welches der Vorsitzende der Immediat-Justiz-Examinations-Kommission auswählt, in einer Frist von längstens 4 Wochen anzufertigen, unter eidesstattlicher Angabe der außer den Gesetzbüchern benutzten Quellen.

Wenn nach dem Ausfall der schriftlichen oder mündlichen Prüfung die volle Qualifikation eines Kandidaten, insbesondere seine Fähigkeit, einen praktischen Rechtsfall schnell und klar zu behandeln, zweifelhaft erscheint, so ist die Immediat-Justiz-Examinations-Kommission befugt, dem Kandidaten, unter Aufsicht eines ihrer Mitglieder, ein praktisches Thema oder einen Rechtsfall zur sofortigen schriftlichen Bearbeitung unter Benutzung der erforderlichen Gesetzbücher vorzulegen, und mit Rücksicht auf das Ergebniß dieser Arbeit zu beurtheilen, ob der Kandidat für vollständig qualificirt zu achten sei oder nicht.

Die vorstehenden Bestimmungen, wonach an Stelle einer der bisherigen zwei Probe-Relationen, eine wissenschaftliche Arbeit anzufertigen ist, und die Examinations-Kommission auch sofort zu entwerfende schriftliche Arbeiten verlangen kann, gelten auch für die Kandidaten aus dem Bezirke des Ober-Appellationsgerichts zu Köln.

E.

Zeit der Anwendung dieser Bestimmungen.

Die in dieser Zusammenstellung enthaltenen neuen Bestimmungen, welche unter B die Vorbereitung der Referendarien zur dritten Prüfung betreffen, treten mit dem 1. Januar 1848 für alle diejenigen in Kraft, welche bis dahin noch nicht das General-Attest der betreffenden Präsidien erhalten haben.

Alle übrige Bestimmungen sind schon vom 1. Juli d. J. ab in Ausführung zu bringen.

---

b) Allerhöchste Ordre vom 14. Juni 1847.

Auf Ihren Bericht vom 10. Mai d. J. genehmige Ich die in der wieder zurückfolgenden Zusammenstellung enthaltenen, die bestehenden Vorschriften abändernden Grundsätze über die Vorbereitung und Prüfung der Justiz-Referendarien, und ermächtige Sie, die Immediat-Justiz-Examinations-Kommission, sowie die betreffenden Gerichte hiernach mit der erforderlichen Anweisung zu versehen.

Sanssouci den 14. Juni 1847.

Friedrich Wilhelm.

An
den Staats- und Justiz-Minister Uhden.

112.

Allgemeine Verfügung vom 30. Juni 1847, — betreffend das Verfahren bei Kassen-Defekten.

(Cirkular-Verfügung vom 18. Januar 1833, Jahrb. Bd. 41. S. 237. — Verordn. v. 24. Jan. 1844, Ges.-Samml. S. 52 u. Rhein. Samml. Bd. 8. S. 231.)

Nach §. 30 der Instruktion für die Königliche Ober-Rechnungs-Kammer vom 18. Dezember 1824 sind die Gerichte verpflichtet, Erkenntnisse gegen untreue Kassenbeamte, deren Betrug nicht bei der Rechnungs-Revision entdeckt worden ist, der Ober-Rechnungs-Kammer in Abschrift mitzutheilen. Diese Bestimmung ist zur Erleichterung der Gerichtsbehörden durch spätere Anordnungen dahin modificirt worden, daß sie nur diejenigen Erkenntnisse, welche gegen die bei den Justiz-Salarien-Kassen angestellten Beamten ergehen, der Ober-Rechnungs-Kammer in Abschrift einzureichen, in Betreff der übrigen Kassenbeamten aber derselben blos Anzeige davon zu machen haben, sobald wegen der verübten Defekte rechtskräftig erkannt worden ist, wobei jedesmal hinzugefügt werden muß, welcher Verwaltungsbehörde die Ausfertigung des Erkenntnisses und unter welchem Datum dieselbe mitgetheilt worden ist.

Die Verordnung vom 24. Januar 1844 über die Festsetzung und den Ersatz der bei Kassen- und anderen Verwaltungen vorkommenden Defekte (Gesetz-Samml. S. 52 ff.) hat in dieser Beziehung anderweitige Anordnungen nothwendig gemacht, und es ist demzufolge auf den Antrag der Ober-Rechnungs-Kammer mittelst Beschlusses des Königl. Staats-Ministeriums vom 11. d. M. die Bestimmung getroffen worden:

1) daß der Ober-Rechnungs-Kammer von der dem betreffenden Kassenbeamten vorgesetzten Behörde jedesmal sofort Anzeige gemacht werden soll, sobald ein Kassen- oder sonstiger Defekt entdeckt worden ist, und
2) daß ihr der motivirte Beschluß, welcher nach §. 4 ff. der Verordnung vom 24. Januar 1844 über jeden Defekt abgefaßt werden muß, gleich dann, sobald derselbe vollstreckbar geworden ist, von der Behörde, welche den Beschluß abgefaßt hat, mitgetheilt, und bei Einreichung der Rechnung, in welcher der Defekt zuerst erscheint, nur darauf Bezug genommen werden soll.

Dagegen soll es für den Fall, daß demnächst noch eine gerichtliche Untersuchung hinzutritt, genügen, daß, wenn wegen einer Rechnungs-Position auf ein gerichtliches Erkenntniß Bezug genommen wird, nur der Tenor desselben mit Weglassung der Entscheidungsgründe beigefügt werde, der Ober-Rechnungs-Kammer aber vorbehalten bleiben, in einzelnen besonderen Fällen auch die Mittheilung der Entscheidungsgründe einzufordern. Eben so soll die von den Gerichten zu erstattende Anzeige von dem Erlaß eines solchen Erkenntnisses wegfallen.

Sämmtliche Gerichtsbehörden haben diese Bestimmungen in vorkommenden Fällen zu beachten.

Berlin den 30. Juni 1847.

Der Justiz-Minister
Uhden.

An
sämmtliche Gerichtsbehörden.

I. 2334. Justizfond 1. Vol. 3.

113.

Verordnung vom 5. Juli 1847, — betreffend das Spiel in auswärtigen Lotterieen, so wie die Unternehmung öffentlicher Lotterieen oder Ausspielungen durch Privatpersonen.

Wir Friedrich Wilhelm, von Gottes Gnaden, König von Preußen rc.

Thun kund und fügen hiermit zu wissen.

Da die bisherigen Verordnungen wegen Bestrafung des Spielens in auswärtigen Lotterieen, so wie der unbefugten Unternehmung öffentlicher Lotterieen oder Ausspielungen durch Privatpersonen, dem Bedürfnisse und den Verhältnissen nicht mehr genügend entsprechen, so verordnen Wir auf den Antrag Unseres Staats-Ministeriums, was folgt:

§. 1.

Wer in auswärtigen Lotterieen, die nicht mit Unserer Genehmigung in Unseren Staaten besonders zugelassen sind, spielt, wer sich dem Verkaufe der Loose dergleichen auswärtiger Lotterieen unterzieht, oder einen solchen Verkauf als Mittelsperson befördert, imgleichen wer innerhalb Landes, ohne ausdrückliche Genehmigung der Minister des Innern und der Finanzen, öffentliche Lotterieen unternimmt oder Glücksbuden errichtet, soll mit einer fiskalischen Geldbuße bis zu Fünfhundert Thalern bestraft werden.

§. 2.

Den Lotterieen sind hierin alle öffentlich veranstaltete Ausspielungen beweglicher oder unbeweglicher Sachen gleich zu achten.

§. 3.

Alle, der gegenwärtigen Verordnung entgegenstehende Vorschriften werden hiermit aufgehoben.

Urkundlich unter Unserer Höchsteigenhändigen Unterschrift und beigedrucktem Königlichen Insiegel.

So geschehen Sanssouci den 5. Juli 1847.

(L. S.) Friedrich Wilhelm.

Prinz von Preußen.
v. Boyen, Mühler, Rother, Eichhorn, v. Thile, v. Savigny, Gr. zu Stolberg, Uhden, Frhr. v. Canitz, v. Düesberg.

Für den Minister des Innern:
Mathis.

I. 3001. L. 9. Vol. 2.

114.

Verfügung vom 22. Juli 1847, — betreffend die Zahlung und Ueberweisung der Kosten in Untersuchungssachen wegen einfachen Holzdiebstahls.

(Verf. v. 22. Mai 1847, S. 197 dieses Bandes.)

Unter Bezugnahme auf den Inhalt der Verfügung vom 22. Mai d. J.,

die Zahlung und Ueberweisung der Kosten in einfachen Holzdiebstahlssachen, sowie in Forstentwendungs-, Jagd- und Fischerei-Kontraventions-Sachen betreffend,

werden Ew. Hochwohlgeboren benachrichtigt, daß nach einem Schreiben des Ministeriums des Königlichen Hauses vom 12. d. M. die angeordnete Uebernahme der in diesen Sachen entstehenden Kosten auf die Forstverwaltungs-Etats sich lediglich auf die in den Königlichen Forst- und Jagd-Revieren vorkommenden Frevel bezieht, sohin auf Schulfonds-Gemarken und sonstige Waldungen, wenn auch die Administration der Forstverwaltung angehört, keine Anwendung findet, indem die Uebernahme jener Kosten auf die Forstverwaltungs-Etats nur rücksichtlich solcher Forst- und Jagd-Reviere geschehen könne und in der That auch nur habe geschehen sollen, deren Einkünfte zu den Königlichen Forstrevieren fließen.

Ew. Hochwohlgeboren werden demzufolge beauftragt, die Ober-Prokuratoren hiervon in Kenntniß zu setzen und dieselben anzuweisen, diesemgemäß die Anweisung der Gerichtskosten auf die Fonds der Forstverwaltung nur in denjenigen Fällen eintreten zu lassen, wo die Holzdiebstähle, Jagd-Kontraventionen ꝛc. in Königlichen Forst- und Jagdrevieren Statt gefunden haben.

Berlin den 22. Juli 1847.

Der Justiz-Minister
Uhden.

An
den Königlichen General-Prokurator Herrn Geheimen Ober-Justizrath Nicolovius Hochwohlgeboren
zu Köln.

I. 2770. Rh. Krim. 7. Vol. 6.

115.

Gesetz vom 23. Juli 1847, — über die Verhältnisse der Juden.

Wir Friedrich Wilhelm, von Gottes Gnaden, König von Preußen ꝛc. ꝛc.

Nachdem Wir zur Herstellung einer möglichst gleichmäßigen Gesetzgebung über die Verhältnisse der Juden die in dieser Hinsicht bestehenden Vorschriften einer Revision haben unterwerfen lassen, verordnen Wir, nach Anhörung beider Kurien Unserer zum ersten Vereinigten Landtage versammelt gewesenen getreuen Stände, auf den Antrag Unseres Staats-Ministeriums, was folgt:

Titel I.

Bürgerliche Verhältnisse der Juden.

§. 1.

Unseren jüdischen Unterthanen sollen, soweit dieses Gesetz nicht ein Anderes bestimmt, im ganzen Umfange Unserer Monarchie neben gleichen Pflichten auch gleiche bürgerliche Rechte mit Unseren christlichen Unterthanen zustehen.

Abschnitt I.

Bestimmungen für alle Landestheile, mit Ausschluß des Großherzogthums Posen.

§. 2.

Zulassung zu öffentlichen Aemtern.

Zu einem unmittelbaren oder mittelbaren Staatsamte, sowie zu einem Kommunalamte kann ein Jude nur dann zugelassen werden, wenn mit einem solchen Amte die Ausübung einer richterlichen, polizeilichen oder exekutiven Gewalt nicht verbunden ist.

Außerdem bleiben die Juden allgemein von der Leitung und Beaufsichtigung christlicher Kultus- und Unterrichts-Angelegenheiten ausgeschlossen.

An Universitäten können Juden, soweit die Statuten nicht entgegenstehen, als Privatdozenten, außerordentliche und ordentliche Professoren der medizinischen, mathematischen, naturwissenschaftlichen, geographischen und sprachwissenschaftlichen Lehrfächer zugelassen werden. Von allen übrigen Lehrfächern an Universitäten, sowie von dem akademischen Senate und von den Aemtern eines Dekans, Prorektors und Rektors bleiben sie ausgeschlossen.

An Kunst-, Gewerbe-, Handels- und Navigationsschulen können Juden als Lehrer zugelassen werden. Außerdem bleibt die Anstellung der Juden als Lehrer auf jüdische Unterrichtsanstalten beschränkt.

§. 3.

Ständische Rechte, Patronat rc.

Ständische Rechte können von Juden auch ferner nicht ausgeübt werden. Soweit diese Rechte mit dem Besitze eines Grundstücks verbunden sind, ruhen dieselben, so lange das Grundstück von einem Juden besessen wird.

Das Nämliche gilt vom Patronat und von der Aufsicht über das Kirchenvermögen. Beides wird von der Behörde (Verordnung v. 30. August 1816, Gesetzs. S. 207) ausgeübt. Die persönliche Ausübung der Gerichtsbarkeit und Polizei ist den Juden nicht gestattet; sie können jedoch den Gerichtshalter und den Verwalter der Polizei bestellen.

Der jüdische Besitzer bleibt zur Tragung der mit allen vorgedachten Rechten verbundenen Lasten verpflichtet.

Wo das Patronat einer Gemeinde zusteht, können deren jüdische Mitglieder an der Ausübung desselben nicht Theil nehmen, sie müssen aber die damit verbundenen Reallasten von ihren Besitzungen tragen. Außerdem bleiben die ansässigen jüdischen Mitglieder einer Stadt- oder Dorfgemeinde verpflichtet, die nach Maaßgabe des Grundbesitzes zu entrichtenden Beiträge zur Erhaltung der Kirchensysteme zu tragen; auch sind alle jüdische Grundbesitzer zur Leistung der auf ihren Grundstücken haftenden kirchlichen Abgaben verbunden.

§. 4.

Gewerbebetrieb.

Die für den Gewerbebetrieb im Umherziehen in Betreff der inländischen Juden bestehenden Beschränkungen werden aufgehoben.

Auch wird der Betrieb der in den §§. 51, 52, 54 und 55 der Gewerbeordnung vom 17. Januar 1845 genannten Gewerbe den Juden fortan freigegeben, in sofern nicht mit demselben die Ausübung einer polizeilichen oder exekutiven Gewalt verbunden ist.

§. 5.

Familiennamen.

Die Juden sind zur Führung fest bestimmter und erblicher Familiennamen verpflichtet.

§. 6.

Führung der Handelsbücher rc.

Bei Führung ihrer Handelsbücher haben sich die Juden entweder der deutschen oder der sonstigen, unter der Bevölkerung ihres Wohnorts üblichen Landessprache und deutscher oder lateinischer Schriftzüge zu bedienen. Handelsbücher, in welchen gegen diese Vorschrift verstoßen ist, haben für den Juden keine Beweiskraft. Bei Abfassung von Verträgen und rechtlichen Willenserklärungen, wie bei allen vorkommenden schriftlichen Verhandlungen ist den Juden nur der Gebrauch der deutschen oder einer andern lebenden Sprache und deutscher oder lateinischer Schriftzüge gestattet. Im Falle der Uebertretung der in diesem, wie im §. 5 enthaltenen Vorschriften trifft sie eine Geldstrafe von 50 Rthlrn. oder sechswöchentliches Gefängniß.

§. 7.

Zeugeneid.

In Ansehung der Pflicht zur Ablegung eidlicher Zeugnisse und der diesen Zeugnissen beizulegenden Glaubwürdigkeit findet sowohl in Civil- als Kriminalsachen zwischen den Juden und Unseren übrigen Unterthanen kein Unterschied statt.

§. 8.

Geburts-, Heiraths- und Sterbefälle.

Die bürgerliche Beglaubigung der Geburts-, Heiraths- und Sterbefälle unter den Juden soll durch Eintragung in ein gerichtlich zu führendes Register bewirkt werden.

§. 9.

Dieses Register (§. 8) wird von dem ordentlichen Richter

des Orts, wo der Geburts- oder der Sterbefall sich ereignet hat, oder die Brautleute wohnen, auch in Ansehung solcher Betheiligten geführt, welche sonst von der ordentlichen Gerichtsbarkeit befreit sind.

Haben die Brautleute ihren Wohnsitz in verschiedenen Gerichtsbezirken, so kann die Eintragung der Ehe bei dem einen oder dem andern der beiden Richter nachgesucht werden. Der Richter, welcher hiernach die Eintragung vornimmt, hat von derselben dem Richter des Orts, an welchem der andere Theil des Brautpaares wohnt, Mittheilung zu machen, und dieser hat die vollzogene Ehe auch in das von ihm geführte Register zu übernehmen.

§. 10.

Zur Anzeige einer erfolgten Geburt ist zunächst der Vater des Kindes verpflichtet. Ist derselbe nicht bekannt oder zur Erfüllung dieser Verpflichtung nicht im Stande, so muß die Anzeige von dem Geburtshelfer oder der Hebamme, wenn aber solche bei der Niederkunft nicht gegenwärtig gewesen sind, von den sonst dabei zugegen gewesenen Personen, und wenn die Geburt ohne Beisein Anderer erfolgt ist, von demjenigen, in dessen Wohnung das Kind geboren ist, geschehen. Andere, zu den Verwandten oder Hausgenossen gehörende Personen, sind zu der Anzeige berechtigt, aber nicht verpflichtet.

Die Anzeige muß den Tag und die Stunde der Geburt, das Geschlecht des Kindes und dessen Vornamen, ferner die Namen, den Stand oder das Gewerbe, sowie den Wohnort der Eltern enthalten.

War zur Zeit der gemachten Anzeige dem Kinde noch kein Vorname beigelegt, so ist hierüber binnen 3 Tagen, nachdem dies geschehen, nachträgliche Anzeige zu leisten.

§. 11.

Bei Todesfällen muß die Anzeige von dem Familienhaupte, und wenn ein solches nicht vorhanden oder hierzu nicht im Stande ist, von demjenigen gemacht werden, in dessen Wohnung der Todesfall sich ereignet hat. Andere Verwandte oder Hausgenossen des Verstorbenen sind zu der Anzeige berechtigt, aber nicht verpflichtet.

Die Anzeige muß Tag und Stunde des Todes, Vor- und Familien-Namen, Alter, Stand oder Gewerbe des Verstorbenen enthalten.

§. 12.

Der ehelichen Verbindung muß ein Aufgebot vorangehen. Dasselbe ist bei dem Richter des Orts, an welchem die Brautleute den Wohnsitz haben, und wenn dieselben in verschiedenen Gerichtsbezirken wohnen, bei jedem der beiden Richter in Antrag zu bringen, und erst dann zu veranlassen, wenn sich der

Richter die Ueberzeugung verschafft hat, daß die zur bürgerlichen Gültigkeit der Ehe gesetzlich nothwendigen Erfordernisse vorhanden sind.

Das Aufgebot erfolgt durch eine an der Gerichtsstelle und gleichzeitig an dem Rath- oder Ortsgemeinde-Hause, in dessen Ermangelung aber an der Wohnung des Ortsvorstehers, während 14 Tagen auszuhängende Bekanntmachung.

§. 13.

Zur Eintragung der Ehe in das Register ist erforderlich:

1) der Nachweis des Aufgebots (§. 12);
2) die persönliche Erklärung der Brautleute vor dem Richter, daß sie fortan als ehelich mit einander verbunden sich betrachten wollen.

§. 14.

Die bürgerliche Gültigkeit einer solchen Ehe beginnt mit dem Zeitpunkt der Eintragung der Ehe in das Register.

§. 15.

Zu den in den §§. 10, 11 und 13 vorgeschriebenen Anzeigen und Erklärungen ist das persönliche Erscheinen vor dem Richter erforderlich. Der Richter hat darüber, unter Zuziehung eines verpflichteten Protokollführers, ein Protokoll aufzunehmen, welchem die eingereichten Bescheinigungen beizufügen sind. Wenn nach dem Ermessen des Richters die Thatsache festgestellt ist, so hat derselbe, auf Grund des Protokolls, sofort den Geburts-, Heiraths- oder Sterbefall in das Register einzutragen und darüber ein Attest auszufertigen.

§. 16.

Das Register (§. 8) und die auf Grund desselben ausgefertigten Atteste genießen, bis zum Beweise des Gegentheils, vollen öffentlichen Glauben.

§. 17.

Die in den §§. 10 und 11 vorgeschriebenen Anzeigen müssen von den dazu Verpflichteten gemacht werden:

1) bei den Geburten innerhalb der zunächst folgenden 3 Tage;
2) bei Todesfällen spätestens an dem nächstfolgenden Tage.

Eine schuldbare Versäumniß dieser Fristen ist mit Geldbuße bis zu 50 Rthlrn. oder mit Gefängniß bis zu 6 Wochen zu bestrafen.

Außerdem haben die Säumigen diejenigen Kosten zu tragen, welche dadurch entstehen, daß der Richter wegen der verzögerten Anzeige zu irgend einer Ermittelung veranlaßt wird.

§. 18.

Die Festsetzung der im §. 17 angedrohten Strafe erfolgt durch gerichtliches Erkenntniß.

§. 19.

Die Orts-Polizeibehörden sind verpflichtet, auf die rechtzeitige Anzeige der Geburten und Sterbefälle zu achten und bei Unterlassung derselben das Erforderliche von Amts wegen zu veranlassen.

§. 20.

Für die den Gerichten durch gegenwärtige Verordnung überwiesenen Geschäfte sind Gebühren zu entrichten, über deren Betrag der Justizminister nähere Bestimmungen zu treffen hat.

§. 21.

Insoweit nicht durch gegenwärtige Verordnung abweichende Bestimmungen gegeben sind, haben die Gerichte bei dem Aufgebote und der Führung des Registers diejenigen Vorschriften zu befolgen, welche den Geistlichen der christlichen Kirchen für das Aufgebot und die Führung der Kirchenregister ertheilt sind.

§. 22.

In den zum Bezirke des Appellations-Gerichtshofes zu Köln gehörigen Landestheilen bewendet es bei den über die Feststellung der Geburten, Heirathen und Sterbefälle bestehenden Vorschriften.

§. 23.

Schuldverhältnisse und besondere Abgaben.

Die über die Schuldverhältnisse einzelner jüdischer Korporationen erlassenen Vorschriften und besonderen Anordnungen bleiben bis zur Tilgung dieser Schulden in Kraft.

Die an die Staatskasse von den Juden, als solchen, zu entrichtenden persönlichen Abgaben und Leistungen werden ohne Entschädigung aufgehoben. Bei derartigen Abgaben und Leistungen an Kämmereien, Grundherren, Institute ꝛc. behält es vorläufig sein Bewenden; es werden jedoch weitere Bestimmungen über deren Aufhebung und Ablösung vorbehalten.

Abschnitt II.

Bestimmungen für das Großherzogthum Posen.

§. 24.

Die bisherige Unterscheidung der jüdischen Bevölkerung des Großherzogthums Posen in naturalisirte und nicht naturalisirte Juden bleibt zur Zeit noch bestehen.

§. 25.

Bedingungen der Naturalisation.

Die allgemeinen Bedingungen zur Erlangung der Naturalisation sind:

1) ein fester Wohnsitz innerhalb des Großherzogthums Posen;
2) Unbescholtenheit des Lebenswandels;

3) die Fähigkeit, den Vorschriften des §. 6 zu genügen. Von diesem Erforderniß kann der Oberpräsident auf den Antrag der Regierung dispensiren.

Unter vorstehenden Voraussetzungen sollen in die Klasse der naturalisirten Juden diejenigen aufgenommen werden, welche entweder

1) einer Wissenschaft oder Kunst sich gewidmet haben und solche dergestalt betreiben, daß sie von ihrem Ertrage sich erhalten können; oder
2) ein ländliches Grundstück von dem Umfange besitzen und selbst bewirthschaften, daß dasselbe ihnen und ihrer Familie hinreichenden Unterhalt sichert; oder
3) in einer Stadt ein nahrhaftes stehendes Gewerbe betreiben; oder
4) ein Kapitalvermögen von wenigstens 5000 Rthlr., oder
5) in einer Stadt ein Grundstück von wenigstens 2000 Rthlr. an Werth schuldenfrei eigenthümlich besitzen; oder
6) ihrer Dienstpflicht im stehenden Heere vollständig genügt und gute Führungs-Atteste erhalten, oder
7) durch patriotische Handlungen ein besonderes Verdienst um den Staat sich erworben haben; oder
8) aus anderen Provinzen Unserer Monarchie ihren Wohnsitz in das Großherzogthum Posen verlegen; oder endlich
9) nach dem übereinstimmenden Urtheile der Ortsbehörde, des Landraths und der Regierung zur Naturalisation für geeignet erachtet werden.

§. 26.

Die ehelichen Kinder naturalisirter Juden gehören schon vermöge ihrer Geburt in die Klasse der naturalisirten Juden. Die bei Publikation dieses Gesetzes aus der väterlichen Gewalt bereits entlassenen Kinder naturalisirter Juden können jedoch die Naturalisation nur nach Maaßgabe der Bestimmungen im §. 25 erwerben.

§. 27.

Ehefrauen nehmen an den Rechten, welche ihre Ehemänner durch die Naturalisation erlangt haben, Theil. Diese Rechte verbleiben ihnen auch nach Auflösung der Ehe, gehen jedoch durch Wiederverheirathung mit einem nicht naturalisirten Juden verloren.

§. 28.

Alle in die Klasse der Naturalisirten eintretende Juden erhalten von der Regierung des Bezirks, in welchem sie wohnen, Naturalisations-Patente.

§. 29.

Rechte der naturalisirten Juden.

Für die naturalisirten Juden des Großherzogthums Posen

gelten alle im Abschnitt I. für die Juden der übrigen Landestheile enthaltenen Bestimmungen.

§. 30.

Verlust der Naturalisation.

Naturalisirte Juden, welchen die Nationalkokarde rechtskräftig aberkannt ist, verlieren dadurch ohne Weiteres die mit der Naturalisation verbundenen Rechte. Außerdem können diese Rechte einem Juden durch Plenarbeschluß der Regierung entzogen werden, wenn derselbe die Naturalisation auf Grund wissentlich unrichtiger Angaben erlangt hat, sowie in allen denjenigen Fällen, in welchen nach §§. 19 und 20 der revidirten Städteordnung vom 17. März 1831 das Bürgerrecht entzogen werden muß, oder von den Stadtbehörden entzogen werden kann. Gegen das, die Entziehung der Naturalisation festsetzende Resolut der Regierung ist der Rekurs an den Minister des Innern zulässig; derselbe muß jedoch binnen einer zehntägigen Präklusivfrist nach Eröffnung des Resoluts bei der Regierung angemeldet werden.

§. 31.

Nicht naturalisirte Juden.

Ueber diejenigen jüdischen Einwohner der Provinz Posen, welche sich zur Aufnahme in die Klasse der Naturalisirten noch nicht eignen, sind, wie bisher, vollständige Verzeichnisse zu führen.

§. 32.

Auf Grund derselben ist von der Orts-Polizeibehörde jedem Familienvater, sowie jedem einzelnen volljährigen und selbstständigen Juden ein mit der Nummer des Verzeichnisses versehenes Certifikat zu ertheilen, welches, insofern es eine Familie umfaßt, die Namen sämmtlicher Mitglieder derselben enthalten muß, und nach der jährlichen Revision mit einem Visa versehen oder berichtigt wird.

§. 33.

Die Bestimmungen des Abschnitts I. finden auf die nicht naturalisirten Juden nur unter folgenden besonderen Beschränkungen Anwendung:

1) Von allen unmittelbaren und mittelbaren Staatsämtern, sowie von Kommunalämtern, imgleichen von allen Lehrämtern an anderen als jüdischen Unterrichtsanstalten, bleiben sie ausgeschlossen.
2) Das städtische Bürgerrecht können sie nicht erwerben.
3) Auf dem Lande dürfen sie nur dann ihren Wohnsitz nehmen, wenn sie entweder einen Bauerhof erwerben oder pachten und denselben selbst bewirthschaften, oder wenn sie sich bei ländlichen Grundbesitzern als Dienstboten, oder

zum Betriebe einzelner Zweige des landwirthschaftlichen Gewerbes, z. B. als Brenner oder Brauer vermiethen.

4) Das Schankgewerbe ist ihnen nur auf Grund eines besonderen Gutachtens der Ortspolizei-Behörde über ihre persönliche Qualifikation von der Regierung, jedoch niemals auf dem Lande, zu gestatten. Der Einkauf und Verkauf im Umherziehen ist ihnen unbedingt untersagt.

5) Aus Darlehnsgeschäften können sie nur dann Rechte erwerben, wenn die Schuldurkunde gerichtlich aufgenommen worden ist.

6) Schuldansprüche derselben für verkaufte berauschende Getränke haben keine rechtliche Gültigkeit.

7) Der Umzug in andere Provinzen ist ihnen nicht gestattet, und für den vorübergehenden Aufenthalt daselbst die Genehmigung des Ober-Präsidenten der Provinz erforderlich.

8) Nicht naturalisirte Juden männlichen Geschlechts bedürfen zur Schließung einer Ehe eines vom Landrathe kosten- und stempelfrei auszufertigenden Trauscheins. Derselbe darf ihnen vor zurückgelegtem 24. Lebensjahre nicht anders, als auf Grund einer besonderen, auf dringende Fälle zu beschränkenden Erlaubniß des Ober-Präsidenten ertheilt werden.

§. 34.

In Betreff der Schulden der jüdischen Korporationen und deren Tilgung, sowie der Verbindlichkeit zur Ablösung der Korporations-Verpflichtungen verbleibt es sowohl für die naturalisirten, als nicht naturalisirten Juden überall bei den bestehenden Vorschriften und Anordnungen. Das festgestellte Ablösungskapital kann von den Regierungen im Wege der administrativen Exekution beigetrieben werden.

Titel II.

Kultus- und Unterrichts-Angelegenheiten der Juden.

Abschnitt I.

Bestimmungen für alle Landestheile, mit Ausschluß des Großherzogthums Posen.

§ 35.

Bildung von Synagogen-Gemeinden [Judenschaften].

Die Juden sollen nach Maaßgabe der Orts- und Bevölkerungs-Verhältnisse dergestalt in Synagogengemeinden (Judenschaften) vereinigt werden, daß alle innerhalb eines Synagogenbezirks wohnende Juden einer solchen Gemeinde angehören.

§. 36.

Die Bildung der Synagogenbezirke erfolgt durch die Regierungen nach Anhörung der Betheiligten.

Die Regierungen sind ermächtigt, die in dieser Weise gebildeten Synagogenbezirke nach dem Bedürfnisse abzuändern und die hierauf bezüglichen Verhältnisse, unter Zuziehung der Betheiligten, einschließlich der etwa vorhandenen Gläubiger, zu ordnen.

§. 37.

Die einzelnen Synagogengemeinden erhalten in Bezug auf ihre Vermögensverhältnisse die Rechte juristischer Personen.

§. 38.

Jede Synagogengemeinde erhält einen Vorstand und eine angemessene Zahl von Repräsentanten.

§. 39.

Der Vorstand besteht aus mindestens 3, höchstens 7 Mitgliedern, welche ihr Amt unentgeltlich verwalten.

§. 40.

Die Zahl der Repräsentanten der Synagogengemeinde soll mindestens 9 und höchstens 21 betragen

§. 41.

Sämmtliche männliche, volljährige, unbescholtene Mitglieder der Synagogengemeinde, welche sich selbstständig ernähren und mit Entrichtung der Abgaben für die Synagogengemeinde während der letzten 3 Jahre nicht in Rückstand geblieben sind, wählen die Repräsentanten und diese den Vorstand auf 6 Jahre. Die Wahl ist überall zugleich auf eine entsprechende Zahl von Stellvertretern zu richten.

§. 42.

Das Wahlgeschäft wird durch einen Abgeordneten der Regierung geleitet. Nach Ablauf der ersten 3 Jahre scheidet die Hälfte der Vorstandsmitglieder und der Repräsentanten nach dem Loose, demnächst jedesmal die ältere Hälfte aus.

§. 43.

Die Wahlen der Mitglieder des Vorstandes unterliegen der Genehmigung der Regierung, welche die ganze Wirksamkeit des Vorstandes zu beaufsichtigen hat und befugt ist, einzelne Mitglieder wegen vorsätzlicher Pflichtwidrigkeit oder wiederholter Dienstvernachlässigungen nach vorangegangener administrativer Untersuchung durch Beschluß zu entlassen.

§. 44.

Der Vorstand ist das Organ, durch welches Anträge oder Beschwerden der Synagogengemeinde an die Staatsbehörde gelangen. Er hat über alle, die Synagogengemeinde betreffenden

Angelegenheiten und über einzelne, zu ihr gehörige Mitglieder den Staats- und Kommunalbehörden auf Erfordern pflichtmäßig und unter eigener Verantwortlichkeit Auskunft zu ertheilen. Derselbe führt die Verwaltung der Angelegenheiten der Synagogengemeinde, hat die Beschlüsse der Repräsentanten (§. 47.) zu veranlassen und zur Ausführung zu bringen, auch die Synagogengemeinde überall gegen dritte Personen, insbesondere in allen Rechtsgeschäften, sie mögen die Erwerbung von Rechten oder die Eingehung von Verbindlichkeiten betreffen, zu vertreten.

§. 45.

Dem Vorstande steht die Wahl und Anstellung der Verwaltungs-Beamten zu. Derselbe hat jedoch vor jeder Anstellung die Repräsentanten über die Würdigkeit der anzustellenden Personen zu hören.

§. 46.

Die Repräsentanten-Versammlung erhält durch ihre Wahl und das Gesetz die Vollmacht und Verpflichtung, die Synagogengemeinde nach Maaßgabe dieser Verordnung, ohne Rücksprache mit der ganzen Gemeinde oder mit Abtheilungen derselben, nach Ueberzeugung und Gewissen zu vertreten und verbindende Beschlüsse für die Gemeinde zu fassen.

Die Repräsentanten haben nicht einzeln, sondern nur in der Gesammtheit die Befugniß, durch gemeinschaftliche Beschlüsse von der gesetzlichen Vollmacht Gebrauch zu machen.

Die Repräsentanten-Versammlung kontrolirt die Verwaltung des Vorstandes. Sie ist daher berechtigt und verpflichtet, sich von der Ausführung ihrer Beschlüsse und der Verwendung der Gemeinde-Einnahmen Ueberzeugung zu verschaffen, die Akten einzusehen, die Rechnungen zu prüfen, dagegen Erinnerungen zu machen und Dechargen zu ertheilen u. s. w.

Sofern sie zu finden glaubt, daß dem Vorstande, oder dessen einzelnen Mitgliedern Vernachlässigungen oder Pflichtverletzungen zur Last fallen, so hat sie dies der Regierung zur Untersuchung und Verfügung anzuzeigen.

Der Vorsteher und die einzelnen Repräsentanten sind der Gemeinde für den ihr zugefügten Nachtheil verantwortlich, wenn sie sich der Abstimmung entziehen, wenn sie durch Ordnungswidrigkeiten die Beschlußnahme verhindern, oder die Beschlüsse vereiteln, oder sich ungebührlicherweise in die Ausführung mischen. Dagegen sind sie für den Inhalt ihrer Beschlüsse nur dann verantwortlich, wenn sie wider besseres Wissen, also in unredlicher Absicht verfahren haben.

§. 47.

In allen, lediglich den inneren Haushalt der Synagogengemeinde betreffenden Angelegenheiten ist der Beschluß der Repräsentantenversammlung durch den Vorstand zu veranlassen. Dahin gehört:

1) Festsetzung des Etats;
2) Verpachtung, Verwaltung und Verpfändung von Grundstücken;
3) Anstellung von Prozessen und Abschließung von Vergleichen über Gerechtsame der Synagogen-Gemeinde oder über die Substanz des Vermögens derselben;
4) Verträge, welche außer den Grenzen des Etats liegen, und außerordentliche den Etat übersteigende Geldbewilligungen;

Die Beschlußnahme der Repräsentanten, wenn sie den bestehenden Gesetzen nicht widerspricht, ist in der Regel bindend für den Vorstand. Hat derselbe jedoch die Ueberzeugung, daß der Beschluß der Gemeinde nachtheilig sein werde, so hat er die Bestätigung zu versagen, und wenn der anzustellende Versuch einer Vereinigung erfolglos ist, die Entscheidung der Regierung einzuholen.

§. 48.

Außer dem Einverständnisse des Vorstandes und der Repräsentanten-Versammlung ist auch die Genehmigung der Regierung erforderlich:

1) zur Einführung neuer Auflagen;
2) zur Aufnahme von Anleihen und zum Ankaufe von Grundstücken;
3) zur freiwilligen Veräußerung von Grundstücken und Realberechtigungen der Synagogengemeinde, welche überhaupt stets nur nach vorgängiger Taxe im Wege öffentlicher Lizitation erfolgen darf.

§. 49.

Die Regierungen haben nicht nur in den Fällen zu entscheiden, welche ihnen in diesem Gesetze ausdrücklich überwiesen sind, sondern sind auch im Allgemeinen berechtigt und verpflichtet,

1) sich Ueberzeugung zu verschaffen, ob in jeder Synagogengemeinde die Verwaltung nach den Gesetzen überhaupt und nach gegenwärtiger Verordnung insbesondere eingerichtet ist;
2) dafür zu sorgen, daß die Verwaltung fortwährend in dem vorgeschriebenen Gange bleibe und angezeigte Störungen beseitigt werden;
3) die Beschwerden Einzelner über die Verletzung der ihnen als Mitglieder der Gemeinde zustehenden Rechte zu untersuchen und zu entscheiden.

In allen Angelegenheiten der Synagogengemeinden geht der Rekurs an die Regierung, und gegen deren Entscheidung an die Ober-Präsidenten. Der Rechtsweg ist gegen die Entscheidung der Regierung nur dann zulässig, wenn die Klage auf einen speziellen privatrechtlichen Titel gegründet wird.

§. 50.

Ueber die Wahl und die Befugniß des Vorsitzenden in dem Vorstande und des Vorstehers der Repräsentantenversammlung, sowie über die Zahl der Mitglieder des Vorstandes und der Repräsentantenversammlung, der Stellvertreter derselben, ferner darüber, ob die Wahl in den Vorstand auf jüdische Einwohner des Hauptortes des Synagogenbezirks beschränkt bleiben, und welche Reisekostenentschädigung im anderen Falle den Gewählten gewährt werden soll, sind die erforderlichen Bestimmungen in ein, der Bestätigung des Ober-Präsidenten unterliegendes Statut aufzunehmen. Dasselbe kann auch besondere Festsetzungen über das Verhältniß des Vorstandes und der Repräsentanten gegen einander und gegen die Synagogengemeinde, namentlich in Beziehung auf die, den Kultus betreffenden inneren Einrichtungen (§. 51) enthalten.

Die erste Wahl des Vorstandes und der Repräsentanten erfolgt nach Vorschrift der Regierung. Diese hat auch nach stattgefundener Wahl das Erforderliche wegen Abfassung der Statuten anzuordnen, welche binnen einer festzusetzenden Frist von dem Vorstande und den Repräsentanten zu entwerfen und der Regierung einzureichen sind. Sofern der Entwurf innerhalb der gesetzten Frist nicht eingeht, ist von der Regierung über die dem Statute vorbehaltenen Bestimmungen ein die Synagogengemeinde bindendes Reglement zu erlassen.

§. 51.

Kultuswesen.

Die auf den Kultus bezüglichen inneren Einrichtungen bleiben in jeder einzelnen Synagogengemeinde, so lange und soweit nicht das Statut ein Anderes festsetzt (§. 50), der Vereinbarung des Vorstandes und der Repräsentanten überlassen. Die Regierung hat von diesen Einrichtungen nur in soweit Kenntniß zu nehmen nnd Entscheidung zu treffen, als die öffentliche Ordnung ihr Einschreiten erfordert.

§. 52.

Dem Statute einer jeden Synagogengemeinde bleibt die Bestimmung darüber vorbehalten, ob Kultusbeamte angestellt und wie dieselben gewählt werden sollen. Bis dahin behält es wegen dieser Wahlen bei demjenigen, was in den einzelnen Judenschaften herkömmlich ist und in Ermangelung eines festen Herkommens bei den allgemeinen gesetzlichen Vorschriften wegen der Wahl von Gesellschaftsbeamten sein Bewenden. Die gewählten Kultusbeamten dürfen in ihr Amt nicht eher eingewiesen werden, bis die Regierung erklärt hat, daß gegen ihre Annahme nichts zu erinnern ist. Die Regierung hat bei dieser Erklärung außer den Förmlichkeiten der Wahl nur darauf Rücksicht zu nehmen, ob die gewählten Kultusbeamten unbescholtene Männer sind.

§. 53.

Entstehen innerhalb einer Synagogengemeinde Streitigkeiten über die inneren Kultuseinrichtungen, welche auf Bildung einer neuen Synagoge abzielen, so sind die Minister der geistlichen rc. Angelegenheiten und des Innern ermächtigt, auf den Antrag der Interessenten eine Begutachtung der obwaltenden Differenzen durch eine zu diesem Zweck einzusetzende Kommission eintreten zu lassen. Kann durch den Ausspruch der Kommission der Konflikt nicht ausgeglichen werden, so haben die Minister unter Benutzung des von der Kommission abgegebenen Gutachtens darüber Anordnung zu treffen, mit welcher Maaßgabe entweder die Einrichtung eines abgesonderten Gottesdienstes oder die Bildung einer neuen Synagoge zu gestatten ist. Zugleich haben dieselben mit Ausschluß des Rechtsweges zu bestimmen, welcher Theil im Besitz der vorhandenen Kultuseinrichtungen und des Vermögens der Synagogengemeinde verbleibt.

§. 54.

Diese Kommission soll, so oft das Bedürfniß es erfordert, unter der Aufsicht eines Regierungs-Abgeordneten in Berlin zusammentreten, und aus neun Kultusbeamten oder anderen Männern jüdischen Glaubens bestehen, die das Vertrauen der Synagogen-Gemeinde, welcher sie angehören, besitzen.

§. 55.

Die Mitglieder der Kommission mit einer angemessenen Zahl von Stellvertretern werden von den Ministern der geistlichen rc. Angelegenheiten und des Innern auf den Vorschlag der Ober-Präsidenten, welche dabei die Anträge der Synagogen-Gemeinden ihres Verwaltungsbezirks besonders zu berücksichtigen haben, auf die Dauer von sechs Jahren ernannt.

§. 56.

Die durch den Zusammentritt der Kommission erwachsenden Kosten werden von den sämmtlichen Synagogen-Gemeinden des Staats nach Verhältniß des Kostenbetrages ihrer gesammten Bedürfnisse (§. 58) aufgebracht.

§. 57.

Die Kommission beschließt über die ihr zur Begutachtung vorgelegten Gegenstände nach absoluter Stimmenmehrheit, und hat die zu erstattenden Gutachten unter Beifügung von Gründen vollständig auszuarbeiten.

§. 58.
Aufbringung der Kosten.

Die Kosten des Kultus und der übrigen, die Synagogen-Gemeinde betreffenden Bedürfnisse, zu welchen auch die Einrichtung und Unterhaltung der Begräbnißplätze gehört, werden nach den durch das Statut einer jeden Synagogen-Gemeinde näher zu bestimmenden Grundsätzen auf die einzelnen Beitragspflichtigen umgelegt, und nachdem die Heberollen von der Regierung für vollstreckbar erklärt worden sind, im Verwaltungswege eingezogen. Der Rechtsweg ist wegen solcher Abgaben und Leistungen nur in soweit zulässig, als Jemand aus besonderen Rechtstiteln die gänzliche Befreiung von Beiträgen geltend machen will, oder in der Bestimmung seines Antheils über die Gebühr belastet zu sein behauptet.

Ob und in wieweit einzelne, zerstreut und von dem Mittelpunkte des Synagogen-Bezirks entfernt wohnende Juden zu den von der Synagogen-Gemeinde aufzubringenden Kosten, insbesondere zu den Kultus-Bedürfnissen beizutragen haben, ist von den Regierungen nach Maßgabe der Vortheile festzusetzen, welche jenen Juden durch die Verbindung mit der Synagogen-Gemeinde zu Theil werden.

Von neu anziehenden Juden darf ein sogenanntes Eintrittsgeld von der Synagogen-Gemeinde auch an denjenigen Orten, wo solches bisher üblich gewesen, künftig nicht mehr gefordert werden.

§. 59.
Armen- und Krankenpflege.

Die der besonderen Armen- und Krankenpflege der Juden gewidmeten Fonds und Anstalten, welche schon bisher von den jetzigen und früheren Vorständen der Judenschaften oder Synagogen-Gemeinden verwaltet und beaufsichtigt worden sind, werden auch künftig von denselben, vorbehaltlich des Ober-Aufsichtsrechts der Regierung, beaufsichtigt und verwaltet; neue derartige Fonds und Anstalten aber nur dann, wenn dies in der Stiftung ausdrücklich bestimmt ist.

§. 60.
Unterrichtswesen.

In Bezug auf den öffentlichen Unterricht gehören die schulpflichtigen Kinder der Juden den ordentlichen Elementarschulen ihres Wohnorts an.

§. 61.

Die Juden sind schuldig, ihre Kinder zur regelmäßigen Theilnahme an dem Unterrichte in der Ortschule während des gesetzlich vorgeschriebenen Alters anzuhalten, sofern sie nicht vor der Schulbehörde sich ausweisen, daß ihre Kinder anderweitig durch häusliche Unterweisung oder durch ordentlichen Besuch einer anderen vorschriftsmäßig eingerichteten öffentlichen oder Privat-Lehranstalt einen regelmäßigen und genügenden Unterricht in den Elementarkenntnissen erhalten.

§. 62.

Zur Theilnahme an dem christlichen Religions-Unterrichte sind die jüdischen Kinder nicht verpflichtet; eine jede Synagogen-Gemeinde ist aber verbunden, solche Einrichtungen zu treffen, daß es keinem jüdischen Kinde während des schulpflichtigen Alters an dem erforderlichen Religions-Unterrichte fehlt.

Als besondere Religionslehrer können nur solche Personen zugelassen werden, welche zur Ausübung eines Elementarschul-Amtes vom Staate die Erlaubniß erhalten haben.

§. 63.

Zur Unterhaltung der Ortsschulen haben die Juden in gleicher Weise und in gleichem Verhältnisse wie die christlichen Gemeindeglieder den Gesetzen und bestehenden Verfassungen gemäß beizutragen.

§. 64.

Eine Absonderung von den ordentlichen Ortsschulen können die Juden der Regel nach nicht verlangen; doch ist ihnen gestattet, in eigenem Interesse auf Grund diesfälliger Vereinbarungen unter sich, mit Genehmigung der Schul-Behörden Privat-Lehranstalten nach den darüber bestehenden allgemeinen Bestimmungen einzurichten. Ist in einem Orte oder Schulbezirke eine an Zahl und Vermögensmitteln hinreichende christliche und jüdische Bevölkerung vorhanden, um auch für die jüdischen Einwohner ohne deren Ueberbürdung eine besondere öffentliche Schule anlegen zu können, so kann, wenn sonst im allgemeinen Schulinteresse Gründe dazu vorhanden sind, die Absonderung der Juden zu einem eigenen Schulverbande auf den Antrag des Vorstandes der Synagogengemeinde angeordnet werden.

§. 65.

Die Regierung hat in solchem Falle über die beabsichtigte Schultrennung und den dazu entworfenen Einrichtungsplan die Kommunalbehörde des Orts und die übrigen Interessenten mit ihren Erklärungen und Anträgen zu vernehmen.

§. 66.

Ergiebt sich hierbei ein allseitiges Einverständniß über die Zweckmäßigkeit der Schulabtrennung und über die Bedingungen der Ausführung, so ist die Regierung befugt, die entsprechenden Festsetzungen und Einrichtungen unmittelbar zu treffen.

Im Falle obwaltender Differenzen bleibt die Entscheidung dem Minister der geistlichen ꝛc. Angelegenheiten vorbehalten.

§. 67.

Eine nach §§. 64—66 errichtete jüdische Schule hat die Eigenschaften und Rechte einer öffentlichen Schule. Insbesondere gelten dabei folgende nähere Bestimmungen:

1) Die Unterrichtssprache in einer solchen Schule muß die deutsche sein.
2) Die Errichtung und Unterhaltung dieser Schule liegt in Ermangelung einer anderweitigen Vereinbarung den jüdischen Einwohnern des Schulbezirks allein ob. Die Aufbringung der erforderlichen Kosten wird nach Maaßgabe der Bestimmung des §. 58 bewirkt.
3) Wo die Unterhaltung der Ortschulen eine Last der bürgerlichen Gemeinde ist, haben die Juden im Falle der Errichtung einer eigenen öffentlichen Schule eine Beihülfe aus Kommunalmitteln zu fordern, deren Höhe, unter Berücksichtigung des Betrages der Kommunalabgaben der jüdischen Einwohner, der aus den Kommunalkassen für das Ortsschulwesen sonst gemachten Verwendungen und der Erleichterung, welche dem Kommunalschulwesen aus der Vereinigung der jüdischen Kinder in eine besondere jüdische Schule erwächst, zu bemessen, und in Ermangelung einer gütlichen Vereinbarung von den Ministern der geistlichen ꝛc. Angelegenheiten und des Innern festzusetzen ist.
4) Die Juden werden, wenn sie eine öffentliche jüdische Schule unterhalten, sowohl von der Entrichtung des Schulgeldes, als auch von allen unmittelbaren, persönlichen Leistungen zur Unterhaltung der ordentlichen Ortsschulen frei.
5) Der Besuch der öffentlichen jüdischen Schulen bleibt auf die jüdischen Kinder beschränkt.

Abschnitt II.

Bestimmungen für das Großherzogthum Posen.

§. 68.

Synagogen-Gemeinden.

Die Vorschriften der §§. 35—50 wegen Bildung von Synagogen-Gemeinden ꝛc. finden auf das Großherzogthum Posen, wo den Juden bereits Korporationsrechte gesetzlich beigelegt sind, mit folgender Maaßgabe Anwendung:

1) Die Regierungen sind ermächtigt, Ortschaften, welche bisher zu keiner bestimmten Synagogen-Gemeinde gehört haben, nach näherer Vorschrift des §. 36 einer solchen Gemeinde einzuverleiben.

2) Die Genehmigung der Regierung ist daselbst außer den im §. 48 angeführten Fällen auch zur Aufnahme von Schulden jeder Art, zur Anstellung von Prozessen und zur Abschließung von Vergleichen über Gerechtsame der Korporationen oder über die Substanz des Vermögens der Synagogen=Gemeinde, wie zur Aufstellung des Verwaltungsetats und zu außeretatsmäßigen Ausgaben erforderlich.

§. 69.

Kultus= und Schulwesen. Armen= und Krankenpflege.

Desgleichen finden die Vorschriften der §§. 51—67 über das Kultuswesen, über die Armen= und Krankenpflege, so wie über die Schulangelegenheiten auch hier Anwendung. Diejenigen jüdischen Schulen, welche nach §. 10 der Verordnung vom 1. Juni 1833 als öffentliche jüdische Schulen errichtet worden sind, bleiben als solche bestehen, so lange nicht eine anderweitige Einrichtung von den Regierungen für nothwendig erachtet wird.

§. 70.

Nach vollendeter Schulbildung der jüdischen Knaben haben die Vorsteher der Synagogen=Gemeinde durch Rath und Ermahnung dahin zu wirken, daß jeder Knabe ein nützliches Gewerbe erlerne, oder sich auf wissenschaftlichen Lehranstalten einem höheren Berufe widme, und daß keiner derselben zum Gewerbebetriebe im Umherziehen gebraucht werde.

Titel III.

Allgemeine Bestimmungen.

§. 71.

Niederlassung und Aufenthalt fremder Juden.

Zur Niederlassung ausländischer Juden bedarf es vor Ertheilung der Naturalisationsurkunde der Genehmigung des Ministers des Innern.

Ausländische Juden dürfen ohne eine gleiche Genehmigung weder als Rabbiner und Synagogenbeamte, noch als Gewerksgehülfen, Gesellen, Lehrlinge oder Dienstboten angenommen werden. Die Ueberschreitung dieses Verbots zieht gegen die Inländer und die fremden Juden, gegen letztere, sofern sie sich bereits länger als 6 Wochen in den diesseitigen Staaten aufgehalten haben, eine fiskalische Geldstrafe von 20—300 Rthlrn. oder verhältnißmäßige Gefängnißstrafe nach sich. Fremden Juden ist der Eintritt in das Land zur Durchreise und zum Betrieb erlaubter Handelsgeschäfte nach näherem Inhalt der darüber be=

stehenden oder künftig zu erlassenden polizeilichen Vorschriften gestattet. In Betreff der Handwerksgesellen bewendet es jedoch bei den Bestimmungen der Ordre vom 14. Oktober 1838 (Gesetz-Samml. S. 503) und der mit auswärtigen Staaten besonders geschlossenen Verträge.

§. 72.

Aufhebung abweichender Gesetze.

Alle von den Bestimmungen dieses Gesetzes abweichende allgemeine und besondere gesetzliche Vorschriften werden hierdurch außer Kraft gesetzt.

§. 73.

Unsere Minister der geistlichen 2c. Angelegenheiten, des Innern und der Justiz haben wegen Ausführung dieser Verordnung das Erforderliche zu veranlassen.

Urkundlich unter Unserer Höchsteigenhändigen Unterschrift und beigedrucktem Königlichen Insiegel.

Gegeben Berlin den 23. Juli 1847.

(L. S.) Friedrich Wilhelm.

Prinz von Preußen,
v. Boyen, Mühler, Eichhorn, v. Thile, v. Savigny, v. Bodelschwingh, Uhden, Frhr. v. Canitz, v. Düesberg.

I. 3043. J. 7. Vol. 7.

116.

Verfügung vom 17. August 1847, — betreffend die Befugniß der Gerichtsschreiber bei den Rheinzollgerichten, solche Ausfertigungen von Verhandlungen, welche den Parteien nicht ex officio zuzustellen sind, denselben auf ihren Antrag gegen Erstattung der Kosten zu ertheilen.

(Art. 84 der Rheinschiffahrts-Konvention v. 31. März 1831; §. 49 der Verordnung vom 30. Juni 1834 (Rhein. Samml. Bd. 4. S. 88); Verfügung v. 27. März 1838 (Rh. Samml. Bd. 6. S. 448.)

Nach dem Artik. 84 der Rheinschiffahrts-Konvention vom 31. März 1831 und dem §. 49 der Verordnung vom 30. Juni 1834, die Errichtung der Rheinzollgerichte betreffend, sollen die

Rheinzollrichter und Gerichtsschreiber keine Gebühren beziehen und die Parteien keine andre Kosten zu tragen haben, als welche durch Zeugen und Sachverständige und deren Vorladung, durch Insinuationen, Porto ꝛc. veranlaßt werden.

Ew. Hochwohlgeboren Dienstvorgänger ist in Gemäßheit dieser Bestimmungen mittelst Reskripts vom 27. März 1838 (Rhein. Samml. Bd. 6. S. 448) aufgefordert worden, die Gerichtsschreiber der Rheinzollgerichte in dem Amtsbezirke des Appellationshofes zu Köln anzuweisen, sich jeder Erhebung von Ausfertigungsgebühren zu enthalten.

Auf den Grund dieser Verfügung sollen, wie früher angezeigt worden ist, die Gerichtsschreiber bei den gedachten Rheinzollgerichten die Ertheilung der Ausfertigungen nicht allein auf diejenigen Verhandlungen, welche den gesetzlichen Bestimmungen gemäß, den Parteien zugestellt werden müssen, beschränken; sondern es auch ablehnen, von sonstigen Verhandlungen Ausfertigungen zu ertheilen, wenn auch diese von den Parteien auf ihre Kosten verlangt werden.

Es liegt indessen in der Natur der Sache, daß den Parteien keine Ausfertigungen von Verhandlungen zu versagen sind, deren dieselben zur besseren Wahrnehmung ihres Rechts zu bedürfen glauben; jedoch können die desfalls zu entrichtenden Gebühren dem Gegner niemals berechnet oder zur Last gelegt werden.

Es beruht daher auf einem Mißverständnisse, wenn das Reskript vom 27. März 1838 anders ausgelegt worden ist, und veranlasse ich Ew. Hochwohlgeboren daher, die Gerichtsschreiber bei den Rheinzollgerichten in dem Bezirke des Rheinischen Appellationshofes darauf aufmerksam zu machen, daß auch von solchen Verhandlungen, welche nicht von Amtswegen zuzustellen sind, den Parteien auf ihren Antrag gegen Entrichtung der gesetzlichen Gebühren die verlangten Ausfertigungen nicht verweigert werden dürfen.

Berlin den 17. August 1847.

Das Justiz-Ministerium.
Ruppenthal.

An
den Königlichen General-Prokurator
Herrn Geheimen Ober-Justiz-Rath
Nicolovius Hochwohlgeboren
zu Köln.

I. 3160. Rhein. Gen. 142. Vol. 2.

117.

Verordnung zum Schutze der Fabrikzeichen an Eisen- und Stahlwaaren in der Provinz Westphalen und der Rheinprovinz, vom 18. August 1847.

Wir Friedrich Wilhelm, von Gottes Gnaden, König von Preußen rc. rc.

haben in Folge Unseres Erlasses vom 28. Mai 1842, durch welchen die im §. 3 Nr. 3, 4 und 5 des Gesetzes vom 4. Juli 1840 aufgehobenen Bestimmungen hinsichtlich der in der Rheinprovinz bis zur Bekanntmachung jenes Gesetzes gebrauchten und vorschriftsmäßig niedergelegten Fabrikzeichen bis auf Weiteres wieder in Kraft gesetzt worden sind, das Bedürfniß anderweiter Vorschriften zum Schutze der Fabrikzeichen in der Provinz Westphalen und der Rheinprovinz näher erörtern lassen, und verordnen nunmehr für die genannten beiden Provinzen, nach Anhörung Unserer getreuen Stände, auf den Antrag Unseres Staatsministeriums, was folgt:

§. 1.

Jeder selbstständige Gewerbtreibende kann unter den in gegenwärtiger Verordnung vorgeschriebenen Bedingungen die Befugniß erwerben, den von ihm selbst oder von Anderen für ihn verfertigten Eisen- und Stahlwaaren, sowie der Verpackung derselben, jedoch mit Ausschluß des rohen und raffinirten Stahls und des Stabeisens, ein besonderes Zeichen zu geben, welches von keinem Anderen bei der Verfertigung oder Verpackung solcher Waaren nachgemacht oder gebraucht werden darf. Diese Befugniß beschränkt sich jedoch auf Ein Zeichen, und kein Gewerbtreibender darf sich mehrere Zeichen zum ausschließlichen Gebrauch aneignen.

§. 2.

Das Zeichen, welches ein Gewerbtreibender zu seinem ausschließlichen Gebrauche wählen will (§. 1), muß sich von anderen, in den Zeichenrollen bereits eingetragenen oder zur Eintragung früher angemeldeten Zeichen (§. 4) hinlänglich unterscheiden. Es darf weder in Buchstaben, noch in Worten bestehen und keine Darstellung enthalten, welche gegen die guten Sitten verstößt.

Auf solche Zeichen, deren Gebrauch bisher in einem derjenigen Landestheile, wo ein obrigkeitlicher Schutz der Fabrikzeichen schon früher bestanden hat, in Folge besonderer Bestimmungen oder Observanzen ausnahmsweise einem Jeden gestattet war, kann ein ausschließliches Recht nicht erworben werden.

Ein Verzeichniß dieser Zeichen ist sogleich nach Publikation der gegenwärtigen Verordnung von den mit Führung der Zeichenrollen beauftragten Gewerbe- oder Fabrikgerichten (§. 3.) zu entwerfen und bei sämmtlichen Regierungen der Provinz Westphalen und der Rheinprovinz offen zu legen. Daß dies geschehen, ist in den Amtsblättern jener Regierungen mit Bestimmung einer Präklusivfrist von zwei Monaten zur Anmeldung etwaiger Einsprüche oder Ergänzungen bekannt zu machen. Nach Ablauf dieser Frist, oder wenn Einsprüche angemeldet worden sind, nach rechtskräftiger Entscheidung über diese Einsprüche (§. 10.), ist das Verzeichniß von dem Gewerbe- oder Fabrikengerichte festzustellen, und, daß dies geschehen, in den vorbezeichneten Amtsblättern zur öffentlichen Kenntniß zu bringen.

§. 3.

Wer sich den ausschließlichen Gebrauch eines Fabrikzeichens für Eisen- und Stahlwaaren oder deren Verpackung, sowie den obrigkeitlichen Schutz gegen das Nachmachen seines Zeichens sichern will, hat dasselbe in drei Abdrücken demjenigen Gewerbe- oder Fabrikengerichte einzureichen, welches mit der Führung der Zeichenrolle beauftragt ist. Die Zeichenrolle wird für die Provinz Westphalen und die Kreise Duisburg und Rees von dem Fabriken-Gerichte zu Hagen, und für die Rheinprovinz, mit Ausnahme der vorerwähnten Kreise, von den Gewerbegerichten zu Solingen und Remscheid geführt. Die Abgrenzung der Bezirke dieser beiden Gerichte in Beziehung auf die Führung der Zeichenrollen bleibt Unseren Ministern der Justiz und der Finanzen vorbehalten. Dieselben werden auch nach Publikation der gegenwärtigen Verordnung den Zeitpunkt bestimmen, von welchem an neue Fabrikzeichen zur Eintragung bei den drei genannten Gerichten angewendet werden können.

§. 4.

Das Gewerbe- oder Fabrikengericht hat jede Anmeldung eines neuen Zeichens, Behufs Feststellung der Priorität, sogleich in einem besondern Register, mit Angabe des Tages und der Stunde der Präsentation zu vermerken, und hiernächst die Zulässigkeit des Zeichens nach denjenigen gesetzlichen Bedingungen zu prüfen, welche von Amts wegen beachtet werden müssen. Ergeben sich hierbei keine Bedenken, so wird die Anmeldung durch die Amtsblätter der Regierungen zu Arnsberg und Düsseldorf, mit Bestimmung einer Präklusivfrist von zwei Monaten zur Anbringung etwaiger Einsprüche, bekannt gemacht und den beiden andern, mit Führung der Zeichenrollen beauftragten Gerichten abschriftlich mitgetheilt. Jedes der genannten drei Gerichte ist demnächst verpflichtet, das angemeldete Zeichen mit den in seine Anmeldungsregister und Rollen aufgenommenen Zeichen zu vergleichen und wenn hierbei der Unterschied desselben von letzteren nicht hinlänglich gefunden wird, die durch das angemeldete Zeichen gefährdeten Inhaber früher eingetragener Zeichen von der Anmeldung, unter Hinweisung auf die erlassene Bekanntmachung, besonders in Kenntniß zu setzen; wobei denselben zu überlassen ist, ihren Einspruch bei dem Gerichte, bei welchem die Anmeldung erfolgt ist, innerhalb der festgesetzten Frist geltend zu machen. Nach Ablauf dieser Frist entscheidet jenes Gericht über die eingegangenen Einsprüche und die Eintragungsfähigkeit des Zeichens (§. 10).

§. 5.

Das Fabrikzeichen, welches rechtskräftig (§§. 10 und 11) für eintragungsfähig erkannt worden ist, wird in die Zeichenrolle auf den Namen des Anmeldenden, oder wenn das Fabrikgeschäft, in dessen Interesse die Erwerbung des Zeichens geschieht, unter einer andern Firma betrieben wird, auf diese Firma eingetragen. Dem Betheiligten wird, unter Rückgabe eines der von ihm eingereichten Abdrücke des Zeichens, ein beglaubigter Auszug aus der Zeichenrolle zugefertigt und gleichzeitig die Eintragung mit Bezugnahme auf die frühere Bekanntmachung zur öffentlichen Kenntniß gebracht.

Die Sammlung der dritten Abdrücke der bei dem Gewerbe- oder Fabrikengerichte angemeldeten Fabrikzeichen nebst einem Auszuge aus der Zeichenrolle wird alljährlich an die Regierung des Bezirks, in welchem das Gericht seinen Sitz hat, eingesendet.

Ein Jeder ist befugt, die Zeichenrolle einzusehen und gegen Entrichtung der Schreibgebühren einen beglaubigten Auszug aus derselben zu verlangen.

§. 6.

Für die Eintragung eines Zeichens in die Rolle ist außer den Insertions-Kosten, den sonstigen baaren Auslagen und den Kosten, welche durch einen Streit über das Recht zur Führung eines Fabrikzeichens (§. 10) entstehen, eine Gebühr zu entrichten, deren Betrag von dem Gewerbe- oder Fabriken-Gerichte in jedem einzelnen Falle bestimmt wird, jedoch 5 Rthlr. nicht übersteigen darf.

§. 7.

Durch die Aufnahme eines Zeichens in die Rolle des Gewerbe- oder Fabrikengerichts und deren vorschriftsmäßige Bekanntmachung wird das Recht zum ausschließlichen Gebrauche des Zeichens bei Eisen- und Stahlwaaren, oder deren Verpackung für den ganzen Umfang der Provinz Westphalen und der Rheinprovinz erworben; es kann jedoch der Besitzer des Zeichens sein Recht nicht gegen diejenigen geltend machen, für welche etwa dasselbe Zeichen in einer Rolle bereits eingetragen sein möchte.

§. 8.

Ein Fabrikzeichen kann nur mit dem Fabrik- oder Handelsgeschäft, oder dem Gewerbe selbst, für welches es erworben ist, an Andere übertragen und vererbt werden. Wird die Firma, für welche das Zeichen eingetragen ist, aufgehoben, oder tritt, wenn das Geschäft ohne besondere Firma unter dem Namen des Besitzers betrieben wird, eine Veränderung in dessen Person ein: so muß der Rechtsnachfolger die Umschreibung des Fabrikzeichens in der Zeichenrolle auf die neue Firma oder auf den Namen des neuen Besitzers binnen Jahresfrist, von dem Tage der Veröffentlichung der neuen Firma, oder im Falle einer Veränderung in der Person des Besitzers, vom Tage dieser Veränderung an, bei dem Gewerbe- oder Fabrikengerichte beantragen. Die Umschreibung erfolgt dann auf den Grund der das Besitzrecht nachweisenden Urkunden, ohne daß es einer weiteren öffentlichen Bekanntmachung bedarf.

Das Recht auf das Fabrikzeichen erlischt und das Fabrikzeichen verfällt ins Freie, wenn der Antrag wegen Umschreibung auf den Namen des neuen Besitzers oder auf die neue Firma nicht binnen der vorbestimmten Frist erfolgt; oder wenn das Fabrik- oder Handelsgeschäft, oder das Gewerbe selbst, für welches das Zeichen erworben worden ist, völlig eingeht; oder wenn das Zeichen auf Antrag des rechtsmäßigen Besitzers in der Rolle gestrichen wird.

Wer sein bisheriges Zeichen in der Rolle löschen läßt, kann ein anderes Zeichen zur Eintragung anmelden.

§. 9.

Für einzelne Arten von Eisen- und Stahlwaaren, wie beispielsweise für geschmiedete Schneidewaaren, bleibt die Bestimmung eigenthümlicher Zeichen Unserem Finanzminister vorbehalten. Eines solchen Zeichens darf alsdann nur der Verfertiger von Waaren dieser Art und nur zu deren Bezeichnung sich bedienen. Die gedachten Zeichen, deren hinlänglicher Unterschied von den eingetragenen Zeichen einzelner Gewerbtreibenden zuvor von dem Fabrikengerichte zu Hagen, sowie von den Gewerbegerichten zu Solingen und Remscheid, beglaubigt sein muß, werden unter einem besonderen Abschnitt in die drei Zeichenrollen eingetragen und durch die Amtsblätter der sämmtlichen Regierungen der Provinz Westphalen und der Rheinprovinz veröffentlicht. Die genannten Gerichte haben bei der Prüfung später angemeldeter neuer Privatzeichen (§. 4) von Amtswegen darauf zu sehen, daß dieselben sich hinlänglich von den gedachten Zeichen unterscheiden.

§. 10.

Bei Streitigkeiten zwischen verschiedenen Betheiligten über das Recht zur Führung eines Fabrikzeichens findet dasselbe

Verfahren Statt, welches für andere, dem Gewerbe- und Fabrikengerichte überwiesene streitige Rechtssachen vorgeschrieben ist. Die in Sachen dieser Art zulässigen Rechtsmittel finden bei jenen Streitigkeiten gleichfalls Anwendung, jedoch mit der Maaßgabe, daß die Appellation von den Gewerbegerichten zu Solingen und Remscheid an das Handelsgericht zu Elberfeld, und die Appellation von dem Fabrikengerichte zu Hagen für jetzt an das Ober-Landesgericht zu Hamm geht, und gegen die Entscheidung des letzteren nur die Nichtigkeitsbeschwerde zulässig ist.

§. 11.

In denjenigen, die Führung von Fabrikzeichen betreffenden Sachen, welche keine Streitigkeiten unter Parteien zum Gegenstande haben, wird ohne prozessualische Formen durch einen Beschluß des Gewerbe- oder Fabrikengerichts entschieden. Gegen einen solchen Beschluß findet die Berufung an das Handelsgericht zu Elberfeld und für den Rollenbezirk des Fabrikengerichts zu Hagen an das Ober-Landesgericht zu Hamm statt. Dieselbe muß binnen einer Präklusivfrist von sechs Wochen bei dem Gewerbe- oder Fabrikengerichte angebracht und zugleich in einer demselben zu übergebenden Schrift gerechtfertigt werden. Diese Schrift ist nebst den Verhandlungen an das Handelsgericht zu Elberfeld oder an das Ober-Landesgericht zu Hamm einzusenden, welches über die Berufung, ohne prozessualisches Verfahren, durch einen dem Gewerbe- oder Fabrikengerichte zur weiteren Veranlassung zuzufertigenden Beschluß entscheidet; gegen diese Entscheidung ist kein weiteres Rechtsmittel zulässig.

§. 12.

Ein Gewerbtreibender in der Provinz Westphalen oder in der Rheinprovinz, welcher Eisen- oder Stahlwaaren oder deren Verpackung mit dem in einer Zeichenrolle eingetragenen Fabrikzeichen eines anderen in der Provinz Westphalen oder in der Rheinprovinz wohnenden Gewerbtreibenden bezeichnet oder bezeichnen läßt, oder wissentlich dergleichen fälschlich bezeichnete, in einer jener beiden Provinzen verfertigte Waaren in den Verkehr bringt, verfällt in die durch das Gesetz vom 4. Juli 1840 (Gesetzsamml. 1840 S. 224) angedrohten Strafen.

§. 13.

Eben diese Strafen (§. 12) treffen denjenigen, der mit einem Zeichen, welches von dem Finanz-Minister für eine bestimmte Art von Waaren vorbehalten ist (§. 9), andere Waaren bezeichnet oder bezeichnen läßt, oder wissentlich dergleichen fälschlich bezeichnete Waaren in den Verkehr bringt. Außerdem tritt auch die Konfiskation dieser Waaren ein.

§. 14.

Die in den §§. 12 und 13 angedrohten Strafen werden dadurch nicht ausgeschlossen, daß bei der Waarenbezeichnung das

Fabrikzeichen mit Abänderungen wiedergegeben worden ist, welche so gering sind, daß sie nur durch Anwendung besonderer Aufmerksamkeit wahrgenommen werden können.

§. 15.

Entstehen in dem Untersuchungsverfahren wegen eines der in den §§. 12 und 13 bezeichneten Vergehen Zweifel darüber, ob das vom Angeschuldigten gebrauchte Zeichen für eine Nachahmung des Zeichens eines Anderen, oder eines von dem Finanz-Minister bestimmten Zeichens zu halten ist, so hat das erkennende Gericht, wenn es nicht selbst eine Zeichenrolle führt, über diese Frage, unter Mittheilung der Verhandlungen, das Gutachten des Gewerbe- oder Fabrikengerichts, in dessen Rollenbezirk der Verklagte seinen Wohnsitz hat, oder früher gehabt hat, einzuholen und der Entscheidung über die Strafbarkeit des Angeschuldigten zum Grunde zu legen.

§. 16.

Wird das Gutachten des Gewerbe- oder Fabrikengerichts (§. 15) von einer Partei in der Appellationsinstanz angefochten, so hat der Richter zweiter Instanz, wenn er Bedenken trägt, der ersten Entscheidung in diesem Punkt beizutreten, ein Gutachten hierüber von demjenigen Gerichte, welches die zweite Instanz für die Entscheidungen des Gewerbe- oder Fabrikengerichts bildet (§. 10), zu erfordern und dasselbe bei seiner Entscheidung zur Richtschnur zu nehmen. In wiefern gegen die Entscheidung zweiter Instanz ein weiteres Rechtsmittel Statt findet, ist nach den für Untersuchungssachen überhaupt bestehenden Vorschriften zu beurtheilen.

§. 17.

In den Landestheilen, in welchen ein Schutz der Fabrikzeichen zur Zeit der Publikation des Gesetzes vom 4. Juli 1840 gesetzlich bestand, bleibt den mit einem Untersagungsrechte versehenen Inhabern früherer Zeichen, wenn diese weder in Buchstaben noch in Worten bestehen, vorbehalten, innerhalb einer Präklusivfrist von drei Monaten nach Publikation der gegenwärtigen Verordnung bei dem die Zeichenrolle führenden Gerichte jenes Recht, so weit es sich auf Eisen- und Stahlwaaren bezieht, anzumelden; der Anmeldung müssen die Beweismittel über dieses Recht beigefügt sein.

Diese Anmeldungen sind während zweier Monate nach Ablauf der vorerwähnten Präklusivfrist bei dem Gerichte offen zu legen. Werden innerhalb dieser zweimonatlichen Frist, welche durch die Amtsblätter sämmtlicher Regierungen beider Provinzen öffentlich bekannt zu machen ist, keine Einsprüche angebracht, so ist die Eintragung der angemeldeten Zeichen in die neue Zeichenrolle zu bewirken.

Hatte in diesen Landestheilen ein Gewerbtreibender das ausschließliche Gebrauchsrecht für mehrere Zeichen früher erworben, so ist er berechtigt, dieselben sämmtlich für sich in die neue Rolle eintragen zu lassen. Derjenige, für welchen solche ältere Zeichen in die neuen Rollen aufgenommen worden sind, kann sich außer denselben in Zukunft noch Ein neues Zeichen zum ausschließlichen Gebrauche aneignen; er darf aber, wenn er die für ihn eingetragenen Zeichen später in der Rolle löschen läßt, nur an die Stelle des neuen Zeichens ein anderes zur Eintragung anmelden.

Der Beweis jener älteren ausschließlichen Rechte ist zu führen:

1) von den Gewerbtreibenden im Herzogthum Berg durch die für diesen Landestheil unter öffentlicher Autorität geführten Zeichenrollen, welche zuvor von der Regierung in Düsseldorf zu revidiren und festzustellen und demnächst bei den betreffenden Gewerbegerichten niederzulegen sind;
2) von den Gewerbtreibenden in den übrigen Landestheilen durch die daselbst in den früheren Gesetzen vorgeschriebenen Ausfertigungen und Bekanntmachungen.

§. 18.

In denjenigen Landestheilen, in welchen zur Zeit der Publikation des Gesetzes vom 4. Juli 1840 ein Schutz der Fabrikzeichen nicht bestand, steht es jedem Gewerbtreibenden frei, die Fabrikzeichen, welche er schon vor dem Tage der Publikation Unseres Erlasses vom 28. Mai 1842 bei Eisen- und Stahlwaaren in Gebrauch gehabt hat, binnen einer dreimonatlichen Frist nach Publikation der gegenwärtigen Verordnung zur Eintragung in ein besonderes Verzeichniß bei dem die Zeichenrolle führenden Gewerbe- oder Fabrikengerichte anzumelden. Die Aufnahme in dieses Verzeichniß erfolgt auf Grund eines Nachweises jenes älteren Besitzes und sichert dem Inhaber, ohne ihm irgend ein Untersagungsrecht gegen einen Dritten zu geben, den Fortgebrauch der angemeldeten Zeichen, auch wenn diese auf den Namen eines anderen Gewerbtreibenden in die eigentliche Zeichenrolle eingetragen worden.

Nach Ablauf der dreimonatlichen Anmeldungsfrist ist das Verzeichniß abzuschließen; dasselbe wird hierauf während einer weiteren zweimonatlichen Präklusivfrist, welche durch die Amtsblätter sämmtlicher Regierungen der beiden Provinzen zur öffentlichen Kenntniß zu bringen ist, zur Anbringung etwaiger Einsprüche offen gelegt und demnächst von dem Gewerbe- oder Fabrikengerichte festgestellt. Auf die in dieses Verzeichniß aufgenommenen Zeichen finden die Vorschriften des §. 8 wegen Uebertragung, Vererbung und Erlöschens der Zeichenrechte gleichfalls Anwendung.

§. 19.

Alle der gegenwärtigen Verordnung entgegenstehende allgemeine und besondere Vorschriften werden hierdurch aufgehoben, insbesondere

1) die Artikel 72—79 des für die vormals Bergischen Landestheile ergangenen Dekrets wegen Errichtung der Fabrikgerichte vom 17. Dezember 1811;
2) die in Betreff der Fabrikzeichen auf dem linken Rheinufer bestehenden Vorschriften,
   a) des Beschlusses vom 23. Nivôse des Jahres IX,
   b) des Gesetzes wegen der Manufakturen, Fabriken und Werkstätten vom 22. Germinal des Jahres XI, Art. 16—18,
   c) des durch das Dekret vom 20. Februar 1810 neu publizirten Reglements für den Rath der Gewerbverständigen vom 11. Juni 1809 Art. 4—9,
   d) des Dekrets vom 5. September 1810;
3) der Art. 142 des Rheinischen Strafgesetzbuches, sowie er sich auf fälschliche Waarenbezeichnung mittelst Nachahmung der Siegel, Stempel oder Marken von Fabrikunternehmern, Produzenten und Kaufleuten bezieht;
4) der Erlaß vom 28. Mai 1842 wegen einstweiliger Wiederherstellung der unter 1—3 erwähnten Vorschriften.

Urkundlich unter Unserer Höchsteigenhändigen Unterschrift und beigedrucktem Königlichen Insiegel.

Gegeben Sanssouci den 18. August 1847.

(L. S.) Friedrich Wilhelm.

Prinz von Preußen.
v. Boyen, Mühler, Rother, Eichhorn, v. Thile, v. Savigny, v. Bodelschwingh, Gr. zu Stolberg, Uhden, Frhr. v. Canitz, v. Düesberg.

I. 3704. F. 54. Vol. 2.

118.

Verfügung vom 2. September 1847, — betreffend die Beschäftigung der zur Ausbildung in der Rheinischen Gesetzgebung an Rheinische Landgerichte versetzten Assessoren, welche die dritte juristische Prüfung nur für die alten Provinzen bestanden haben.

(Verf. v. 17. Oktober 1846, Rhein. Samml. S. 119 dieses Bandes.)

Ew. Hochwohlgeboren wird in Ansehung der in Ihrem Jahresberichte vom 20. April d. J. befürworteten Modifizirung der Verfügung vom 17. Oktober v. J. hierdurch eröffnet, daß denjenigen Assessoren, welche die dritte juristische Prüfung nur für die alten Provinzen bestanden haben, die Qualifikation zu einer Anstellung in dem öffentlichen Ministerium abgeht, denselben daher auch die selbstständige Wahrnehmung der Funktionen des öffentlichen Ministeriums nicht übertragen werden kann.

Dies verhindert jedoch nicht, daß dergleichen Assessoren zu ihrer praktischen Ausbildung gestattet werde, in den Sitzungen Namens und im Auftrage des anwesenden Beamten des öffentlichen Ministeriums Anträge zu nehmen, indem Letzterer solche alsdann, wenn er damit einverstanden ist, stillschweigend oder ausdrücklich zu den seinigen macht.

Hiervon haben Ew. Hochwohlgeboren die Ober-Prokuratoren in Kenntniß zu setzen und denselben anheimzugeben, unter ihrer Assistenz die in Rede stehenden Assessoren demgemäß auch zu den in den Sitzungen zu nehmenden Anträgen des öffentlichen Ministeriums heranzuziehen.

Berlin den 2. September 1847.

Das Justiz-Ministerium.
Ruppenthal.

An
den Königl. General-Prokurator,
Herrn Geheimen Ober-Justiz-Rath
Nicolovius Hochwohlgeboren
zu Köln.

I. 2048. Rhein. Offiz. Sachen 7. Vol. 4.

119.

Verfügung vom 2. September 1847, — betreffend das Verfahren, wenn mehrere Mitglieder des Gerichts Seitens des Beschuldigten als Entlastungszeugen vorgeladen werden, so daß kein hinreichendes Richterpersonal zur Verhandlung der Sache übrig bleibt.

(Art. 542 der Straf=Prozeß=Ordnung.)

Mit Bezugnahme auf den von dem Ober=Prokurator zu N. erstatteten Jahresbericht vom 10. November v. J., worin der Fall,

wo in Strafsachen mehrere Mitglieder des Landgerichts Seitens des Beschuldigten als Entlastungszeugen vorgeladen werden, so daß kein hinreichendes Richter=Personal zur Verhandlung resp. Entscheidung der Sache übrig bleibt,

vorgetragen und darüber angefragt worden ist,

welches Verfahren in einem solchen Falle zu beobachten sei? werden Ew. Hochwohlgeboren hierdurch veranlaßt, dem gedachten Ober=Prokurator zu eröffnen, daß, ohne die Vertheidigung zu beeinträchtigen, dem Beschuldigten die Vorladung und Vernehmung der Entlastungs=Zeugen aus dem Grunde, weil dieselben Mitglieder der betreffenden Gerichtsbehörde sind, von vornherein nicht versagt werden könne, und daß, wenn die Zahl der übrigen Mitglieder des Kollegiums nicht ausreiche, um sich der Entscheidung der Sache zu unterziehen, alsdann nichts übrig bleibe, als in Gemäßheit des Artikels 542 der Straf=Prozeß=Ordnung bei dem Königlichen Revisions= und Kassationshofe die Verweisung der Sache an ein anderes Gericht auszuwirken, indem nach der bestehenden Jurisprudenz der erwähnte Artikel auf alle Fälle Anwendung finde, wo das kompetente Gericht die erforderliche Zahl der erkennenden Richter zu stellen nicht im Stande sei.

Berlin den 2. September 1847.

Das Justiz=Ministerium.
Ruppenthal.

An
den Königlichen General=Prokurator Herrn Geheimen Ober=Justizrath Nicolovius Hochwohlgeboren
zu Köln.

I. 2054. Rh. Krim. 11.

120.

Allerhöchste Kabinets-Ordre vom 9. August 1847, — betreffend die Ausdehnung des Allerhöchsten Befehls vom 26. September 1846 auf diejenigen Regierungen und deren Lande oder Landestheile, welche dem Münzkartel vom 21. Oktober 1845 nachträglich beigetreten sind oder künftig noch beitreten möchten, sowie eine darauf bezügliche Bekanntmachung vom 21. September 1847.

(Allerhöchste Ordre v. 26. Septbr. 1846, — Rhein. Samml. S. 111 dies. Bandes.)

Auf Ihren Antrag in dem Berichte vom 23. v. M. genehmige Ich, daß die in Meinem Befehle vom 26 September v. J. gegebene Bestimmung, nach welcher für die Dauer des zwischen den Staaten des Zollvereins am 21. Oktober 1845 abgeschlossenen Münzkartels in Beziehung auf diejenigen Staaten, mit welchen dasselbe abgeschlossen ist, der in den Preußischen Strafgesetzen gemachte Unterschied zwischen inländischem und ausländischem geprägten und Papiergelde, sowie zwischen inländischen und ausländischen Papieren der im Art. 4 des Münzkartels bezeichneten Art, wegfallen und ein gegen das Münzregal eines der vorgedachten Staaten gerichtetes, oder an den bezeichneten Papieren eines dieser Staaten begangenes Verbrechen oder Vergehen eines diesseitigen Angehörigen eben so bestraft werden soll, als wenn dasselbe gegen das diesseitige Münzregal gerichtet, oder an inländischen gleichartigen Papieren begangen wäre, auch auf diejenigen Regierungen und deren Lande oder Landestheile Anwendung finden soll, welche dem gedachten Münzkartel nachträglich beigetreten sind oder künftig noch beitreten möchten.

Ich beauftrage Sie, diesen Meinen Befehl durch die Gesetz-Sammlung zur öffentlichen Kenntniß zu bringen und gleichzeitig durch dieselbe bekannt zu machen, welche Staaten dem Münzkartel bis jetzt beigetreten sind.

Sanssouci den 9. August 1847.

Friedrich Wilhelm.

An
die Staats-Minister v. Thile,
v. Bodelschwingh, Uhden, Frhr.
v. Canitz und v. Düesberg.

I. 4398. M. 70. Vol. 3.

Bekanntmachung.

Zufolge des Allerhöchsten Befehls vom 9. August d. J. wird hierdurch zur allgemeinen Kenntniß gebracht, daß die Großherzoglich Oldenburgische, die Herzoglich Anhalt-Deßauische, die Herzoglich Anhalt-Bernburgische, die Fürstlich Waldeckische und die Fürstlich Lippesche Regierung respective für

das Fürstenthum Birkenfeld,
das Herzogthum Anhalt-Deßau,
das Herzogthum Anhalt-Bernburg,
die Fürstenthümer Waldeck und Pyrmont und
das Fürstenthum Lippe

dem zwischen Preußen, Bayern, Sachsen, Württemberg, Baden, Kurhessen, dem Großherzogthum Hessen, den bei dem Thüringischen Zoll- und Handelsverein betheiligten Regierungen, Braunschweig, Nassau und der freien Stadt Frankfurt unterm 21. Oktober 1845 abgeschlossenen Münzkartel (Gesetzsamml. pro 1846 S. 478) beigetreten sind, so daß dieses nunmehr auch den gedachten Regierungen gegenüber in Beziehung auf die obbenannten Lande in vorkommenden Fällen volle Anwendung findet.

Berlin den 21. September 1847.

Die Minister

des Schatzes, v. Thile. — des Innern, für denselben Mathis. — der Justiz, Uhden.

der auswärtigen Angelegenheiten, für denselben v. Patow. — der Finanzen, v. Düesberg.

121.

Allerhöchste Kabinets-Ordre vom 4. Oktober 1847, — betreffend die Untersuchung der von den Studirenden der Universität Bonn begangenen und zur gerichtlichen Entscheidung geeigneten strafbaren Handlungen.

(Verordnung v. 18. Februar 1842, Rhein. Samml. Bd. 8. S. 14.)

Auf Ihren gemeinschaftlichen Antrag vom 15. März d. J. will Ich die Vorschriften der Kabinets-Ordre vom 31. Dezember 1836, die Untersuchung der von den Studirenden der Universität Bonn begangenen und zur gerichtlichen Entscheidung geeigneten strafbaren Handlungen betreffend, hiermit dahin abändern, daß die darin erwähnten Untersuchungen, mit Beseitigung der Kriminalordnung vom 11. Dezember 1805 nach der Rheinischen Strafprozeß-Ordnung geführt und erledigt werden sollen. — Hinsichtlich der bei Publikation des gegenwärtigen Befehls bereits anhängigen Untersuchungen ist nach den Vorschriften des §. 7 der Verordnung vom 18. Februar 1842 zu verfahren. — Was die zur Anwendung zu bringenden materiellen Strafbestimmungen betrifft, so behält es bei der Ordre vom 31. Dezember 1836 sein Bewenden.

Dieser Mein Befehl ist durch die Gesetzsammlung zur öffentlichen Kenntniß zu bringen.

Sanssouci den 4. Oktober 1847.

Friedrich Wilhelm.

An
die Staats-Minister Eichhorn
und Uhden.

I. 4502. Rh. Gener. 184. Vol. 2.

122.

Allgemeine Verfügung vom 25. Oktober 1847, — betreffend die Kompetenz der Rheinzollgerichte zur Untersuchung und Bestrafung von Rheinzoll-Defraudationen.

(Art. 71, 81, 83 der Rheinschiffahrts-Akte v. 31. März 1831 und Zusatz-Artikel VIII.)

Es ist die Frage erhoben worden,

welches Rheinzollgericht die Untersuchung wegen verübter Defraudationen der Rheinschiffahrts-Abgaben in dem Falle zu führen habe, wenn der Kontravenient an der Zollstelle, wo der vorgefallene Betrug entdeckt wird, sich keiner Defraudation schuldig gemacht hat, letztere vielmehr nur an einer auf derselben Fahrt früher passirten Hebestelle, oder an mehreren solcher Hebestellen begangen worden,

und

ob in Betreff der Kompetenz des fori deprehensionis es darauf ankomme, ob in demjenigen Staate, in welchem die Umgehung des Rheinzolls entdeckt wird, eine Defraudation verübt worden, oder nicht,

Diese Frage ist bereits durch die Art. 71, 81, 83 der Rheinschifffahrts-Akte vom 31. März 1831 in Verbindung mit dem Zusatz-Artikel VIII entschieden. So wie nämlich der Art. 81 der Akte zu a die Kompetenz der Rheinzollrichter hinsichtlich aller Kontraventionen gegen die Bestimmungen der Schiffahrts-Ordnung und der hierdurch verwirkten Strafen begründet, so schließt der Art. 83 seiner Fassung nach die Kompetenz des fori deprehensionis in dem bezeichneten Falle nicht aus; vielmehr erscheint auch durch diesen Artikel, nachdem ihm zufolge des Supplementar-Artikels VIII durch Streichung der Worte „desselben Gebiets" auch auf diejenigen Defraudationen Anwendung gegeben worden ist, welche in dem Gebiete eines fremden Staates begangen worden sind, die Ansicht gerechtfertigt:

daß dem forum deprehensionis jeder Zeit, also auch dann, wenn es nicht zugleich forum delicti commissi ist, und wenn die vorgefallenen Defraudationen in einem anderen Rheinufer-Staate als demjenigen, welchem das forum deprehensionis angehört, verübt sind, die Einleitung und Führung der Untersuchung, desgleichen die Festsetzung der Strafe wegen sämmtlicher auf derselben Fahrt verübter gleichartiger Defraudationen obliegt.

Daß demgemäß verfahren werde, erscheint auch zweckmäßig, indem auf diese Weise am wenigsten Aufenthalt entsteht und derselbe Richter, welcher jedenfalls die vorläufige Untersuchung zu führen, resp. für die Sicherstellung der Strafe zu sorgen hatte, alsdann auch das Erkenntniß erläßt. Da eine Gleichmäßigkeit des Verfahrens zu wünschen ist und es nur auf richtige Anwendung der bezogenen Vorschriften ankommt, so werden die Königlichen Rheinzollgerichte auf den entwickelten Grundsatz hiedurch aufmerksam gemacht, um solchen in vorkommenden Fällen nicht außer Acht zu lassen.

Berlin den 25. Oktober 1847.

Der Justiz-Minister
Uhden.

An
sämmtliche Königliche Rheinzollgerichte.

Abschrift der vorstehenden Verfügung erhalten Ew. Hochwohlgeboren, um dieselbe durch die Amtsblätter der Regierungen zu Koblenz, Köln und Düsseldorf zur Kenntniß der darin bezeichneten Gerichte zu bringen; das dortige Appellationsgericht in Rheinschiffahrts-Angelegenheiten ist davon direkt benachrichtigt worden.

Berlin den 25. Oktober 1847.

Der Justiz-Minister
Uhden.

An
den Königlichen General-Prokurator Herrn Geheimen Ober-Justizrath Nicolovius Hochwohlgeboren
zu Köln.

I. 3916. Rhein. Gener. 142. Vol. 2.

123.

Allgemeine Verfügung vom 29. Oktober 1847, — betreffend die Mittheilung korrekter Abschriften von den Obduktions- und Gemüthszustands-Untersuchungs-Verhandlungen an die Königlichen Regierungen.

Nach einer Mittheilung des Herrn Ministers der geistlichen, Unterrichts- und Medizinal-Angelegenheiten sind die Abschriften der gerichtlichen Obduktions- und Gemüthszustands-Untersuchungs-Verhandlungen, welche den Königlichen Regierungen von Seiten der Gerichtsbehörden mitgetheilt werden, nicht immer korrekt geschrieben, und es ist dadurch nicht selten die richtige Beurtheilung der Untersuchungen und Begutachtungen, sowie der erfolgten Feststellung des objektiven Thatbestands zweifelhaft, mithin der Zweck der durch die Königlichen Medizinal-Kollegien und durch die wissenschaftliche Deputation für das Medizinalwesen vorzunehmenden Revision und Superrevision mehr oder weniger vereitelt worden.

Um diese Uebelstände für die Folge möglichst zu verhüten, ist den bei den gerichtlichen Geschäften zugezogenen Physikern und Aerzten von Seiten des Herrn Ministers der geistlichen, Unterrichts- und Medizinal-Angelegenheiten neuerdings zur Pflicht gemacht worden, den Gerichtsbehörden stets deutlich und fehlerfrei geschriebene Berichte und Gutachten einzureichen.

Sämmtliche Gerichtsbehörden werden hiervon in Kenntniß gesetzt, um auch ihrerseits darauf zu halten, daß den Königlichen Regierungen künftig allemal genau kollationirte und von dem mit der Kollationirung beauftragten Beamten besonders attestirte Abschriften der Obduktions-Verhandlungen und der Verhandlungen in Gemüthszustands-Untersuchungssachen mitgetheilt werden, wie dies von Seiten mehrerer Gerichte bisher schon geschehen ist.

Berlin den 29. Oktober 1847.

Der Justiz-Minister
Uhden.

An
sämmtliche Gerichtsbehörden.

I. 4103. O. 110. Vol. 2.

124.

Allgemeine Verfügung vom 7. November 1847, — über die Beförderung der Militair-Versorgungsberechtigten und der Civil-Anwärter im Subalterndienste.

(Staats-Minist. Beschluß v. 12. Oktober 1837, Rh. Samml. Bd. 6. S. 368.)

Der §. 2 des Staats-Ministerial-Beschlusses vom 12. Oktober 1837 (Jahrb. Bd. 50. S. 550) enthält die Bestimmung:

> daß in den Fällen, wo versorgungsberechtigte Invaliden mit anderen Militair-Versorgungsberechtigten konkurriren, z. B. bei den Stellen der Subalternbeamten zweiter Klasse, Kanzlisten, Hülfsschreiber u. s. w., die ersteren bei gleicher Qualifikation ein Vorzugsrecht haben sollen.

In Veranlassung eines über die Auslegung dieser Vorschrift erstatteten Immediatberichts haben Seine Majestät der König mittelst Allerhöchsten Erlasses vom 11. September 1846 Sich mit der Ansicht einverstanden zu erklären geruht:

> daß das Vorzugsrecht der versorgungsberechtigten Invaliden nur bei dem ersten Eintritt in den Dienst — gleichviel ob in eine mit Diätengenuß oder mit Gehalt verbundene Stelle, sobald sie nur ein Anciennitäts-Verhältniß begründet — geltend zu machen ist, dann aber erlischt, und ihre fernere Berücksichtigung mit resp. Einkommens-Verbesserung, etatsmäßiger Anstellung und eventueller Beförderung in eine höhere Stelle lediglich nach Maaßgabe der allgemeinen Grundsätze erfolgt, also von

Dienstalter, Dienstführung und Qualifikation nach dem Ermessen der Behörden abhängig bleibt.

Neuerdings ist der Zweifel erhoben worden, ob dieser Allerhöchst ausgesprochene Grundsatz, von welchem den Königlichen Obergerichten bereits durch die Cirkular-Verfügung vom 5. November v. J. Kenntniß gegeben worden ist, auch auf die Kanzlei-Diätarien der Obergerichte Anwendung finde, oder ob diejenigen Diätarien, welche — ohne Berechtigung aus Militairdiensten — ausnahmsweise durch besondere Allerhöchste Befehle Anstellungsfähigkeit erlangt haben, in Bezug auf die Ascension in höhere Diätensätze denjenigen Kanzlei-Diätarien nachstehen müssen, welche in Folge geleisteter Militairdienste angestellt worden sind.

Auf den hierüber erstatteten Immediatbericht haben Seine Majestät mittelst Allerhöchsten Erlasses vom 27. Juli d. J. zu entscheiden geruht:

> daß in analoger Anwendung des vorgedachten Allerhöchsten Befehls vom 11. September v. J. den im Civil-Subalterndienst angestellten Militair-Versorgungsberechtigten bei dem Aufrücken in höhere Dienst-Einnahmen, wie bei der Beförderung im Dienste, ein unbedingtes Vorzugsrecht vor den Civil-Anwärtern gleicher Dienstkathegorie nicht zuzugestehen ist, die Ascension vielmehr nur nach Maaßgabe der allgemeinen Grundsätze erfolgen kann, mithin von Dienstalter, Dienstführung und Qualifikation nach dem Ermessen der Behörden abhängig bleibt, und daß demgemäß auch bei dem Aufrücken der Kanzlei-Diätarien in die mit einem höheren Diätensatze dotirten Stellen zu verfahren ist.

Sämmtlichen Königlichen Gerichtsbehörden wird diese Allerhöchste Bestimmung hierdurch zur Kenntnißnahme und Beachtung mitgetheilt.

Berlin den 7. November 1847.

Der Justiz-Minister
Uhden.

An
sämmtliche Gerichtsbehörden.

I. 3558. O. 149. Vol. 4.

125.

Verfügung vom 10. November 1847, — betreffend die Stempelfreiheit der Familienraths-Beschlüsse, über die Erwählung des Vormundes in Vormundschaftssachen, welche nach den früheren Gesetzen nicht schon kostenfrei zu bearbeiten gewesen.

In Folge Ew. Hochwohlgeboren Berichts vom 8. September d. J. bin ich mit dem Herrn Finanz-Minister zu dem Zweck in Kommunikation getreten, damit in Vormundschaftssachen, welche nach den früheren Gesetzen nicht schon kostenfrei zu bearbeiten gewesen, die Stempelfreiheit der Familienraths-Beschlüsse über die Erwählung des Haupt- und resp. Neben-Vormundes anerkannt werde, insofern nicht etwa zum Nachweise der vormundschaftlichen Eigenschaft eine Ausfertigung der Verhandlung ertheilt wird. Mit dieser Ansicht hat sich der Herr Finanz-Minister einverstanden erklärt und demgemäß den dortigen Provinzial-Steuer-Direktor mit der erforderlichen Anweisung versehen, wovon Sie hierdurch in Kenntniß gesetzt werden.

Berlin den 10. November 1847.

Der Justiz-Minister
Uhden.

An
den Königlichen General-Prokurator
Herrn Geheimen Ober-Justiz-Rath
Nicolovius Hochwohlgeboren
zu Köln.

I. 4461. Rhein. Gen. 72. Vol. 5.

126.

Allgemeine Verfügung vom 15. November 1847, — betreffend das bei Kompetenz-Konflikten zwischen den Gerichten und Verwaltungsbehörden zu beobachtende Verfahren.

(Gesetz v. 8. April 1847, Rh. Samml. S. 189 dies. Bandes.)

Mehrfache Verstöße gegen das in dem Gesetze vom 8. April d. J. (Gesetz-Samml. S. 170) vorgeschriebene Verfahren bei Kompetenz-Konflikten zwischen den Gerichten und Verwaltungsbehörden veranlassen den Justiz-Minister, die gerichtlichen Behörden auf die in den §§. 6 und 13 dieses Gesetzes enthaltenen Bestimmungen besonders aufmerksam zu machen.

Nach §. 13 ist nämlich die Entscheidung des im §. 1 erwähnten Gerichtshofes in formeller Beziehung durch den Ablauf einer dem betheiligten Verwaltungs-Chef vorgeschriebenen präklusivischen Frist von acht Wochen bedingt. Diese Frist läuft von dem Tage, an welchem der Verwaltungsbehörde die zuletzt eingegangene Erklärung der Parteien, oder das Benachrichtigungsschreiben des Gerichts, daß keine solche Erklärungen eingegangen sind, zugestellt worden ist. Daraus folgt, daß nicht nur der Ablauf der Frist, welche der Partei zur Erklärung über den Kompetenz-Konflikt bestimmt worden ist, zu den Akten angezeigt, sondern auch in beiden Fällen, wenn eine Erklärung eingegangen, und wenn keine eingegangen, der Tag der im §. 6 vorgeschriebenen Mittheilung der Erklärung an die betreffende Verwaltungsbehörde, oder in deren Ermangelung der vorgeschriebenen Benachrichtigung zu den Akten bescheinigt sein muß.

Sämmtliche Gerichtsbehörden werden angewiesen, sich hiernach für die Zukunft genau zu achten.

Die Anwendung auf das in der Rheinprovinz zu beobachtende Verfahren ergiebt sich aus dem §. 8 des Gesetzes von selbst.

Berlin den 15. November 1847.

Der Justiz-Minister
Uhden.

An
sämmtliche Gerichtsbehörden.

I. 4669. K. 35. Vol. 3.

127.

Verfügung vom 9. Dezember 1847, — betreffend die Tragung der Expeditionskosten, welche bei Kompetenz-Konflikten durch Mittheilung der Beschlüsse der Verwaltungs- und Gerichtsbehörden an die Privat-Parteien erwachsen.

(§§. 5 u. 8 des Gesetzes vom 8. April 1847, Art. 122 des Dekrets v. 18. Juni 1811.)

In Folge Ew. Hochwohlgeboren Anfrage vom 4. d. Mts. über die Zahlung der Expeditionskosten, welche bei Kompetenz-Konflikten durch Mittheilung der Beschlüsse der

Verwaltungs- und Gerichts-Behörden an die Privat-Parteien erwachsen,

wird,

da nach §§. 5 und 8 des Gesetzes vom 8. April d. J. der Bescheid, wodurch nach Erhebung des Kompetenz-Konfliktes das gerichtliche Verfahren sistirt wird, ingleichem der Beschluß der Verwaltungsbehörde den bei der Sache betheiligten Privat-Parteien von Amtswegen zugefertigt werden muß, in solchen Fällen aber nach dem am Schlusse des Artikels 122 des Dekrets vom 18. Juni 1811 ausgesprochenen Grundsatze die entstehenden Kosten gleich den Kriminalkosten zu taxiren und zu bezahlen sind,

hierdurch genehmigt, daß die danach dem Gerichtsschreiber zustehenden Expeditions-Gebühren, auf welche er als auf ein Emolument Anspruch hat, auf den Kriminalfond angewiesen werden.

Uebrigens hätte jedoch die Anfrage, als eine allgemeine Maaßregel betreffend, an den Herrn General-Prokurator zu Köln gerichtet werden sollen, welchem Abschrift dieser Verfügung mitgetheilt worden ist.

Berlin den 9. Dezember 1847.

Der Justiz-Minister
Uhden.

An
den Königl. Ober-Prokurator
Herrn Deuster Hochwohlgeboren
zu Trier.

I. 4642. Rh. Gener. 132. Vol. 2.

128.

Verfügung vom 10. Dezember 1847, — betreffend die Verwendung des Arbeitsverdienstes der gerichtlichen Untersuchungs-Gefangenen.

Durch Allerhöchste Kabinets-Ordre vom 20. März v. J. ist bewilligt worden:

daß auch in den Gefangen-Anstalten der Rheinprovinz die Hälfte des Arbeitsverdienstes der gerichtlichen Untersuchungs-Gefangenen, soweit dieselben zur Arbeit angehalten werden, den Letzteren zugewendet werde.

Zur Ausführung dieser Allerhöchsten Bestimmung hat der Herr Minister des Innern diejenigen Anordnungen getroffen, welche in dem in Abschrift beigefügten, an den Herrn Geheimen Staats-Minister Flottwell zu Münster gerichteten und in gleicher Art an den Herrn Ober-Präsidenten Eichmann zu Coblenz ergangenen Erlasse vom 24. v. M. enthalten sind.

Hiervon haben Ew. Hochwohlgeboren Kenntniß zu nehmen und den Ober-Prokuratoren Nachricht zu ertheilen.

Berlin den 10. Dezember 1847.

Der Justiz-Minister
Uhden.

An
den Königlichen General-Prokurator Herrn Geheimen Ober-Justizrath Nicolovius Hochwohlgeboren
zu Köln.

I. 4834. Rh. Krim. 5. Vol. 7.

Beilage.

Ew. Exzellenz beehre ich mich in der Angelegenheit, die Verwendung des Arbeits-Verdienstes der gerichtlichen Untersuchungs-Gefangenen betreffend, mit Bezug auf mein Schreiben vom 15. Oktober pr. Nachstehendes ergebenst zu eröffnen.

Nachdem des Königs Majestät durch die Allerhöchste Ordre vom 20. März pr. zu befehlen geruht haben, daß der Arbeitsverdienst der gerichtlichen Untersuchungs-Gefangenen der Staatskasse nicht mehr zu Gute kommen, vielmehr die Hälfte den Detinirten selbst, die andere Hälfte aber den betreffenden Verwaltungsbehörden zur Disposition überlassen bleiben soll, nehme ich Veranlassung, zur Ausführung der Allerhöchsten Bestimmung in Betreff der von dem Ministerium des Innern ressortirenden Gefängnisse in der Provinz Westphalen und in der Rheinprovinz nach genauer näherer Prüfung der hierbei in Betracht zu ziehenden Umstände und Verhältnisse nunmehr folgende Anordnungen zu treffen.

1) Bei der Berechnung des Arbeitsverdienstes der Untersuchungsgefangenen ist nur auf den effektiven Arbeitsverdienst, wie derselbe zur Anstalts-Kasse fließt, Rücksicht zu nehmen. Der in den Etats einiger Anstalten vor der Linie erwähnte sogenannte ideale Arbeitsverdienst bleibt daher ausgeschlossen.

2) Bei der Vertheilung der Hälfte des ad 1 erzielten Arbeitsverdienstes ist nicht der Brutto-Ertrag, sondern nur der

Netto-Ertrag zum Grunde zu legen. — Alle Ausgaben, welche erforderlich sind, um den Arbeitsverdienst zu erzielen, z. B. für die Anschaffung und Unterhaltung der Arbeits-Utensilien und Geräthschaften u. s. w. sind daher von dem Brutto-Ertrage in Abzug zu bringen.

Dieser Abzug wird auf eine Aversional-Summe von zehn Prozent fixirt und ist bei der Anstalts-Kasse ad extraordinaria zu vereinnahmen.

Die übrig bleibenden $^9/_{10}$ bilden alsdann den Fond, welcher dergestalt zur Vertheilung kommt, daß davon die Hälfte den Untersuchungs-Gefangenen, welche die Arbeiten verrichtet haben, zu vergüten ist; die Verwendung der zweiten Hälfte aber in Gemäßheit der Bestimmung zu b der Allerhöchsten Ordre vom 20. März pr. den Verwaltungsbehörden überlassen bleibt.

3) Den Untersuchungs-Gefangenen sind in der Regel nur Arbeiten zuzutheilen, für welche ein Arbeitslohn zur Anstalts-Kasse eingezahlt wird. Sollte es jedoch in einzelnen Fällen nicht zu umgehen sein, den Untersuchungs-Gefangenen Handwerker-Arbeiten für die Anstalt zu überweisen, so ist dafür die Hälfte des Lohns, wie derselbe nach dem dreijährigen Durchschnitt pro Kopf in der Anstalt aufkommt, zu gewähren, und dieser Beitrag bei den betreffenden Titeln des Anstalts-Etats z. B. für Unterhaltung der Lager- oder Arbeitsgeräthe, für Bekleidung und Wäsche, oder bei dem Baufond, je nachdem für den einen oder den andern Gegenstand die Arbeiten verrichtet worden sind, zu verausgaben. Von der Berechnung einer zweiten Hälfte in Betreff dieser Löhne, wird dagegen abstrahirt.

Für gewöhnliche kleine häusliche Dienste, als: Reinigung der Gefängniß-Lokalien, Hülfsleistungen in der Küche ꝛc erfolgt keine besondere Vergütung eines Tagelohns, da dies Arbeiten sind, welche die Untersuchungs-Gefangenen ihrer selbst wegen verrichten.

Die Anstaltsvorsteher müssen aber darauf sehen, daß in Betreff solcher Hausdienste ein Wechsel unter den Gefangenen eintritt und dadurch die Begünstigung einzelner Gefangenen vermieden wird.

4) Der Arbeitsverdienst, welcher den Untersuchungs-Gefangenen zu Gute kommt, soll ihnen in derselben Art vergütet werden, wie dies in Betreff des sogenannten Ueberverdienstes der Detinirten in den Straf- und Gefangen-Anstalten geschieht.

Dabei ist insbesondere die Beschränkung zu berücksichtigen, daß der Arbeitsverdienst den Untersuchungs-

Gefangenen nicht baar verabreicht und denselben in keinem Falle gestattet werden darf, mehr zu ihrer besseren Verpflegung zu verwenden, als denjenigen Untersuchungs-Gefangenen nachgegeben wird, die sich aus eigenen Mitteln beköstigen.

5) Ueber den Arbeitsverdienst der Untersuchungs-Gefangenen ist eine besondere Rechnung zu führen, worin einerseits die Brutto-Summe des Arbeitsverdienstes in Einnahme und andrerseits das $1/_{10}$ zur Anschaffung und Unterhaltung der Arbeitsgeräthe nebst dem darnach verbleibenden Netto-Verdienste zur Verwendung für die Gefangenen und zur Uebertragung der Beträge auf die Spezial-Kontos derselben in Ist-Ausgabe zu stellen ist.

6) Was die zweite Hälfte des Netto-Verdienstes betrifft, über welche die Verwaltungsbehörde anderweit zu verfügen hat, so sind die aufgekommenen Beträge am Jahresschlusse zu den betreffenden Hauptkassen der Regierungen einzuziehen und dort einstweilen ad extraordinaria bei den Nebenfonds in Einnahme und zur Soll-Ausgabe zu stellen.

7) Die betreffenden Regierungen haben alsdann dem Ministerium des Innern bei Einreichung der Final-Abschlüsse mittelst besonderen Berichts eine Nachweisung der eingezogenen Bestände vorzulegen und zugleich über die Verwendung derselben Vorschläge zu machen.

8) Die Ausführung dieser Maaßregel soll vom 1. Januar k. J. ab ins Leben treten.

Ew. Exzellenz ersuche ich ergebenst, die Regierungen Ihres Ober-Präsidial-Bezirks hiernach gefälligst mit weiterer Anweisung versehen zu wollen.

Berlin den 24. November 1847.

Der Minister des Innern
v. Bodelschwingh.

An
den Königl. Geheimen Staats-Minister Herrn Flottwell Exzellenz zu Münster.

129.

Allgemeine Verfügung vom 13. Dezember 1847, — betreffend die Verpflegungskosten unvermögender zum Festungs-Arrest verurtheilter Individuen.

(Cirkul.-Verf. v. 27. Juni 1823, Jahrb. Bd. 22 S. 113.)

Nach einem Beschlusse des Königlichen Staats-Ministeriums vom 4. Oktober 1820, dessen Inhalt den Obergerichten und Regierungen durch die Cirkular-Verfügung der Ministerien der Justiz, des Innern und der Finanzen vom 27. Juni 1823 (Jahrb. Bd. 22 S. 113) bekannt gemacht worden ist, sollen die Kosten für die Verpflegung der zum Festungs-Arrest verurtheilten Individuen während ihrer Haft, soweit dieselben nicht von den Verurtheilten selbst, oder von den zu ihrem Unterhalt am Strafort verpflichteten Angehörigen beschafft werden können, aus dem Extraordinarium der Regierungs-Haupt-Kassen bestritten werden.

Es ist dabei nicht ausgesprochen, ob allemal diejenige Regierung, in deren Bereich die Festung liegt, zu welcher der Verurtheilte abgeliefert worden ist, oder ob, wenn das Obergericht, welches für die Vollstreckung der Festungsstrafe und für die Uebersendung des Alimenten-Vorschusses zu sorgen hat, in dem Bezirk einer anderen Regierung sich befindet, letztere die Zahlung zu leisten habe.

Nachdem von dem Königlichen Finanz-Ministerium, im Einverständniß mit den Ministerien der Justiz und des Krieges die erste Alternative angenommen worden ist, werden sämmtliche Gerichtsbehörden zur Gleichmäßigkeit des Verfahrens hierdurch angewiesen, sich in den geeigneten Fällen wegen der Kosten für die Verpflegung der zum Festungs-Arrest verurtheilten Individuen während ihrer Haft, wenn und so weit diese Kosten von den Verurtheilten selbst und den zu ihrem Unterhalt am Strafort verpflichteten Angehörigen nicht beschafft werden können, jedesmal an diejenige Regierung zu wenden, in deren Bereich die Festung liegt, zu welcher der Verurtheilte abgeliefert worden ist.

Berlin den 13. Dezember 1847.

Der Justiz-Minister
Uhden.

An
sämmtliche Gerichtsbehörden.

I. 4963. Kriminalkosten 4. Vol. 3.

130.

Allgemeine Verfügung vom 13. Dezember 1847, — betreffend die Anstellung von Ausländern im Preußischen Staatsdienste.

(Cirkul.-Verfüg. v. 26. Oktbr. 1829, Rhein. Samml. Bd. 3 S. 302. — Gesetz v. 31. Dezbr. 1842, Ges.-Samml. v. 1843 S. 15. — Kab.-Ordre v. 24. April 1834 Jahrb. Bd. 43 S. 557.)

Durch die den Obergerichten mittelst Cirkular-Verfügung vom 26. Oktober 1829 mitgetheilte Allerhöchste Ordre vom 1. desselben Monats ist bereits bestimmt worden:

> daß nur Landeseingeborne Behufs einer künftigen Anstellung im Staatsdienste zur Auskultatur zugelassen, und Ausnahmen hiervon zu Gunsten eines Ausländers nicht anders als mit unmittelbarer Allerhöchster Genehmigung gestattet werden sollen.

In gleicher Art ist hinsichts der Verleihung von Subalternstellen der Justiz-Verwaltung an Ausländer durch die Allerhöchste Ordre vom 24. April 1834 (Jahrbücher Bd. 43 S. 557) angeordnet worden:

> daß es in Ansehung der mit besonderen Versorgungs-Ansprüchen versehenen Ausländer zwar bei den allgemeinen Vorschriften oder den Zusicherungen, welche den einzelnen Expektanten ertheilt worden sind, sein Verbleiben haben, im Uebrigen aber die Anstellung eines Ausländers bei allen Gerichten ohne Unterschied nicht ohne specielle Genehmigung des Justiz-Ministers geschehen solle.

In der neueren Zeit ist mehrfach das Bedenken entstanden, ob diese Bestimmungen durch das inzwischen erlassene Gesetz vom 31. Dezember 1842 über die Erwerbung und den Verlust der Eigenschaft als Preußischer Unterthan (Gesetz-Samml. von 1843 S. 15) für modificirt zu erachten sind; ob namentlich diejenigen Ausländer, denen nach §. 5 dieses Gesetzes die Eigenschaft als Preußische Unterthanen durch Ertheilung einer Naturalisations-Urkunde von Seiten der Landespolizei-Behörden verliehen worden ist, gleich jedem andern Preußischen Unterthan zum Staatsdienste zugelassen werden dürfen, oder ob auch bei ihnen mit Rücksicht auf den Schlußsatz des §. 6 noch ferner die Allerhöchste Genehmigung dazu erforderlich ist.

Auf den hierüber erstatteten Bericht des Staats-Ministeriums haben Se. Majestät der König mittelst Allerhöchster Ordre vom 17. Oktober d. J. zu bestimmen geruht:

daß Personen, welche die Eigenschaft als Preußische Unterthanen erst durch Ertheilung einer Naturalisations-Urkunde (Gesetz v. 31. Dezember 1842 §. 1 Num. 4 und §. 5) erworben haben, im Staats-, sowie im Kirchen- und Schuldienste ohne vorgängige ausdrückliche Genehmigung des Departements-Chefs nicht angestellt werden sollen. — Diese Genehmigung soll nur dann ertheilt werden, wenn von der Anstellung besonderer Nutzen für den Staats-, Kirchen- oder Schuldienst zu erwarten ist, und der Anzustellende — vorausgesetzt, daß er sich noch im militairpflichtigen Alter befindet — der Militair-Pflicht durch persönlichen Dienst in seiner früheren Heimath oder im Preußischen Heere genügt, oder durch ein Zeugniß der Preußischen Ersatzbehörde seine Untauglichkeit zum Militairdienste nachgewiesen hat.

Sämmtliche Justiz-Behörden werden von dieser Allerhöchsten Bestimmung hierdurch in Kenntniß gesetzt.

Berlin den 13. Dezember 1847.

Der Justiz-Minister
Uhden.

An
sämmtliche Justiz-Behörden.

I. 4977. O. 152.

XXXV.

1848.

Gesetze, Verordnungen, Rescripte.

131.

Verfügung vom 5. Januar 1848, — betreffend die Behandlung der Begnadigungs-Gesuche.

Nach den bestehenden Anordnungen werden Gnaden-Gesuche in Haft befindlicher Personen, welche mit Bewilligung der Direktoren der Strafanstalten bei den Königlichen Ober-Prokuratoren eingehen, von letzteren in allen Fällen mit einem gutachtlichen Berichte und den Untersuchungs-Akten an den Justiz-Minister befördert. Den Ober-Prokuratoren erwächst aus dieser Einrichtung nicht selten eine unnöthige, auf den Geschäftsgang störend einwirkende Vermehrung der Arbeit; denn viele solcher Gnaden-Gesuche, über welche hiernach berichtet werden muß, sind, wie die Erfahrung lehrt, offenbar unbegründet, so daß ein gutachtlicher Bericht über dieselben nicht erfordert worden sein würde, wenn deren Einreichung unmittelbar bei des Königs Majestät Statt gefunden hätte. Um diesen Uebelständen abzuhelfen und eine Erleichterung des Geschäftsganges bei den Ober-Prokuratoren und im Justiz-Ministerium herbeizuführen, wird hiermit Folgendes bestimmt.

1) Werden den Ober-Prokuratoren von Strafgefangenen, sei es mit oder ohne Empfehlung Seitens der Strafanstalts-Directionen, Gnaden-Gesuche überreicht, welche zur Befürwortung nicht geeignet erscheinen, so sind dieselben mit den etwaigen Anlagen unmittelbar, jedoch ohne Begleitungsbericht und ohne gutachtliche Aeußerung, bloß unter Couvert, mittelst einer auf letzteres zu setzenden

Bemerkung „an das Geheime Civil-Kabinet Sr. Majestät des Königs" an letzteres einzusenden.

2) Eignet sich dagegen ein solches Gnaden-Gesuch zur Befürwortung, so ist dasselbe, wie bisher, unter Beifügung der Akten mittelst gutachtlichen Berichts dem Justiz-Minister zu überreichen.

3) Ein gleiches Verfahren (Nr. 1 u. 2) ist zu beobachten hinsichtlich der den Ober-Prokuratoren zugehenden Gnaden-Gesuche solcher nicht in Strafhaft befindlichen Personen, welche vermöge besonderer Verhältnisse auf eine erleichterte Beförderung ihrer Bittschriften nach dem Ermessen des betreffenden Ober-Prokurators billigen Anspruch haben, während es in Betreff anderweitiger Begnadigungs-Gesuche bei der seitherigen Regel verbleibt, wonach dieselben den Bittstellern mit dem Eröffnen zurückzugeben sind, daß ihnen die unmittelbare Einreichung bei des Königs Majestät überlassen werden müsse.

4) Endlich ist in allen Fällen, in welchen die Ober-Prokuratoren wegen Begnadigung oder Strafmilderung gutachtlich berichten, dem Justiz-Minister ein zur Vorlegung bei des Königs Majestät geeigneter Auszug aus den betreffenden Untersuchungs-Akten einzusenden, auf welchen sich die Ober-Prokuratoren in ihrem gutachtlichen Begleitungsberichte beziehen können.

Ew. Hochwohlgeboren haben hiernach das Erforderliche an die Königlichen Ober-Prokuratoren zu erlassen.

Berlin den 5. Januar 1848.

Der Justiz-Minister
Uhden.

An
den Königl. General-Prokurator,
Herrn Geheimen Ober-Justiz-Rath
Nicolovius Hochwohlgeboren
zu Köln.

I. 10. Rhein. Crim. 59. Vol. 2.

132.

Allerhöchste Kabinets-Ordre vom 10. Januar 1848, — betreffend das Verfahren bei der Aufnahme von Ausländern in den diesseitigen Unterthanenverband.

(Gesetz v. 31. Dezember 1842, Gesetz-Samml. 1843 S. 5.)

Ich habe aus dem Berichte des Staats-Ministeriums vom 27. v. M. ersehen, daß nicht selten Ausländern, deren Naturalisationsgesuche auf den begründeten Widerspruch der Gemeinde des Orts der beabsichtigten Niederlassung zurückgewiesen waren, bald nachher die Aufnahme an diesem Orte dennoch hat bewilligt werden müssen, weil sie nach ihrer Zurückweisung unter dem Vorgeben, sich in einer andern Gemeinde niederlassen zu wollen, und auf Grund der Zustimmung dieser Gemeinde, die Eigenschaft eines Preußischen Unterthans erworben hatten. — Um solchem Mißbrauche für die Zukunft vorzubeugen, bestimme Ich hierdurch nach dem Antrage des Staats-Ministeriums, daß die Landespolizei-Behörden ermächtigt sein sollen, an die Verleihung der Eigenschaft als Preußischer Unterthan künftighin die Beschränkung zu knüpfen, daß innerhalb eines Zeitraums von 3 Jahren, vom Tage der Ausstellung der Naturalisationsurkunde an gerechnet, die Befugniß des Aufgenommenen zur Wahl eines andern inländischen Wohn- oder Aufenthaltsorts in Ermangelung der Zustimmung der Gemeinde dieses letzteren, lediglich nach den in dem Gesetze über die Erwerbung und den Verlust der Eigenschaft als Preußischer Unterthan vom 31. Dezember 1842 §. 7 Nr. 2—4 und 8 für Ausländer ertheilten Vorschriften zu beurtheilen ist.

Mein gegenwärtiger Befehl ist durch die Gesetzsammlung zur öffentlichen Kenntniß zu bringen.

Berlin den 10. Januar 1848.

Friedrich Wilhelm.

An
das Staats-Ministerium.
I. 566. J. 12. Vol. 3.

133.

Verfügung vom 11. Januar 1848, — betreffend den von den Rechts-Kandidaten der Rheinprovinz zu führenden Nachweis über den Besuch der Vorlesungen auf den Universitäten Behufs Zulassung zur ersten juristischen Prüfung.

(Allg. Verfügung v. 16. November 1844, Rh. Samml. Bd. 8 S. 377.)

Ew. Hochwohlgeboren wird in der abschriftlichen Anlage die Verfügung, welche der Herr Minister der geistlichen, Unterrichts- und Medizinal-Angelegenheiten, in Betreff des den Rechts-Kandidaten, die für den Justizdienst in der Rheinprovinz sich ausbilden wollen, obliegenden Nachweises des Besuchs einer Vorlesung über Rheinisches Strafverfahren,

an den Kurator und außerordentlichen Regierungs-Bevollmächtigten der Universität Bonn, Geheimen Ober-Regierungs-Rath v. Bethmann-Hollweg unterm 29. Dezember v. J. erlassen und den übrigen Universitäten nachrichtlich zugefertigt haben, zur weiteren Mittheilung an die Landgerichts-Präsidenten und Ober-Prokuratoren der Rheinprovinz übersandt.

Berlin den 11. Januar 1848.

Der Justiz-Minister
Uhden.

An
den Königlichen General-Prokurator Herrn Geheimen Ober-Justizrath Nicolovius Hochwohlgeboren
zu Köln.

I. 20. U. 17.

B e i l a g e.

In der Ew. Hochwohlgeboren mittelst Erlasses vom 8. Dezember 1844 abschriftlich mitgetheilten Verfügung vom 16. November deff. Jahres, hat der Herr Justiz-Minister Uhden diejenigen Vorlesungen bezeichnet, über deren Besuch die Rechts-Kandidaten Behufs ihrer Zulassung zur ersten juristischen Prüfung sich ausweisen müssen und namentlich bestimmt, daß diejenigen Rechts-Kandidaten, welche sich für den Justizdienst in der Rheinprovinz ausbilden wollen, den Besuch der Vorlesungen über das in der Rheinprovinz zur Anwendung kommende Recht und Prozeß-Verfahren nachzuweisen haben. Gegenwärtig ist es zur Sprache gekommen, ob dieser Bestimmung durch den Besuch einer Vorlesung über

Kriminalprozeß nach gemeinem Recht und neueren Gesetzgebungen,

Genüge geleistet werden könne. Der Herr Justiz-Minister hat dies verneint. Meinerseits kann ich mich hiemit nur einverstanden erklären und ist daher wohl zu besorgen, daß die Studirenden der Rechtswissenschaft, welche durch das Zeugniß über eine solche Vorlesung den ihnen in Beziehung auf das Studium des Rheinischen Strafverfahrens obliegenden Nachweis zu führen gedenken sollten, von den Gerichtsbehörden zur ersten juristischen Prüfung nicht würden zugelassen werden.

Mit Rücksicht hierauf beauftrage ich Ew. Hochwohlgeboren, durch Vermittelung der juristischen Fakultät die Studirenden auf die Nothwendigkeit, der Verfügung des Herrn Justiz-Ministers vom 16. November 1844 auch in Betreff des Besuchs der Vorlesungen über das Rheinische Strafverfahren durch den Nachweis des Besuchs einer vorzugsweise und hauptsächlich hierüber gehaltenen Vorlesung vollständig zu genügen, aufmerksam machen zu lassen.

Berlin den 29. Dezember 1847.

Der Minister der geistlichen, Unterrichts- und Medizinal-Angelegenheiten.
Im Auftrage des Herrn Chefs
v. Ladenberg.

An
den Königlichen Kurator der Universität, außerordentlichen Regierungs-Bevollmächtigten Geheimen Ober-Regierungs-Rath Herrn v. Bethmann-Hollweg Hochwohlgeboren
zu Bonn.

134.

Allgemeine Verfügung vom 19. Januar 1848, — betreffend den Vertrag mit dem Großherzogthum Luxemburg vom 11. März 1844.

(Rhein. Samml. Bd. 8 S. 245.)

Der zwischen der Großherzoglich Luxemburgischen und der diesseitigen Regierung wegen gegenseitiger Auslieferung flüchtiger Verbrecher bestehende Vertrag vom 11. März 1844 (Gesetz-Samml. S. 233) enthält im Art. 6 die Bestimmung,

> daß die durch die Arretirung und Haft der auszuliefernden Individuen, so wie durch den Transport derselben bis zur Grenze, erwachsenden Kosten gegenseitig nach den in den beiden Ländern bestehenden gesetzlichen Verordnungen und Tarifen erstattet werden sollen.

Hierin ist neuerdings eine Abänderung eingetreten, indem die beiden gedachten Regierungen mittelst besonderer Deklaration vom 23. Dezember 1847, welche als ein Supplementar-Artikel zu dem erwähnten Vertrage angesehen werden soll, dahin übereingekommen sind, daß beide Staaten auf die in jenem Artikel 6 vorbehaltene Erstattung der Kosten, welche durch die Arretirung und Haft der auszuliefernden Individuen, so wie durch deren Transport bis zur Grenze erwachsen, gänzlich verzichten, und daß jeder der beiden Staaten künftig diese innerhalb seines Gebietes durch die Auslieferung entstandenen Kosten selbst zu tragen hat.

Von dieser Vereinbarung werden die Gerichtsbehörden hierdurch in Kenntniß gesetzt, um sich in vorkommenden Fällen danach zu achten.

Berlin den 19. Januar 1848.

Der Justiz-Minister
Uhden.

An
sämmtliche Gerichtsbehörden.

I. 115. Conventionen Nr. 11.

135.

Verfügung vom 20. Januar 1848, — betreffend die Annahme erblicher Familien-Namen Seitens der Juden.

(Allerh. Ordre v. 31. Oktober 1845 S. 57 dies. Bandes.)

Ew. Hochwohlgeboren wird auf den Bericht vom 26. Dezember v. J.,

die Annahme erblicher Familien-Namen Seitens der Juden betreffend,

hierdurch eröffnet, daß, da nach den Berichten der Ober-Prokuratoren nur eine geringe Anzahl von Juden in Folge der Allerhöchsten Ordre vom 31. Oktober 1845 einen andern, als den bisher geführten Namen angenommen hat, sich keine erhebliche Belastung der Civilstands-Beamten befürchten läßt, wenn das regelmäßigste und sicherste Verfahren gewählt wird, um die Civilstands-Register mit den jetzt feststehenden Namensveränderungen der Juden in Uebereinstimmung zu setzen. Die Civilstands-Beamten werden überdies von der Identität der Personen und der Zahl der bereits existirenden Urkunden, auf welche rekurrirt werden muß, sich am sichersten und kürzesten vergewissern können, wenn die Interessenten, welche solches zu verweigern keinen Grund haben, den in Gemäßheit der bezogenen Verordnung angenommenen und von den Administrativ-

Behörden bereits genehmigten Namen annoch persönlich zu den Civilstands-Registern erklären. Demgemäß sind die Civilstands-Beamten des rechten Rheinufers durch die betreffenden Ober-Prokuratoren anzuweisen:

1) unter Zuziehung der Betheiligten und auf Grund der in den Amtsblättern bekannt gemachten Verzeichnisse die Namensveränderungen in die laufenden Geburts-Register einzutragen;
2) am Rande aller früheren, die Deklaranten selbst und deren Kinder betreffenden Civilstands-Urkunden, inglei-chem am Rande der etwaigen Sterbe-Urkunden der Ehefrauen der Deklaranten davon mittelst eines nach Artikel 49 des Civil-Gesetzbuchs abzufassenden Vermerks Erwähnung zu thun;
3) von diesen Marginal-Vermerken den Ober-Prokuratoren zum Zweck der Veranlassung gleichförmiger Transskription bei den auf den Landgerichts-Sekretariaten deponirten Duplikaten Nachricht zu geben und zugleich bei den jährlichen Namensverzeichnissen das Erforderliche nachzutragen.

Da übrigens bei dieser Maaßregel nur wenige Civilstands-Beamte zu konkurriren haben, so wird es zweckmäßig sein, wenn die Ober-Prokuratoren zuvörderst die auf jeden Bezirk fallenden Namensveränderungen aus den bekannt gemachten Verzeichnissen ausziehen und sodann die Civilstands-Beamten, welche hiernach in Anspruch genommen werden müssen, mit weiterer Anweisung versehen.

Berlin den 20. Januar 1848.

Der Justiz-Minister
Uhden.

An
den Königlichen General-Prokurator
Herrn Geheimen Ober-Justiz-Rath
Nicolovius Hochwohlgeboren
zu Köln.

I. 40. Rhein. Gen. 13. Vol. 2.

136.

Gesetz über das Deichwesen, — vom 28. Januar 1848.

Wir Friedrich Wilhelm, von Gottes Gnaden, König von Preußen ꝛc. ꝛc.

verordnen, da die bestehenden Gesetze über das Deichwesen sich als unzureichend erwiesen haben, auf den Antrag Unseres Staats-Ministeriums, nach Anhörung Unserer getreuen Stände, und nach vernommenem Gutachten Unseres Staats-Raths, für alle Theile Unserer Monarchie was folgt:

§. 1.

I. Deiche, die zu keinem Deichverbande gehören.

Deiche oder ähnliche Erhöhungen der Erdoberfläche, welche die Ausbreitung der zeitweise aus ihren Ufern tretenden Gewässer beschränken, dürfen in der ganzen Breite, welche das Wasser bei der höchsten Ueberschwemmung einnimmt (Inundationsgebiet), nicht anders als mit ausdrücklicher Genehmigung der Regierung neu angelegt, verlegt, erhöht, sowie ganz oder theilweise zerstört werden.

Wer diesem Verbote zuwider handelt, soll polizeilich nicht nur mit einer Geldbuße bis zu funfzig Thalern bestraft, sondern auch, wenn es erforderlich ist, zur Wiederherstellung des früheren Zustandes angehalten werden.

Auf Schutzmaaßregeln, welche in Nothfällen für die Dauer der Gefahr getroffen werden, finden diese Vorschriften keine Anwendung.

§. 2.

Vor Ertheilung der Genehmigung (§. 1) hat die Regierung nach ihrem Ermessen in erheblicheren Fällen die Betheiligten zu hören.

Ist es ungewiß, welche Personen als betheiligt zu betrachten sind, so kann die Regierung eine öffentliche Aufforderung mit der Verwarnung erlassen, daß diejenigen, welche sich binnen der zu bezeichnenden Frist nicht gemeldet haben, mit späteren Einwendungen nicht mehr gehört werden sollen.

Eine solche Aufforderung ist zweimal in die Amtsblätter des Regierungs-Bezirks einzurücken, und in den betreffenden Gemeinden auf die ortsübliche Weise bekannt zu machen.

§. 3.

Die Genehmigung zu einer Anlage, Verlegung oder Erhöhung (§. 1) ist zu versagen, wenn, nach dem Urtheile der Regierung, das nothwendige Abflußprofil des Hochwassers dadurch beschränkt werden würde.

§. 4.

Ist ein schon vorhandener, zum Schutz der Ländereien mehrerer Besitzer dienender Deich ganz oder theilweise verfallen, oder durch Naturgewalt zerstört, so kann die Regierung fordern, daß derselbe, nach ihrer Anweisung, bis zu derjenigen Höhe und Stärke wieder hergestellt werde, welche er früher gehabt hat.

Auch ist die Regierung berechtigt, in Ansehung der Deiche dieser Art diejenigen Maaßregeln vorzuschreiben, welche erforderlich sind, um deren Erhaltung in ihrem bisherigen Umfange und Zustande zu sichern.

§. 5.

Die Regierung ist ermächtigt, Diejenigen, welche den Deich zu erhalten, oder wiederherzustellen verpflichtet sind, hierzu durch Exekution anzuhalten.

§. 6.

Ist es ungewiß oder streitig, wer zur Unterhaltung oder Wiederherstellung des Deichs verpflichtet sei, so kann die Regierung die Leistungen interimistisch von Demjenigen fordern, welcher den Deich seither unterhalten hat, oder wenn dieser unbekannt oder nicht leistungsfähig ist, von denjenigen Grundbesitzern, deren Grundstücke, nach dem Ermessen der Behörde, durch den Deich geschützt werden. Kann die Ermittelung dieser Grundbesitzer nicht so schnell geschehen, als die Dringlichkeit des Falles es erfordert, so steht der Regierung frei, die sämmtlichen Grundbesitzer derjenigen Ortschaften, in deren Ortsfeldmark oder Gemeindebezirke der Deich belegen ist, zu den nöthigen Leistungen, nach Verhältniß ihres Grundbesitzes, anzuhalten, ohne Rücksicht darauf, ob diese Grundbesitzer zur Gemeinde gehören oder nicht.

§. 7.

Die Regierung setzt in einem solchen Falle (§. 6) durch ein Resolut fest, wer die Baulast interimistisch zu tragen hat, und wie die Beiträge zu vertheilen sind.

Gegen ein solches Resolut ist der Rekurs an das Finanzministerium zulässig; derselbe muß jedoch innerhalb einer vierwöchentlichen, mit dem nächsten Tage nach der Mittheilung des Resoluts beginnenden präklusivischen Frist bei der Regierung angemeldet und gerechtfertigt werden. Erfolgt innerhalb dieser Frist nur die Anmeldung, so sind die Verhandlungen ohne Weiteres zur Entscheidung über den Rekurs an das Ministerium einzusenden, und später angebrachte neue Thatsachen oder Ausführungen nicht zu berücksichtigen.

Die Vollstreckung des Resoluts wird durch die Einlegung des Rekurses nicht aufgehalten.

§. 8.

Den zur Unterhaltung oder Wiederherstellung eines Deichs interimistisch Herangezogenen bleibt vorbehalten, ihre Ansprüche auf Erstattung ihrer Beiträge oder des Werths ihrer Leistungen im Rechtswege gegen die eigentlich Verpflichteten geltend zu machen.

§. 9.

Die von der Regierung ausgeschriebenen Beiträge und Leistungen sind den öffentlichen Lasten gleich zu stellen, und haben in Kollisionsfällen vor denselben den Vorzug.

§. 10.

In denjenigen Fällen, in welchen eine interimistische Regulirung der Baulast hat erfolgen müssen (§§. 6 und 7), liegt der Regierung ob, zur Regelung der künftigen Leistungen durch Bildung eines Deichverbandes (§. 11. u. flg.), auch ohne Antrag der Betheiligten, die erforderliche Einleitung zu treffen.

Zeigt sich bei näherer Erörterung die Bildung eines Deichverbandes nicht als erforderlich, so ist die Regierung die fernere Erhaltung des Deiches zu verlangen nicht mehr befugt. Die Betheiligten sind von dieser Lage der Sache in Kenntniß zu setzen.

Der Einleitung zu einem Deichverbande bedarf es nicht, wenn durch Anerkenntniß oder im Rechtswege ein Verpflichteter ermittelt und derselbe leistungsfähig ist.

§. 11.

II. Deichverbände.

Ist es zur Abwendung gemeiner Gefahr oder zur erheblichen Förderung der Landeskultur erforderlich, Deiche und dazu gehörige Sicherungs- und Meliorationswerke anzulegen, zu erweitern oder zu erhalten, so sollen die Besitzer sämmtlicher der Ueberschwemmung ausgesetzten Grundstücke zur gemeinsamen Anlegung und Unterhaltung der Werke unter landesherrlicher Genehmigung zu Deichverbänden vereinigt werden. Zuvor sind jedoch alle Betheiligte, nöthigenfalls nach Erlassung eines öffentlichen Aufgebots, welches die im §. 2 bestimmte Wirkung hat, mit ihren Anträgen zu hören.

§. 12.

Eine solche Vereinigung soll insbesondere in folgenden Fällen herbeigeführt werden:

a) wenn es darauf ankommt, die Grundbesitzer einer noch unverwallten Niederung zur Anlegung und ferneren Erhaltung von Deichen und Meliorationswerken zu verpflichten;

b) wenn die Grundbesitzer einer schon verwallten Niederung zur Verbesserung und Unterhaltung von Deichen und Meliorationswerken, welche seither nur von einzelnen Betheiligten angelegt und unterhalten wurden, verbindlich zu machen sind;

c) wenn dergleichen Deiche und die mittelst derselben geschützten Grundbesitzer einem schon bestehenden Deichverbande angeschlossen werden sollen;

d) wenn Verwaltungs- und Meliorationsanlagen schon bestehender Deichverbände erweitert, und auf unverwallte Grundstücke der noch nicht zum Deichverbande gehörenden Besitzer ausgedehnt werden sollen.

§. 13.

Grundbesitzer, welche derselben Niederung angehören, und mit Rücksicht auf die Lage ihrer Grundstücke ein gemeinschaftliches Interesse haben, sollen in der Regel zu Einem Deichverbande vereinigt werden. Eine Ausnahme kann namentlich dann gestattet werden, wenn für einen Theil der Niederung der Zweck mit erheblich geringeren Kosten erreicht werden kann.

§. 14.

Mehrere Deichverbände, welche ein gemeinschaftliches Interesse rücksichtlich der Erhaltung ihrer Deiche haben, können mit landesherrlicher Genehmigung entweder zu Einem Deichverbande vereinigt, oder unter eine gemeinsame Deichverwaltung gestellt und zur gegenseitigen Unterstützung bei Durchbrüchen und anderen außerordentlichen Beschädigungen der Deiche verpflichtet werden.

§. 15.

Für jeden Deichverband ist ein landesherrlich zu vollziehendes Statut abzufassen, in welchem folgende Gegenstände näher zu bestimmen sind:

a) der Umfang des Sozietätszweckes,

b) die Deichpflicht oder die Art und Vertheilung der zur Anlegung und Unterhaltung der Schutz- und Meliorationswerke erforderlichen Beiträge und Leistungen,

c) die von den Grundbesitzern zu übernehmenden Beschränkungen des Eigenthums,

d) das den Staatsbehörden beizulegende Recht der Oberaufsicht,

e) die Organisation, so wie die Befugnisse und Pflichten der Deichverwaltungs-Behörde,

f) das Recht der Deichgenossen, persönlich oder durch Abgeordnete bei der Verwaltung der Deichangelegenheiten mitzuwirken,

g) die Folgen der Ausdeichung.

§. 16.

Die Deichpflicht (§. 15b) muß von allen einzelnen, durch die Deich- und Meliorationswerke geschützten oder verbesserten ertragsfähigen Grundstücken, Hof- und Baustellen, auch wenn dieselben sonst von den gemeinen Lasten befreit oder dabei bevorrechtet sind, nach dem im Statute zu bestimmenden Maaßstabe gleichmäßig getragen werden. Als Vertheilungsmaaßstab ist in der Regel das Verhältniß des abzuwendenden Schadens und herbeizuführenden Vortheils anzunehmen; aus besonderen Gründen kann jedoch ein anderer Vertheilungs-Maaßstab zugelassen werden.

Eine Befreiung von der Deichpflicht kann künftig auf keinerlei Weise, auch nicht durch Verjährung, erworben werden.

§. 17.

Die Vertheilung der Deichpflicht unter die Deichgenossen erfolgt selbst dann nach den Grundsätzen des §. 16, wenn diese Pflicht bis dahin auf Grund spezieller Rechtstitel zwischen diesen Personen in anderer Art vertheilt war, oder Einzelne danach von Anderen ganz übertragen werden mußten.

In solchen Fällen können aber die durch einen speziellen Rechtstitel Berechtigten Entschädigung für die, erst durch den Deichverband ihnen auferlegten Leistungen von den durch jenen Titel Verpflichteten, nach Maaßgabe desselben, in soweit fordern, als diese Leistungen schon vor Errichtung des Deichverbandes zur Erhaltung oder Wiederherstellung der früheren Schutzanlagen nothwendig waren.

Die Verpflichtung zu solchen Entschädigungen kann gegen eine verhältnißmäßige Vergütung abgelöst werden.

§. 18.

Die in einem Deichverbande zu leistende Deichpflicht ruht unablöslich auf den Grundstücken, ist den öffentlichen Lasten gleich zu achten und hat in Kollisionsfällen vor denselben den Vorzug.

§. 19.

Die Erfüllung der Deichpflicht kann von der Deichverwaltungs-Behörde in eben der Art, wie dies bei den öffentlichen Lasten zulässig ist, durch Exekution erzwungen werden. Diese Exekution findet auch Statt gegen Pächter, Nutznießer oder andere Besitzer des verpflichteten Grundstücks, vorbehaltlich ihres Regresses an den eigentlich Verpflichteten.

§. 20.

Die Eigenthümer der eingedeichten Grundstücke und Vorländer sind verpflichtet, auf Anordnung der Deichbehörde, dem Verbande den zu den Schutz- und Meliorationsanlagen erforderlichen Grund und Boden gegen Vergütung abzutreten, desgleichen die zu jenen Anlagen nöthigen Materialien an Sand, Lehm, Rasen u. s. w. gegen Ersatz des durch die Fortnahme derselben ihnen entstandenen Schadens zu überlassen. Der außerordentliche Werth ist bei Festsetzung der Vergütung oder Entschädigung nicht in Anrechnung zu bringen.

§. 21.

Auch diejenigen Beschränkungen des Eigenthums, denen sich die nicht zum Deichverbande gehörenden Besitzer des Vorlandes, oder der am Flußufer, in der Nähe der Deiche, oder der gemeinschaftlichen Gräben und Schleusen belegenen Grundstücke zu unterwerfen haben, sind in dem Deichstatute näher zu bestimmen.

§. 22.

Streitigkeiten über die Fragen, ob ein Grundstück nach §. 16 deichpflichtig ist, oder wie die Deichlast zu vertheilen ist, sind mit Ausschluß des Rechtsweges, von den Verwaltungsbehörden zu entscheiden.

§. 23.

Die bei Publikation des gegenwärtigen Gesetzes vorhandenen Deichordnungen und Statute bleiben zwar in Kraft, doch sollen diejenigen, bei denen es erforderlich erscheint, einer Revision unterworfen werden. Ihre Abänderung und Aufhebung kann nur unter landesherrlicher Genehmigung erfolgen.

§. 24.

III. Gemeinsame Bestimmungen.

Die Regierung ist befugt, eine solche Benutzung der Deiche, welche deren Widerstandsfähigkeit zu schwächen geeignet ist, zu beschränken oder ganz zu untersagen. Werden hierdurch wohlerworbene Rechte eingeschränkt oder aufgehoben, so hat der zur Unterhaltung des Deiches Verpflichtete den Berechtigten zu entschädigen.

§. 25.

Ist die Erhaltung eines Deiches zur Sicherung einer Niederung gegen Ueberschwemmung nothwendig, so müssen bei drohender Gefahr, nach Anordnung der Polizeibehörde, alle Bewohner der bedrohten und nöthigenfalls auch der benachbarten Gegend zu den Schutzarbeiten unentgeltlich Hülfe leisten und die erforderlichen Arbeitsgeräthe und Transportmittel mit zur Stelle bringen.

Die Polizeibehörde kann die in solchen Fällen nöthigen Maaßregeln sofort durch Exekution zur Ausführung bringen; sie ist befugt, die Verabfolgung der zur Abwehr der Gefahr dienlichen Materialien aller Art, wo solche sich finden mögen, zu fordern, und diese müssen mit Vorbehalt der Ausgleichung unter den Verpflichteten, und der Erstattung des Schadens, bei dem jedoch der außerordentliche Werth nicht in Anrechnung kommt, von den Besitzern verabfolgt werden.

§. 26.

Auf Deiche, die zu einem Deichverbande gehören, findet die Vorschrift des §. 25 nur in soweit Anwendung, als das Deichstatut nicht andere Bestimmungen enthält.

§. 27.

In Beziehung auf die Anlegung oder Veränderung von Deichen oder Meliorationswerken, welche auf die Vertheidigungsfähigkeit der Festungen einzuwirken geeignet sind, bewendet es bei der Vorschrift des §. 12 des Regulativs vom $^{10}/_{30}$. September 1828 über das Verfahren bei baulichen Anlagen oder sonstigen Veränderungen der Erdoberfläche innerhalb der nächsten Umgebungen der Festungen.

§. 28.

Alle von dem gegenwärtigen Gesetze abweichende Bestimmungen der allgemeinen Landesgesetze oder der für einzelne Landestheile bestehenden Verordnungen, namentlich die §§. 63—65 Titel 15 Thl. II. des Allgemeinen Landrechts, werden hierdurch aufgehoben.

Urkundlich unter Unserer Höchsteigenhändigen Unterschrift und beigedrucktem Königlichen Insiegel.

Gegeben Berlin den 28. Januar 1848.

(L. S.) Friedrich Wilhelm.

v. Savigny, v. Bodelschwingh, Uhden, v. Düesberg.

Beglaubigt:
Bode.

I. 744. V. 5. Vol. 6.

137.

Verfügung vom 29. Januar 1848, — betreffend den Stempel-Ansatz zu den Urtheilen, wodurch Civilstands-Beamte mit Geldbußen bestraft werden.

(Reskripte v. 10. Mai 1838 zu 5. und v. 4. Januar 1840 zu 7, Rhein. Samml. Bd. 6 S. 479 u. Bd. 7 S. 427.)

Aus einem Schreiben des Herrn Finanz-Ministers vom 14. d. M. ist ersehen worden, daß das dortige Königliche Landgericht des Reskripts vom 6. August 1842 (zu X) ungeachtet, fortgefahren hat, zu den Urtheilen, wodurch Civilstands-Beamte mit Geldbußen bestraft werden, nur einen Stempel von 15 Sgr.

festzusetzen und die Erledigung der dagegen bei der vorjährigen Stempel-Revision erhobenen Monita abzulehnen.

Wenn zu dem Ende auf das Gesetz vom 29. März 1844 (Gesetz-Samml. S. 77) Bezug genommen wird, so ist dabei übersehen worden, daß nach §. 43 dieses Gesetzes im Bezirke des Appellationsgerichtshofes zu Köln wider Anwälte, Notarien, Gerichtsschreiber und Gerichtsvollzieher, sowie gegen Hülfsbeamte der gerichtlichen Polizei nach den dort geltenden besonderen Gesetzen über die Disziplinar-Strafen und die Disziplinar-Untersuchungen zu verfahren ist. Es folgt hieraus, daß die rechtliche Natur der in solchen Disziplinar-Sachen erlassenen Strafurtheile keine Aenderung erfahren hat; zu denselben muß daher, wie dies schon wiederholt (vergl. die Reskripte vom 10. Mai 1838 zu 5 und vom 4. Januar 1840 zu 7 Rhein. Samml. Bd. 6 S. 479 und Bd. 7 S. 427) ausgesprochen und von allen anderen Rheinischen Landgerichten seitdem befolgt worden ist, wie in anderen Strafsachen, ohne Rücksicht auf die Höhe der Strafe ein Werthstempel von mindestens 5 Thlr. festgesetzt werden.

Ew. Hochwohlgeboren haben diese Verfügung zur Kenntniß des dortigen Königl. Landgerichts zu bringen und die Erledigung der in der Stempel-Defekten-Tabelle pro $18^{45}/_{47}$ unter Nr. 11 bis 18 aufgestellten Moniten ungesäumt zu veranlassen, in welcher Hinsicht jedoch bemerkt wird, daß nach der Mittheilung des Herrn Finanz-Ministers von der nachträglichen Beibringung der bei den Moniten 14 bis 18 nachliquidirten Stempelbeträge abgesehen werden soll.

Berlin den 29. Januar 1848.

Der Justiz-Minister
Uhden.

An
den Herrn Landgerichts-Präsidenten und den Herrn Ober-Prokurator Hochwohlgeboren zu Saarbrücken.

I. 231. Rhein. Gener. 62. Vol. 7.

138.

Verfügung vom 1. Februar 1848, — betreffend die Gebühren der Medizinal-Personen für ihre Zuziehung als Sachverständige.

(Art. 25 des Kostentarifs v. 16. Februar 1807.)

Auf Ihre Beschwerde vom 30. Dezember v. J., welche von dem Königl. Ministerium der geistlichen Angelegenheiten dem Justiz-Minister zu Ihrer Bescheidung mitgetheilt worden ist, wird Ihnen eröffnet, daß, da Sie in einer zur friedensrichterlichen Kompetenz gehörigen Civilsache als Sachverständiger vernommen worden sind, die Ihnen gebührende Entschädigung mit Recht nach Art. 25 des Kosten-Tarifs vom 16. Februar 1807, welcher die Taxe der Sachverständigen bei den Friedensgerichten zu demselben Satze, wie die der Zeugen bestimmt, festgesetzt worden ist. Der Abschnitt V. der Taxe vom 21. Juni 1815 hat außer Anwendung bleiben müssen, weil sich solcher nur auf gerichtliche Aerzte und Wundärzte, auf nicht gerichtliche Medizinalpersonen, ausweise der Schlußbemerkung des Abschnitts V aber nur dann bezieht, wenn sie die Stelle eines Kreis- oder gerichtlichen Wundarztes versehen; in dem vorliegenden Falle sind Sie keineswegs im Auftrage einer gerichtlichen Behörde, sondern lediglich auf Betreiben einer Privatpartei, zur Feststellung eines Civil-Anspruchs vernommen worden, weshalb nur auf den Artikel 25 l. cit. hat rekurrirt werden können. Hiernach muß es bei der im Auftrage des General-Prokurators durch den Ober-Prokurator zu Coblenz ertheilten, hierbei zurückerfolgenden Bescheidung bewenden.

Berlin den 1. Februar 1848.

Der Justiz-Minister.

An
den Distrikts-Arzt Herrn Dr. N.
zu N.

Abschrift vorstehender Verfügung erhalten Ew. Hochwohlgeboren auf den Bericht vom 17. v. Mts. zur Nachricht.

Berlin den 1. Februar 1848.

Der Justiz-Minister
Uhden.

An
den Königlichen General-Prokurator Herrn Geheimen Ober-Justizrath Nicolovius Hochwohlgeboren
zu Köln.

I. 2120. Rh. Gener. 37. Vol. 3.

139.

Allerhöchste Ordre vom 4. Februar 1848, — betreffend die Disziplin und den Gerichtsstand, welchen die auf der höheren landwirthschaftlichen Lehranstalt zu Poppelsdorf bei Bonn studirenden Akademiker unterworfen sein sollen.

Auf Ihren Antrag vom 20. v. M. bestimme Ich, daß die auf der höheren landwirthschaftlichen Lehranstalt zu Poppelsdorf bei Bonn studirenden Akademiker durch die Immatrikulation und Inskription bei der Universität Bonn das akademische Bürgerrecht erlangen und demzufolge den für die übrigen Studirenden auf gedachter Universität geltenden Gesetzen, Disziplinar- und polizeilichen Anordnungen unterworfen sein sollen.

Diese Bestimmung ist durch die Gesetzsammlung zur öffentlichen Kenntniß zu bringen.

Berlin den 4. Februar 1848.

Friedrich Wilhelm.

An
die Staats-Minister Eichhorn,
v. Bodelschwingh und Uhden.

I. 588. Rh. Gener. 184. Vol. 2.

140.

Allgemeine Verfügung vom 8. Februar 1848, — betreffend die Ausfertigung der Todtenscheine der in Preußen verstorbenen Schwedischen und Norwegischen Unterthanen.

(Allgem. Verfügung v. 30. April 1847, Justiz-Minist.-Blatt S. 147.)

Nachdem mit der Königlich Schwedischen Regierung über das Verfahren bei Ausfertigung und Einsendung der Todtenscheine der im Bereich der Preußischen Staaten verstorbenen Schwedischen und Norwegischen Unterthanen neuerdings ein gleiches Abkommen getroffen worden, wie dies nach Inhalt der allgemeinen Verfügung vom 30. April v. J. (Justiz-Minister.-Blatt S. 147) hinsichts der in Preußen verstorbenen Dänischen Unterthanen geschehen ist, werden sämmtliche Gerichtsbehörden hierdurch angewiesen, nach den in dieser Verfügung vom 30. April v. J. enthaltenen Bestimmungen auch hinsichts der in Preußen verstorbenen Schwedischen und Norwegischen Unterthanen zu verfahren.

Berlin den 8. Februar 1848.

Der Justiz-Minister
Uhden.

An
sämmtliche Gerichtsbehörden.

I. 148. T. 19.

141.

Verfügungen vom 10. Februar 1848, — betreffend die Verordnung zum Schutze der Fabrikzeichen für Eisen- und Stahlwaaren in der Rheinprovinz und Westphalen.

(Verordnung v. 18. August 1847, S. 230 dieses Bandes.)

a.

In der Anlage empfangen Ew. Hochwohlgeboren eine Eingabe des Präsidenten des Königlichen Gewerbegerichts zu Aachen vom 10. v. M., in welcher derselbe Entscheidung darüber erbittet, ob das gedachte Gericht die, von dem Nadelfabrikanten N. zu S. beantragte Hinterlegung seiner Fabrikzeichen vornehmen könne. Nach Inhalt der Verordnung vom 18. August v. J. und unserer, Ew. Hochwohlgeboren mit besonderem Schreiben zugehenden Bekanntmachung vom heutigen Tage ist zur Annahme und Eintragung der Eisen- und Stahlwaaren, zu denen auch Nadeln von Eisen oder Stahl gehören, in der Rheinprovinz lediglich das Fabrikengericht zu Remscheid kompetent; der Präsident des Fabrikengerichts zu Aachen wird deshalb die bei ihm eingegangene Anmeldung auf Niederlegung von Fabrikzeichen von dieser Waarengattung an die genannte Behörde abzugeben haben.

Ew. Hochwohlgeboren ersuchen wir ergebenst, denselben hiernach gefälligst zu bescheiden und Ihren Bericht auf den Marginal-Erlaß vom 23. Novbr. v. J. zu beschleunigen.

Berlin den 10. Februar 1848.

Der Justiz-Minister
Uhden.

Der Finanz-Minister
v. Duesberg.

An
den Königl. Ober-Präsidenten rc.
Herrn Eichmann Hochwohlgeboren
zu Koblenz.

b.

Einverstanden mit Ew. Hochwohlgeboren gefälligem Marginal=Bericht vom 5. Januar d. J. haben wir die im §. 3 der Verordnung zum Schutze der Fabrikzeichen an Eisen= und Stahlwaaren in der Provinz Westphalen und der Rheinprovinz vom 18. August v. J. vorbehaltene Bekanntmachung in der aus der Anlage ersichtlichen Weise erlassen.

Ew. Hochwohlgeboren ersuchen wir ergebenst, die Einrükkung dieser Bekanntmachung in die Amtsblätter der Provinz zu veranlassen und sich nach Ablauf der in § 17 und 18 der Verordnung bestimmten Fristen über die Ausführung der Verordnung und über die nach §. 9 derselben für einzelne Arten von Eisen= und Stahlwaaren etwa vorzubehaltenden Zeichen näher äußern zu wollen.

Berlin den 10. Februar 1848.

Der Justiz=Minister
Uhden.

Der Finanz=Minister
v. Duesberg.

An
den Königl. Ober=Präsidenten 2c.
Herrn Eichmann Hochwohlgeboren
zu Koblenz.

I. 422. F. 54. Vol. 2.

c.

Bekanntmachung.

Auf Grund des §. 3 der Verordnung zum Schutze der Fabrikzeichen an Eisen= und Stahlwaaren in der Provinz Westphalen und der Rheinprovinz vom 18. August 1847 wird die Abgrenzung der Bezirke der Gewerbegerichte zu Solingen und Remscheid in Beziehung auf die Führung der Zeichenrollen dahin festgesetzt, daß

1) der Rollenbezirk des Gewerbegerichts zu Solingen sich auf den Kreis Solingen beschränkt;
2) alle übrige Kreise des Regierungs=Bezirks Düsseldorf — mit Ausnahme der zum Rollenbezirke des Fabrikengerichts zu Hagen gehörigen Kreise Duisburg und Rees — sowie der Regierungs=Bezirke Cöln, Aachen, Coblenz und Trier zu dem Rollenbezirk des Gewerbegerichts zu Remscheid gehören.

Zugleich wird hierdurch der 3. März 1848 als derjenige Zeitpunkt bestimmt, von welchem an neue Fabrikzeichen bei den betreffenden Gewerbegerichten zur Eintragung angemeldet werden können.

Berlin den 10. Februar 1848.

Der Justiz-Minister
Uhden.

Der Finanz-Minister
v. Duesberg.

142.

Verordnung vom 11. Februar 1848, — über die Errichtung von Handelskammern.

Wir Friedrich Wilhelm, von Gottes Gnaden, König von Preußen ꝛc.

haben Uns bewogen gefunden, zur Beförderung des Handels und der Gewerbe über die Errichtung von Handelskammern auf den Antrag Unseres Staatsministeriums für den ganzen Umfang der Monarchie zu verordnen, was folgt:

§. 1.

Errichtung der Handelskammern.

Für jeden Ort oder Bezirk, wo wegen eines bedeutenden Handels- oder gewerblichen Verkehrs ein Bedürfniß zu einer Handelskammer obwaltet, soll eine solche nach Einholung Unserer besonderen Genehmigung errichtet werden.

§. 2.

Bei Ertheilung dieser Genehmigung (§. 1) werden Wir zugleich das Erforderliche bestimmen:

1) wegen des Sitzes der Handelskammer, wenn diese für einen, über mehrere Orte sich erstreckenden Bezirk errichtet wird;
2) wegen der Zahl der Mitglieder der Handelskammer, so wie der Stellvertreter derselben;
3) wegen Eintheilung des Bezirks der Handelskammer zum Behufe der Wahl der Mitglieder und deren Stellvertreter in engere Bezirke, wo solche nach den örtlichen Verhältnissen nöthig befunden wird; und
4) wegen desjenigen Betrages der in der Steuerklasse der Kaufleute mit kaufmännischen Rechten zu entrichtenden Gewerbesteuer, durch welchen die Befugniß der Handel- und Gewerbetreibenden zur Theilnahme an der Wahl der Mitglieder und Stellvertreter bedingt sein soll.

§. 3.

Besteht in dem Bezirke, für welchen eine Handelskammer errichtet werden soll, eine käufmännische Korporation oder Innung, so werden Wir, nach Anhörung der Korporation oder Innung, diejenigen besonderen Bestimmungen treffen, durch welche die bestehenden korporativen Verhältnisse die geeignete Berücksichtigung finden.

§. 4.

Bestimmung der Handelskammern.

Die Handelskammern haben die Bestimmung, auf Verlangen der vorgesetzten Provinzial- und Centralbehörden Berichte und Gutachten über Handels- und Gewerbeangelegenheiten zu erstatten, auch nach eigenem Ermessen ihre Wahrnehmungen über den Gang des Handels und der Gewerbe, so wie über die für den Verkehr bestehenden Anstalten und Einrichtungen zur Kenntniß jener Behörden zu bringen und diesen ihre Ansichten darüber mitzutheilen, durch welche Mittel Handel und Gewerbe zu fördern sind, welche Hindernisse entgegenstehen und in welcher Weise dieselben zu beseitigen sind.

Den Handelskammern kann zugleich die Beaufsichtigung der auf Handel und Gewerbe Bezug habenden öffentlichen Anstalten übertragen werden.

§. 5.

Die Handelskammern haben über die anzustellenden Mäkler, so wie über die zur Verwaltung öffentlicher Anstalten für Handel und Gewerbe zu ernennenden Personen ihr Gutachten abzugeben.

§. 6.

Wahl der Mitglieder und Stellvertreter.

Zum Mitgliede einer Handelskammer oder zum Stellvertreter kann nur gewählt werden, wer dreißig Jahre oder darüber alt ist, ein Handels-, Rhederei- oder Fabrikgeschäft seit wenigstens fünf Jahren für eigene Rechnung allein oder als Gesellschafter persönlich betreibt, in dem Bezirke der Handelskammer seinen ordentlichen Wohnsitz, sowie den Hauptsitz seines Gewerbes hat und unbescholtenen Rufes ist.

Die bei Erneuerung der Handelskammer austretenden Mitglieder oder Stellvertreter (§. 9) können wieder erwählt werden.

§. 7.

Zur Theilnahme an der Wahl der Mitglieder und Stellvertreter sind sämmtliche Handel- und Gewerbetreibende des Bezirks der Handelskammer berechtigt, welche den, nach Vorschrift des §. 2 Nr. 4 bestimmten Betrag der in der Steuerklasse der Kaufleute mit kaufmännischen Rechten zu entrichtenden Gewerbesteuer zahlen.

Wird dieser Steuerbetrag von einer Handlungsgesellschaft

gezahlt, so ist dieselbe nur durch eines ihrer Mitglieder an der Wahl Theil zu nehmen befugt.

§ 8.

Die Regierung ernennt den Kommissarius zur Abhaltung der Wahl, oder, wenn der Bezirk der Handelskammer in engere Bezirke zerfällt (§. 2 Nr. 3), diejenigen, welche in diesen die Wahlen einleiten und dabei den Vorsitz führen sollen.

Die Kommissarien berufen durch Umlaufschreiben die Wahlberechtigten zur Versammlung. Nach Eröffnung derselben werden zwei Stimmensammler und ein Protokollführer erwählt.

Abwesende sind nicht berechtigt, Andere zur Stimmgebung zu bevollmächtigen oder Stimmzettel einzusenden. Jeder Stimmberechtigte hat die Befugniß, aus dem Wahlbezirke, welchem er angehört, einen Kandidaten in Vorschlag zu bringen.

Die Namen der Kandidaten werden zusammengestellt und die Zusammenstellung wird zur Einsicht vorgelegt. Die Wahl erfolgt durch geheime Abstimmung mittelst Stimmzettel nach absoluter Stimmenmehrheit. Ergiebt die Wahl nicht für alle zu besetzende Stellen eine absolute Stimmenmehrheit, so werden für die Stellen, in Hinsicht deren es an dieser Stimmenmehrheit fehlt, diejenigen, welche die meisten Stimmen für sich haben, zur neuen Wahl gebracht, bis alle Stellen durch absolute Stimmenmehrheit besetzt sind. Bei Stimmengleichheit entscheidet das Loos. Das Wahlprotokoll ist von dem Vorsitzenden, den Stimmensammlern und dem Protokollführer zu unterzeichnen und hiernächst durch die Regierung dem Oberpräsidenten zur Prüfung und zur Veranlassung der öffentlichen Bekanntmachung vorzulegen. Ergiebt sich bei dieser Prüfung, daß ein Gewählter nicht die vorgeschriebene Qualifikation besitzt, oder daß bei der Wahl nicht vorschriftsmäßig verfahren worden, so verfügt der Oberpräsident die Zusammenberufung der Wähler zu einer anderweitigen Wahl.

§. 9.

Die Amtsdauer der Mitglieder der Handelskammern und ihrer Stellvertreter wird auf drei Jahre bestimmt, doch soll der Wechsel derselben nicht mit einem Male, sondern nach und nach in gleichen Zeitabschnitten erfolgen, und zu dem Ende von den zuerst Erwählten ein Theil schon während der ersten drei Jahre ausscheiden. Wegen dieses Wechsels der Mitglieder und Stellvertreter hat der Finanzminister für die einzelnen Handelskammern das Nähere zu bestimmen.

§. 10.

Ausscheiden, Entfernung und Suspension der Mitglieder.

Wer sein Geschäft aufgiebt, oder seinen Wohnort, oder den

Sitz seines Geschäfts aus dem Bezirke der Handelskammer, oder aus dem engeren Bezirke, in welchem er gewählt wurde, verlegt, hört auf, Mitglied der Handelskammer oder Stellvertreter zu sein.

§. 11.

Die Entfernung eines Mitgliedes aus der Handelskammer soll stattfinden:

1) wenn dasselbe durch ein gerichtliches Erkenntniß die Ehrenrechte oder die kaufmännischen Rechte rechtskräftig verloren hat;
2) wenn ihm durch einen Beschluß der Stadtverordneten oder der Gemeindevertreter das Bürgerrecht oder das Gemeinderecht entzogen worden ist;
3) wenn dasselbe durch einen Beschluß der kaufmännischen Korporation von der Mitgliedschaft ausgeschlossen worden ist;
4) wenn über sein Vermögen der Konkurs eröffnet ist.

In diesen Fällen tritt die Entfernung aus der Handelskammer ohne Weiteres ein. Der Vorsitzende hat auf die ihm hiervon zukommende amtliche Anzeige dem Mitgliede die Theilnahme an den Geschäften vorläufig zu untersagen und zum Behufe der erforderlichen weiteren Anordnung sofort an den Oberpräsidenten zu berichten.

§. 12.

Die Handelskammer ist ermächtigt, gegen ein Mitglied, welches durch seine Handlungsweise die öffentliche Achtung verloren hat, durch einen mit der Mehrheit von wenigstens zwei Drittheilen ihrer Mitglieder abzufassenden Beschluß die Entfernung aus der Kammer auszusprechen; es steht jedoch dem Betheiligten gegen einen solchen Beschluß der Rekurs an den Oberpräsidenten offen.

§. 13.

Die Suspension von den Funktionen bei der Handelskammer tritt ein gegen ein Mitglied, welches

1) wegen eines mit dem Verluste der Ehrenrechte oder der kaufmännischen Rechte bedrohten Verbrechens durch Beschluß des Gerichts zur Untersuchung gezogen ist;
2) unter gerichtliche Kuratel gestellt ist;
3) seine Zahlungen eingestellt hat.

Der Vorsitzende hat auf die ihm hiervon zukommende amtliche Mittheilung die Suspension anzuordnen und dem Oberpräsidenten davon Anzeige zu machen.

§. 14.

Die Bestimmungen der §§. 11—13 finden auf die Stellvertreter der Mitglieder gleichfalls Anwendung.

§. 15.
Büreaugeschäfte.

Die Schreib- und Registraturgeschäfte der Handelskammer versieht ein von ihr ernannter Sekretair. Die Besoldung desselben wird von der Handelskammer vorgeschlagen und von der Regierung festgesetzt.

§. 16.
Kostenaufwand.

Ueber den erforderlichen Kostenaufwand entwirft die Handelskammer alle drei Jahre einen Etat, welcher der Genehmigung der Regierung unterliegt.

§. 17.

Der Betrag des etatsmäßigen Kostenaufwandes wird auf die stimmberechtigten Handel- und Gewerbetreibenden nach dem Fuße der Gewerbesteuer veranlagt und der Gemeindekasse am Sitze der Handelskammer überwiesen, um daraus in den Grenzen des Etats auf die Anweisungen der Handelskammer die Zahlungen zu leisten und darüber besondere Rechnung zu legen. Die Rechnungen werden von der Handelskammer geprüft und abgenommen.

§. 18.

Die Handelskammern haben für ihre Geschäftslokale selbst zu sorgen, in sofern ihnen diese nicht von den Gemeinden, in welchen sie ihre Sitze haben, in den Gemeindelokalen überwiesen werden können.

§. 19.
Geschäftsgang.

Jede Handelskammer wählt den Vorsitzenden und einen Stellvertreter desselben alljährlich aus ihrer Mitte.

§. 20.

Die Mitglieder der Handelskammer und die Stellvertreter erhalten keine Besoldung; die durch Erledigung einzelner Aufträge veranlaßten baaren Auslagen werden ihnen erstattet.

§. 21.

Die Beschlüsse der Handelskammern werden, mit Ausnahme des im §. 12 gedachten Falles, durch Stimmenmehrheit gefaßt. Bei Gleichheit der Stimmen entscheidet die Stimme des Vorsitzenden.

Zur Abfassung eines gültigen Beschlusses ist die Anwesenheit von zwei Drittheilen der Mitglieder erforderlich. Besteht eine Handelskammer aus zwölf oder mehr Mitgliedern, so ist zur Abfassung eines gültigen Beschlusses die Anwesenheit von acht Mitgliedern hinreichend.

Sind nach Berathung eines Gegenstandes die verschiedenen Ansichten nicht zu vereinigen, und liegt der Fall einer Berichterstattung vor, so sind die verschiedenen Ansichten mit den dafür geltend gemachten Gründen im Berichte besonders vorzutragen.

Ueber jede Berathung ist ein Protokoll aufzunehmen.

§. 22.

Wenn ein Mitglied einer Handelskammer den Berathungen beizuwohnen verhindert oder innerhalb der Wahlperiode ausgeschieden oder suspendirt ist, so erfolgt die Einberufung eines Stellvertreters, wobei der früher gewählte den anderen vorgeht.

§. 23.

Die Handelskammern können ihre Berichte unmittelbar an die Central-Behörden erstatten, müssen aber gleichzeitig Abschrift an die Regierung einreichen.

§. 24.

Die Handelskammern erstatten jährlich im Monat Januar über die Lage und den Gang des Handels und der Gewerbe einen Hauptbericht an den Finanzminister und reichen gleichzeitig dem Präsidenten des Handelsamts und der Regierung eine Abschrift ein. Sie sind verpflichtet, den Handel- und Gewerbetreibenden ihres Bezirks durch fortlaufende Mittheilung von Auszügen aus den Berathungsprotokollen, sowie am Schlusse jedes Jahres in einer besonderen Uebersicht von ihrer Wirksamkeit und von der Lage und dem Gange des Handels und der Gewerbe durch die öffentlichen Blätter Kenntniß zu geben.

Anträge bei den Behörden sind durch jene Mittheilungen erst dann, wenn darauf ein Bescheid erfolgt ist, und unter Beifügung des Letzteren zu veröffentlichen.

Ausgenommen von der öffentlichen Mittheilung bleiben diejenigen Gegenstände der Berathung, welche den Handelskammern, als für die Oeffentlichkeit nicht geeignet, von den Behörden bezeichnet werden.

§. 25.

Die Handelskammern erhalten von dem Finanzminister zu bestimmende Siegel.

§. 26.

Ihre Ausfertigungen müssen von dem Vorsitzenden und mindestens einem Mitgliede unterzeichnet werden.

§. 27.

Jede Handelskammer entwirft nach ihrer Einführung über den Geschäftsgang ein Regulativ, welches der Bestätigung der Regierung unterliegt.

§. 28.

Der Korrespondent zwischen den Behörden des Staats und den Handelskammern steht, wenn sie unter öffentlichem Siegel oder unter dem Siegel einer Handelskammer (§. 25) geführt wird und die Schreiben mit der entsprechenden herrschaftlichen Rubrik bezeichnet sind, Portofreiheit zu.

Wohnen die Mitglieder einer Handelskammer nicht an einem und demselben Orte, so findet die Portofreiheit auch in Beziehung auf die Korrespondenz zwischen der Handelskammer und den einzelnen Mitgliedern statt, in soweit dieselbe offen oder unter Kreuzband geführt wird.

§. 29.

Anordnung wegen der bereits bestehenden Handelskammern.

In Ansehung der schon bestehenden Handelskammern verbleibt es, was den Besitz und den Bezirk derselben, die Eintheilung in engere Wahlbezirke, die Zahl der Mitglieder und Stellvertreter, deren Vertheilung auf die engeren Wahlbezirke, die Erneuerung der Mitglieder und Stellvertreter, so wie das Wahlrecht und den dasselbe bedingenden Betrag der Gewerbesteuer betrifft, bei den Vorschriften der bisherigen Statute und Verordnungen.

In allen übrigen Punkten werden jene Statute und Verordnungen hierdurch aufgehoben, und es treten in deren Stelle die Vorschriften der gegenwärtigen Verordnung.

§. 30.

Die Geschäfts-Regulative der bereits bestehenden Handelskammern sollen einer Revision unterworfen und mit den Vorschriften der gegenwärtigen Verordnung in Uebereinstimmung gebracht werden. Diese revidirten Regulative unterliegen gleichfalls der Bestätigung durch die Regierungen.

Urkundlich unter Unserer Höchsteigenhändigen Unterschrift und beigedrucktem Königlichen Insiegel.

Gegeben Berlin den 11. Februar 1848.

(L. S.) Friedrich Wilhelm.

Prinz von Preußen.

Mühler, Rother, Eichhorn, v. Thile, v. Savigny, v. Bodelschwingh, Gr. zu Stolberg, Uhden, Frhr. v. Canitz, v. Düesberg, v. Rohr.

I. 955. H. 2.

143.

Verfügung vom 19. Februar 1848, — betreffend die dritte juristische Prüfung.

(Allg. Verf. v. 9. April 1846, S. 77 dies. Bandes.)

Es ist zur Sprache gekommen, daß die Referendarien zu lange Zeit geschäfts- und aufsichtslos bleiben, wenn sie, wie dies jetzt häufig geschieht, schon bei Ertheilung des General-Attestes auf unbestimmte Zeit beurlaubt werden. Der Justiz-Minister sieht sich daher veranlaßt, zu bestimmen,

1) daß die Beurlaubung in der Regel erst von dem Zeitpunkte ab eintreten soll, wo die Immediat-Justiz-Examinations-Kommission die Kandidaten einberuft,

wobei sich jedoch von selbst versteht, daß, da die Referendarien nach Nr. 1 der allgemeinen Verfügung vom 9. April 1846 (Justiz-Minist.-Blatt S. 79), auf welche ernstlich zu halten ist, nicht eher präsentirt werden sollen, als bis sie sich bereit erklären, auf erfolgte Citation sich ohne Säumniß zur Anfertigung der schriftlichen Arbeiten oder zur mündlichen Prüfung zu stellen, dieselben auf ihren Antrag schon vor Ertheilung des General-Attestes auf eine angemessene bestimmte Zeit zu ihrer theoretischen Vorbereitung von hieran hinderlichen Arbeiten dispensirt werden können;

2) daß der Urlaub Behufs der Zurücklegung der Prüfung selbst, in Gemäßheit der in der allgemeinen Verfügung vom 9. April 1846 enthaltenen Bestimmung, nie auf unbestimmte, sondern beschränkt auf bestimmte Zeit, und zwar, wenn die Kandidaten zwei Probe-Relationen nach dem früheren Prüfungs-Regulativ aus Akten des Oberlandesgerichts angefertigt haben, bis auf sechs Monate, wenn nur eine, bis auf neun Monate, wenn sie beide Probe-Arbeiten bei der Immediat-Justiz-Examinations-Kommission anfertigen, nur bis auf ein Jahr zu ertheilen ist.

3) Sobald ein Kandidat seine Prüfung zurückgelegt hat, so ist derselbe, wie ihm bei Ertheilung des Urlaubs zu eröffnen ist, verpflichtet, binnen 14 Tagen nach der letzten Probeleistung wieder bei dem Landes-Justiz-Kollegium einzutreten, von welchem er präsentirt, oder zu welchem er inzwischen etwa versetzt ist, und hat hier die wei-

tere Mittheilung über das Resultat der Prüfung zu erwarten.

Berlin den 19. Februar 1848.

Der Justiz-Minister
Uhden.

An
den Ersten Herrn Präsidenten und den Herrn General-Prokurator des Rheinischen Appellationsgerichtshofes zu Köln.

I. 456. O. 146. Vol. 5.

144.

Verfügung vom 19. Februar 1848, — betreffend die Anwendbarkeit der Verordnung über das Armenrecht vom 16. Februar 1823 auf die Gewerbegerichte.

(Allerh. Ordre vom 25. Mai 1831, §. 1. — Art. 22 u. 39 des Dekrets vom 17. Dezember 1811.)

Von Ew. Hochwohlgeboren wird in dem erstatteten Berichte im Grundsatze nicht bezweifelt, daß die das Armenrecht betreffende Verordnung vom 16. Februar 1823 auch auf die Gewerbegerichte Anwendung findet; Sie haben daher das wieder beigehende Armenrechts-Gesuch des Schreinergesellen K. dem dortigen Gewerbegerichte zur Beschlußnahme vorzulegen, da nach §. 1. der Allerhöchsten Ordre vom 25. Mai 1831 die Partei welche das Armenrecht nachsucht, sich an das Gericht, welches in der Sache zu entscheiden hat, wenden muß.

Den Gewerbegerichts-Sekretairen wird neben den Emolumenten eine feste Besoldung, deren Bewilligung die Artikel 22 u. 39 des Dekrets vom 17. Dezember 1811 blos gestatten, jetzt regelmäßig beigelegt und haben dieselben daher um so weniger Ursache, sich über die durch die Armensachen eintretende Vermehrung ihrer Offizial-Arbeiten zu beschweren.

Die Befugniß, freiwillige Mobiliar-Versteigerungen abzuhalten, ist den Gewerbegerichts-Sekretairen durch keine gesetzliche Bestimmung eingeräumt, und es ist bis jetzt weder behauptet, noch nachgewiesen worden, daß ein Bedürfniß zur

Vermehrung der Zahl der dazu befugten Beamten vorhanden sei, weshalb es bei dem bestehenden Zustande verbleiben muß.

Berlin den 19. Februar 1848.

Der Justiz-Minister
Uhden.

An
den Königlichen Gewerbegerichts-Präsidenten Herrn N. zu N.

Abschrift der vorstehenden Verfügung erhalten Ew. Hochwohlgeboren zur Kenntnißnahme.

Berlin den 19. Februar 1848.

Der Justiz-Minister
Uhden.

An
den Königlichen General-Prokurator Herrn Geheimen Ober-Justiz-Rath Nicolovius Hochwohlgeboren
zu Köln.

I. 509. Rhein. Gen. 115. Vol. 2.

145.

Verfügung vom 4. März 1848, — betreffend die Frage, ob im Falle des Artikels 53 der Notariats-Ordnung die Kosten der Versiegelung und Entsiegelung der Amtspapiere eines Notars auf den Kriminalfond angewiesen werden können?

(Art. 53 der Notariats-Ordnung; Art. 911 Nr. 3 der Civil-Prozeß-Ordnung; Art. 810 u. 1034 des bürgerlichen Gesetzbuches; Art. 1 u. 16 des Tarifs v. 16. Februar 1807.)

Ew. Hochwohlgeboren haben in den unterm 12. November v. J. und 8. Februar d. J. erstatteten Berichten die Frage zur Sprache gebracht:

> ob im Falle des Artikels 53 der Notariats-Ordnung die Kosten der Versiegelung und Entsiegelung der Amtspapiere eines Notars auf den Kriminalfond angewiesen werden können?

Durch die angeordneten Ermittelungen hat sich ergeben, daß diese Kosten bisher in der Regel als eine, den abgegangenen

Notar resp. dessen Erben betreffende Last angesehen worden sind und eine Anweisung auf den Kriminalfond nur ausnahmsweise Statt gefunden hat. Eine diesfällige größere Belastung dieses Fonds kann aber auch in Zukunft nicht nachgegeben werden. Die Vorschrift des Art. 53 a. a. O. erscheint als ein Ausfluß des im Art. 911 Nr. 3 der Civil-Prozeß-Ordnung ausgesprochenen Grundsatzes, daß wenn ein Verstorbener öffentlicher Depositar war, die Siegel auf das in dessen Nachlasse befindliche Depositum und die dazu gehörigen Gegenstände von Amtswegen angelegt werden sollen.

Die dadurch veranlaßten Kosten fallen daher mit Rücksicht auf die Art. 810 u. 1034 des bürgerlichen Gesetzbuches dem abgegangenen Notar, dessen Nachlasse resp. dessen Erben zur Last. Auf ihnen beruht die Pflicht, sämmtliche auf das Amt bezügliche Literalien vollständig auszuliefern; zur Sicherung der Erfüllung dieser Obliegenheit ist die Versiegelung gestattet und vorgeschrieben, und daß diese Maaßregel im Interesse einer größeren Anzahl Betheiligter geschieht, kann keinen Grund abgeben, den Kostenpunkt anders zu reguliren, als wenn einzelne solche herbeizuführen berechtigt sind. Hierzu kommt, daß der abgegangene Notar oder dessen Erben die Entschädigungssumme beziehen, welche der zur definitiven Uebernahme der Urkunden designirte Notar zu entrichten hat.

Sollten in einzelnen Fällen die friedensgerichtlichen Beamten außer den in den Art. 1 u. 16 des Tarifs vom 16. Februar 1807 festgesetzten Gebühren eigentliche Reisekosten in Gemäßheit des Reskripts vom 11. September 1837 zu beziehen haben, zu deren Deckung aus dem Vermögen des Verpflichteten jedoch keine nahe Aussicht vorhanden ist; so kann in Uebereinstimmung mit dem Reskripte vom 18. März 1836 die Anweisung dieser baaren Auslagen auf den Kriminalfond erfolgen und demnächst deren Wiedereinziehung in der vorgeschriebenen Weise versucht werden.

Es bleibt Ew. Hochwohlgeboren überlassen, hiervon die Königl. Regierung zu Aachen zum Zweck der Regulirung der in dem Berichte vom 12. November v. J. erwähnten Fälle, imgleichen die Landgerichts-Präsidenten und Ober-Prokuratoren in Kenntniß zu setzen.

Berlin den 4. März 1848.

Der Justiz-Minister
Uhden.

An
den Königlichen General-Prokurator Herrn Geheimen Ober-Justizrath Nicolovius Hochwohlgeboren
zu Köln.

I. 579. Rhein. Offiz. Sachen 30. Vol. 3.

146.

Allgemeine Verfügung vom 15. März 1848, — betreffend die Aufbringung der Kur- und Verpflegungskosten für die wegen Krankheit oder Schwangerschaft aus der Haft entlassenen Untersuchungs-Gefangenen.

Von mehreren Gerichten ist angenommen worden, daß in den Fällen, wo Untersuchungsgefangene wegen Krankheit oder vorgerückter Schwangerschaft der Haft entlassen, und der Polizeibehörde zur einstweiligen Unterbringung und Observation überwiesen werden, die dadurch entstehenden Kosten nicht zu denjenigen Auslagen gehören, zu deren Erstattung der Kriminalfond in Ermangelung anderer dazu verpflichteter Personen verbunden sei.

Diese Ansicht kann nicht für gerechtfertigt erachtet werden. Die Sorge für die Unterbringung, Heilung und Verpflegung solcher Untersuchungsgefangenen, welche wegen Schwangerschaft oder Krankheit nicht im Gefängniß bleiben dürfen, ist Sache des Kriminalgerichts. Die Polizeibehörde ist in solchen Fällen, sofern an dem Orte keine öffentliche Heilanstalt vorhanden, und auch sonst kein geeignetes Unterkommen zu ermitteln ist, nur zur Nachweisung eines passenden Lokals verpflichtet. Hat sie die Unterbringung und Observation des Angeschuldigten auf Requisition des Gerichts übernommen, so kann sie die dadurch entstandenen Kosten erstattet verlangen.

Dies folgt in Ermangelung spezieller Vorschriften, welche weder im §. 31 der Kriminal-Ordnung, noch in der Gefängniß-Instruktion vom 24. Oktober 1837 (Jahrbücher Bd. 54 S. 217, Justiz-Ministerial-Blatt von 1839 S. 270) enthalten sind, aus dem allgemeinen Grundsatze, daß die Polizeibehörde für hülflose Kranke nur dann zu sorgen hat, wenn sonst Niemandem eine nähere Verpflichtung obliegt. Diese letztere fällt aber in den vorgedachten Fällen dem Kriminalgericht, als derjenigen Behörde, welche den Angeschuldigten zu detiniren hatte, zur Last.

Nach denselben Grundsätzen muß auch in dem Falle verfahren werden, wenn Angeschuldigte wegen Krankheit oder vorgerückter Schwangerschaft nicht sofort zur gerichtlichen Haft eingezogen werden können, und deshalb der Polizeibehörde zur vorläufigen Unterbringung und Observation überwiesen werden.

Die Gerichte haben daher in dergleichen Fällen die durch die Unterbringung, Heilung und Verpflegung solcher Angeschuldigten entstehenden Kosten vorschußweise zu erstatten, und demnächst mit den übrigen Untersuchungskosten von den zu deren Tragung principaliter oder subsidiarisch verpflichteten Personen wieder einzuziehen, resp. auf den Kriminalfond anzuweisen.

Verschieden davon ist der Fall, wenn Untersuchungsgefangene nicht wegen Krankheit oder Schwangerschaft, sondern wegen mangelnder Verdachtsgründe oder sonst aus anderen Ursachen der Haft vorläufig, d. h. so lange entlassen werden, bis über die Bestrafung derselben Entscheidung erfolgt, oder anderweitige Gründe ihrer nochmaligen Verhaftung eintreten. In solchen Fällen hat nicht das Kriminalgericht, sondern der entlassene Gefangene selbst, resp. die betreffende Kommunal- oder Polizeibehörde für sein anderweitiges Unterkommen zu sorgen, mithin auch die dadurch entstehenden Kosten zu tragen.

Berlin den 15. März 1848.

Der Justiz-Minister
Uhden.

An
sämmtliche Gerichtsbehörden.

I. 646. Kriminalkosten 1. Vol. 11.

147.

Verfügung vom 30. März 1848, — betreffend das Verfahren, welches bei Ueberweisung der Erkenntnißstempel-Rückstände an die Haupt-Steuerämter künftig beachtet werden soll.

In Folge Ew. Hochwohlgeboren Berichts vom 7. v. M. ist der Justiz-Minister in Betreff des Verfahrens, welches bei Ueberweisung der Erkenntnißstempel-Rückstände an die Hauptsteuer-Aemter im Gebiete des Rheinischen Rechts künftig beobachtet werden soll, mit dem Königlichen Finanz-Ministerium übereingekommen, daß

1) die in Debet notirten Stempel nicht mehr, wie bisher, am Schlusse der vierteljährlichen Restnachweisungen in einer eigenen Abtheilung zu verzeichnen, sondern in eine besondere Nachweisung aufzunehmen sind;
2) in den bei den Gerichten einer höheren Instanz gefertigten Rückstandslisten bei den betreffenden Positionen zu vermerken ist, daß die in der früheren Instanz einer kostenfreien Partei auferlegten und in Debet notirten Stempel

in dem jetzt erlassenen Erkenntnisse einer kostenpflichtigen Partei zur Last gestellt worden;

3) die zu interlokutorischen und präparatorischen Urtheilen in Debet notirten Stempel erst nach Erlaß eines definitiven Erkenntnisses resp. gleichzeitig mit dem Hauptstempel zu überweisen sind.

Hiernach ist den Gerichten resp. den Sekretarien und Gerichtsschreibern bei denselben die erforderliche Anweisung zu ertheilen und darauf zu halten, daß diese Maaßregel mit dem 1. Juli d. J. überall gleichförmig zur Ausführung gelange.

Berlin den 30. März 1848.

Der Justiz-Minister.
In Vertretung
Kisker.

An
den Königl. General-Prokurator,
Herrn Geheimen Ober-Justiz-Rath
Nicolovius Hochwohlgeboren
zu Köln.

I. 967. Rhein. Gener. 62. Vol. 7.

148.

Verordnung vom 6. April 1848, — über einige Grundlagen der künftigen Preußischen Verfassung.

Wir Friedrich Wilhelm, von Gottes Gnaden, König von Preußen rc. rc.

verordnen, nach Anhörung Unserer zum Vereinigten Landtage versammelten getreuen Stände, auf den Antrag Unseres Staats-Ministeriums, was folgt:

§. 1.

In Erweiterung der Unserem Volke verliehenen Freiheit der Presse werden die im §. 4 Nr. 1 des Gesetzes v. 17. März d. J. (Gesetzsamml. S. 69) enthaltenen Vorschriften über die Kautionsbestellung für die Herausgabe neuer Zeitungen aufgehoben. Die Vorschrift §. 4 Nr. 4 findet auch auf neue Zeitungen Anwendung.

§. 2.

Die Untersuchung und Bestrafung aller Staatsverbrechen erfolgt fortan durch die ordentlichen Gerichte und es wird jeder durch Ausnahmsgesetze dafür eingeführte besondere Gerichtsstand hierdurch aufgehoben. In dem Bezirke des Appellationsgerichtshofes zu Köln tritt auch bei politischen und Preßverbrechen, so wie bei politischen und Preßvergehen die Zuständigkeit der Geschworenengerichte ein.

§. 3.

Die Verordnungen vom 29. März 1844, betreffend das gerichtliche und Disziplinar-Strafverfahren gegen Beamte, so wie das bei Pensionirungen zu beobachtende Verfahren (Gesetzsamml. S. 77 u. 90) treten in Beziehung auf den Richterstand außer Kraft.

§. 4.

Alle Preußen sind berechtigt, sich friedlich und ohne Waffen in geschlossenen Räumen zu versammeln, ohne daß die Ausübung dieses Rechtes einer vorgängigen polizeilichen Erlaubniß unterworfen wäre. Auch Versammlungen unter freiem Himmel können, in sofern sie für die öffentliche Sicherheit und Ordnung nicht gefahrbringend sind, von der Obrigkeit gestattet werden.

Eben so sind alle Preußen berechtigt, zu solchen Zwecken, welche den Strafgesetzen nicht zuwiderlaufen, sich ohne vorgängige polizeiliche Erlaubniß in Gesellschaften zu vereinigen.

Alle, das freie Vereinigungsrecht beschränkende, noch bestehende gesetzliche Bestimmungen werden hiermit aufgehoben.

§. 5.

Die Ausübung staatsbürgerlicher Rechte ist fortan von dem religiösen Glaubensbekenntnisse unabhängig.

§. 6.

Den künftigen Vertretern des Volks soll jedenfalls die Zustimmung zu allen Gesetzen, sowie zur Festsetzung des Staatshaushalts-Etats und das Steuerbewilligungsrecht zustehen.

Urkundlich unter Unserer Höchsteigenhändigen Unterschrift und beigedrucktem Königlichen Insiegel.

Gegeben Potsdam den 6. April 1848.

(L. S.) Friedrich Wilhelm.

Camphausen, Gr. v. Schwerin, v. Auerswald, Bornemann, v. Arnim, Hansemann, v. Reyher.

I. 1310. S. 26.

149.

Verordnung vom 15. April 1848, — betreffend das Verfahren bei politischen und Preßvergehen in der Rheinprovinz und die Wiederherstellung des Rheinischen Strafrechts und Strafverfahrens bei politischen und Amtsverbrechen.

Wir Friedrich Wilhelm, von Gottes Gnaden, König von Preußen ꝛc.

haben durch den §. 2 der Verordnung vom 6. d. M. bei politischen und Preßverbrechen in der Rheinprovinz die Kompetenz der Geschwornengerichte wieder in Wirksamkeit treten lassen, und dieselbe auf politische und Preßvergehen ausgedehnt. Um die Ausführung dieser Bestimmung in einer dem Bedürfnisse entsprechenden Weise zu sichern, um ferner, in Uebereinstimmung mit den durch die Rheinischen Provinzialstände ausgesprochenen Wünschen, das Rheinische Strafverfahren wieder herzustellen, und das materielle Strafrecht mit den Formen des Verfahrens in Einklang zu bringen, verordnen Wir bis dahin, daß mit Zustimmung der künftigen Volksvertretung ein allgemeines Strafrecht und Strafverfahren eingeführt sein wird, auf den Antrag Unseres Staatsministeriums, für den Bezirk des Rheinischen Appellationsgerichtshofes zu Köln, was folgt:

§. 1.

Das Rheinische Strafgesetzbuch und die zu dessen Ergänzung oder Abänderung vor dem 6. März 1821 erlassenen Gesetze treten in Ansehung aller derjenigen Verbrechen, Vergehen oder Uebertretungen wieder in Kraft, welche gegen den Staat oder dessen Oberhaupt gerichtet, oder von Geistlichen, oder von Studirenden der Universität Bonn begangen sind, oder eine Verletzung der Amtsvorschriften enthalten. Es bleiben jedoch die Bestimmungen, welche eine Abänderung der Artikel 207 u. 208 des Strafgesetzbuchs enthalten, und die Verordnungen vom 17. März und 6. April d. J. unberührt.

§. 2.

Als politische Vergehen im Sinne des §. 2 der Verordnung vom 6. d. M. werden diejenigen Verbrechen betrachtet, welche in dem Rheinischen Strafgesetzbuche vorgesehen sind:

1) in dem Buche III, Titel 1, Kapitel 1 und 2;
2) in demselben Buche und Titel, Kapitel 3, Abschnitt 3 §. 2 und im Abschnitt 7 desselben Kapitels.

§. 3.

Als Preßvergehen im Sinne des §. 2 der Verordnung

vom 6. d. M. werden nicht betrachtet die Verläumdungen oder Beleidigungen, welche gegen Privatpersonen begangen sind, und die in den §§. 3 bis 6 des Gesetzes vom 17. März d. J. vorgesehenen Vergehen gegen die Polizei der Presse.

§. 4.

Mit Aburtheilung der politischen und Preßvergehen wird der Assisenhof durch eine Verweisung der Strafrathskammer oder durch die auf Anstehen des öffentlichen Ministeriums ergehende direkte Vorladung befaßt.

§. 5.

Der an den Assisenpräsidenten zu richtende Antrag auf Festsetzung eines Tages zur Verhandlung der Sache muß die Thatsachen bestimmt angeben, in welchen das Vergehen enthalten sein soll, und mit der darauf ergehenden Verfügung durch einen von dem Assisenpräsidenten beauftragten Gerichtsvollzieher wenigstens zehn Tage vor dem zur Verhandlung bestimmten Tage, jedoch mit einem Zusatztage für jede Entfernung von zehn Stunden, dem Beschuldigten zugestellt werden; Alles bei Strafe der Nichtigkeit.

§. 6.

Für das Geschwornengericht, dessen Bildung und Berufung, für die mündliche Untersuchung, die Entscheidung und Vollstreckung gelten die Artikel 310—406 der Rheinischen Strafprozeß-Ordnung mit nachstehenden Modifikationen.

§. 7.

Wenn der Beschuldigte nicht erscheint, so ergeht ein Kontumazialurtheil, welches der Assisenhof ohne Mitwirkung von Geschworenen erläßt.

§. 8.

Die Kontumazialverurtheilung wird als nicht geschehen erachtet, wenn der Beschuldigte innerhalb fünf Tage, außer einem Tage für jede Entfernung von zehn Stunden, nach der ihm in Person oder in seinem Wohnsitze geschehenen Zustellung des Urtheils gegen dessen Vollstreckung Opposition einlegt und diese Opposition sowohl dem öffentlichen Ministerium, als der Civilpartei zustellen läßt.

Gleichwohl bleiben die Kosten der Ausfertigung und der Zustellung des Kontumazialurtheils und die der Opposition dem Beschuldigten zur Last.

§. 9.

Binnen zehn Tagen nach der Zustellung der Opposition muß der Beschuldigte eine an den Assisenpräsidenten gerichtete Bittschrift um Bestimmung eines Tages zur Verhandlung der Sache auf der Gerichtsschreiberei des Assisenhofes übergeben. Die darauf ergehende Verfügung des Präsidenten wird auf Anstehen des öffentlichen Ministeriums dem Beschuldigten und der

Civilpartei mit einer Vorladung auf den bestimmten Tag wenigstens fünf Tage vor demselben zugestellt.

Wenn der Beschuldigte die ihm in diesem Paragraphen auferlegten Bedingungen nicht erfüllt, oder wenn er an dem bestimmten Tage nicht erscheint, so wird die Opposition für nicht eingelegt erachtet, und das Kontumazialurtheil hat die Wirkung eines kontradiktorischen.

§. 10.

Hat die Ziehung der Geschworenen in Gegenwart des Beschuldigten begonnen, so hat, auch wenn dieser sich demnächst entfernt, das ergehende Urtheil die Wirkung eines kontradiktorischen.

§. 11.

Wenn der Beschuldigte, welcher sich weder in Haft befindet, noch an dem Sitze des Assisenhofes wohnt, nicht drei Tage vor dem zur Verhandlung bestimmten Tage durch eine auf der Gerichtsschreiberei des Assisenhofes abgegebene Erklärung an diesem Orte einen Wohnsitz gewählt hat, so geschieht die Zustellung der Geschworenenliste und der Zeugenliste an ihn mit rechtlicher Wirkung auf der gedachten Gerichtsschreiberei.

§. 12.

In allen übrigen Beziehungen, insbesondere hinsichtlich der Voruntersuchung, der provisorischen Freilassung gegen Kaution, der Rechtsmittel gegen die Beschlüsse der Strafrathskammer, der Mittheilung der Aktenstücke und der Vertheidigung, gelten die für Zuchtpolizeisachen bestehenden Vorschriften der Strafprozeß-Ordnung auch für politische und Preßvergehen.

§. 13.

Für das Verfahren wegen der strafbaren Handlungen, welche eine Verletzung der Amtsvorschriften enthalten oder von Geistlichen begangen sind, treten die Rheinischen Strafprozeßgesetze wieder in Kraft.

§. 14.

In allen Strafsachen kann das Gericht durch ein öffentlich zu verkündigendes Urtheil die Ausschließung der Oeffentlichkeit verordnen, wenn es dies aus Gründen des öffentlichen Wohls oder der Sittlichkeit für angemessen erachtet.

§. 15.

Alle diesem Gesetze entgegenstehende Verordnungen sind aufgehoben. Es treten insbesondere außer Kraft die Kabinets-Ordres, betreffend die Strafgesetze und das Verfahren in der Rheinprovinz bei Verbrechen und Vergehungen gegen den Staat und dessen Oberhaupt und bei Dienstvergehen der Beamten vom 6. März 1821 und 2. August 1834, die Verordnungen vom 18. Februar 1842 und 6. April 1846, die Verordnungen zur Aufrechthaltung der öffentlichen Ordnung und der dem Gesetze schuldigen Achtung vom 17. August 1835, die Kabinets-Ordre, betreffend die strafbaren Handlungen der Studirenden der Universität Bonn vom 31. Dezember 1836, insoweit sie nicht schon durch die Kabinets-Ordre vom 4. Oktober 1847 aufgehoben ist, die Verordnungen wegen Ausschließung der Oeffentlichket vom 31. Januar 1822, 14. April 1830, 4. Januar 1836 u. 25. Februar 1837.

Urkundlich unter Unserer Höchsteigenhändigen Unterschrift und beigedrucktem Königlichen Insiegel.

Gegeben Berlin den 15. April 1848.

(L. S.) Friedrich Wilhelm.

Camphausen, Gr. v. Schwerin, v. Auerswald, Bornemann, v. Arnim, Hansemann, v. Reyher.

I. 1441. Rhein. Crim. 19. Vol. 5.

150.

Verordnung vom 15. April 1848, — über die Herstellung des Rheinischen Civilgesetzbuches in Betreff der Schließung der Ehe für die zum Bezirke des Rheinischen Appellationsgerichtshofes gehörigen Landestheile des ehemaligen Großherzogthums Berg.

Wir Friedrich Wilhelm, von Gottes Gnaden, König von Preußen 2c. 2c.

verordnen zur Ausführung des §. 5 der Verordnung vom 6. d. M. und um den bei früheren Gelegenheiten geäußerten Wünschen der Rheinprovinz zu entsprechen, auf den Antrag Unseres Staatsministeriums was folgt:

Vom 1. Mai d. J. an, werden in dem auf der rechten Rheinseite gelegenen Theile des Bezirks des Rheinischen Appellationsgerichtshofes die für das ehemalige Großherzogthum Berg unter dem 6. September 1814 über die Abschließung der Ehen erlassene Verordnung, ingleichen die auf dieselbe bezügliche Ordre vom 23. Juni 1833, aufgehoben und treten daselbst von diesem Zeitpunkte an die Bestimmungen des Rheinischen Civilgesetzbuches wieder in Kraft.

Urkundlich unter Unserer Höchsteigenhändigen Unterschrift und beigedrucktem Königlichen Insiegel.

Gegeben Berlin den 15. April 1848.

(L. S.) Friedrich Wilhelm.

Camphausen, Gr. v. Schwerin, v. Auerswald, Bornemann, v. Arnim, Hansemann, v. Reyher.

I. 1424. Rh. Gener. 93. Vol. 3.

151.

Allgemeine Verfügung vom 28. April 1848, — betreffend das Votum der Assessoren.

Ew. Hochwohlgeboren (dem — Tit. —) sende ich eine an die Obergerichte, bei welchen das Allg. Landrecht und die Allg. Gerichtsordnung gilt, erlassene Verfügung zur Kenntnißnahme und zur Nachachtung, insoweit dieselbe nach der dort geltenden Justizverfassung zulässig ist, in der Anlage zu.

Berlin den 28. April 1848.

Der Justiz-Minister
Bornemann.

An
den Ersten Präsidenten am Königl. Appellationshofe Herrn Schwarz und den Königl. General-Prokurator Herrn Geheimen Ober-Justizrath Nicolovius Hochwohlgeboren zu Köln, den Königl. Justiz-Senat zu Ehrenbreitstein und das Königl. Ober-Appellationsgericht zu Greifswald.

I. 1630. O. 20.

Beilage.

Die Bestimmung des §. 62 Th. III. Tit. 3 der Allg. Gerichts-Ordnung:

daß die Assessoren bei den Justiz-Kollegien nur in denjenigen Sachen, die ihnen als Dezernenten oder Referenten zum Vortrage zugeschrieben sind, ein volles Votum, in anderen Sachen aber nur ein Votum consultativum haben sollen

ist durch einen Allerhöchsten Erlaß vom 17. Mai 1809, welcher den Obergerichten durch Ministerial-Reskript vom 13. Juni 1809 mitgetheilt worden, abgeändert, indem des Königs Majestät in jenem Erlaß

„dem jedesmaligen Groß-Kanzler die Befugniß beilegen, Assessoren mit uneingeschränktem Voto bei den Justiz-Kollegien in dem Falle anzustellen, wenn er solches dem Dienste zuträglich findet.“

Den durch jenen Allerhöchsten Erlaß eingeführten gesetzlichen Zustand hat das Justiz-Ministerial-Reskript vom 20. November 1830 alterirt, indem es den Obergerichten als Regel vorzeichnete:

„daß die Assessoren nur ein beschränktes Votum haben sollten.“

Der Justiz-Minister hält sich im Interesse der Justiz-Kollegien und der Gerichtspflege verpflichtet, den durch den Allerhöchsten Erlaß vom 17. Mai 1809 eingeführten gesetzlichen Zustand sofort wieder herzustellen und will fortan für jeden Obergerichts-Assessor nach Ablauf eines Jahres seit der Ernennung zum Assessor den Antrag auf Ertheilung des unbeschränkten Stimmrechts von dem Kollegium erwarten, wenn nicht besondere Gründe obwalten, welche die Versagung des Stimmrechts im Interesse des Dienstes ausnahmsweise erheischen sollten.

Berlin den 28. April 1848.

Der Justiz-Minister
Bornemann.

An
die Königl. Obergerichte, bei welchen das Allg. Landrecht und die Allg. Gerichts-Ordnung gilt.

152.

Allgemeine Verfügung vom 2. Mai 1848, — betreffend die Requisitionen diesseitiger Gerichte an die Belgischen Behörden in Civil- und Handelssachen.

Sämmtliche Gerichtsbehörden werden hierdurch benachrichtigt, daß nach einer Mittheilung des Ministeriums der auswärtigen Angelegenheiten das Gouvernement des Königreichs

Belgien sich bereit erklärt hat, die auf diplomatischem Wege bei demselben eingehenden Requisitionen diesseitiger Gerichtsbehörden in Civil- und Handelssachen, welche die Ableistung deferirter Eide, Vernehmung von Zeugen, Vergleichung von Handschriften, Vorlegung von Handelsbüchern und ähnliche Handlungen betreffen, unter der Bedingung zu erledigen, daß die dadurch entstehenden Kosten, namentlich die Stempel-, Einregistrirungs- und Greffier-Gebühren, sofort von dem Königlich Preußischen Gesandten in Brüssel erstattet werden.

Die Gerichtsbehörden werden demzufolge hierdurch veranlaßt, Requisitionen an das Belgische Gouvernement in Civil- und Handelssachen stets auf diplomatischem Wege zu befördern und für die Erstattung der von dem diesseitigen Gesandten vorschußweise dafür zu zahlenden Kosten in allen Fällen ungesäumt Sorge zu tragen.

Hinsichts der Requisitionen in Untersuchungs- und einfachen Insinuationssachen verbleibt es bei den bisherigen Bestimmungen.

Berlin den 2. Mai 1848.

Der Justiz-Minister
Bornemann.

An
sämmtliche Gerichtsbehörden.

I. 1014. Rhein. Gen. 116.

153.

Verfügung vom 10. Mai 1848, — betreffend die Einreichung vollständiger Akten in Rheinischen Kompetenz-Konflikts-Sachen.

(Gesetz v. 8. April 1847, S. 189 dieses Bandes.)

Von dem Gerichtshofe zur Entscheidung der Kompetenz-Konflikte ist mir angezeigt worden, daß den aus dem Bezirke des rheinischen Appellationsgerichtshofes eingegangenen Akten nicht immer die erforderlichen Belegstücke über die Erfüllung der gesetzlich vorgeschriebenen Förmlichkeiten beiliegen; um die Erlassung von Vorbescheiden und den dadurch entstehenden Zeitverlust zu vermeiden, ist daher vor Einreichung der Akten an den Justiz-Minister jedesmal genau zu prüfen, ob die Erledigung der durch die §§. 5, 6 und 8 des Gesetzes vom 8. April v. J. ertheilten Vorschriften nachgewiesen ist. Insbesondere ist die betheiligte Verwaltungsbehörde jedesmal um eine Bescheinigung über den Empfang der ihr nach §. 6 zugestellten Erklärungen der Parteien resp. des Schreibens, daß keine solche Erklärungen eingegangen, zu ersuchen und dieselbe zu den Akten zu bringen, weil der Ablauf der im §. 13 erwähnten achtwöchentlichen Frist hiernach bemessen werden muß und nach dem Schlusse des §. 6 die mit der Verwaltungsbehörde gepflogene Korrespondenz den Akten beigefügt werden soll.

Ew. Hochwohlgeboren haben hiernach nicht nur selbst zu verfahren, sondern auch die Ober-Prokuratoren und durch dieselben die Friedensrichter zur sorgfältigen Befolgung des Gesetzes anzuweisen.

Berlin den 10. Mai 1848.

Der Justiz-Minister.
In dessen Auftrag
Simon.

An
den Königlichen General-Prokurator
Herrn Geheimen Ober-Justiz-Rath
Nicolovius Hochwohlgeboren
zu Köln.

I. 3049. Rhein. Gen. 132. Vol. 2.

154.

Verfügung vom 24. Mai 1848, — betreffend die Einreichung von Aktenauszügen in Kriminalsachen.

(Verfüg. vom 5. Januar 1848 zu 4, S. 260 dies. Bandes.)

Ew. Hochwohlgeboren werden in Verfolg der Verfügung vom 5. Januar d. J.

die Einreichung von Aktenauszügen in Kriminalsachen betreffend

veranlaßt, in den Aktenauszügen die wesentlichen Gesetzstellen, auf welchen die Verurtheilung beruht, anzugeben und wörtlich zu inseriren.

Was die thatsächliche Darstellung betrifft, so sind die darauf bezüglichen Erörterungen nicht, wie dies bisweilen geschehen, zum Theil in den Begleitungsbericht, sondern lediglich in den Aktenauszug aufzunehmen; auch bedarf es in dieser Hinsicht keiner so großen Ausführlichkeit, als sie den Aktenauszügen hin und wieder gegeben ist.

Berlin den 24. Mai 1848.

Der Justiz-Minister.
In dessen Vertretung
Simon.

An
sämmtliche Königliche Herren Ober-Prokuratoren der Rheinprovinz.

I. 3046. Rh. Krim. 8. Vol. 3.

155.

Allerhöchster Erlaß vom 10. Juni 1848, — über die Tagegelder und Fuhrkosten bei Dienstreisen der Staatsbeamten.

Zur Herbeiführung einer Ersparniß im Staatshaushalte und da die Verordnung wegen Vergütung der Diäten und Reisekosten für kommissarische Geschäfte in Königlichen Dienstangelegenheiten vom 28. Juni 1825 (Gesetzsamml. S. 263) den veränderten Verhältnissen nicht mehr entspricht, bestimme Ich hierdurch für Civilbeamte und diejenigen Militairbeamten, welchen ein bestimmter Militairrang nicht beigelegt ist, auf den Antrag des Staatsministeriums, was folgt:

§. 1.

1) Bei Dienstreisen, welche auf Eisenbahnen oder auf Dampfschiffen gemacht werden können, sind an Reisekosten, einschließlich des Gepäcktransports, zu vergüten:
 a) den Beamten der ersten fünf Rangklassen 10 Sgr.
 b) allen Beamten geringeren Ranges, mit Ausschluß der Unterbeamten . . . . . . 7 Sgr. 6 Pf.
 c) den Unterbeamten . . . . 5 Sgr.
 auf die Meile.

2) Außerdem soll auf Nebenkosten, welche beim Zugehen zur Eisenbahn und beim Abgehen von derselben vorkommen für jedes Zu- und Abgehen zusammen eine Entschädigung gewährt werden, welche
 für die Beamten unter 1a auf 20 Sgr.,
 für die Beamten unter 1b auf 15 Sgr. und
 für die Unterbeamten (1c) auf 10 Sgr.
 bestimmt wird.

3) Geht die Dienstreise eines Beamten der fünf ersten Rangklassen über den Ort, wo derselbe die Eisenbahn verläßt, mehr als zwei Poststationen hinaus, so kann der Beamte, wenn er zu der Weiterreise einen Wagen auf der Eisenbahn mitgenommen hat, die Kosten für den Transport desselben nach den Sätzen des Eisenbahntarifs, und außerdem für das Hin- und Zurückschaffen des Wagens zusammen 1 Rthlr. 15 Sgr. berechnen.
4) Hat einer der unter 1a genannten Beamten einen Diener auf der Reise mitgenommen, so ist er befugt, dafür 5 Sgr. auf die Meile zu liquidiren.

§. 2.

1) Bei Dienstreisen, welche nicht auf Eisenbahnen zurückgelegt werden können, erhalten:
   a) Beamte der ersten, zweiten und dritten Rangklasse . . . . 1 Rthlr. 15 Sgr.
   b) Beamte der vierten und fünften Rangklasse . . . . 1 = — =
   c) alle übrige Beamte . . . . — = 15 Sgr.

   auf die Meile.
2) Haben in besonderen Fällen erweislich größere Fuhrkosten, als die vorstehend bestimmten, aufgewendet werden müssen, so sind dieselben zu vergüten.

§. 3.

1) Bei Vergütung der in den §§. 1 u. 2 bestimmten Sätze wird jede angefangene Viertelmeile für eine volle Viertelmeile gerechnet.
2) Bei Dienstreisen von mehr als einer Viertelmeile, aber weniger als einer ganzen Meile, sind die Reisekosten nach einer vollen Meile zu berechnen.
3) Für Geschäfte außerhalb des Wohnorts in geringerer Entfernung als einer Viertelmeile werden weder Reisekosten, noch Diäten gewährt.

§. 4.

Bei Versetzungen können verheirathete Beamte, wenn sie auf Reisekosten, nicht aber auf eine Umzugsentschädigung Anspruch haben, die Reisekosten in jedem Falle nach §. 2 liquidiren.

§. 5.

Die durch die Verordnung vom 28. Juni 1825 oder durch spätere ergänzende Vorschriften bestimmten Tagegelder werden bei den Sätzen von 2 Rthlr. und weniger dergestalt erhöhet, daß

2 Rthlr.	15 Sgr.	statt	2 Rthlr.	— Sgr.		
2 =	— =	=	1 =	15 =		
1 =	20 =	=	1 =	10 =		
1 =	10 =	=	1 =	— =		

1 Rthlr.	— Sgr.	statt	— Rthlr.	20 Sgr.
— =	20 =	=	— =	15 =
— =	15 =	=	— =	10 =

zu gewähren sind.

§. 6.

Der gegenwärtige Erlaß tritt mit dem 1. Juli c. in Kraft, und werden die demselben entgegenstehenden Bestimmungen, insbesondere auch der den Verhältnissen nicht mehr entsprechende §. 7 der Verordnung vom 28. Juni 1825 außer Anwendung gesetzt.

Sanssouci den 10. Juni 1848.

Friedrich Wilhelm.

Camphausen, Hansemann.

An
das Staats-Ministerium.

I. 2507. D. 18. Vol. 9.

156.

Allerhöchster Erlaß vom 14. Juni 1848, — betreffend die Bewilligung von Wartegeldern an disponible Beamte.

Auf den Bericht des Staatsministerii vom 12. d. M. erkläre Ich Mich damit einverstanden, daß denjenigen Beamten, welche schon bisher zur Disposition gestellt worden sind, oder mit Rücksicht auf die bevorstehende Umbildung der Staatsbehörden vorläufig zur Disposition zu stellen sein werden, ein Wartegeld so lange bewilligt werden soll, bis ihnen entweder ein anderes öffentliches Amt übertragen wird, oder ihre Pensionirung thunlich erscheint. Die Sätze dieses Wartegeldes sind im Anschluß an den Erlaß vom 25. Mai 1820 derartig zu bestimmen, daß disponibel gewordene Beamte, welche 1200 Rthlr. und mehr an jährlichem Gehalte beziehen, die Hälfte ihres Gehaltes als Wartegeld, diejenigen aber, deren Gehalt

1100	Rthlr.	beträgt,	580	Rthlr.	Wartegeld.
1000	=	=	560	=	=
900	=	=	540	=	=
800	=	=	500	=	=
720	=	=	480	=	=
600	=	=	400	=	=

480	Rthlr.	beträgt,	360	Rthlr.	Wartegeld.
360	=	=	270	=	=
336	=	=	250	=	=
300	=	=	225	=	=
276	=	=	200	=	=
264	=	=	200	=	=
240	=	=	180	=	=
204	=	und abwärts bis			
150	=		150	Rthlr.	Wartegeld

erhalten. In Fällen, wo die Besoldungen von vorstehenden Sätzen abweichen, soll das Wartegeld nach dem Verhältniß des nächsten höheren Gehaltssatzes ermittelt werden. Die geringer als mit 150 Rthlr. Besoldeten mögen das volle Gehalt als Wartegeld behalten; dagegen soll auf Besoldungszuschüsse, welche einzelnen Beamten behufs der Repräsentation in ihren Dienstverhältnissen gegeben sind, bei der Wartegelder-Bestimmung nicht Rücksicht genommen werden und das Maximum des anrechnungsfähigen Gehalts 4000 Rthlr., folglich das Wartegeld den Betrag von 2000 Rthlr. nicht überschreiten. Die auf Wartegeld zu setzenden Beamten sind in der Wahl ihres Wohnortes im Inlande nicht beschränkt, jedoch verpflichtet, dort nach ihrer Befähigung mit möglichster Berücksichtigung ihrer früheren Verhältnisse mäßige Hülfe im Staatsdienste zu leisten, wenn dies gefordert wird. Dieser Erlaß, welcher auf Richter keine Anwendung leiden soll, ist durch die Gesetzsammlung zu veröffentlichen und durch die Departementschefs vom 1. Juli d. J. zur Ausführung zu bringen.

Sanssouci den 14. Juni 1848.

Friedrich Wilhelm.

Camphausen, v. Auerswald, Bornemann, v. Arnim, Hansemann, Gr. v. Kanitz, v. Patow.

An
das Staats-Ministerium.

I. 2508. P. 37. Vol. 2.

157.

Verfügung vom 16. Juni 1848, — betreffend die Arrestanlegung auf den abzugsfähigen Theil des Gehalts oder der Pension von Offizieren und Militair-Beamten.

(Art. 2 des Dekrets vom 18. August 1807. Allerh. Ordre vom 24. September 1832, Rheinische Samml. Bd. 3 S. 517. Verfügung vom 22. Januar 1841, Just.-Min.-Bl. S. 94. Art. 569 der Rhein. Civil-Prozeß-Ordnung.)

Auf Ew. Hochwohlgeboren Bericht vom 16. Februar d. J., die Arrestanlegung auf den abzugsfähigen Theil des Gehalts oder der Pension von Offizieren und Militair-Beamten betreffend,

haben die Königlichen Ministerien des Krieges und der Finanzen sich damit einverstanden erklärt, daß die im Wege der Exekution erfolgenden Arrestanlegungen auf den abzugsfähigen Theil des Gehalts oder der Pension von Offizieren und Militair-Beamten in dem Bezirke des Appellationsgerichtshofes zu Cöln nicht bei den im Reskripte vom 22. Januar 1841 bezeichneten Militairbehörden oder Personen, sondern unmittelbar bei den mit der Auszahlung beauftragten öffentlichen Kassen nachgesucht werden.

Das im Art. 569 der Rheinischen Civil-Prozeß-Ordnung vorgeschriebene Zeugniß kann jedoch von Seiten der Kasse erst ausgestellt werden, nachdem die betreffende Militair-Behörde, welcher gleich nach Anlegung des Arrestes durch die bezügliche Regierung eine nähere Mittheilung darüber gemacht werden soll, den abzugsfähigen Theil des Gehalts oder der Pension angegeben haben wird.

Außerdem verbleibt es aber auch bei der durch die Allerh. Ordre vom 24. September 1832 (Ges.-Samml. S. 225, Rhein. Samml. Bd. 3 S. 517) ertheilten Vorschrift, daß die Arrestanlage, insofern sie nicht im Wege der gerichtlichen Exekution erfolgt und der Extrahent des Arrestes sich nur im Besitze der im Art. 2 des Dekrets vom 18. August 1807 erwähnten Schuld-Urkunde befindet, erst auf Grund einer von dem Landgerichts-Präsidenten zu ertheilenden Ermächtigung Statt finden soll.

Hiervon haben Ew. Hochwohlgeboren die Landgerichts-Präsidenten und Ober-Prokuratoren in Kenntniß zu setzen und durch die Letzteren insbesondere die Anwälte und die Gerichtsvollzieher auffordern zu lassen, hiernach in vorkommenden Fällen zu verfahren.

Berlin den 16. Juni 1848.

Der Justiz-Minister
Bornemann.

An
den Königl. Ersten Präsidenten des Appellationsgerichtshofes Herrn Dr. Schwarz
und
den Königlichen General-Prokurator Herrn Geheimen Ober-Justizrath Nicolovius Hochwohlgeboren zu Köln.

I. 2200. Rh. Gener. 102.

158.

Allerhöchster Erlaß vom 24. Juni 1848, — betreffend die Verlegung der Gerichtsferien im Bezirke des Rheinischen Appellationsgerichtshofes zu Köln.

Da nach Ihrem Berichte vom 12. Juni d. J. die Verlegung der in dem Bezirke des Rheinischen Appellationsgerichtshofes zu Köln stattfindenden Gerichtsferien angemessen erscheint, so bestimme Ich unter Abänderung des Artikels 31. des Dekrets v. 6. Juli 1810 und des Artikels 37 des Dekrets v. 18. August 1810 wie folgt:

die Ferien der Civilkammern des Rheinischen Appellationsgerichtshofes und der Landgerichte seines Bezirks sollen künftig v. 1. August bis zum 1. Oktober statthaben.

Diese Bestimmung ist durch die Gesetzsammlung zur öffentlichen Kenntniß zu bringen.

Sanssouci den 24. Juni 1848.

Friedrich Wilhelm.

Bornemann.

An
den Staats- und Justiz-Minister Bornemann.

I. 2496. Rhein. Gener. 103.

159.

Allgemeine Verfügung vom 30. Juni 1848, — betreffend die Aufhebung der besonderen Remuneration der Forstrichter in Forst-Defraudations-Sachen.

(Kabinets-Ordre vom 15. August 1829, Cirkular-Verfügung vom 12. November 1829, Rh. Samml. Bd. 3 S. 307.)

Durch den nachstehenden Allerhöchsten Befehl vom 19. Juni dieses Jahres ist die bisher den Richtern in Forst-Defraudations-Sachen in Gemäßheit des Allerhöchsten Erlasses vom 15. August 1829 zugestandene Remuneration von $2\frac{1}{2}$ Sgr. für jede abgemachte Sache aufgehoben worden.

Sämmtliche Gerichtsbehörden werden hiervon mit der Aufforderung in Kenntniß gesetzt, für alle vom 1. Juli d. J. ab zur Kognition der Forstgerichte gelangende Kontraventions-Sachen die gedachte Remuneration nicht mehr erheben zu lassen.

Die Königlichen Regierungen sind von dem Herrn Finanz-Minister mit entsprechender Anweisung versehen worden.

Berlin den 30. Juni 1848.

Der Justiz-Minister
Maercker.

An
sämmtliche Gerichtsbehörden.

Allerhöchster Erlaß.

Auf Ihren gemeinschaftlichen Bericht vom 9. d. M. genehmige Ich, daß die durch den Erlaß vom 15. August 1829 in Forst-Defraudations-Prozessen für jede abgemachte Sache dem Richter gewährte Remuneration von $2\frac{1}{2}$ Sgr. fortan in Wegfall komme, da es bei dem anerkannten Diensteifer und der bewährten Amtstreue der Richter zur pflichtmäßigen Förderung des Geschäftsganges einer solchen äußeren Anregung nicht bedarf.

Sanssouci den 19. Juni 1848.

Friedrich Wilhelm.

An
die Staats-Minister Bornemann
und Hansemann.

I. 2612. F. 53.

160.

Verfügung vom 10. Juli 1848, — betreffend die Revisionen der Vormundschafts-Register.

(Verf. v. 16. Novbr. 1846 S. 124 dieses Bandes.)

In Beziehung auf Ew. Hochwohlgeboren in dem Jahresberichte vom 24. Mai d. J. enthaltene Aeußerung über die Revisionen der Vormundschafts-Register erklärt der Justiz-Minister sich mit Ihnen dahin einverstanden, daß es der von dem Ober-Prokurator zu Coblenz in dem Jahresberichte vom 3. Januar d. J. in Antrag gebrachten Wiedereinführung der Vormundschafts-Register nicht bedarf, um die vorschriftsmäßige Behandlung der Vormundschaftssachen zu kontrolliren. Den Ober-Prokuratoren ist es vielmehr durch die Verfügung vom 16. November 1846 überlassen worden, nach eigenem Ermessen zu bestimmen, wie oft sie sich die Vormundschafts-Register derjenigen Friedensgerichte vorlegen lassen wollen, welche eine besondere Ueberwachung erheischen. Wenn daher bei der Lokal-Revision eines Friedensgerichts das Vormundschaftswesen sich nicht in befriedigender Ordnung findet, zu einer genauen Konstatirung des Zustandes jedoch nicht sofort übergegangen werden kann, so wird unverzüglich die Einsendung der Register und selbst einzelner Akten-Faszikel anzuordnen sein, um eine genauere Revision zu veranlassen. Dasselbe kann geschehen, wenn aus anderen Gründen die Besorgniß einer unzureichenden Behandlung des Vormundschaftswesens vorhanden ist. Es versteht sich in solchen Fällen von selbst, daß die Erledigung der gezogenen Erinnerungen nachgewiesen und überhaupt die Wiederholung der Revision eintreten muß, so lange solche angemessen erscheint.

Ew. Hochwohlgeboren haben demgemäß den Ober-Prokurator zu Coblenz auf den formirten Antrag zu bescheiden.

Berlin den 10. Juli 1848.

Der Justiz-Minister
Märcker.

An
den Königlichen General-Prokurator Herrn Geheimen Ober-Justizrath Nicolovius Hochwohlgeboren
zu Köln.

I. 2440. Rhein. Gener. 72. Vol. 5.

161.

Bekanntmachung vom 12. Juli 1848, — betreffend die unentgeltliche Aufnahme öffentlicher Aufgebote von Dienst-Kautionen der Gerichtsboten und Exekutoren, desgleichen verstorbener Deposital-Kassen-Rendanten in die öffentlichen Anzeiger der Amtsblätter.

(Vergl. allgemeine Verfügung vom 4. Dezember 1847, Justiz-Ministerial-Blatt S. 358.)

Nachstehende von dem Herrn Minister des Innern erlassene Verfügung vom 25. Juni d. J., wonach die von den Königlichen Justiz-Behörden ausgehenden öffentlichen Aufgebote von Dienst-Kautionen der Gerichtsboten und Exekutoren, desgleichen der verstorbenen oder sonst aus ihrer Stellung ausgeschiedenen Deposital-Kassen-Rendanten gebührenfrei in die öffentlichen Anzeiger der Amtsblätter aufzunehmen sind, wird hierdurch zur Kenntniß sämmtlicher Königlichen Gerichtsbehörden gebracht.

Berlin den 12. Juli 1848.

Der Justiz-Minister
Maercker.

An
sämmtliche Gerichtsbehörden.
I. 2615. K. 34. Vol. 2.

Der Königlichen Regierung wird auf den Bericht vom 24. v. Mts. im Einverständniß mit dem Herrn Justiz-Minister eröffnet, wie es keinem Zweifel unterliegt, daß die Aufgebote von Dienst-Kautionen der Gerichtsboten und Exekutoren, sofern sie von Königlichen Justiz-Behörden ausgehen, gebührenfrei in die öffentlichen Anzeiger der Amtsblätter aufzunehmen sind, und daß die durch Cirkular-Verfügung vom 22. November v. J. angeordnete unentgeltliche Insertion der Aufgebote von Dienst-Kautionen pensionirter oder versetzter Deposital-Kassen-Rendanten Seitens der Königlichen Justiz-Behörden auch dann zur Anwendung kommen muß, wenn es sich um das Aufgebot eines dergleichen verstorbenen oder sonst aus seiner Stellung ausgeschiedenen Deposital-Kassen-Rendanten handelt.

Berlin den 25. Juni 1848.

Der Minister des Innern.
Im Auftrage
v. Manteuffel.

An
die Königl. Regierung zu N.

162.

Allerhöchster Erlaß vom 31. Juli 1848, — betreffend die Abschaffung der geheimen Konduitenlisten in der Civilverwaltung.

Auf den Bericht des Staatsministeriums vom 14. Juli c. erkläre Ich Mich damit einverstanden, daß die seither stattgefundenen geheimen Konduitenlisten in der Civilverwaltung abgeschafft werden. Das Staatsministerium hat diesen Meinen Erlaß, welcher in die Gesetzsammlung aufzunehmen ist, zur Ausführung zu bringen.

Sanssouci den 31. Juli 1848.

Friedrich Wilhelm.

v. Auerswald, Hansemann, Frhr. v. Schreckenstein, Milde, Märcker, Gierke, Kühlwetter.

Für den Minister der geistlichen ꝛc. Angelegenheiten.
v. Ladenberg.

An
das Staats-Ministerium.

I. 3322. O. 13.

163.

Allgemeine Verfügung vom 7. August 1848, — betreffend die gebührenfreie Aufnahme der in unvermögenden Untersuchungen erlassenen Steckbriefe in die Amtsblätter und deren Anzeiger.

(Kab.-Ordre v. 3. Februar 1843, Rhein. Samml. Bd. 8 S. 149; Krim.-Ordnung §. 636.)

Durch die Allerhöchste Ordre vom 3. Februar 1843 (Justiz-Ministerial-Blatt S. 71) ist genehmigt worden, daß alle Reskripte in unvermögenden Untersuchungen, sowie die in Beziehung darauf erforderlichen Bekanntmachungen unentgeltlich in die Amtsblätter oder deren Anzeiger aufgenommen werden können, sofern in der bisherigen Art bescheinigt wird, daß die Schuld des Entweichens keinem Dritten zur Last fällt.

Da die mit der Beschaffung dieser Atteste verknüpften Weiterungen und Schreibereien nach den bisherigen Erfahrungen in keinem Verhältnisse mit dem geringen Erfolge dieser Maaßregel stehen, überdies auch in den Fällen, wo verhaftete Personen aus dem Gefängnisse oder auf dem Transport entspringen, von der betreffenden Behörde jederzeit eine nähere Ermittelung des Sachverhältnisses und eventualiter die Bestrafung desjenigen, welchem dabei eine Vertretung zur Last fällt, veranlaßt wird; so ist im Einverständniß mit dem Ministerium des Innern und der Ober-Rechnungs-Kammer die Anordnung getroffen worden, daß Steckbriefe in unvermögenden Untersuchungen und die darauf bezüglichen Bekanntmachungen künftig jederzeit gebührenfrei in die Amtsblätter oder deren Anzeiger aufgenommen und die Beibringung des oben erwähnten Attestes zu diesem Behuf nicht weiter erfordert werden soll.

Sämmtlichen Gerichtsbehörden wird dies zur Nachachtung hierdurch bekannt gemacht.

Berlin den 7. August 1848.

Der Justiz-Minister
Maercker.

An
sämmtliche Gerichtsbehörden.

I. 2939. Kriminalkosten 21.

164.

Allerhöchster Erlaß vom 11. August 1848, — betreffend die Aufhebung der bisherigen Goldantheile bei den Besoldungen und die Verpflichtung zur eventuellen Annahme von Gold bei denselben.

Auf den Antrag des Staatsministeriums vom 4. d. M. bestimme Ich, daß die seitherige Einrichtung, wonach einzelnen Beamten der 5. Theil ihrer Besoldungen in Gold gegen Entrichtung theils gar keines, theils eines Agio von 10 Prozent gezahlt worden ist, aufhören soll, dergestalt, daß vom 1. Oktober d. J. an die Besoldungen sämmtlicher Staatsdiener, sowohl im Militair, als im Civil, lediglich nach dem Nennwerthe in Kourant berichtigt werden. Dagegen sollen alle Beamte verpflichtet sein, erforderlichen Falls den 5. Theil ihrer Besoldungen in Gold, den Friedrichsd'or zu $5^2/_3$ Rthlr. gerechnet, anzunehmen. Zugleich beauftrage Ich das Staatsministerium, diesen Erlaß in Vollzug zu setzen.

Sanssouci den 11. August 1848.

Friedrich Wilhelm.

v. Auerswald, Hansemann, Frhr. v. Schreckenstein, Milde, Märcker, Gierke, Kühlwetter.

Für den Minister der geistlichen rc. Angelegenheiten.
v. Ladenberg.

An
das Staats-Ministerium.

I. 3737. O. 109. Vol. 2.

165.

Allgemeine Verfügung vom 18. August 1848, — betreffend das Verfahren bei negativen Kompetenz-Konflikten.

(Gesetz v. 8. April 1847, S. 189 dieses Bandes.)

Das Gesetz vom 8. April 1847 über das Verfahren bei Kompetenz-Konflikten zwischen den Gerichten und Verwaltungs-Behörden enthält im §. 20 die Bestimmung:

> „Der im §. 1 angeordnete Gerichtshof hat auch über solche Streitigkeiten zwischen den Gerichts- und Verwaltungsbehörden zu entscheiden, bei welchen eine jede der beiden Behörden sich in der Sache für inkompetent und dagegen die andere für kompetent hält.“

Dabei ist jedoch keine nähere Vorschrift über das in solchen Fällen zu beobachtende Verfahren gegeben. Eine Folge hiervon war, daß bald nach dem Erscheinen jenes Gesetzes mehrfache Anträge auf Entscheidung des Gerichtshofes für Kompetenz-Konflikte einkamen, bei denen die Frage entstand, ob die Sache bereits zu einer derartigen Entscheidung erwachsen sei. So ist der Fall vorgekommen, daß ein Obergericht, nachdem vorher eine Verwaltungsbehörde die Entscheidung abgelehnt hatte, sich nicht mehr für befugt hielt, ein Untergericht zur Einleitung einer Klage anzuweisen, welche zurückgewiesen war, weil das Gericht, obwohl nach der Meinung des Obergerichts ganz zu Unrecht, die Angelegenheit für eine Verwaltungssache ansah. Es war die Ansicht geltend gemacht, daß nach Maaßgabe des

Gesetzes vom 8. April 1847 die Sache an den Gerichtshof zur Entscheidung der Kompetenz-Konflikte abgegeben werden müsse.

Diesem entgegen weiset die Natur der Sache darauf hin, daß die Entscheidung des Gerichtshofes für Kompetenz-Konflikte erst dann verlangt werden kann, wenn eine Erledigung, weder im Rechtswege, noch auch im Wege der Verwaltung auf dem geordneten Wege der Instanzen zu erlangen ist. Dabei ist für den Weg der Verwaltung keine Schwierigkeit; es ist die Entscheidung der höchsten Instanz, worauf bei den eigentlichen Kompetenz-Konflikten die §§. 10 bis 12 des Gesetzes vom 8. April 1847 hinweisen, jederzeit zu erlangen, weil nichts in die Mitte tritt, was für die oberen Behörden ein Hinderniß sein könnte, ihren Anordnungen Geltung zu verschaffen. Bei der Verfolgung des Rechtsweges erzeugen indeß die Entscheidungen durch Urtheil und Recht ein solches Hinderniß; die Entscheidungen können rechtskräftig werden, und dadurch entsteht die Unmöglichkeit, die Angelegenheit an die höhere Instanz zu bringen; wenn sie aber rechtskräftig geworden sind, oder wenn der höchste Richter entschieden hat, so drängt sich die Frage auf, ob das rechtskräftige Erkenntniß wieder beseitigt werden könne. Von der Beantwortung dieser letztgedachten Frage, welche im §. 2 des Gesetzes vom 8. April 1847 rücksichtlich der eigentlichen Kompetenz-Konflikte dahin entschieden ist, daß der Konflikt nach rechtskräftig entschiedener Sache nicht mehr zulässig sei, hängt das, für den im §. 20 vorgesehenen Fall, zu beobachtende Verfahren um so mehr ab, als die Voraussetzung: „daß die Gerichte sich in der Sache für inkompetent erachten," — im Grunde genommen, erst durch die rechtskräftige Entscheidung konstatirt wird, und bis dahin der rechtlichen Beurtheilung des höhern Richters unterliegt.

Durch diese Betrachtung ist der Justiz-Minister veranlaßt worden, um vielfachen zurückweisenden Erlassen in den einzelnen Rechtssachen zuvorzukommen, die Aeußerung des Gerichtshofes für Kompetenz-Konflikte über die zu befolgenden Grundsätze zu erbitten. Es war dies um so mehr der einzig mögliche Ausweg, als nach der Verordnung vom 21. Juli 1846 §. 35 auch die Beschwerden über Zurückweisung einer Klage a limine judicii dem Instanzenzuge folgen, dem Justiz-Minister mithin hierauf keine Einwirkung mehr zusteht, und die Gerichte nur in der Bekanntschaft mit den Grundsätzen des Gerichtshofes für Kompetenz-Konflikte einen Anhalt finden können.

Das hierauf eingegangene Schreiben des Gerichtshofes für Kompetenz-Konflikte vom 10. März d. J. wird den Gerichten hierbei nachrichtlich mitgetheilt. Aus demselben erhellet, daß der Gerichtshof von den beiden Grundsätzen ausgeht,

1) daß die Entscheidung des Gerichtshofes über den soge-

nannten negativen Kompetenz-Konflikt erst dann eintreten kann, wenn die Erledigung des obwaltenden Streites durch die höheren Verwaltungs- und Gerichtsbehörden nicht zu bewirken ist;

2) daß der §. 2 des Gesetzes vom 8. April 1847 auf die sogenannten negativen Kompetenz-Konflikte nicht anwendbar ist.

Daraus folgt von selbst, in welcher Lage der Sache die Einsendung an den Justiz-Minister zur Einholung der Entscheidung über den Kompetenz-Konflikt erfolgen kann, — und es folgt ferner, daß es in hohem Grade wünschenswerth ist, bei jeder zurückweisenden Entscheidung durch Urtheil und Recht, wegen Mangels der Kompetenz den Anspruch in tenore sententiae als: nicht zum Rechtswege geeignet, zu bezeichnen. Auf diesem Wege wird das Ziel erreicht, daß man Gewißheit darüber erlangt, der Richter habe, — wie der Gerichtshof für Kompetenz-Konflikte sich ausdrückt, — in der Sache nicht entschieden, sondern eine solche Entscheidung vielmehr wegen mangelnder Kompetenz von sich abgelehnt.

In dem Schreiben vom 10. März c. hat sich ferner auch der Gerichtshof für Kompetenz-Konflikte über die Frage ausgelassen, in wie fern es bei dem sogenannten negativen Kompetenz-Konflikte einer Zuziehung der Parteien bedürfe. Es wird angenommen, daß sich darüber wegen der großen Verschiedenheit der Fälle keine allgemeine Regel aufstellen lasse, die Partei aber in den meisten Fällen schon vorher werde Gelegenheit gehabt haben, die Gründe für oder gegen die Zulässigkeit des Rechtsweges geltend zu machen. Dies ist allerdings für den zurückgewiesenen Theil, weniger jedoch für den Gegentheil, der möglicher Weise von der Sache noch nichts vernommen haben kann, der Fall. Die Umstände werden jedoch in jedem vorkommenden Falle von selbst darauf hinweisen, welche vorbereitende Erklärungen für die Entscheidung des Gerichtshofes zur Erledigung des Kompetenz-Konflikts noch erforderlich sind.

Unerörtert ist die Frage geblieben, wie die Entscheidung der höheren Verwaltungsbehörde herbeizuführen; der Justiz-Minister, welcher auch bei den eigentlichen Kompetenz-Konflikten nach §. 10 des Gesetzes vom 8. April 1847 mit dem betheiligten Verwaltungs-Chef zu kommuniciren hat, behält sich vor, dieserhalb in jedem einzelnen Falle das Erforderliche zu veranlassen, und beschränkt sich darauf, die Gerichte anzuweisen, wenn, nachdem sich die Verwaltung für inkompetent erklärt hat, eine ähnliche Entscheidung Seitens der Gerichtsbehörden in den geordneten Instanzen erfolgt ist, oder wenn, nachdem die letztere Entscheidung vorausgegangen, die Inkompetenz-Erklärung der Verwaltung durch wiederholtes Anrufen der Partei zu ihrer

Kenntniß kommt, die Angelegenheit an den Justiz-Minister zu befördern, da der Gerichtshof für Kompetenz-Konflikte nur die ihm durch Vermittelung des Justiz-Ministers zugehenden Sachen annehmen kann.

Berlin den 18. August 1848.

Der Justiz-Minister
Maercker.

An
sämmtliche Königliche Ober-
gerichte.

I. 2955. K. 35. Vol. 3.

Anlage.

Ew. Excellenz sehr geehrtes Schreiben vom 26. November v. J. hat dem Gerichtshofe zur Entscheidung der Kompetenz-Konflikte erwünschte Gelegenheit gegeben, die Grundsätze über die Behandlung der sogenannten negativen Kompetenz-Konflikte der näheren allgemeinen Erwägung zu unterziehen. Bei der hierüber stattgefundenen Berathung sind zwar mehrfache Zweifel und Bedenken zur Sprache gekommen, welche theilweise auch zu entgegengesetzten Ansichten hingeführt haben; indessen ist der Gerichtshof mit Ew. Excellenz mindestens darin vollkommen einverstanden:

> daß die Entscheidung des Gerichtshofes über den sogenannten negativen Kompetenz-Konflikt erst dann eintreten kann, wenn die Erledigung des obwaltenden Streits durch die höhern Verwaltungs- und Gerichtsbehörden nicht zu bewirken ist.

In soweit es bei dieser Frage auf die Verwaltungsbehörden ankommt, lassen die bereits von Ew. Excellenz hervorgehobenen Gründe hierüber keinen Zweifel; die analoge Anwendung der Vorschriften in den §§. 3, 9, 11 und 12 des Gesetzes vom 8. April v. J. auf negative Kompetenz-Konflikte kann in so weit nicht füglich bedenklich sein. Zweifelhafter könnte dagegen die Sache hinsichts der gerichtlichen Behörden gefunden werden, da nach dem Gesetze vom 8. April v. J. der positive Kompetenz-Konflikt schon dann zur Entscheidung des Gerichtshofes gelangt, wenn irgend eine Gerichtsbehörde, gleichviel ob dieselbe eine höhere oder untergeordnete Stellung einnimmt, die bei derselben anhängig gemachte Sache, in Widerspruch mit der Verwaltungsbehörde, zum Rechtswege geeignet hält, und in analoger Anwendung dieser Vorschrift nicht ohne scheinbaren Grund behauptet werden könnte, daß auch der negative Kompetenz-Konflikt sofort zur Entscheidung des Gerichtshofes gelangen müsse, ohne zuvörderst die Erledigung des Streites im Wege der Beschwerde zu versuchen.

Die Sache näher erwogen, würde sich indessen eine solche Ansicht in keiner Weise rechtfertigen lassen. Abgesehen von den in Ew. Excellenz sehr geehrtem Schreiben geltend gemachten Gründen, welche jedoch für sich allein hierzu nicht ausreichend sein dürften, findet der Gerichtshof den entscheidenden Grund darin, daß die Sache bei dem positiven Kompetenz-Konflikt wesentlich anders liegt, als bei dem sogenannten negativen Kompetenz-Konflikt und eben deshalb eine analoge Anwendung der für den ersteren gegebenen Vorschrift auf das Verfahren bei negativen Kompetenz-Konflikten ganz unzulässig gefunden werden muß.

Denn während bei dem positiven Kompetenz-Konflikt derjenige Streit zwischen den Gerichts- und Verwaltungsbehörden, zu dessen Entscheidung der Gerichtshof durch das Gesetz vom 8. April v. J. niedergesetzt ist, in dem Augenblick zur Wirklichkeit kommt, in welchem die Verwaltungsbehörde den Widerspruch gegen die richterliche Entscheidung erklärt, verhält sich die Sache bei dem negativen Kompetenz-Konflikt wesentlich anders. Dadurch, daß die Gerichtsbehörde die richterliche Thätigkeit ablehnt, weil sie die Sache zum Rechtswege nicht geeignet hält, entsteht für sich allein noch nicht der negative Kompetenz-Konflikt, dieser ist vielmehr erst dann vorhanden, wenn demnächst auch die Verwaltungsbehörde die amtliche Thätigkeit versagt. Ob aber das letztere geschehen werde, das ist in dem Zeitpunkt, wo die Partei a limine judicii zurückgewiesen wird, noch nicht zu übersehen; es ist vielmehr völlig ungewiß, ob überhaupt ein Kompetenz-Konflikt entstehen werde. Andererseits liegt es aber in der Natur der Sache, daß eine Partei, welche dadurch, daß sie sich an das Gericht wendet, zu erkennen giebt, daß sie die richterliche Entscheidung begehrt, aber mit ihren Anträgen a limine judicii zurückgewiesen wird, dieses ihr entgegentretende Hinderniß zu beseitigen suchen muß, und dieses kann sachgemäß nur dadurch geschehen, daß sie sich im Wege der Beschwerde an den höhern Richter wendet. Diesen Beschwerdeweg der Partei verschließen zu wollen, davon kann nicht die Rede sein, die Partei hat vielmehr ein Recht darauf. Eben deshalb und weil die Partei hierdurch in keinem Fall in ihrem Rechte verletzt werden kann, wird sie auch wider ihren Willen auf diesen Weg verwiesen werden können. Zu verkennen ist zwar nicht, daß in den Fällen, wenn die Partei durch die Berufung auf den höheren Richter nicht zu einer ihr günstigen Entscheidung gelangt, die Sache hierdurch einen nicht unbedeutenden Aufenthalt erleidet. Hierauf kann indessen schon überhaupt kein Gewicht gelegt werden; überdieß darf nicht unberücksichtigt bleiben, daß vielleicht in der Mehrzahl der Fälle die Sache im Beschwerdewege ihre Erledigung finden wird, wodurch also jener Aufenthalt reichlich aufgewogen wird.

In dem Vorstehenden ist zunächst nur an den Fall gedacht, wenn die Partei mit ihren Anträgen sofort a limine judicii zurückgewiesen, die Sache also nicht eingeleitet wird. Es kann aber auch der Fall eintreten, daß die Sache zwar zum Rechtswege eingeleitet, demnächst aber durch Erkenntniß ausgesprochen wird, daß die Sache zum Rechtswege nicht geeignet sei. Geschieht dies jedoch durch ein Urtheil, gegen welches noch ein Rechtsmittel zulässig ist, so bietet ein solcher Fall nichts dar, was wesentlich von dem schon besprochenen abweicht. Der Unterschied wird nur darin bestehen, daß in solchem Falle der höhere Richter nicht im Wege einfacher Beschwerde, sondern vermittelst des einzulegenden Rechtsmittels angetreten werden muß; beides kommt aber in der Wirkung auf Eins hinaus.

Anders verhält es sich aber, wenn ein rechtskräftiges Erkenntniß vorliegt, sei es, daß gegen das ergangene, die Inkompetenz aussprechende Erkenntniß überhaupt kein Rechtsmittel zulässig, oder daß die Einlegung desselben unterblieben ist. Wie es in einem solchen Falle gehalten werden soll, ist nicht ohne Zweifel, und es haben sich hierüber auch in der Berathung des Gerichtshofes ganz entgegengesetzte Ansichten geltend gemacht. Von einem Theile der Mitglieder des Gerichtshofes wird die Ansicht vertheidigt, daß die rechtskräftig gewordene Entscheidung, durch welche ausgesprochen ist, daß eine Sache zur richterlichen Entscheidung nicht geeignet sei, die Einwirkung des Gerichtshofes zur Entscheidung der Kompetenz-Konflikte unbedingt ausschließe, und diese Ansicht wird auf den §. 2 des Gesetzes vom 8. April 1847 gegründet.

Von den Vertheidigern dieser Ansicht wird zwar anerkannt, daß der §. 2 a. a. O. nach seiner Fassung sich unmittelbar nur auf die positiven Kompetenz-Konflikte beziehe und in demselben ferner nur darüber eine Bestimmung gegeben sei, wie es gehalten werden soll, wenn die Verwaltungsbehörde den Präjudicial Einwand der Unzulässigkeit des Rechtsweges erhoben hat; wenn sie also die Entscheidung für die Verwaltungsbehörde in Anspruch nimmt; mit Bezugnahme auf §. 20 des Gesetzes wird aber der §. 2 nicht minder auch für die sogenannten negativen Kompetenz-Konflikte für maaßgebend gehalten. Im Sinne der Vertheidiger dieser Ansicht soll unterschieden werden, ob die Verwaltungsbehörde als klagende Partei, also mit ihrem eigenen Rechte, oder ob nur Privatparteien in der Sache betheiligt sind. In dem ersten Fall wird es als eine reine, auch nach innern Gründen völlig konsequente Analogie des §. 2 des Gesetzes vom 8. April v. J. in seiner zweiten Bestimmung betrachtet, wenn die Verwaltungsbehörde das gegen sie ergangene, rechtskräftig gewordene Erkenntniß gegen sich gelten lassen muß, und daher nicht mehr befugt ist, im Wege des Kompetenz-Konflikts darauf zurückzukommen, daß das Gericht genöthigt werde, noch materiell in der Sache zu erkennen.

In dem zweiten Falle, wenn nur Privat-Parteien in der Sache betheiligt sind, wird zwar anerkannt, daß, in so weit das Interesse der Verwaltungsbehörde dabei in Frage kommt, kein analoger Fall für den negativen Kompetenz-Konflikt vorhanden ist, da die eigenen Rechte der Verwaltungsbehörde dadurch, daß das Gericht einer Privatpartei den Rechtsweg versagt, nicht verletzt werden, und die Verwaltungsbehörde, weil sie fremde Rechte nicht zu den ihrigen machen kann, weder befugt noch im Stande ist, sich bei einem solchen, nur Privatparteien interessirenden Falle zu betheiligen. Dagegen wird wiederum in Beziehung auf die in einem solchen Falle betheiligte Privatpartei eine volle Analogie der im §. 2 des Gesetzes vom 8. April 1847 über die Rechtskraft der Urtheile gegebene Regel behauptet, da der §. 2 a. a. O. der rechtskräftigen Entscheidung den möglichsten Schutz habe angedeihen lassen und derselbe keinesweges blos von materieller Entscheidung handle, sondern ausdrücklich auch den Fall betreffe, daß über die Zulässigkeit des Rechtsweges präjudizell verhandelt worden. Aber selbst dann, wenn eine analoge Anwendung des §. 2 a. a. O. auf den negativen Kompetenz-Konflikt nicht für zutreffend gehalten werden sollte, kommen die Vertheidiger jener Ansicht zu demselben Resultate. Nach ihrer Auffassung soll alsdann angenommen werden, daß es an einer besonderen Regel für den negativen Kompetenz-Konflikt fehle, und deshalb der Grundsatz des §. 1 Tit. 16 der Prozeß-Ordnung zur Anwendung kommen, nach welchem ein rechtskräftiges Urtheil unter keinem Vorwande, er sei, welcher er wolle, auch nicht unter dem Prätext einer dabei obwaltenden Nullität wieder umgestoßen oder davon abgegangen werden kann.

Im Allgemeinen ist von den Vertheidigern dieser Ansicht noch geltend gemacht, daß bei den sogenannten negativen Kompetenz-Konflikten viel weniger als bei den positiven ein praktisches Bedürfniß vorhanden sei, rechtskräftige Erkenntnisse nicht aufrecht zu erhalten, da bei den negativen Kompetenz-Konflikten in den wenigsten Fällen ein allgemeines Staats-Interesse, sondern nur das Privat-Interesse einzelner Parteien obwalte, während bei den positiven Kompetenz-Konflikten dadurch, daß ein Gericht die Entscheidung einer, zur richterlichen Kognition nicht gehörigen Sache vor sein Forum zieht, eine höchst schädliche Störung der ganzen Verwaltung herbeigeführt werden könne. Wenn daher nach dem Gesetze vom 8. April v. J. bei den positiven Kompetenz-Konflikten rechtskräftige Erkenntnisse unter allen Umständen aufrecht erhalten werden sollen, so müsse dieser Grundsatz um so mehr bei den sogenannten negativen Kompetenz-Konflikten gelten. — Die vorstehend vertheidigte Ansicht wird jedoch von der Majorität in dem Gerichtshofe nicht getheilt; dieselbe hat sich vielmehr dem von Ew. Excellenz aufgestellten Grundsatz dahin angeschlossen,

> daß der §. 2 des Gesetzes vom 8. April 1847 auf die sogenannten negativen Kompetenz-Konflikte keine Anwendung findet,

und diese Ansicht durch folgende Gründe gerechtfertigt.

Insofern angenommen werden sollte, daß ein rechtskräftig gewordenes richterliches Erkenntniß, durch welches nicht materiell in der Sache entschieden, sondern nur ausgesprochen ist, daß der an den Richter gebrachte Streit zum Rechtswege und zur richterlichen Entscheidung nicht geeignet sei, dieselbe Wirkung habe, wie jedes andere in die Rechtskraft übergegangene richterliche Erkenntniß; so würde dies mit anderen Worten heißen, die Entscheidung über die negativen Kompetenz-Konflikte in die Hände der ordentlichen Gerichte legen; dies ist aber der durch das Gesetz vom 8. April 1847 begründeten Verfassung zuwider, da nach §. 20 dieses Gesetzes der im §. 1 angeordnete Gerichtshof auch über solche Streitigkeiten zu entscheiden hat, bei welchen sich, so wie die Gerichts-, so die Verwaltungsbehörde in der Sache für inkompetent und dagegen die andere für kompetent hält. In diesen, dem Gerichtshofe durch das Gesetz angewiesenen Geschäftskreis hemmend einzugreifen, kann daher den ordentlichen Gerichten nicht gestattet sein; der Gerichtshof würde vielmehr den ihm angewiesenen Standpunkt verkennen, wenn sich derselbe durch die von den ordentlichen Gerichten, wenn auch in Urtheilsform ausgesprochene Ansicht der denselben ermangelnden Kompetenz, von der verfassungsmäßig ausschließlich nur ihm zugestandenen Befugniß entbunden halten wollte. Es würde sich dies um so weniger rechtfertigen lassen, da wenn sich auch die Verwaltungsbehörde für inkompetent zur materiellen Entscheidung erklärt, verfassungsmäßig kein Mittel vorhanden sein würde, durch welches die betheiligte Privatpartei zu ihrem Rechte gelangen könnte, dieselbe vielmehr völlig rechtlos sein würde. Ein Grundsatz aber, welcher zu solcher Konsequenz hinführt, kann nach der Ansicht der Majorität schon aus diesem Grunde nicht für richtig anerkannt werden; es ist aber der Zweck des §. 20 des Gesetzes vom 8. April v. J. solchen Folgen entgegen zu wirken und zu dem Ende diejenige Behörde zu bestimmen, welche zur materiellen Entscheidung berechtigt und verpflichtet ist.

Zur Widerlegung dieses Grundsatzes kann auch nach der Ansicht der Majorität nicht auf den §. 2 des Gesetzes vom 8. April 1847 Bezug genommen werden, da nach den Verhandlungen, welche diesem Gesetze vorangegangen, durchaus zweifellos ist, daß es nicht beabsichtigt worden, den im §. 2 aufgestellten Grundsatz auch auf negative Kompetenz-Konflikte auszudehnen.

In den kommissarischen Verhandlungen ist nämlich ausdrücklich gesagt,

> daß die Kommission die Bestimmung des §. 2 wegen der Unantastbarkeit rechtskräftiger gerichtlicher Erkenntnisse auf negative Kompetenz-Konflikte nicht für anwendbar halte, indem erst in dem rechtskräftigen Erkenntnisse, in welchem die gerichtliche Inkompetenz ausgesprochen wird, diejenige Erklärung des Gerichts liege, durch welche dasselbe mit der Inkompetenz-Erklärung der Verwalungsbehörde in Konflikt geräth.

Es ist hinzugefügt:

> daß die Unanwendbarkeit des §. 2 auf negative Kompetenz-Konflikte im §. 27 (jetzt §. 20) ausdrücklich auszusprechen sein werde.

Diese Ansicht ist auch von dem Plenum des Staatsraths gebilligt; in dem Protokoll vom 17. März 1847 heißt es nämlich:

> die Versammlung trat bei dem §. 27 (jetzt §. 20) der Ansicht der Kommission bei, daß diese Vorschrift auf die sogenannten negativen Kompetenz-Konflikte beschränkt werden müsse, auch fanden die zu diesem Zwecke in dem Gutachten gemachten Vorschläge keinen Widerspruch,

und zu diesen Vorschlägen gehörte auch der, daß die Unanwendbarkeit des §. 2 auf negative Kompetenz-Konflikte ausdrücklich ausgesprochen werden solle.

Diesem Beschlusse entsprechend lautet daher der §. 20 des von den Referenten der Fassungs-Kommission vorgelegten Entwurfs, wie folgt:

> der im §. 1 angeordnete Gerichtshof hat auch über solche Streitigkeiten zwischen den Gerichts- und Verwaltungsbehörden zu entscheiden, bei welchen eine jede der beiden Behörden sich in der Sache für inkompetent und dagegen die andere für kompetent hält. In den Fällen dieser Art findet jedoch die Vorschrift des §. 2 keine Anwendung.

In der Fassungs-Kommission ist jedoch dieser letzte Satz unterdrückt und der Entwurf ohne denselben dem Plenum des Königlichen Staatsraths vorgelegt und in diesem genehmigt worden.

Es kann unmöglich angenommen werden, daß die Fassungs-Kommission, indem sie jenen Satz strich, die Absicht gehabt habe, dadurch materiell den von dem Königlichen Staatsrath gefaßten Beschluß abzuändern. Zu einer solchen materiellen Abänderung würde die Fassungs-Kommission nicht berechtigt gewesen sein, und wenn sie die Sache hierzu angethan gehalten hätte, würde sie zuerst nicht unterlassen haben, hierüber in dem Plenum des Königlichen Staatsraths besonderen Vortrag zu halten, was aber nach Ausweis des Sitzungs-Protokolls vom 31. März 1847 nicht geschehen ist. Die Fassungs-Kommission ist vielmehr, wie uns von einzelnen Mitgliedern derselben mitgetheilt worden, zur Fortlassung des unterstrichenen Schlußsatzes jenes §. 20 durch die zwiefache Erwägung bestimmt worden, daß dieser Satz nicht nur zu dem Fehlschluß verleiten könne, als erachte das Gesetz mit Ausnahme allein des §. 2, die übrigen in den §§. 3 u. ff. für die Behandlung der positiven Konflikte gegebenen formellen Vorschriften, auch auf die negativen Konflikte für unbedingt anwendbar; sondern daß der gedachte Satz auch überflüssig sei, und sich dasjenige, was dadurch ausgedrückt worden, von selbst verstehe. Und so verhält es sich auch in der That. Denn der §. 2 des Gesetzes vom 8. April 1847 spricht ganz ausdrücklich von „rechtskräftig von den Gerichten entschiedenen Sachen''; von einer rechtskräftig entschiedenen S a c h e kann aber nicht die Rede sein, wenn der Richter nicht nur nicht i n d e r S a c h e entschieden, sondern eine solche Entscheidung vielmehr wegen ermangelnder Kompetenz von sich abgelehnt hat. Nicht anders verhält es sich aber auch mit der ferneren Bestimmung im §. 2, nach welcher der Kompetenz-Konflikt nicht stattfinden soll, wenn in einem Prozeß, bei welchem eine Verwaltungsbehörde als Partei betheiligt ist, die von derselben aufgestellte Präjudizial-Einrede der Unzulässigkeit des Rechtsweges rechtskräftig verworfen worden ist, da ein solcher oder ein ähnlicher Fall bei dem negativen Kompetenz-Konflikt gar nicht vorkommen kann. Jene Bestimmung setzt ausdrücklich voraus, daß die Verwaltungsbehörde bei dem obschwebenden Prozeß als Partei betheiligt ist. Eine solche kann zwar allerdings die U n z u l ä s s i g k e i t des Rechtsweges behaupten und eine hierauf sich beziehende E i n r e d e entgegenstellen; ohne inneren Widerspruch kann aber die Verwaltungsbehörde, welche den Rechtsweg für zulässig hält, eine hierauf gerichtete Behauptung nicht als Einrede entgegenstellen. Ist der Rechtsweg eröffnet und die Verwaltungsbehörde mit der Zulässigkeit des Rechtsweges einverstanden, so ist auch kein Gegenstand des Streits, also auch kein Anlaß zur Präjudizial-E i n r e d e und zur präjudiziellen Entscheidung über dieselbe vorhanden.

Wenn die Absicht, welche bei der Gesetzgebung geleitet hat,

klar und zweifellos, wie hier, aus den dem Gesetze vorangegangenen Verhandlungen nachzuweisen ist, so wird dies für die richtige Auffassung des Gesetzes unter allen Umständen von Bedeutung sein. Diese Bedeutung tritt aber nach der Ueberzeugung mehrerer zur Majorität gehörenden Mitglieder um so mehr hervor für den Gerichtshof zur Entscheidung der Kompetenz-Konflikte, welcher aus Mitgliedern des Staatsraths zusammengesetzt, thatsächlich an der Entstehung des Gesetzes vom 8. April v. J. Theil genommen hat. Schon aus diesem Grunde darf sich daher der Gerichtshof nicht berechtigt halten, dadurch, daß der §. 2 des Gesetzes vom 8. April 1847 auf negative Kompetenz-Konflikte angewendet wird, einen Grundsatz zur Geltung zu bringen, welcher das gerade Gegentheil von dem sein würde, was bei der im Königlichen Staatsrathe stattgefundenen Berathung unzweifelhaft beschlossen und auch durch innere und überzeugende Gründe völlig gerechtfertigt ist.

Nur in einer Beziehung könnte möglicher Weise ein Bedenken angeregt werden, und ist auch angeregt, wie es nämlich in dem Falle gehalten werden soll, wenn das die richterliche Inkompetenz aussprechende Erkenntniß nicht in letzter Instanz ergangen, dagegen noch ein Rechtsmittel zulässig ist, ein solches aber einzulegen von der Partei unterlassen wird. In einem solchen Falle könnte nicht ohne scheinbaren Grund behauptet werden, daß die Partei in Folge eigener Schuld des Rechtsschutzes verlustig gehe, indem grundsätzlich, wie bereits im Eingange dieses Schreibens ausgeführt ist, die Einwirkung des Gerichtshofes erst dann erfolgen kann, wenn die Erledigung der Beschwerde bis in die höchste Instanz vergeblich versucht worden ist. Die Majorität des Gerichtshofes hält indessen auch dieses Bedenken nicht für begründet, da, wenn dies angenommen werden sollte, für den Fall, daß die materielle Entscheidung auch von der Verwaltungsbehörde abgelehnt wird, die Partei würde rechtlos bleiben müssen. Dies würde sich aber um so weniger rechtfertigen lassen, da einer Partei, welche im Vertrauen auf die Richtigkeit des Richterspruchs es unterläßt, das ihr zustehende Rechtsmittel einzuwenden und sich mit ihren Anträgen an die Verwaltungsbehörde wendet, nicht der Vorwurf der Nachlässigkeit zu machen ist, jene nachtheilige Folge mithin nur eine Strafe für die folgsame Partei sein würde.

Von mehr Bedeutung ist dagegen der bei der stattgefundenen Berathung angeregte Zweifel, ob nicht erforderlich sein dürfte, die in dem Vorstehenden beleuchtete Frage über die Anwendbarkeit des §. 2 des Gesetzes vom 8. April 1847 auf negative Kompetenz-Konflikte durch eine ausdrückliche, bei des Königs Majestät in Antrag zu bringende gesetzliche Bestimmung zu entscheiden. Von der einen Seite wird die Nothwendigkeit einer solchen Entscheidung deshalb behauptet, weil die Gerichte nicht gezwungen werden können, gegen ihre Ueberzeugung zu sprechen und weil ein rechtskräftiges Erkenntniß nur durch ein annullirendes Erkenntniß des Kompetenz-Gerichtshofes werde aufgehoben werden können, und es daher erforderlich sein möchte, eine hierauf gerichtete gesetzliche Bestimmung zu erlassen. Andererseits wird jedoch eine solche gesetzliche Bestimmung entbehrlich gehalten, weil die Entscheidung des Gerichtshofes innerhalb der Grenzen seiner Kompetenz, so wie überall, so insbesondere auch für den höchsten erkennenden Richter bindend sei, der Ausspruch des Gerichtshofes für sich allein mithin vollkommen ausreiche, die Gerichte zur materiellen Entscheidung zu verpflichten. Für diese letztere Ansicht hat sich die Majorität unseres Kollegiums erklärt; Ew. Excellenz können wir daher nur anheimgeben, ob und welche Einleitung in dieser Beziehung etwa zu veranlassen sein möchte.

Ew. Excellenz haben in dem sehr geehrten Schreiben vom 26. November 1847 noch die Frage berührt, wie es bei den negativen Kompetenz-Konflikten mit Zuziehung der Parteien zu halten sei. Im Wesentlichen ist der Gerichtshof darin einverstanden, daß hierbei die Vorschriften in den §§. 5 u. ff. des Gesetzes vom 8. April v. J. nicht zur Anwendung kommen können, wenn der Fall vorliegt, daß die Partei mit ihren Anträgen von Anfang an zurückgewiesen worden, von ihr also der Weg der Beschwerde versucht ist. Denn in diesem Falle hat die Partei Gelegenheit gehabt, dasjenige, was für die von ihr behauptete Zulässigkeit des Rechtsweges oder für die Entscheidung im Verwaltungswege anzubringen ist, an- und auszuführen, und es würde daher etwas ganz Ueberflüssiges sein, der Partei Veranlassung zu geben, dies nochmals zu thun. Dabei muß freilich vorausgesetzt werden, daß die betreffenden Beschwerdeschriften demnächst dem Gerichtshofe werden vorgelegt werden; dies wird indessen sich auch von selbst verstehen.

In gleicher Weise wird die Sache zu behandeln sein, wenn etwa die Kompetenz-Frage schon im Laufe des Prozesses zur Sprache gekommen; insbesondere also, wenn darüber durch Erkenntniß entschieden und gegen dieses ein Rechtsmittel eingewandt ist. Auch in solchem Falle haben die Parteien Gelegenheit, im Prozesse selbst die Gründe geltend zu machen, aus welchen die Zulässigkeit des Rechtsweges behauptet oder bestritten wird.

Hiernach wird daher nur in dem einen Fall, in analoger Anwendung des §. 5 des Gesetzes vom 8 April v. J. den Parteien Veranlassung zu geben sein, sich über den Kompetenz-Konflikt schriftlich zu äußern, wenn etwa in letzter Instanz die Inkompetenz des Gerichts ausgesprochen wäre, ohne daß hierüber irgend wie vorher verhandelt worden. Der Gerichtshof hält es indessen nicht angemessen, hierüber im Voraus bestimmte allgemeine Regeln aufzustellen; es wird vielmehr dem einzelnen Falle vorzubehalten sein, die demselben entsprechenden Anordnungen zu treffen; so wie denn überhaupt auch in andern, in dem Vorstehenden nicht berührten Fällen es dem Ermessen des Gerichtshofes anheimgegeben bleiben wird, im Interesse der Parteien deren Erklärungen zu erfordern.

Berlin den 10. März 1848.

Königlicher Gerichtshof zur Entscheidung der Kompetenz-Konflikte.

(L. S.) Unterschrift.

166.

Verfügung vom 19. August 1848, — betreffend das Gesetz über das Verfahren bei den Kompetenz-Konflikten vom 8. April 1847 [S. 189 dieses Bandes].

(Verfügung v. 8. Januar 1842, Rh. Samml. Bd. 8. S. 5.)

Ew. Hochwohlgeboren wird auf die Bemerkungen, welche Sie in Ihrem Jahresberichte vom 21. Mai d. J. über die Justizverwaltung in der Rheinprovinz während des Jahres 184⁶/₇ auf Veranlassung des Ober-Prokurators zu N. in Betreff des Gesetzes über das Verfahren bei den Kompetenz-Konflikten vom 8. April v. J. vorgetragen haben, Folgendes eröffnet:

1) Da nach §. 5 und 8 des Gesetzes vom 8. April v. J. der Bescheid, wodurch das gerichtliche Verfahren sistirt wird, imgleichen der Beschluß der Verwaltungsbehörde den betheiligten Privatparteien von Amtswegen zugefertigt werden muß, so sind die dem Sekretariate zustehenden Ausfertigungs-Gebühren, imgleichen die Kosten der zum Zwecke der Zustellung erforderlichen Gerichtsvollzieher-Akte nach Anleitung der Schlußbestimmung des Art. 122 des Dekrets vom 18. Juni 1811 auf den Kriminalfond anzuweisen. In mehreren Fällen ist jedoch wahrgenommen worden, daß in den gerichtlichen Bescheid der Beschluß der Verwaltungsbehörde seinem ganzen Inhalte nach wörtlich aufgenommen wird. Dies muß künftig vermieden werden, damit nicht der Umfang des gerichtlichen Bescheides zu

sehr ausgedehnt und der Beschluß der Verwaltungsbehörde doppelt zugestellt wird. Da übrigens nach §. 5 des Gesetzes die von einer Privatpartei ausgegangene Erklärung über den Kompetenz-Konflikt von einem Rechtsanwalte unterzeichnet sein muß, so wird es um so mehr für genügend zu erachten sein, wenn die Zustellung in den Sachen, in welchen die Parteien durch Anwälte vertreten sind, an die letzteren geschieht.

2) Das von dem Gerichtshofe zur Entscheidung der Kompetenz-Konflikte erlassene Erkenntniß muß den Parteien resp. deren Anwälten im Bezirke des Appellations-Gerichtshofes durch die Zustellung desselben bekannt gemacht werden, indem vermöge des im §. 8 des Gesetzes anerkannten Grundsatzes das öffentliche Ministerium auch diese, durch §. 17 dem Gerichte vorgeschriebene Handlung zu übernehmen hat. Es bedarf daher, wenn der Rechtsweg ausgeschlossen worden ist (vergl. das Reskript vom 8. Januar 1842, Rh. Samml. Bd. 8. S. 5), keiner Vorladung der Parteien zu einer öffentlichen Sitzung; ist der Kompetenz-Konflikt für unbegründet erklärt worden, so muß es dem fleißigeren Theile überlassen bleiben, der Sache wiederum Fortgang zu verschaffen.

3) Ist der Rechtsweg ausgeschlossen worden, so wird es, um in Gemäßheit des §. 18 des Gesetzes die Erstattung der Rollgebühren und Suckumbenz-Gelder zu veranlassen, genügen, wenn das Sekretariat auf Grund der ergangenen Entscheidung eine Bescheinigung, daß hiernach die Rückgabe Statt finden muß, ausstellt; wobei es einer weiteren Bemerkung nicht bedarf, daß das Sekretariat sich der Restitution des ihm selbst zugeflossenen Antheils am wenigsten entziehen kann.

Berlin den 19. August 1848.

Der Justiz-Minister.
In dessen Vertretung
Müller.

An
den Königlichen General-Prokurator
Herrn Geheimen Ober-Justiz-Rath
Nicolovius Hochwohlgeboren
zu Köln.

I. 2441. Rhein. Gen. 132. Vol. 2.

167.

Allerhöchste Order vom 25. August 1848, — betreffend die Abänderung einiger Vorschriften über die Zulassung der Justiz-Referendarien zur dritten Prüfung.

Auf Ihren Bericht vom 16. August d. J. genehmige Ich hierdurch, daß die bei altländischen Gerichten beschäftigten Referendarien, welche zur dritten Prüfung zugelassen werden wollen, von der Beibringung der bisher vorgeschriebenen Verzeichnisse I., von zwölf praktisch brauchbaren Referaten in Civilsachen, und II. von mindestens sechs anderen wichtigeren schriftlichen Arbeiten aus jedem beliebigen Kreise ihrer Geschäftsthätigkeit, von welchen zwei der Censur durch die Immediat-Justiz-Examinations-Kommission zu unterwerfen sind, entbunden werden und an die Stelle dieser Verzeichnisse und der Censur der zwei von der Prüfungs-Kommission einzufordernden Arbeiten ein von dem Präsidium des betreffenden Landes-Justizkollegiums, auf Grund eigener Kenntniß und der Gutachten der Mitglieder auszustellendes Attest des Inhalts trete, daß der Kandidat in Geschäften der vorgedachten Art eine solche praktische Tüchtigkeit sich erworben habe, wie es für ein selbstständiges Mitglied eines Landes-Justizkollegiums erforderlich ist. Ebenso genehmige Ich hinsichtlich der bei den Rheinischen Gerichten beschäftigten Referendarien, daß dieselben Behufs der Zulassung zur dritten Prüfung, von der Einreichung einiger von ihnen geführten Untersuchungen zur Censur durch die Prüfungskommission entbunden werden, und statt dessen die Beibringung eines von dem Präsidenten und dem Ober-Prokurator des betreffenden Landgerichts über ihre Qualifikation in dergleichen Arbeiten auszustellendes Attest genügt.

Sanssouci den 25. August 1848.

Friedrich Wilhelm.

Maercker.

An
den Staats- und Justiz-Minister Maercker.

Vorstehende Allerhöchste Order wird den Präsidien der Königlichen Obergerichte, resp. den Königlichen Präsidenten und Ober-Prokuratoren der Rheinischen Landgerichte mit der Anweisung bekannt gemacht, die den Kandidaten zu ertheilenden Atteste künftighin nach Maaßgabe des Allerhöchsten Erlasses auszustellen.

Berlin den 1. September 1848.

Der Justiz-Minister
Maercker.

An
die Präsidien der Königlichen Obergerichte und die Königlichen Präsidenten und Ober-Prokuratoren der Rheinischen Landgerichte.

I. 3473. O. 146. Vol. 5.

168.

Allgemeine Verfügung vom 6. September 1848, — betreffend den Wegfall der Verabfolgung des aus den Staatswaldungen bisher zu Staatsbauten gelieferten Bauholzes.

(Allerh. Order vom 28. August 1846, S. 121 dies. Bandes.)

Die Anordnungen der Allerhöchsten Order vom 28. August 1846 (Bekanntmachung vom 5. November desselben Jahres, Justiz-Ministerial-Blatt S. 192), wonach die Verabfolgung freien Bauholzes aus den Staatswaldungen wegfallen und jede fiskalische Station verpflichtet sein soll, das zu Bauten ihres Ressorts erforderliche Holz, wie es am vortheilhaftesten geschehen kann, aus ihren Fonds anzukaufen, sollen nunmehr vom Jahre 1849 ab in Ausführung kommen.

Die Königlichen Regierungen und Provinzial-Steuer-Direktionen sind deshalb von dem Herrn Finanz-Minister angewiesen, auf Verlangen der bauausführenden Behörden vom Jahre 1849 ab auch zu den Staatsbauten das Holz aus den Königlichen Forsten zu verabfolgen, jedoch nur gegen Bezahlung aus den zu den betreffenden Bauten und Reparaturen bestimmten Fonds, und zwar nach den Licitations-Durchschnittspreisen. Damit aber in allen Fällen, wo es für die Staatskasse im Ganzen vortheilhafter ist, das Bauholz aus Königlichen Forsten zu entnehmen, als dasselbe anderweit anzukaufen, die bauausführenden Behörden sich für das erstere erklären, so sollen die Forstverwaltungen in allen Beziehungen so zu Werke gehen, daß der Bauholz-Ankauf aus den Königlichen Forsten zugleich dem Interesse guter und wohlfeiler Bauausführung entspricht.

In Beziehung hierauf haben die sämmtlichen Gerichtsbehörden bei allen vom 1. Januar 1849 ab vorkommenden Bauten und Reparaturen sich wegen Lieferung des dazu erforderlichen Bauholzes zunächst an die betreffende Forstverwaltung zu wenden und nur, wenn diese das Holz aus Staatswaldungen abzulassen außer Stande sein sollte, dasselbe von Privatpersonen nach vorhergegangener Licitation oder sonst für den möglichst billigsten Preis anzukaufen.

Berlin den 6. September 1848.

Der Justiz-Minister
Maercker.

An
sämmtliche Gerichtsbehörden.

I. 2430. Just.-Fond 17. Vol. 7.

169.

Verfügung vom 16. September 1848, — betreffend die Stempel-Revision bei der II. Civil-Kammer des Landgerichts zu Trier.

(Art. 2123 des Bürgerl. Gesetz-Buchs; Gesetz v. 3. September 1807; Art. 193, 530, 539 Civil-Prozeß-Ordnung.)

Ew. Hochwohlgeboren erhalten hierbei Abschrift eines von dem Provinzial-Steuer-Direktor zu Köln an den General-Direktor der Steuern unterm 3. v. M. erstatteten Berichts, die Stempel-Defekten-Tabelle bei der II. Civil-Kammer des Landgerichts zu Trier betreffend, indem Ihnen hierbei im Einverständnisse mit dem Königlichen Finanz-Ministerium Folgendes eröffnet wird.

1) Das Monitum 1 ist für begründet zu erachten. Da der Verklagte die Unterschrift auf den in den klägerischen Anträgen bezeichneten Schuldverschreibungen anerkannt hat, so ist das erlassene Urtheil einer Agnitions-Resolution gleichzustellen, zu welcher, wie zu einem Prozesse über einen unschätzbaren Gegenstand, ein Stempel von 5 bis 20 Thlr. erforderlich ist, insofern nicht die Schuldsumme weniger als 500 Thlr. beträgt, und deshalb der Prozent-

stempel nach der Höhe der Forderungen angesetzt werden kann. Nach den Grundsätzen des rheinischen Rechts läßt sich nicht behaupten, daß es sich weniger von einem eigentlichen Urtheile, als einem Akte der freiwilligen Gerichtsbarkeit handelt; denn in den hier eingreifenden gesetzlichen Bestimmungen sind die Formen und die Fristen des einzuschlagenden prozessualischen Verfahrens, die Wirkungen des Urtheils und der Kostenpunkt genau regulirt worden (Art. 2123 Bürgl. Gesetz-Buchs; Gesetz vom 3. September 1807; Art. 193 flg. Civil-Proz.-Ordn.). Das Verfahren beginnt überdies mit einer förmlichen Vorladung, auf welche der Verklagte zu erscheinen gehalten ist, wenn er sich nicht den durch das Gesetz angedrohten Nachtheilen aussetzen will.

2) Zu dem 2. und 3. Monitum wird von dem Landgerichte an und für sich nicht bezweifelt, daß in den beiden Fällen, in welchen die Verpflichtung der Verklagten zur Rechnungslegung ausgesprochen worden, ein Stempel von 5—20 Thlr. zu adhibiren sein werde. Die Festsetzung des Stempels kann jedoch einem späteren Urtheile um so weniger vorbehalten bleiben, als es zu einem solchen nicht kommt, wenn vor dem Richter-Kommissar eine Einigung unter den Parteien (Art. 529 der Civil-Prozeß-Ordn.) Statt findet. Bei der Festsetzung der Höhe des Stempels tritt das richterliche Ermessen ein, welches mit Rücksicht auf die Umstände jedes einzelnen Falles zu arbitriren hat, ob Veranlassung vorhanden ist, das Minimum von 5 Thlr. zu überschreiten.

3) Das Monitum 4 wird für erledigt angenommen; in Betreff des Monitums 5 wird der Provinzial-Steuer-Direktor durch das Königliche Finanz-Ministerium angewiesen werden, dasselbe fallen zu lassen.

4) Da das Urtheil, welches eine Rechnungslegung verordnet, eine wirkliche Verurtheilung enthält (Art. 530 der Civil-Prozeß-Ordn.) und dasselbe zur Grundlage einer Hypothekar-Einschreibung dienen kann (Art. 2148 des bürgl. Gesetzbuchs), so vermag der Umstand, daß sich ein Rechnungsreliquat vielleicht nicht herausstellt, die Aussetzung der Stempelverwendung nicht zu begründen. Es ist oben schon bemerkt worden, daß es nicht immer zu einem ferneren Urtheile kommt; wenn sich herausstellt, daß der Rechnungsleger nichts verschuldet, so läßt sich zwar die Frage erheben, ob ihm die Kosten des Urtheils nicht in Rechnung passiren müssen; hierüber wird indessen nöthigenfalls der Richter zu entscheiden haben. Es müssen

daher zu Monitum 2, 3 und 6 die defektirten Stempel ebenfalls nachgebracht werden.

Das Königliche Landgericht zu Trier hat hiernach das Erforderliche zu veranlassen.

Berlin den 16. September 1848.

Der Justiz-Minister.
In dessen Vertretung
Müller.

An
den Königl. Landgerichts-Präsidenten, Geheimen Ober-Justiz-Rath Herrn Dr. Rive und den Königl. Ober-Prokurator Herrn Deuster Hochwohlgeboren
zu Trier.

I. 3463. Rhein. Gener. 62. Vol. 7.

170.

Gesetz zum Schutz der persönlichen Freiheit, vom 24. September 1848.

Wir Friedrich Wilhelm, von Gottes Gnaden, König von Preußen ꝛc.

verordnen zum Schutze der persönlichen Freiheit, auf den Antrag der zur Vereinbarung der Verfassung berufenen Versammlung, nach Anhörung Unseres Staatsministeriums, was folgt:

§. 1.

Die persönliche Freiheit ist gewährleistet.

Eine Verhaftung darf außer dem Falle der Ergreifung auf frischer That nur kraft eines schriftlichen, die Beschuldigung, sowie den Beschuldigten bestimmt bezeichnenden richterlichen Befehls bewirkt werden. Dieser Befehl muß entweder bei der Verhaftung, oder spätestens innerhalb 24 Stunden dem Beschuldigten zugestellt werden. Bei jeder Verhaftung ist in gleicher Frist das Erforderliche zu veranlassen, und den Verhafteten dem zuständigen Richter vorzuführen.

§. 2.

Ergreifung auf frischer That liegt vor, wenn der Thäter bei der Ausführung der strafbaren Handlung, oder gleich nach derselben betroffen wird. Der Ergreifung auf frischer That werden diejenigen Fälle gleichgestellt, in welchen Jemand durch die öffentliche Stimme als Thäter bezeichnet, oder auf der Flucht ergriffen, oder kurz nach der That im Besitz von Waffen, Geräthschaften, Schriften oder anderen Gegenständen betroffen wird, welche ihn als Urheber oder Theilnehmer verdächtig machen.

§. 3.

Diese Bestimmungen (§§. 1 u. 2) bleiben außer Anwendung auf Personen, welche zu ihrem eigenen Schutze, oder während sie die Ruhe, die Sittlichkeit oder die Sicherheit auf den Straßen und an öffentlichen Orten gefährden, polizeilich in Verwahrung genommen werden. Diese Personen müssen jedoch spätestens binnen 24 Stunden entweder in Freiheit gesetzt oder dem gewöhnlichen Verfahren überwiesen werden.

§. 4.

Jeder Verhaftete muß binnen 24 Stunden nach seiner Vorführung vor dem zuständigen Richter von demselben so vernommen werden, daß ihm die Anschuldigungsgründe mitgetheilt werden und ihm die Möglichkeit zur Aufklärung eines Mißverständnisses gegeben wird.

§. 5.

Niemand darf vor einen anderen, als den im Gesetz bezeichneten Richter gestellt werden.

Ausnahmsgerichte und außerordentliche Kommissionen sind unstatthaft.

Keine Strafe kann angedroht oder verhängt werden, als in Gemäßheit des Gesetzes.

§. 6.

Die Wohnung ist unverletzlich. Während der Nacht hat Niemand das Recht, in dieselbe einzudringen, als in Fällen einer Feuers- oder Wassersnoth, einer Lebensgefahr oder eines aus dem Innern der Wohnung hervorgegangenen Ansuchens. Bei Tage kann wider den Willen des Hausherrn Niemand eindringen, außer in Folge einer in amtlicher Eigenschaft ihm gesetzlich beigelegten Befugniß, oder eines ihm von einer gesetzlich dazu ermächtigten Behörde ertheilten schriftlichen Auftrags.

Haussuchungen dürfen nur in den Fällen und nach den Formen des Gesetzes unter Mitwirkung des Richters, der gerichtlichen Polizei und, wo diese noch nicht eingeführt ist, der Polizeikommissarien oder der Kommunalbehörde, wo eine solche aber nicht besteht, der Polizeibehörde des Orts geschehen, und zwar unter Zuziehung des Angeschuldigten, oder, falls solche unmöglich, der Hausgenossen.

§. 7.

Das aus der Nachtzeit hergeleitete Verbot besteht für die Zeit vom 1. Oktober bis 31. März während der Stunden von 6 Uhr Abends bis 6 Uhr Morgens, und für die Zeit vom

1. April bis 30. September während der Stunden von 9 Uhr Abends bis 4 Uhr Morgens. Auf diejenigen Orte jedoch, welche als Schlupfwinkel des Hazardspiels und der Ausschweifungen oder als gewöhnliche Zufluchtsorte von Verbrechern durch den gemeinen Ruf bezeichnet werden, und auf Wohnungen der Personen, welche durch ein Straferkenntniß unter besondere polizeiliche Aufsicht gestellt sind, findet das Verbot keine Anwendung.

In Betreff derjenigen Orte, in welchen während der Nachtzeit das Publikum ohne Unterschied zugelassen wird, bleibt es außer Anwendung, so lange sie dem Publikum geöffnet sind.

§. 8.

Im Falle eines Krieges oder Aufruhrs kann, wenn die Volksvertretung nicht versammelt ist, durch Beschluß und unter Verantwortlichkeit des Staatsministeriums die zeit- und distriktsweise Suspendirung des §. 1 u. 6 gegenwärtigen Gesetzes provisorisch ausgesprochen werden. Die Volksvertretung ist jedoch in diesem Falle sofort zusammen zu berufen.

§. 9.

Es ist keine vorgängige Genehmigung der Behörden nöthig, um öffentliche Civil- und Militair-Beamten, wegen der, durch Ueberschreitung ihrer Amtsbefugnisse verübten Verletzungen vorstehender Bestimmungen gerichtlich zu belangen.

Urkundlich unter Unserer Höchsteigenhändigen Unterschrift und beigedrucktem Königlichen Insiegel.

Gegeben Sanssouci den 24. September 1848.

(L. S.) Friedrich Wilhelm.

v. Pfuel, Eichmann, v. Bonin, Kisker, Gr. v. Dönhof.

Für den Minister der geistlichen rc. Angelegenheiten.
v. Ladenberg.

I. 3912. P. 24.

171.

Allgemeine Verfügung vom 3. Oktober 1848, — betreffend die Behandlung von remittirten Immediat-Begnadigungsgesuchen in Steuer-Untersuchungssachen.

Ew. Hochwohlgeboren empfangen in der Anlage Abschrift einer an sämmtliche Ober-Prokuratoren erlassenen Verfügung vom 3. Oktober d. J., betreffend die Behandlung von remittirten Immediat-Begnadigungsgesuchen in Steuersachen.

Berlin den 3. Oktober 1848.

Der Justiz-Minister.
In Vertretung
Müller.

An
den Königl. General-Prokurator Herrn Nicolovius Hochwohlgeboren zu Köln.

I. 3766. Crimin. 99. Vol. 7.

Wenn Immediat-Begnadigungsgesuche in Steuer-Untersuchungssachen, welche an Ew. Hochwohlgeboren resp. den Königlichen Justiz-Senat ohne weitere Verfügung abgegeben worden, nach vorgängiger Prüfung zur Befürwortung nicht geeignet befunden und demgemäß abschlägige Bescheide an die Bittsteller erlassen werden, so ist von dieser ablehnenden Bescheidung der betreffenden Provinzial-Steuerbehörde Mittheilung zu machen.

Für die Befolgung dieser, einem Antrage des Herrn Finanz-Ministers entsprechenden Anordnung haben daher Ew. Hochwohlgeboren resp. der Königl. Justiz-Senat Sorge zu tragen.

Berlin den 3. Oktober 1848.

Der Justiz-Minister.
In Vertretung
Müller.

An
die Herren Ober-Prokuratoren der Rheinprovinz und den Königl. Justiz-Senat zu Ehrenbreitstein.

172.

Allerhöchster Erlaß vom 9. Oktober 1848, — betreffend die Gewährung eines Gnadengehalts an die auf Kündigung im Civildienste angestellten versorgungsberechtigten Militairpersonen bei ihrem Ausscheiden aus der Civilstelle.

Ich genehmige auf den Antrag des Staats-Ministeriums in dem Berichte vom 7. d. Mts., daß den auf Kündigung im Civildienst angestellten versorgungsberechtigten Militairpersonen, welche vor ihrer Anstellung keine Militairpension zu beziehen hatten, wenn sie durch die Umgestaltung der Behörden oder sonst ohne ihre Schuld disponibel werden, bis zu ihrer Wiederanstellung, oder, wenn sie dazu nicht mehr geeignet sind, auf Lebenszeit, ein ihren früheren Militairverhältnissen entsprechendes Gnadengehalt gewährt werde. Auch kann den ehemaligen Militairs bei ihrem Ausscheiden aus widerruflichen Civilstellen nach Umständen ein das Militair-Gnadengehalt übersteigender Betrag bewilligt werden, der jedoch in keinem Falle die reglementsmäßig berechnete Pension, welche dem Beamten, wenn er darauf Anspruch hätte, zustehen würde, übersteigen darf.

Sanssouci den 9. Oktober 1848.

Friedrich Wilhelm.

v. Pfuel, Eichmann, v. Bonin, Kisker, Graf Dönhoff.

Für den Minister der geistlichen rc. Angelegenheiten.
v. Ladenberg.

An
das Staats-Ministerium.

Vorstehender Allerhöchster Erlaß wird hierdurch sämmtlichen Gerichtsbehörden zur Kenntnißnahme mitgetheilt.

Berlin den 5. November 1848.

Der Justiz-Minister
Kisker.

I. 4216. J. 26. Vol. 3.

173.

Allerhöchster Erlaß vom 24. Oktober 1848, wegen einer Modifikation der Verordnung vom 14. Juni 1848, — betreffend die Bewilligung von Wartegeldern an disponible Beamte.

(Allerh. Erlaß v. 14. Juni 1848, S. 309 dies. Bandes.)

Auf den Bericht des Staatsministeriums vom 23. d. M. erkläre Ich Mich mit der für nöthig erkannten Modifikation der in Meiner Verordnung vom 14. Juni d. J. (Gesetzsamml. S. 153) enthaltenen Bestimmung, wonach von den daselbst nicht aufgeführten Besoldungen das Wartegeld an disponible Beamte nach dem Verhältniß des nächsten höheren Gehaltssatzes ermittelt werden soll, einverstanden. Ich genehmige daher die zu diesem Zweck aufgestellte, hier beiliegende Nachweisung der bis zu dem Gehaltssatze von 1200 Rthlr. zu bewilligenden Wartegelder, mit der Maßgabe, daß nach Analogie der für die Festsetzung der Pensionen bestehenden Bestimmung bei Berechnung sämmtlicher Wartegelder die Jahresbeträge derselben auf volle Thaler abgerundet werden, wie dies bei Festsetzung der in der obigen Nachweisung speziell berechneten Wartegelderbeträge bereits geschehen ist. Es ist dieser Erlaß nebst der Nachweisung durch die Gesetzsammlung zu veröffentlichen.

Sanssouci den 24. Oktober 1848.

Friedrich Wilhelm.

v. Pfuel, Eichmann, v. Bonin, Kisker, Graf Dönhoff.

Für den Minister der geistlichen 2c. Angelegenheiten.
v. Ladenberg.

An
das Staats-Ministerium.

I. 4549. P. 37. Vol. 2.

Nachweisung

der den disponible gewordenen Beamten bis zu 1200 Thaler Gehalt zu bewilligenden Wartegelder.

Von einem Gehalte von Thlr.	beträgt das Wartegeld Thlr.	Von einem Gehalte von Thlr.	beträgt das Wartegeld Thlr.	Von einem Gehalte von Thlr.	beträgt das Wartegeld Thlr.
	eben so	504	368	534	378
bis 150	viel als	505	369	535	379
	d. Gehalt	506	369	536	379
151 bis	150	507	369	537	379
199		508	370	538	380
200 bis	$^3/_4$ des	509	370	539	380
480	Gehalts.	510	370	540	380
481	361	511	371	541	381
482	361	512	371	542	381
483	361	513	371	543	381
484	362	514	372	544	382
485	362	515	372	545	382
486	362	516	372	546	382
487	363	517	373	547	383
488	363	518	373	548	383
489	363	519	373	549	383
490	364	520	374	550	384
491	364	521	374	551	384
492	364	522	374	552	384
493	365	523	375	553	385
494	365	524	375	554	385
495	365	525	375	555	385
496	366	526	376	556	386
497	366	527	376	557	386
498	366	528	376	558	386
499	367	529	377	559	387
500	367	530	377	560	387
501	367	531	377	561	387
502	368	532	378	562	388
503	368	533	378	563	388

Von einem Gehalte von Rthlr.	beträgt das Wartegeld Rthlr.	Von einem Gehalte von Rthlr.	beträgt das Wartegeld Rthlr.	Von einem Gehalte von Rthlr.	beträgt das Wartegeld Rthlr.
564	388	600	400	636	424
565	389	601	401	637	425
566	389	602	402	638	426
567	389	603	402	639	426
568	390	604	403	640	427
569	390	605	404	641	428
570	390	606	404	642	428
571	391	607	405	643	429
572	391	608	406	644	430
573	391	609	406	645	430
574	392	610	407	646	431
575	392	611	408	647	432
576	392	612	408	648	432
577	393	613	409	649	433
578	393	614	410	650	434
579	393	615	410	651	434
580	394	616	411	652	435
581	394	617	412	653	436
582	394	618	412	654	436
583	395	619	413	655	437
584	395	620	414	656	438
585	395	621	414	657	438
586	396	622	415	658	439
587	396	623	416	659	440
588	396	624	416	660	440
589	397	625	417	661	441
590	397	626	418	662	442
591	397	627	418	663	442
592	398	628	419	664	443
593	398	629	420	665	444
594	398	630	420	666	444
595	399	631	421	667	445
596	399	632	422	668	446
597	399	633	422	669	446
598	400	634	423	670	447
599	400	635	424	671	448

Von einem Gehalte von ℛ︀	beträgt das Wartegeld ℛ︀	Von einem Gehalte von ℛ︀	beträgt das Wartegeld ℛ︀	Von einem Gehalte von ℛ︀	beträgt das Wartegeld ℛ︀
672	448	708	472	744	486
673	449	709	473	745	487
674	450	710	474	746	487
675	450	711	474	747	487
676	451	712	475	748	487
677	452	713	476	749	488
678	452	714	476	750	488
679	453	715	477	751	488
680	454	716	478	752	488
681	454	717	478	753	489
682	455	718	479	754	489
683	456	719	480	755	489
684	456	720	480	756	489
685	457	721	481	757	490
686	458	722	481	758	490
687	458	723	481	759	490
688	459	724	481	760	490
689	460	725	482	761	491
690	460	726	482	762	491
691	461	727	482	763	491
692	462	728	482	764	491
693	462	729	483	765	492
694	463	730	483	766	492
695	464	731	483	767	492
696	464	732	483	768	492
697	465	733	484	769	493
698	466	734	484	770	493
699	466	735	484	771	493
700	467	736	484	772	493
701	468	737	485	773	494
702	468	738	485	774	494
703	469	739	485	775	494
704	470	740	485	776	494
705	470	741	486	777	495
706	471	742	486	778	495
707	472	743	486	779	495

Von einem Gehalte von ₰	beträgt das Wartegeld ₰	Von einem Gehalte von ₰	beträgt das Wartegeld ₰	Von einem Gehalte von ₰	beträgt das Wartegeld ₰
780	495	816	507	852	521
781	496	817	507	853	522
782	496	818	508	854	522
783	496	819	508	855	522
784	496	820	508	856	523
785	497	821	509	857	523
786	497	822	509	858	524
787	497	823	510	859	524
788	497	824	510	860	524
789	498	825	510	861	525
790	498	826	511	862	525
791	498	827	511	863	526
792	498	828	512	864	526
793	499	829	512	865	526
794	499	830	512	866	527
795	499	831	513	867	527
796	499	832	513	868	528
797	500	833	514	869	528
798	500	834	514	870	528
799	500	835	514	871	529
800	500	836	515	872	529
801	501	837	515	873	530
802	501	838	516	874	530
803	502	839	516	875	530
804	502	840	516	876	531
805	502	841	517	877	531
806	503	842	517	878	532
807	503	843	518	879	532
808	504	844	518	880	532
809	504	845	518	881	533
810	504	846	519	882	533
811	505	847	519	883	534
812	505	848	520	884	534
813	506	849	520	885	534
814	506	850	520	886	535
815	506	851	521	887	535

Von einem Gehalte von ℛ︎	beträgt das Wartegeld ℛ︎	Von einem Gehalte von ℛ︎	beträgt das Wartegeld ℛ︎	Von einem Gehalte von ℛ︎	beträgt das Wartegeld ℛ︎
888	536	924	545	960	552
889	536	925	545	961	553
890	536	926	546	962	553
891	537	927	546	963	553
892	537	928	546	964	553
893	538	929	546	965	553
894	538	930	546	966	554
895	538	931	547	967	554
896	539	932	547	968	554
897	539	933	547	969	554
898	540	934	547	970	554
899	540	935	547	971	555
900	540	936	548	972	555
901	541	937	548	973	555
902	541	938	548	974	555
903	541	939	548	975	555
904	541	940	548	976	556
905	541	941	549	977	556
906	542	942	549	978	556
907	542	943	549	979	556
908	542	944	549	980	556
909	542	945	549	981	557
910	542	946	550	982	557
911	543	947	550	983	557
912	543	948	550	984	557
913	543	949	550	985	557
914	543	950	550	986	558
915	543	951	551	987	558
916	544	952	551	988	558
917	544	953	551	989	558
918	544	954	551	990	558
919	544	955	551	991	559
920	544	956	552	992	559
921	545	957	552	993	559
922	545	958	552	994	559
923	545	959	552	995	559

Von einem Gehalte von ℛ	beträgt das Wartegeld ℛ	Von einem Gehalte von ℛ	beträgt das Wartegeld ℛ	Von einem Gehalte von ℛ	beträgt das Wartegeld ℛ
996	560	1032	567	1068	574
997	560	1033	567	1069	574
998	560	1034	567	1070	574
999	560	1035	567	1071	575
1000	560	1036	568	1072	575
1001	561	1037	568	1073	575
1002	561	1038	568	1074	575
1003	561	1039	568	1075	575
1004	561	1040	568	1076	576
1005	561	1041	569	1077	576
1006	562	1042	569	1078	576
1007	562	1043	569	1079	576
1008	562	1044	569	1080	576
1009	562	1045	569	1081	577
1010	562	1046	570	1082	577
1011	563	1047	570	1083	577
1012	563	1048	570	1084	577
1013	563	1049	570	1085	577
1014	563	1050	570	1086	578
1015	563	1051	571	1087	578
1016	564	1052	571	1088	578
1017	564	1053	571	1089	578
1018	564	1054	571	1090	578
1019	564	1055	571	1091	579
1020	564	1056	572	1092	579
1021	565	1057	572	1093	579
1022	565	1058	572	1094	579
1023	565	1059	572	1095	579
1024	565	1060	572	1096	580
1025	565	1061	573	1097	580
1026	566	1062	573	1098	580
1027	566	1063	573	1099	580
1028	566	1064	573	1100	580
1029	566	1065	573	1101	581
1030	566	1066	574	1102	581
1031	567	1067	574	1103	581

Von einem Gehalte von	beträgt das Wartegeld	Von einem Gehalte von	beträgt das Wartegeld	Von einem Gehalte von	beträgt das Wartegeld
Thlr.	Thlr.	Thlr.	Thlr.	Thlr.	Thlr.
1104	581	1138	588	1172	595
1105	581	1139	588	1173	595
1106	582	1140	588	1174	595
1107	582	1141	589	1175	595
1108	582	1142	589	1176	596
1109	582	1143	589	1177	596
1110	582	1144	589	1178	596
1111	583	1145	589	1179	596
1112	583	1146	590	1180	596
1113	583	1147	590	1181	597
1114	583	1148	590	1182	597
1115	583	1149	590	1183	597
1116	584	1150	590	1184	597
1117	584	1151	591	1185	597
1118	584	1152	591	1186	598
1119	584	1153	591	1187	598
1120	584	1154	591	1188	598
1121	585	1155	591	1189	598
1122	585	1156	592	1190	598
1123	585	1157	592	1191	599
1124	585	1158	592	1192	599
1125	585	1159	592	1193	599
1126	586	1160	592	1194	599
1127	586	1161	593	1195	599
1128	586	1162	593	1196	600
1129	586	1163	593	1197	600
1130	586	1164	593	1198	600
1131	587	1165	593	1199	600
1132	587	1166	594	1200	die Hälfte
1133	587	1167	594	bis	des
1134	587	1168	594	4000	Gehalts.
1135	587	1169	594	4000	2000
1136	588	1170	594	und mehr	
1137	588	1171	595		

174.

Gesetz vom 31. Oktober 1848, — betreffend die Aufhebung des Jagdrechtes auf fremdem Grund und Boden und die Ausübung der Jagd.

Wir Friedrich Wilhelm, von Gottes Gnaden, König von Preußen ꝛc.

verordnen auf den Antrag der zur Vereinbarung der Preußischen Staatsverfassung berufenen Versammlung, nach Anhörung Unseres Staatsministeriums, was folgt:

§. 1.

Jedes Jagdrecht auf fremdem Grund und Boden ist ohne Entschädigung aufgehoben.

Die bisherigen Abgaben und Gegenleistungen des Berechtigten fallen weg.

§. 2.

Eine Trennung des Jagdrechts vom Grund und Boden kann als dingliches Recht künftig nicht Statt finden.

§. 3.

Die Jagd steht jedem Grundbesitzer auf seinem Grund und Boden zu. Er darf sie in jeder erlaubten Art, das Wild zu jagen und zu fangen, ausüben.

Den benachbarten Grundbesitzern bleibt überlassen, ihre Grundstücke zu einem gemeinschaftlichen Jagdbezirke zu vereinigen und die Jagd durch öffentliche Verpachtung, oder durch einen angenommenen Jäger ausüben, oder auch gänzlich ruhen zu lassen. Kein Grundbesitzer kann aber zu einer solchen Vereinbarung genöthigt werden.

§. 4.

Die Grundbesitzer sind in der Ausübung der Jagd nur beschränkt durch die allgemeinen und die besonderen jagdpolizeilichen Vorschriften, welche den Schutz der öffentlichen Sicherheit und die Schonung der Feldfrüchte bezwecken.

Das Recht der Jagdfolge ist aufgehoben.

§. 5.

In allen Festungswerken ist allein die Militairverwaltung befugt, die Jagd durch besonders dazu ermächtigte Personen ausüben zu lassen.

Außerhalb dieser Werke, desgleichen um die Pulvermagazine und ähnliche Anstalten, werden auf Kosten der Militairverwaltung Umkreise oder Rayons von zusammenhängender Fläche gebildet und bezeichnet, innerhalb welcher die Jagd mit Feuergewehren nicht ausgeübt werden darf, bei Vermeidung einer Polizeistrafe von fünf bis zwanzig Thalern oder, im Unvermögensfalle, eines verhältnißmäßigen Gefängnisses.

Die weiteste Entfernung der Außenlinie von den ausspringenden Winkeln des Glacis der Pulvermagazine und ähnlicher Anstalten wird auf dreihundert Schritte festgesetzt. Die Abgrenzung erfolgt gemeinschaftlich von der Festungsbehörde, einem Deputirten des Stadtvorstandes und einem der Kreis-Verwaltung.

§. 6.

Das gegenwärtige Gesetz tritt sofort in Kraft. In Ansehung der abgeschafften Jagdgerechtigkeit sind die bestehenden Pachtverträge aufgelöst. Der Pachtzins des laufenden Jahres ist zu berechnen nach Verhältniß der Zeit der diesjährigen Jagdnutzung.

§. 7.

Alle schwebende Untersuchungen über Jagdkontraventionen sind aufgehoben und die Kosten niedergeschlagen. Die bereits erkannten Strafen und Kosten werden hiemit erlassen bei allen Jagdkontraventionen, sowie wegen solcher Wilddiebstähle, welche von Grundbesitzern auf eigenem Grund und Boden seit der letzten Jagderöffnung verübt sind.

§. 8.

Alle diesem Gesetz entgegenstehende allgemeine und besondere Bestimmungen, namentlich die Kabinetsorder vom 21. Januar 1812 und die Verordnung vom 17. April 1830, — desgleichen die jagdpolizeilichen Vorschriften, über die Schon-, Setz- und Hegezeit des Wildes werden hiemit aufgehoben.

Urkundlich unter Unserer Höchsteigenhändigen Unterschrift und beigedrucktem Königlichen Insiegel.

Gegeben Sanssouci den 31. Oktober 1848.

(L. S.) Friedrich Wilhelm.

v. Pfuel, Eichmann, v. Bonin, Kisker, Gr. v. Dönhof.

I. 4550. F. 49. Vol. 2.

175.

Verfügung vom 20. November 1848, — betreffend die Stempelpflichtigkeit von Vollmachts-Substitutionen.

Nachstehende, an das Königliche Oberlandesgericht zu Naumburg erlassene Verfügung:

Dem Königlichen Oberlandesgericht wird auf die Anfrage vom 18. August d. J.,

betreffend die Stempelpflichtigkeit der schriftlichen Uebertragung einer Prozeßvollmacht durch den Bevollmächtigten auf einen Substituten,

im Einverständniß mit dem Herrn Finanz-Minister hierdurch eröffnet, daß der Ansicht des Kollegiums,

wonach es zu dergleichen Substitutionen keines Stempels bedarf,

beigetreten wird, da der Tarif zum Stempelgesetz für Substitution eines Bevollmächtigten keine Bestimmung enthält, und eine solche Substitution mit Rücksicht auf §. 40 Tit. 13 Thl. I des Allg. Landrechts, wonach bei einer gültigen Substitution der Substitut des Bevollmächtigten als Bevollmächtigter des ursprünglichen Machtgebers gilt, nicht für eine neue Vollmacht zu erachten ist.

Es wird indeß hierbei vorausgesetzt, daß nicht der Form wegen, worin die Substitution aufgenommen worden, die Tarif-Positionen „Notariats-Instrumente" oder „Protokolle" Platz greifen.

Berlin den 29. September 1848.

Der Justiz-Minister.

wird sämmtlichen Gerichtsbehörden hierdurch zur Nachachtung bekannt gemacht.

Berlin den 20 November 1848

Der Justiz-Minister
Rintelen.

An
sämmtliche Gerichtsbehörden.

I. 4676. Steuersachen 54.

176.

Allerhöchster Erlaß vom 20. November 1848, — betreffend die Anrechnung des Feldzuges in Schleswig-Holstein bei Pensionirungen.

(Militair-Pensions-Reglement vom 13. Juni 1825 §. 8.)

Mit Bezug auf den §. 8 des Militair-Pensions-Reglements vom 13. Juni 1825 bestimme Ich, daß der Feldzug in

Schleswig-Holstein den an Gefechten betheiligt gewesenen Personen bei Berechnung der Dienstzeit als ein Kriegsjahr in Anrechnung kommen soll.

Potsdam den 20. November 1848.

Friedrich Wilhelm.

Graf v. Brandenburg, v. Ladenberg, v. Manteuffel, v. Strotha, Rintelen.

Für den Finanz-Minister: Kühne.

Für den Minister für Handel, Gewerbe und öffentliche Arbeiten: v. Pommer-Esche.

An
das Staats-Ministerium.

Vorstehender Allerhöchster Erlaß wird hierdurch sämmtlichen Gerichtsbehörden zur Nachachtung bekannt gemacht.

Berlin den 11. Dezember 1848.

Der Justiz-Minister
Rintelen.

An
sämmtliche Gerichtsbehörden.

I. 4968. P. 45.

177.

Verfügung vom 24. November 1848, — betreffend das Diäten- und Reisekosten-Reglement vom 10. Juni 1848.

(Gesetz-Samml. pro 1848. S. 151 und 301 dieses Bandes.)

Dem Königl. Justiz-Senat wird auf den Bericht vom 10 d. Mts.

über einen, bei Anwendung des Tarifs der Gerichtskosten in nicht streitigen Angelegenheiten vom 29. März 1838 entstandenen Zweifel

hierdurch eröffnet, daß der Justiz-Minister der Ansicht derjenigen Mitglieder des Kollegiums, welche annehmen, daß unter den Lit. C. a Nr. 44 Abschn. III des gedachten Tarifs erwähnten Diätensätzen die in der Verordnung vom 28. Juni 1825 (Ges.=S. S. 163) vorgeschriebenen zu verstehen sind

beitritt, weil in dem Tarif auf die in Königlichen Dienstangelegenheiten passirenden Diätensätze offenbar nur der Kürze wegen und um die nochmalige Aufzählung dieser anderweit schon feststehenden Sätze zu vermeiden, verwiesen ist und daraus folgt, daß nur die damals geltenden Sätze gemeint sein können.

Berlin den 24. November 1848.

Der Justiz=Minister.
In dessen Vertretung
Müller.

An
den Königlichen Justiz=Senat
zu Ehrenbreitstein.

I. 4680. Koblenz 6. Vol. 3.

178.

Allgemeine Verfügung vom 24. November 1848, — betreffend die in der Rheinprovinz zu bewirkende Vollstreckung der Urtheile ꝛc. von Gerichten der übrigen Provinzen der Monarchie.

(Instruktion vom 23. August 1834, Reskripte vom 19. August 1840 und 27. September 1841; Rhein. Samml. Band 4 S. 141, Band 8 S. 200 und 342.)

Durch die Instruktion vom 23. August 1834 (Rheinische Samml. Bd. 4 S. 141) ist vorgeschrieben worden, in welcher Weise verfahren werden muß, wenn im Bezirke des Appellations=Gerichtshofes zu Köln Urtheile und Mandate, welche von inländischen Gerichtsbehörden anderer Bezirke erlassen worden, vollstreckt werden sollen. Zu dem Ende wird der obsiegenden Partei unter dem Siegel und der Unterschrift des Gerichts eine Ausfertigung ohne Gründe mit dem Atteste der Rechtskraft und Vollstreckbarkeit versehen, ertheilt. Diese Ausfertigung hat sie dem Rheinischen Landgerichte, in dessen Bezirke die Exekution stattfinden soll, vorzulegen (vergl. Reskript vom 19. August 1840 Justiz=Ministerial=Blatt S. 280); über ihr Gesuch wird nach angehörtem Antrage des öffentlichen Ministeriums von der Rathskammer erkannt, und bleibt es der Partei nach Ertheilung der exekutorischen Klausel überlassen, in dem Exekutions-Verfahren weiter vorzuschreiten.

Obgleich nach der Rheinischen Gerichtsverfassung die Ober-Prokuratoren solche Geschäfte der Parteien nicht zu besorgen haben, vielmehr die Vorlegung der Ausfertigung zur Ertheilung der exekutorischen Klausel durch einen bei dem betreffenden Landgerichte fungirenden Anwalt geschehen muß, so werden solche Versuche gleichwohl häufig an die Ober-Prokuratoren bei den Landgerichten eingereicht, welche alsdann genöthigt werden, die Parteien an einen Anwalt zu verweisen. Um die Parteien vor der hierdurch eintretenden Zögerung zu bewahren und den Ober-Prokuratoren in ihrer Korrespondenz eine Erleichterung zu verschaffen, werden die Gerichte der übrigen Landestheile hierdurch veranlaßt, die Parteien auf die Nothwendigkeit, ihre Gesuche durch einen Anwalt einreichen zu lassen, vorkommenden Falls aufmerksam zu machen.

An die Ober-Prokuratoren werden sich daher die Parteien nur zu wenden haben, wenn sie das Armenrecht zum Zwecke der Exekutorischerklärung nachzusuchen beabsichtigen, oder wenn sie auf andere Weise die Namen der Anwälte, unter welchen sie ihre Auswahl zu treffen haben, zu ermitteln nicht im Stande sind.

In Betreff der Einziehung gerichtlicher Kosten von den Bewohnern des Bezirks des Appellations-Gerichtshofes zu Köln verbleibt es übrigens bei den bestehenden Bestimmungen. (Instruktion vom 23. August 1834 Num. 3, Reskript vom 27. September 1841, Justiz-Ministerial-Blatt S. 294.)

Berlin den 24. November 1848.

Der Justiz-Minister.
In dessen Vertretung
Müller.

An
die Gerichtsbehörden, mit Ausschluß derjenigen, welche im Bezirke des Appellations-Gerichtshofes zu Köln ihren Sitz haben.

I. 3805. Rhein. Gener. 75. Vol. 2.

179.

Allerhöchster Erlaß vom 4. Dezember 1848, — betreffend die Ausdehnung der Gerichtsbarkeit des Handelsgerichts zu Gladbach über die Gemeinde Boisheim im Kreise Kempen.

(Allerh. Erlaß v. 11. Dezember 1845, S. 62 dieses Bandes.)

Auf den gemeinschaftlichen Bericht vom 25. November d. J. bestimme Ich, daß die Gerichtsbarkeit des Handelsgerichts zu Gladbach sich vom 1. Januar k. J. an über die Gemeinde Boisheim im Kreise Kempen erstrecken soll; mit diesem Tage hört die bisherige Kompetenz des Handelsgerichts zu Crefeld hinsichtlich der genannten Gemeinde auf, jedoch sind die bei diesem Gerichte zu jenem Zeitpunkte schon anhängigen Rechtssachen auch bei demselben zu Ende zu bringen. Zur Ausführung dieser Meiner Bestimmung, welche durch die Gesetzsammlung bekannt zu machen ist, haben Sie, der Justizminister, das Weitere zu veranlassen.

Potsdam den 4. Dezember 1848.

Friedrich Wilhelm.

Rintelen. Für den Minister für Handel, Gewerbe und öffentliche Arbeiten: v. Pommer-Esche.

An den Staats- und Justiz-Minister Rintelen und das Ministerium für Handel, Gewerbe und öffentliche Arbeiten.

V. 4120. Ha lsger. Gladbach.

180.

Verfassungs-Urkunde für den Preußischen Staat, vom 5. Dezember 1848.

Wir Friedrich Wilhelm, von Gottes Gnaden, König von Preußen rc. rc.

thun kund und fügen zu wissen: daß Wir in Folge der eingetretenen außerordentlichen Verhältnisse, welche die beabsichtigte

Vereinbarung der Verfassung unmöglich gemacht und, entsprechend den dringenden Forderungen des öffentlichen Wohls, in möglichster Berücksichtigung der, von den gewählten Vertretern des Volkes ausgegangenen, umfassenden Vorarbeiten die nachfolgende Verfassungsurkunde zu erlassen beschlossen haben, vorbehaltlich der am Schlusse angeordneten Revision derselben im ordentlichen Wege der Gesetzgebung.

Wir verkünden demnach die Verfassung für den Preußischen Staat wie folgt:

Titel I.

Vom Staatsgebiete.

Artikel 1.

Alle Landestheile der Monarchie in ihrem gegenwärtigen Umfange bilden das Preußische Staatsgebiet.

Artikel 2.

Die Gränzen dieses Staatsgebietes können nur durch ein Gesetz verändert werden.

Titel II.

Von den Rechten der Preußen.

Artikel 3.

Die Verfassung und das Gesetz bestimmen, unter welchen Bedingungen die Eigenschaft eines Preußen und die staatsbürgerlichen Rechte erworben, ausgeübt und verloren werden.

Artikel 4.

Alle Preußen sind vor dem Gesetze gleich. Standesvorrechte finden nicht statt. Die öffentlichen Aemter sind für alle dazu Befähigte gleich zugänglich.

Artikel 5.

Die persönliche Freiheit ist gewährleistet. Die Bedingungen und Formen, unter welchen eine Verhaftung zulässig ist, sind durch das Gesetz zum Schutze der persönlichen Freiheit vom 24. September laufenden Jahres bestimmt.

Artikel 6.

Die Wohnung ist unverletzlich. Das Eindringen in dieselbe und Haussuchungen sind nur in den gesetzlich bestimmten Fällen und Formen gestattet. Die Beschlagnahme von Briefen und Papieren darf, außer bei einer Verhaftung oder Haussuchung, nur auf Grund eines richterlichen Befehles vorgenommen werden.

Artikel 7.

Niemand darf seinem gesetzlichen Richter entzogen werden. Ausnahme-Gerichte und außerordentliche Kommissionen, soweit sie nicht durch diese Verfassungsurkunde für zulässig erklärt werden, sind unstatthaft. Strafen können nur in Gemäßheit des Gesetzes angedroht oder verhängt werden.

Artikel 8.

Das Eigenthum ist unverletzlich. Es kann nur aus Gründen des öffentliches Wohles gegen vorgängige, in dringenden Fällen wenigstens vorläufig festzustellende, Entschädigung nach Maßgabe des Gesetzes entzogen oder beschränkt werden.

Artikel 9.

Der bürgerliche Tod uud die Strafe der Vermögenseinziehung finden nicht Statt.

Artikel 10.

Die Freiheit der Auswanderung ist von Staats wegen nicht beschränkt. Abzugsgelder dürfen nicht erhoben werden.

Artikel 11.

Die Freiheit des religiösen Bekenntnisses, der Vereinigung zu Religions-Gesellschaften (Art. 28 und 29) und der gemeinsamen öffentlichen Religions-Uebung wird gewährleistet. Der Genuß der bürgerlichen und staatsbürgerlichen Rechte ist unabhängig von dem religiösen Bekenntnisse und der Theilnahme an irgend einer Religionsgesellschaft. Den bürgerlichen und staatsbürgerlichen Pflichten darf durch die Ausübung der Religionsfreiheit kein Abbruch geschehen.

Artikel 12.

Die evangelische und die römischkatholische Kirche, sowie jede andere Religionsgesellschaft, ordnet und verwaltet ihre Angelegenheiten selbstständig und bleibt im Besitz und Genuß der für ihre Kultus-, Unterrichts- und Wohlthätigkeitszwecke bestimmten Anstalten, Stiftungen und Fonds.

Artikel 13.

Der Verkehr der Religionsgesellschaften mit ihren Oberen ist ungehindert. Die Bekanntmachung ihrer Anordnungen ist nur denjenigen Beschränkungen unterworfen, welchen alle übrige Veröffentlichungen unterliegen.

Artikel 14.

Ueber das Kirchenpatronat und die Bedingungen, unter welchen dasselbe aufzuheben, wird ein besonderes Gesetz ergehen.

Artikel 15.

Das dem Staate zustehende Vorschlags-, Wahl- oder Bestätigungsrecht bei Besetzung kirchlicher Stellen ist aufgehoben.

Artikel 16.

Die bürgerliche Gültigkeit der Ehe wird durch deren Abschließung vor den dazu bestimmten Civilstands-Beamten bedingt. Die kirchliche Trauung kann nur nach der Vollziehung des Civilaktes stattfinden.

Artikel 17.

Die Wissenschaft und ihre Lehre ist frei.

Artikel 18.

Der preußischen Jugend wird durch genügende öffentliche Anstalten das Recht auf allgemeine Volksbildung gewährleistet.

Aeltern und Vormünder sind verpflichtet, ihren Kindern oder Pflegebefohlenen den zur allgemeinen Volksbildung erforderlichen Unterricht ertheilen zu lassen und müssen sich in dieser Beziehung den Bestimmungen unterwerfen, welche das Unterrichtsgesetz aufstellen wird.

Artikel 19.

Unterricht zu ertheilen und Unterrichtsanstalten zu gründen, steht Jedem frei, wenn er seine sittliche, wissenschaftliche und technische Befähigung den betreffenden Staatsbehörden nachgewiesen hat.

Artikel 20.

Die öffentlichen Volksschulen, so wie alle übrige Erziehungs- und Unterrichtsanstalten stehen unter der Aufsicht eigener, vom Staate ernannter Behörden. Die öffentlichen Lehrer haben die Rechte der Staatsdiener.

Artikel 21.

Die Leitung der äußeren Angelegenheiten der Volksschule und die Wahl der Lehrer, welche ihre sittliche und technische Befähigung den betreffenden Staatsbehörden gegenüber zuvor nachgewiesen haben müssen, stehen der Gemeinde zu.

Den religiösen Unterricht in der Volksschule besorgen und überwachen die betreffenden Religionsgesellschaften.

Artikel 22.

Die Mittel zur Errichtung, Unterhaltung und Erweiterung der öffentlichen Volksschule werden von den Gemeinden und im Falle des nachgewiesenen Unvermögens ergänzungsweise vom Staate aufgebracht. Die auf besonderen Rechtstiteln beruhenden Verpflichtungen Dritter bleiben bestehen.

In der öffentlichen Volksschule wird der Unterricht unentgeltlich ertheilt.

Artikel 23.

Ein besonderes Gesetz regelt das gesammte Unterrichtswesen. Der Staat gewährleistet den Volksschullehrern ein bestimmtes auskömmliches Gehalt.

Artikel 24.

Jeder Preuße hat das Recht, durch Wort, Schrift, Druck und bildliche Darstellung seine Gedanken frei zu äußern.

Die Preßfreiheit darf unter keinen Umständen und in keiner Weise, namentlich weder durch Censur, noch durch Konzessionen und Sicherheitsbestellungen, weder durch Staatsauflagen, noch durch Beschränkungen der Druckereien und des Buchhandels, noch endlich durch Postverbote und ungleichmäßigen Postsatz oder durch andere Hemmungen des freien Verkehrs beschränkt, suspendirt oder aufgehoben werden.

Artikel 25.

Vergehen, welche durch Wort, Schrift, Druck oder bildliche Darstellung begangen werden, sind nach den allgemeinen Strafgesetzen zu bestrafen. Vor der erfolgten Revision des Strafrechts wird darüber ein besonderes vorläufiges Gesetz ergehen. Bis zu dessen Erscheinen bleibt es bei den jetzt geltenden allgemeinen Strafgesetzen.

Artikel 26.

Ist der Verfasser einer Schrift bekannt und im Bereiche der richterlichen Gewalt des Staates, so dürfen Verleger, Drukker und Vertheiler, wenn deren Mitschuld nicht durch andere Thatsachen begründet wird, nicht verfolgt werden. Auf der Druckschrift muß der Verleger und der Drucker genannt sein.

Artikel 27.

Alle Preußen sind berechtigt, sich ohne vorgängige obrigkeitliche Erlaubniß friedlich und ohne Waffen in geschlossenen Räumen zu versammeln.

Diese Bestimmung bezieht sich nicht auf Versammlungen unter freiem Himmel, welche in allen Beziehungen der Verfügung des Gesetzes unterworfen sind. Bis zum Erlaß eines solchen Gesetzes ist von Versammlungen unter freiem Himmel 24 Stunden vorher der Orts-Polizeibehörde Anzeige zu machen, welche die Versammlung zu verbieten hat, wenn sie dieselbe für die öffentliche Sicherheit oder Ordnung gefährlich erachtet.

Artikel 28.

Alle Preußen haben das Recht, sich zu solchen Zwecken, welche den Strafgesetzen nicht zuwiderlaufen, in Gesellschaften zu vereinigen.

Artikel 29.

Die Bedingungen, unter welchen Korporationsrechte ertheilt oder verweigert werden, bestimmt das Gesetz.

Artikel 30.

Das Petitionsrecht steht allen Preußen zu. Petitionen unter einem Gesammtnamen sind nur Behörden und Korporationen gestattet.

Artikel 31.

Das Briefgeheimniß ist unverletzlich. Die bei strafgerichtlichen Untersuchungen und in Kriegsfällen nothwendigen Beschränkungen sind durch die Gesetzgebung festzustellen. Das Gesetz bezeichnet die Beamten, welche für die Verletzung des Geheimnisses der der Post anvertrauten Briefe verantwortlich sind.

Artikel 32.

Alle Preußen sind wehrpflichtig. Den Umfang und die Art dieser Pflicht bestimmt das Gesetz. Auf das Heer finden die in den §§. 5, 6, 27, 28 enthaltenen Bestimmungen in soweit Anwendung, als die militärischen Disziplinar-Vorschriften nicht entgegen stehen.

Artikel 33.

Die bewaffnete Macht besteht: aus dem stehenden Heere, der Landwehr, der Bürgerwehr.

Besondere Gesetze regeln die Art und Weise der Einstellung und die Dienstzeit.

Artikel 34.

Die bewaffnete Macht kann zur Unterdrückung innerer Unruhen und zur Ausführung der Gesetze nur auf Requisition der Civil-Behörden und in den vom Gesetze bestimmten Fällen und Formen verwendet werden.

Artikel 35.

Die Einrichtung der Bürgerwehr ist durch ein besonderes Gesetz geregelt.

Artikel 36.

Das Heer steht im Kriege und im Dienste unter der Militär-Kriminal-Gerichtsbarkeit und unter dem Militär-Straf-Gesetzbuch, außer dem Kriege und dem Dienste, unter Beibehaltung der Militär-Kriminal-Gerichtsbarkeit, unter den allgemeinen Strafgesetzen. Die Bestimmungen über die militärische Disziplin im Kriege und Frieden, sowie die näheren Festsetzungen über den Militär-Gerichtsstand bleiben Gegenstand besonderer Gesetze.

Artikel 37.

Das stehende Heer darf nicht berathschlagen. Ebensowenig darf es die Landwehr, wenn sie zusammenberufen ist. Auch wenn sie nicht zusammenberufen ist, sind Versammlungen und Vereine der Landwehr zur Berathung militärischer Befehle und Anordnungen nicht gestattet.

Artikel 38.

Die Errichtung von Lehen und die Stiftung von Familien-Fideikommissen ist untersagt. Die bestehenden Lehen und Familien-Fideikommisse sollen durch gesetzliche Anordnung in freies Eigenthum umgestaltet werden.

Artikel 39.

Vorstehende Bestimmungen (Artikel 38) finden auf die Thronlehen, das Königliche Haus- und Prinzliche Fideikommiß, sowie auf die außerhalb des Staates belegenen Lehen und die ehemals reichsunmittelbaren Besitzungen und Fideikommisse, in sofern letztere durch das deutsche Bundesrecht gewährleistet sind, zur Zeit keine Anwendung. Die Rechtsverhältnisse derselben sollen durch besondere Gesetze geordnet werden.

Artikel 40.

Das Recht der freien Verfügung über das Grundeigenthum unterliegt keinen anderen Beschränkungen, als denen der allgemeinen Gesetzgebung. Die Theilbarkeit des Grundeigenthums und die Ablösbarkeit der Grundlasten wird gewährleistet.

Aufgehoben ohne Entschädigung sind:

a) die Gerichtsherrlichkeit, die gutsherrliche Polizei und obrigkeitliche Gewalt, sowie die, gewissen Grundstücken zustehenden Hoheitsrechte und Privilegien, wogegen die Lasten und Leistungen wegfallen, welche den bisher Berechtigten oblagen.

   Bis zur Emanirung der neuen Gemeinde-Ordnung bleibt es bei den bisherigen Bestimmungen hinsichtlich der Polizei-Verwaltung.

b) die aus diesen Befugnissen, aus der Schutzherrlichkeit, der früheren Erbunterthänigkeit, der früheren Steuer- und Gewerbe-Verfassung herstammenden Verpflichtungen.

Bei erblicher Ueberlassung eines Grundstückes ist nur die Uebertragung des vollen Eigenthums zulässig; jedoch kann auch hier ein fester ablösbarer Zins vorbehalten werden.

Titel III.

Vom Könige.

Artikel 41.

Die Person des Königs ist unverletzlich.

Artikel 42.

Seine Minister sind verantwortlich. — Alle Regierungs-Akte des Königs bedürfen zu ihrer Gültigkeit der Gegenzeichnung eines Ministers, welcher dadurch die Verantwortlichkeit übernimmt.

Artikel 43.

Dem Könige allein steht die vollziehende Gewalt zu. Er ernennt und entläßt die Minister. Er befiehlt die Verkündigung der Gesetze und erläßt unverzüglich die zu deren Ausführung nöthigen Verordnungen.

Artikel 44.

Der König führt den Oberbefehl über das Heer.

Artikel 45.

Er besetzt alle Stellen in demselben, sowie in den übrigen Zweigen des Staatsdienstes, insofern nicht das Gesetz ein Anderes verordnet.

Artikel 46.

Der König hat das Recht, Krieg zu erklären, Frieden zu schließen und Verträge mit fremden Regierungen zu errichten. Handelsverträge, sowie andere Verträge, durch welche dem Staate Lasten, oder einzelnen Staatsbürgern Verpflichtungen auferlegt werden, bedürfen zu ihrer Gültigkeit der Zustimmung der Kammern.

Artikel 47.

Der König hat das Recht der Begnadigung und Strafmilderung.

Zu Gunsten eines wegen seiner Amtshandlungen verurtheilten Ministers kann dieses Recht nur auf Antrag derjenigen Kammer ausgeübt werden, von welcher die Anklage ausgegangen ist.

Er kann bereits eingeleitete Untersuchungen nur auf Grund eines besonderen Gesetzes niederschlagen.

Artikel 48.

Dem Könige steht die Verleihung von Orden und anderen, mit Vorrechten nicht verbundenen Auszeichnungen zu.

Er übt das Münzrecht nach Maaßgabe des Gesetzes.

Artikel 49.

Der König beruft die Kammern und schließt ihre Sitzungen. Er kann sie entweder beide zugleich oder nur eine auflösen. Es müssen aber in einem solchen Falle innerhalb eines Zeitraums von 40 Tagen nach der Auflösung die Wähler und innerhalb eines Zeitraumes von 60 Tagen nach der Auflösung die Kammern vesammelt werden.

Artikel 50.

Der König kann die Kammern vertagen. Ohne deren Zustimmung darf diese Vertagung die Frist von 30 Tagen nicht übersteigen und während derselben Session nicht wiederholt werden.

Artikel 51.

Die Krone ist, den Königlichen Hausgesetzen gemäß, erblich in dem Mannsstamme des Königlichen Hauses nach dem Rechte der Erstgeburt und der agnatischen Linealfolge.

Artikel 52.

Der König wird mit Vollendung des 18. Lebensjahres volljährig.

Er leistet in Gegenwart der vereinigten Kammern das

eidliche Gelöbniß, die Verfassung des Königreichs fest und unverbrüchlich zu halten und in Uebereinstimmung mit derselben und den Gesetzen zu regieren.

Artikel 53.

Ohne Einwilligung beider Kammern kann der König nicht zugleich Herrscher fremder Reiche sein.

Artikel 54.

Im Fall der Minderjährigkeit des Königs vereinigen sich beide Kammern zu Einer Versammlung, um die Regentschaft und die Vormundschaft anzuordnen, in sofern nicht schon durch ein besonderes Gesetz für Beides Vorsorge getroffen ist.

Artikel 55.

Ist der König in der Unmöglichkeit zu regieren, so beruft der Nächste zur Krone oder Derjenige, der nach den Hausgesetzen an dessen Stelle tritt, beide Kammern, um in Gemäßheit des Artikels 54 zu handeln.

Artikel 56.

Die Regentschaft kann nur einer Person übertragen werden.

Der Regent schwört bei Antretung der Regentschaft einen Eid, die Verfassung des Königreichs fest und unverbrüchlich zu halten und in Uebereinstimmung mit derselben und den Gesetzen zu regieren.

Artikel 57.

Dem Kron-Fideikommiß-Fond verbleibt die durch das Gesetz vom 17. Januar 1820 auf die Einkünfte der Domainen und Forsten angewiesene Rente.

Titel IV.

Von den Ministern.

Artikel 58.

Die Minister, sowie die zu ihrer Vertretung abgeordneten Staatsbeamten haben Zutritt zu jeder Kammer und müssen auf ihr Verlangen zu jeder Zeit gehört werden.

Jede Kammer kann die Gegenwart der Minister verlangen.

Die Minister haben in einer oder der anderen Kammer nnr dann Stimmrecht, wenn sie Mitglieder derselben sind.

Artikel 59.

Die Minister können durch Beschluß einer Kammer wegen des Verbrechens der Verfassungsverletzung, der Bestechung und des Verrathes, angeklagt werden. Ueber solche Anklage entscheidet der oberste Gerichtshof der Monarchie in vereinigten

Senaten. So lange noch zwei oberste Gerichtshöfe bestehen, treten dieselben zu obigem Zwecke zusammen.

Die näheren Bestimmungen über die Fälle der Verantwortlichkeit, über das Verfahren und das Strafmaaß werden einem besonderen Gesetze vorbehalten.

Titel V,

Von den Kammern.

Artikel 60.

Die gesetzgebende Gewalt wird gemeinschaftlich durch den König und durch zwei Kammern ausgeübt.

Die Uebereinstimmung des Königs und beider Kammern ist zu jedem Gesetze erforderlich.

Artikel 61.

Dem Könige, sowie jeder Kammer steht das Recht zu, Gesetze vorzuschlagen.

Vorschläge, welche durch eine der Kammern oder durch den König verworfen worden sind, können in derselben Session nicht wieder vorgebracht werden.

Artikel 62.

Die erste Kammer besteht aus 180 Mitgliedern.

Artikel 63.

Die Mitglieder der ersten Kammer werden durch die Provinzial-, Bezirks- und Kreisvertreter erwählt. (Artikel 104). Die Provinzial-, Bezirks- und Kreisvertreter bilden, nach näherer Bestimmung des Wahlgesetzes, die Wahlkörper und wählen die nach der Bevölkerung auf die Wahlbezirke fallende Zahl der Abgeordneten *).

Artikel 64.

Die Legislaturperiode der ersten Kammer wird auf sechs Jahre festgesetzt.

Artikel 65.

Wählbar zum Mitgliede der ersten Kammer ist jeder Preuße, der das 40ste Lebensjahr vollendet, den Vollbesitz der bürgerlichen Rechte in Folge rechtskräftigen richterlichen Erkenntnisses nicht verloren und bereits fünf Jahre lang dem preußischen Staatsverbande angehört hat.

---

*) Bei der Revision der Verfassungsurkunde bleibt zu erwägen, ob ein Theil der Mitglieder der ersten Kammer vom Könige zu ernennen und ob den Oberbürgermeistern der großen Städte, sowie den Vertretern der Universitäten und Akademien der Wissenschaften und der Künste, ein Sitz in der Kammer einzuräumen sein möchte.

Artikel 66.

Die zweite Kammer besteht aus 350 Mitgliedern. Die Wahlbezirke werden nach Maaßgabe der Bevölkerung festgestellt.

Artikel 67.

Jeder selbstständige Preuße, welcher das 24ste Lebensjahr vollendet, nicht den Vollbesitz der bürgerlichen Rechte in Folge rechtskräftigen richterlichen Erkenntnisses verloren hat, ist in der Gemeinde, worin er seit sechs Monaten seinen Wohnsitz oder Aufenthalt hat, stimmberechtigter Urwähler, in sofern er nicht aus öffentlichen Mitteln Armenunterstützung erhält *).

Artikel 68.

Die Urwähler einer jeden Gemeinde wählen auf jede Vollzahl von 250 Seelen ihrer Bevölkerung einen Wahlmann.

Artikel 69.

Die Abgeordneten werden durch die Wahlmänner erwählt. Die Wahlbezirke sollen so organisirt werden, daß mindestens zwei Abgeordnete von einem Wahlkörper gewählt werden.

Artikel 70.

Die Legislaturperiode der zweiten Kammer wird auf drei Jahre festgesetzt.

Artikel 71.

Zum Abgeordneten der zweiten Kammer ist jeder Preuße wählbar, der das dreißigste Lebensjahr vollendet, den Vollbesitz der bürgerlichen Rechte in Folge rechtskräftigen richterlichen Erkenntnisses nicht verloren und bereits ein Jahr lang dem preußischen Staatsverbande angehört hat.

Artikel 72.

Die Kammern werden nach Ablauf ihrer Legislaturperiode neu gewählt. Ein Gleiches geschieht im Falle der Auflösung. In beiden Fällen sind die bisherigen Mitglieder wieder wählbar.

Artikel 73.

Das Nähere über die Ausführung der Wahlen zu beiden Kammern bestimmt das Wahl=Ausführungsgesetz.

Artikel 74.

Stellvertreter für die Mitglieder der beiden Kammern werden nicht gewählt.

Artikel 75.

Die Kammern werden durch den König regelmäßig im

*) Bei der Revision der Verfassungsurkunde bleibt es zu erwägen, ob nicht ein anderer Wahlmodus, namentlich der der Eintheilung nach bestimmten Klassen für Stadt und Land, wobei sämmtliche bisherige Urwähler mitwählen, vorzuziehen sein möchte.

Monat November jeden Jahres, und außerdem, so oft es die Umstände erheischen, einberufen.

Artikel 76.

Die Eröffnung und die Schließung der Kammern geschieht durch den König in Person oder durch einen dazu von ihm beauftragten Minister in einer Sitzung der vereinigten Kammern.

Beide Kammern werden gleichzeitig berufen, eröffnet, vertagt und geschlossen.

Wird eine Kammer aufgelöst, so wird die andere gleichzeitig vertagt.

Artikel 77.

Jede Kammer prüft die Legitimation ihrer Mitglieder und entscheidet darüber. Sie regelt ihren Geschäftsgang durch eine Geschäftsordnung und erwählt ihren Präsidenten, ihre Vicepräsidenten und Schriftführer.

Beamte bedürfen keines Urlaubs zum Eintritt in die Kammer.

Durch die Annahme eines besoldeten Staatsamtes oder einer Beförderung im Staatsdienste verliert jedes Mitglied einer Kammer Sitz und Stimme in derselben und kann seine Stelle nur durch eine neue Wahl wieder erlangen.

Niemand kann Mitglied beider Kammern sein.

Artikel 78.

Die Sitzungen beider Kammern sind öffentlich. Jede Kammer tritt auf den Antrag ihres Präsidenten oder von 10 Mitgliedern zu einer geheimen Sitzung zusammen, in welcher dann zunächst über diesen Antrag zu beschließen ist.

Artikel 79.

Keine der beiden Kammern kann einen Beschluß fassen, wenn nicht die Mehrheit ihrer Mitglieder anwesend ist.

Jede Kammer faßt ihre Beschlüsse nach absoluter Stimmenmehrheit, vorbehaltlich der durch die Geschäftsordnung für Wahlen etwa zu bestimmenden Ausnahmen.

Artikel 80.

Jede Kammer hat für sich das Recht, Adressen an den König zu richten.

Niemand darf den Kammern oder einer derselben in Person eine Bittschrift oder Adresse überreichen.

Jede Kammer kann die an sie gerichteten Schriften an die Minister überweisen und von denselben Auskunft über eingehende Beschwerden verlangen.

Artikel 81.

Eine jede Kammer hat die Befugniß, Behufs ihrer Information Kommissionen zur Untersuchung von Thatsachen zu ernennen.

Artikel 82.

Die Mitglieder beider Kammern sind Vertreter des ganzen Volkes. Sie stimmen nach ihrer freien Ueberzeugung und sind an Aufträge und Instruktionen nicht gebunden.

Artikel 83.

Sie können weder für ihre Abstimmungen in der Kammer, noch für ihre darin ausgesprochenen Meinungen zur Rechenschaft gezogen werden.

Kein Mitglied einer Kammer kann ohne deren Genehmigung während der Sitzungsperiode wegen einer mit Strafe bedrohten Handlung zur Untersuchung gezogen oder verhaftet werden, außer wenn es bei Ausübung der That oder binnen der nächsten 24 Stunden nach derselben ergriffen wird.

Gleiche Genehmigung ist bei einer Verhaftung wegen Schulden nothwendig.

Jedes Strafverfahren gegen ein Mitglied der Kammern und eine jede Untersuchungs- oder Civilhaft wird für die Dauer der Sitzung aufgehoben, wenn die betreffende Kammer es verlangt.

Artikel 84.

Die Mitglieder der ersten Kammer erhalten weder Reisekosten, noch Diäten.

Die Mitglieder der zweiten Kammer erhalten aus der Staatskasse Reisekosten und Diäten nach Maaßgabe des Gesetzes. Ein Verzicht hierauf ist unstatthaft.

Titel VI.

Von der richterlichen Gewalt.

Artikel 85.

Die richterliche Gewalt wird im Namen des Königs durch unabhängige, keiner andern Autorität, als der des Gesetzes, unterworfene Gerichte ausgeübt.

Die Urtheile werden im Namen des Königs ausgefertigt und vollstreckt.

Artikel 86.

Die Richter werden vom Könige oder in dessen Namen auf ihre Lebenszeit ernannt.

Sie können nur durch Richterspruch aus Gründen, welche die Gesetze vorgesehen und bestimmt haben, ihres Amtes entsetzt, zeitweise enthoben oder unfreiwillig an eine andere Stelle versetzt und nur aus den Ursachen und unter den Formen, welche im Gesetze angegeben sind, pensionirt werden.

Auf die Versetzungen, welche durch Veränderungen in der Organisation der Gerichte oder ihrer Bezirke nöthig werden, findet diese Bestimmung keine Anwendung.

Artikel 87.

Den Richtern dürfen andere besoldete Staatsämter nicht übertragen werden. Ausnahmen sind nur auf Grund eines Gesetzes zulässig.

Artikel 88.

Die Organisation der Gerichte wird durch das Gesetz bestimmt.

Artikel 89.

Zu einem Richteramte darf nur der berufen werden, welcher sich zu demselben nach Vorschrift der Gesetze befähigt hat.

Artikel 90.

Gerichte für besondere Klassen von Angelegenheiten, insbesondere Handels- und Gewerbegerichte, sollen im Wege der Gesetzgebung an den Orten errichtet werden, wo das Bedürfniß solche erfordert.

Die Organisation und Zuständigkeit der Handels-, Gewerbe- und Militairgerichte, das Verfahren bei denselben, die Ernennung ihrer Mitglieder, die besonderen Verhältnisse der Letzteren und die Dauer ihres Amtes werden durch das Gesetz festgestellt.

Artikel 91.

Die noch bestehenden beiden obersten Gerichtshöfe sollen zu einem einzigen vereinigt werden.

Artikel 92.

Die Verhandlungen vor dem erkennenden Gerichte in Civil- und Strafsachen sollen öffentlich sein. Die Oeffentlichkeit kann jedoch durch ein öffentlich zu verkündendes Urtheil ausgeschlossen werden, wenn sie der Ordnung oder den guten Sitten Gefahr droht.

Auch in Civilsachen kann die Oeffentlichkeit durch Gesetze beschränkt werden.

Artikel 93.

Bei den mit schweren Strafen bedrohten Verbrechen, bei allen politischen Verbrechen und bei Preßvergehen erfolgt die Entscheidung über die Schuld des Angeklagten durch Geschworene. Die Bildung des Geschwornengerichts wird durch ein Gesetz geregelt.

Artikel 94.

Die Kompetenz der Gerichte und Verwaltungsbehörden wird durch das Gesetz bestimmt. Ueber Kompetenzkonflikte zwischen den Verwaltungs- und Gerichtsbehörden entscheidet ein durch das Gesetz bezeichneter Gerichtshof.

Artikel 95.

Es ist keine vorgängige Genehmigung der Behörden nöthig, um öffentliche Civil- und Militairbeamte wegen der durch

Ueberschreitung ihrer Amtsbefugnisse verübten Rechtsverletzungen gerichtlich zu belangen.

Titel VII.

Von den Staatsbeamten.

Artikel 96.

Die besonderen Rechtsverhältnisse der nicht zum Richterstande gehörigen Staatsbeamten, einschließlich der Staatsanwälte, sollen durch ein Gesetz geregelt werden, welches, ohne die Regierung in der Wahl der ausführenden Organe zweckwidrig zu beschränken, den Staatsbeamten gegen willkürliche Entziehung von Amt und Einkommen angemessenen Schutz gewährt.

Artikel 97.

Auf die Ansprüche der vor Verkündigung der Verfassungsurkunde etatsmäßig angestellten Staatsbeamten soll im Staatsdienergesetz besondere Rücksicht genommen werden.

Titel VIII.

Von der Finanzverwaltung.

Artikel 98.

Alle Einnahmen und Ausgaben des Staats müssen für jedes Jahr im Voraus veranschlagt und auf den Staatshaushalts-Etat gebracht werden.

Letzterer wird jährlich durch ein Gesetz festgestellt.

Artikel 99.

Steuern und Abgaben für die Staatskasse dürfen nur, soweit sie in den Staatshaushalts-Etat aufgenommen oder durch besondere Gesetze angeordnet sind, erhoben werden.

Artikel 100.

In Betreff der Steuern können Bevorzugungen nicht eingeführt werden.

Die bestehende Steuergesetzgebung wird einer Revision unterworfen und dabei jede Bevorzugung abgeschafft.

Artikel 101.

Gebühren können Staats- oder Kommunalbeamte nur auf Grund des Gesetzes erheben.

Artikel 102.

Die Aufnahme von Anleihen für die Staatskasse findet nur auf Grund eines Gesetzes statt. Dasselbe gilt von der Uebernahme von Garantieen zu Lasten des Staats.

Artikel 103.

Zu Etatsüberschreitungen ist die nachträgliche Genehmigung der Kammern erforderlich. Die Rechnungen über den Staatshaushalt werden von der Ober-Rechnungskammer geprüft und festgestellt. Die allgemeine Rechnung über den Staatshaushalt jeden Jahres, einschließlich einer Uebersicht der Staatsschulden, wird von der Ober-Rechnungskammer zur Entlastung der Staatsregierung den Kammern vorgelegt.

Ein besonderes Gesetz wird die Einrichtung und die Befugnisse der Ober-Rechnungskammer bestimmen.

Titel IX.

Von den Gemeinde-, Kreis-, Bezirks- und Provinzial-Verbänden.

Artikel 104.

Das Gebiet des Preußischen Staates zerfällt in Provinzen, Bezirke, Kreise und Gemeinden, deren Vertretung und Verwaltung durch besondere Gesetze, unter Festhaltung folgender Grundsätze, näher bestimmt wird:

1) Ueber die inneren und besonderen Angelegenheiten der Provinzen, Bezirke, Kreise und Gemeinden beschließen aus gewählten Vertretern bestehende Versammlungen, deren Beschlüsse durch die Vorsteher der Provinzen, Bezirke, Kreise und Gemeinden ausgeführt werden.

   Das Gesetz wird die Fälle bestimmen, in welchen die Beschlüsse der Gemeinde-, Kreis-, Bezirks- und Provinzialvertretung der Genehmigung einer höheren Vertretung oder der Staatsregierung unterworfen sind.

2) Die Vorsteher der Provinzen, Bezirke und Kreise werden von der Staatsregierung ernannt, die der Gemeinden von den Gemeindemitgliedern gewählt.

   Die Organisation der Exekutivgewalt des Staates wird hierdurch nicht berührt.

3) Den Gemeinden insbesondere steht die selbstständige Verwaltung ihrer Gemeindeangelegenheiten zu, mit Einschluß der Ortspolizei. Den Zeitpunkt und die Bedingungen des Ueberganges der Polizeiverwaltung an die Gemeinden wird das Gesetz bestimmen.

   Die polizeilichen Funktionen können in Städten von mehr als 30,000 Einwohnern auf Staatsorgane übertragen werden.

4) Die Berathungen der Provinzial-, Bezirks-, Kreis- und Gemeindevertretungen sind in der Regel öffentlich. Die

Ausnahmen bestimmt das Gesetz. Ueber die Einnahmen und Ausgaben muß jährlich wenigstens ein Bericht veröffentlicht werden.

Allgemeine Bestimmungen.

Artikel 105.

Gesetze und Verordnungen sind nur verbindlich, wenn sie zuvor in der vom Gesetze vorgeschriebenen Form bekannt gemacht worden sind.

Wenn die Kammern nicht versammelt sind, können in dringenden Fällen, unter Verantwortlichkeit des gesammten Staatsministeriums, Verordnungen mit Gesetzeskraft erlassen werden, dieselben sind aber den Kammern bei ihrem nächsten Zusammentritt zur Genehmigung sofort vorzulegen.

Artikel 106.

Die Verfassung kann auf dem ordentlichen Wege der Gesetzgebung abgeändert werden, wobei in jeder Kammer die gewöhnliche absolute Stimmenmehrheit genügt.

Artikel 107.

Die Mitglieder der beiden Kammern und alle Staatsbeamte haben dem Könige und der Verfassung Treue und Gehorsam zu schwören.

Artikel 108.

Die bestehenden Steuern und Abgaben werden forterhoben, und alle Bestimmungen der bestehenden Gesetzbücher, einzelnen Gesetze und Verordnungen, welche der gegenwärtigen Verfassung nicht zuwiderlaufen, bleiben in Kraft, bis sie durch ein Gesetz abgeändert werden.

Artikel 109.

Alle durch die bestehenden Gesetze angeordnete Behörden bleiben bis zur Ausführung der sie betreffenden organischen Gesetze in Thätigkeit.

Artikel 110.

Für den Fall eines Krieges oder Aufruhrs können die Artikel 5. 6. 7. 24. 25. 26. 27. und 28. der Verfassungsurkunde zeit- und distriktsweise außer Kraft gesetzt werden. Die näheren Bestimmungen darüber bleiben einem besonderen Gesetze vorbehalten. Bis dahin bewendet es bei den in dieser Beziehung bestehenden Vorschriften.

Uebergangs-Bestimmungen.

Artikel 111.

Sollten durch die für Deutschland festzustellende Verfassung Abänderungen des gegenwärtigen Verfassungsgesetzes nöthig werden, so wird der König dieselben anordnen und diese Anordnungen den Kammern bei ihrer nächsten Versammlung mittheilen.

Die Kammern werden dann Beschluß darüber fassen, ob die vorläufig angeordneten Abänderungen mit der deutschen Verfassung in Uebereinstimmung stehen.

Artikel 112.

Die gegenwärtige Verfassung soll sofort nach dem ersten Zusammentritt der Kammern einer Revision auf dem Wege der Gesetzgebung (Art. 60. und 106.) unterworfen werden.

Das im Artikel 52. erwähnte eidliche Gelöbniß des Königs, sowie die vorgeschriebene Vereidung der beiden Kammern und aller Staatsbeamten, erfolgen sogleich nach vollendeter Revision (Art. 107.).

Urkundlich unter Unserer Höchsteigenhändigen Unterschrift und beigedrucktem Königlichen Insiegel.

Gegeben Potsdam, den 5. Dezember 1848.

(L. S.) Friedrich Wilhelm.

Graf v. Brandenburg, v. Ladenberg, v. Manteuffel, v. Strotha, Rintelen, v. d. Heydt.

I. 5021 S. 26.

181.

Allgemeine Verfügung vom 13. Dezember 1848, — betreffend die Atteste für Niederländische Unterthanen bei deren Verheirathung mit diesseitigen Inländerinnen.

(Verordnung vom 28. April 1841, Rhein. Samml. Bd. 8, S. 283.)

Sämmtlichen Gerichtsbehörden wird die nachstehende Cirkular-Verfügung des Königl. Ministeriums der geistlichen, Unterrichts- und Medizinal-Angelegenheiten vom 7. November und der darin allegirte Erlaß des Justiz-Ministers vom 8. August d. J. über die Form der Atteste für Niederländische Unterthanen bei deren Verheirathung mit diesseitigen Inländerinnen hierdurch zur Kenntnißnahme mitgetheilt.

Berlin den 13. Dezember 1848.

Der Justiz-Minister
Rintelen.

An
sämmtliche Gerichtsbehörden.

I. 4794. Rhein. Gen. 93 Vol III.

a.

Cirkular-Verfügung des Königlichen Ministeriums der geistlichen rc. Angelegenheiten vom 7. November 1848.

In Folge einer stattgefundenen Verständigung mit der Königlich Niederländischen Regierung über die Formel der Atteste, welche Niederländische Unterthanen, die sich in Preußen mit Inländerinnen verheirathen wollen, nach Vorschrift des Gesetzes vom 28. April 1841 beizubringen haben, hat der Herr Justiz-Minister mittelst Verfügung vom 8. August d. J. den Königlichen General-Prokurator zu Cöln von dem Wortlaut der verabredeten Atteste Behufs der weiteren Anweisung der Civilstandsbeamten im Bezirke des dortigen Appellations-Gerichtshofes in Kenntniß gesetzt, wodurch die Sache für die diesseitige Rheinprovinz geordnet ist. Nach einer Mittheilung des Königlichen Ministeriums der auswärtigen Angelegenheiten ist indessen von der Königlichen Niederländischen Regierung, welche ihrerseits die General-Prokuratoren und Civilstands-Beamten in sämmtlichen jenseitigen Provinzen mit entsprechender Anweisung wegen Ertheilung und Anerkennung der verabredeten Atteste versehen hat, der Wunsch ausgesprochen worden, daß eine gleiche Anordnung, wie sie durch die Verfügung des Herrn Justiz-Ministers vom 8. August d. J. für die Rheinprovinz ergangen ist, auch in den übrigen Preußischen Provinzen erlassen werde, da auch in diesen Provinzen Trauungen zwischen Niederländern und Preußinnen vorkommen möchten. Dem Königl. Konsistorium kommunizire ich daher beigehend Abschrift der in Rede stehenden Verfügung des Herrn Justiz-Ministers an den Königlichen General-Prokurator in Cöln vom 8. August d. J. zur Kenntnißnahme und Nachachtung in vorkommenden Fällen.

Berlin den 7. November 1848.

Für den Minister der geistlichen rc. Angelegenheiten.
Im Allerhöchsten Auftrage
(gez.) v. Ladenberg.

An
sämmtliche Königliche Konsistorien mit Ausschluß von Coblenz.

b.

Erlaß des Justiz-Ministeriums vom 8. August 1848.

Euer Hochwohlgeboren wird unter Bezugnahme auf das Reskript vom 4. September v. J.

die Heirathen Niederländischer Unterthanen mit Inländerinnen betreffend,

hierdurch eröffnet, daß in Folge eines vorgekommenen Spezial-Falles eine Verständigung mit der Königlich Niederländischen Regierung über die Formel der Atteste stattgefunden hat, welche in Gemäßheit der Allerhöchsten Verordnung vom 28. April 1841 beigebracht werden müssen, wenn Niederländer in den diesseitigen Staaten mit Inländerinnen getraut werden wollen.

Die Atteste werden hiernach dahin lauten:

a. in französischer Sprache:

déclare, que les deux publications, voulues par la loi par rapport au mariage projecté entre A. sujet des Pays-Bas et la Prusienne B. ont eu lieu sans qu'il y ait eu opposition légitime au dit mariage. et que A Néerlandais pouvant après cela, d'après le lois Néerlandaises, contracter mariage à l'étranger avec une étrangère et par conséquent avec la Prusienne B, si le mariage est célébré dans les formes usitées en Prusse, B obtiendra la qualité de femme Néerlandaise, de même que les enfants issus de ce mariage.

b. In holländischer Sprache:

Verklaart, dat de twee by de wet gevorderde afkondigingen van het voorgenomen huwelyk tusschen, A. Nederlander en B. Pruissische onderdaan, afgeloopen zyn, zonder dat iemand bevoegelyk zich heeft opgedaan tot stuiting van gemeld huwelyk; — en dat alsnu, vermits nar het Nederlandsche regt A. als Nederlander, een huwelyk buiten s'lands kan aangaan met eene vreemde vrouw, en dus met B. als Pruissische, indien het huwelyk naar den vorm, in het koningryk Pruissen gebruikelyk wordt ȝoltrokken, B. de hoedanigheid bekomen zal van Nederlandsche vrouw, even als de kinderen in dat huwelyk te verwikken.

Euer Hochwohlgeboren werden veranlaßt, die Civilstands-Beamten des dortigen Appellationsgerichtshofes anzuweisen, die nach jener Formel von den Niederländischen Behörden ausgestellten Atteste für genügend anzunehmen, um die Abschließung der Ehe zu gestatten.

Berlin den 8. August 1848.

Der Justiz-Minister.
In dessen Vertretung
Müller.

An
den Königlichen General-Prokurator
Herrn Geheimen Ober-Justiz-Rath
Nicolovius Hochwohlgeboren
zu Köln.

182.

Allgemeine Verfügung vom 13. Dezember 1848, — betreffend die Rückzahlung erledigter, in Effekten bestellter Amts-Kautionen.

Durch die Cirkular-Verfügung vom 22. März 1833 ist angeordnet worden, daß bei der Erledigung von Kautionen, welche in baarem Gelde bestellt sind, die Zurückzahlung des Kapitals nebst den bis zum Zahlungstage verlaufenen Zinsen gegen Zurückgabe des Kautions-Empfangscheins und Beibringung der erforderlichen Atteste ohne Weiteres von der General-Staatskasse resp. aus der betreffenden Regierungshauptkasse geleistet werden soll, und es nur dann eines Antrages an das Finanz-Ministerium und demnächst einer Anweisung an die General-Staatskasse bedarf, wenn Kautionen zur Erledigung kommen, welche in Staatspapieren oder anderen Schuldverschreibungen bestellt und in das Eigenthum des Staats übergegangen sind, da es nach §. 8 der Allerhöchsten Verordnung vom 11. Februar 1832 dem Staate vorbehalten war, zu bestimmen, ob der Betrag der Kaution voll nach dem Nennwerthe der Obligation in baarem Gelde zurückgezahlt, oder dafür eine Schuldverschreibung gleicher Art und zu demselben Betrage, als womit die Kaution bestellt worden, zurückgegeben werden sollte. Bereits durch eine Allerhöchste Ordre vom 20. Juli 1838 ist denen, welche die Kautionen in Staatsschuldscheinen oder andern Papieren bestellt hatten, deren Zinsfuß nach der Bestellung heruntergesetzt war, beim Zurückempfange der Kaution die Wahl freigestellt worden, ob sie den Nennwerth der die Kaution bildenden Papiere in baarem Gelde oder in Papieren gleicher Art zurückempfangen wollen.

Diese Zurückzahlung ist bei dem schon seit längerer Zeit hinter dem Nominal-Betrage zurückbleibenden Kourse der Effekten, in welchen Kautionen aus älterer Zeit noch bestellt sind, stets in baarem Gelde erfolgt, und da sich nicht annehmen läßt, daß, so lange dies Verhältniß fortdauert, die Zurückzahlung erledigter Effekten-Kautionen anders als in baarem Gelde werde verlangt werden, so ist die General-Staatskasse bis auf Weiteres ein für allemal ermächtigt worden, die in Effekten bestellten Kautionen, gleich denen in baarem Gelde, nach erfolgter Erledigung und insofern andere Bedenken nicht entgegenstehen, ohne weitere Anweisung des Finanz-Ministerii auf den Antrag der Regierung in baarem Gelde zurückzuzahlen, es sei denn, daß von dem Eigenthümer des Kautions-Empfangscheins Zahlung in Effekten nach dem Nominal-Betrage ausdrücklich verlangt werden sollte, in welchem Falle die Ueberweisung der erforderlichen Effekten wie bisher zu beantragen bleibt.

Die Königliche Regierung hat hiernach in allen einzelnen Fällen das Weitere zu veranlassen.

Berlin den 30. November 1848.

Finanz-Ministerium.

Im Auftrage
von Raabe.

Vorstehende, von dem Königlichen Finanz-Ministerium an die Verwaltungsbehörden erlassene Verfügung wird hierdurch den Gerichtsbehörden zur Nachachtung bekannt gemacht.

Berlin den 13. Dezember 1848.

Der Justiz-Minister
Rintelen.

An
sämmtliche Gerichtsbehörden.

I. 4981. C. 18. Vol. II.

183.

Beschluß des Königlichen Staats-Ministeriums vom 30. November 1848, — betreffend die Umzugs- und Reisekosten der Wartegeld-Empfänger bei anderweiter Anstellung derselben.

Da Zweifel entstanden sind, wie es hinsichtlich der Umzugs- und Reisekosten für Wartegeld-Empfänger, welche neu angestellt werden, zu halten sei, so findet das Staats-Ministerium sich veranlaßt, um ein gleichartiges Verfahren herbeizuführen, Folgendes auf Grund der bestehenden Vorschriften festzusetzen:

1) Wenn ein Wartegeld-Empfänger auf Wiederanstellung an einem bestimmten Orte anträgt und diesem Antrage nicht etwa lediglich seines Wunsches wegen, sondern zugleich auch im Interesse des Dienstes stattgegeben wird, so ist ihm die Umzugs-Entschädigung, sofern er sonst darauf Anspruch machen kann, nicht zu verweigern.

2) Ist aus diesem Grunde eine Vergütigung nicht ausgeschlossen, so werden die Reisekosten, nach Maaßgabe der Amtsstellung, in welche der Wartegeld-Empfänger neu eintritt, und nach Maaßgabe der Entfernung und Beförderungsmittel zwischen dem Orte der neuen Anstellung und dem Wohnorte, welchen derselbe bis dahin genommen hatte, gewährt.

3) Ob derselbe auf eine Umzugs-Entschädigung Anspruch habe, entscheidet sich auf Grund der bestehenden Vorschriften nach einer Vergleichung des neuen Amts-Einkommens mit demjenigen, welches er vor der Bewilligung des Wartegeldes zuletzt zu beziehen gehabt hat, und es gilt hinsichtlich der auf die Entfernung bezüglichen Berechnung die ad 2 gegebene Bestimmung.

Brandenburg den 30. November 1848.

Königliches Staats-Ministerium.
Graf v. Brandenburg, v. Ladenberg, v. Manteuffel, v. Strotha, Rintelen.

Für den Finanz-Minister:
Kühne.

Vorstehender Beschluß des Königlichen Staats-Ministeriums wird hierdurch den Gerichtsbehörden zur Nachachtung bekannt gemacht.

Berlin den 20. Dezember 1848.

Der Justiz-Minister
Rintelen.

An
sämmtliche Gerichtsbehörden.
I. 5097. O. 127.

184.

Bekanntmachung vom 28. Dezember 1848, — betreffend die Ressort-Veränderung in den Gehalts- und Pensions-Angelegenheiten der Offiziere der Land-Gensd'armerie, und in den Pensions-Angelegenheiten der Land-Gensd'armen.

(Mittheilung vom 22. Januar 1841; Justiz-Ministerial-Blatt S. 94.)

Das nachstehende Schreiben des Herrn Kriegs-Ministers vom 5. Dezember d. J. und die darin allegirte Allerhöchste Ordre vom 22. September 1848, wonach die Gehalts- und Pensions-Angelegenheiten der Offiziere der Land-Gensd'armerie und die Pensions-Angelegenheiten der Land-Gensd'armen vom 1. Januar 1849 ab dem Ressort des Königlichen Ministeriums des Innern überwiesen worden sind, wird sämmtlichen Gerichts-Behörden mit Bezug auf die im Justiz-Ministerial-Blatt von 1841 S. 94. ff. abgedruckte Mittheilung vom 22. Januar desselben Jahres hierdurch zur Nachachtung bekannt gemacht.

Berlin den 28. Dezember 1848.

Der Justiz-Minister
Rintelen.

An
sämmtliche Gerichtsbehörden.
I. 5290. G. 24. Vol. II.

a.

Ew. Excellenz beehre ich mich ganz ergebenst zu benachrichtigen, daß des Königs Majestät durch Allerhöchste Kabinets-Ordre vom 22. September 1848 die Gehalts- und Pensions-Angelegenheiten der Offiziere der Land-Gensd'armerie, und eben so die Pensions-Angelegenheiten der Land-Gensd'armen vom 1. Januar 1849 ab, dem Ressort des Königlichen Ministeriums des Innern zuzuweisen geruht haben.

Da diese Ressort-Veränderung auf die Anzeigen von erfolgter Anstellung der pensionirten Gensd'armen im Justizdienste, so wie auf die dem Königlichen Justiz-Ministerium unterm 31. Dezember 1840 mitgetheilte Nachweisung von Einfluß ist, in welcher die Behörden bezeichnet sind, an welche die Gerichtshöfe ihre Requisitionen auf Vollstreckung der Exekutionen in das Gehalt und die Pensionen der Offiziere zu richten haben, so habe ich nicht unterlassen wollen, hierauf ganz ergebenst aufmerksam zu machen.

Berlin den 5. Dezember 1848.

von Strotha.

An
den Königl. Staats- und Justiz-Minister Herrn Rintelen Excellenz.

---

b.

Da das Land-Gensd'armerie-Corps in seinen wesentlichen Beziehungen zu dem Ressort des Ministeriums des Innern gehört, so will Ich auf Ihren Antrag vom 19. d. M. hierdurch genehmigen, daß sowohl die Gehälter der Land-Gensd'armerie-Offiziere in dem nach dem Etats-Projekt für das Jahr 1849 zahlbaren Betrage, als die gegenwärtig zahlbaren Pensionen,

a) für die Land-Gensd'armerie-Offiziere,

b) für die Land-Gensd'armen,

vom Jahre 1849 ab von dem Militair-Etat abgesetzt und auf den Etat des Ministeriums des Innern — unter Gewährung der dazu nöthigen Geldmittel — übernommen werden; wonach Ich Ihnen die weitere Veranlassung anheimgebe.

Sanssouci den 22. September 1848.

Friedrich Wilhelm.

Hansemann, Frh. v. Schreckenstein, Kühlwetter.

An
die Staats-Minister Hansemann,
Frh. v. Schreckenstein und Kühlwetter.

Inhalts-Verzeichniß.

I. Nachtrag zu den Gesetzen, Verordnungen und Rescripten aus den Jahren 1831—1844.

II. Im Jahre 1845.

III. Im Jahre 1846.

IV. Im Jahre 1847.

V. Im Jahre 1848.

Sachregister

zum

neunten Bande

der

für die Rhein-Provinz ergangenen

Gesetze, Verordnungen und Rescripte.

G. bedeutet Gesetz, Verordn. Verordnung, K. B. Kabinets-Befehl, B. Bekanntmachung, V. Verfügung, A. V. Allgemeine Verfügung, s. Siehe, die deutsche Zahl die Seite.

A.

C.

D.

E.

F.

G.

H.

K.

L.

M.

N.

O.

P.

Q.

R.

S.

V.

FSC
www.fsc.org
MIX
Papier | Fördert
gute Waldnutzung
FSC® C083411

Kolibri 360 GmbH
Ferdinand-Jühlke-Straße 7
99095 Erfurt, Deutschland
produktsicherheit@kolibri360.de